F. Hoffmann, E. Hüllermeier (Hrsg.)

AF239471

Proceedings 22. Workshop Computational Intelligence

Dortmund, 6. - 7. Dezember 2012

Schriftenreihe des

Instituts für Angewandte Informatik / Automatisierungstechnik

am Karlsruher Institut für Technologie

Band 45

Eine Übersicht über alle bisher in dieser Schriftenreihe erschienenen Bände
finden Sie am Ende des Buchs.

Proceedings
22. Workshop Computational Intelligence

Dortmund, 6. - 7. Dezember 2012

F. Hoffmann
E. Hüllermeier
(Hrsg.)

Impressum

Karlsruher Institut für Technologie (KIT)
KIT Scientific Publishing
Straße am Forum 2
D-76131 Karlsruhe
www.ksp.kit.edu

KIT – Universität des Landes Baden-Württemberg und
nationales Forschungszentrum in der Helmholtz-Gemeinschaft

KIT Scientific Publishing 2012
Print on Demand

ISSN 1614-5267
ISBN 978-3-86644-917-6

Inhaltsverzeichnis

Computational Intelligence: State-of-the-Art Methoden und Benchmarkprobleme

Frank Hoffmann[1], Ralf Mikut[2], Andreas Kroll[3], Markus Reischl[2], Oliver Nelles[4], Horst Schulte[5], Torsten Bertram[1]

[1]Technische Universität Dortmund, Lehrstuhl für
Regelungssystemtechnik
E-Mail: {frank.hoffmann}{torsten.bertram}@tu-dortmund.de
[2]Karlsruher Institut für Technologie, Institut für Angewandte Informatik
E-Mail: {ralf.mikut}{markus.reischl}@kit.edu
[3]Universität Kassel, FB Maschinenbau, FG Mess- und Regelungstechnik
E-Mail: andreas.kroll@mrt.uni-kassel.de
[4]Universität Siegen, Mess- und Regelungstechnik - Mechatronik
Department Maschinenbau
E-Mail: oliver.nelles@uni-siegen.de
[5] HTW Berlin, FB Ingenieurwissenschaften I, FG Regelungstechnik und
Systemdynamik
E-Mail: schulte@htw-berlin.de

Zusammenfassung: Dieser Beitrag gibt einen Überblick über den Stand der Technik in der Computational Intelligence für Methoden zur Klassifikation, zum Text Mining, zur nichtlinearen Regression, nichtlinearen Systemidentifikation und Regelung. Im Fokus steht eine systematische, wissenschaftlichen Ansprüchen genügende Vorgehensweise bei der vergleichenden Bewertung und Analyse alternativer Ansätze. Die einzelnen Abschnitte geben praktikable Hinweise auf vorhandene, möglichst frei verfügbare Implementierungen, Benchmarkdatensätze und -probleme als Hilfestellung für den Methodenvergleich zukünftiger Publikationen innerhalb des CI-Workshops.

1 Einführung

Die Methodik und Vorgehensweise bei der Bewertung, dem Vergleich und systematischen Analyse neuartiger Methoden der Mustererkennung und Funktionsapproximation hat auf vergangenen Computational Intelligence Workshops zu Kritik und Diskussionen geführt. In einigen Beiträgen fehlte der Bezug und Vergleich zu etablierten Methoden oder eine statistisch fundierte Auswertung über eine repräsentative Menge an Benchmarkproblemen hinreichender Komplexität. Stattdessen wurden neue Verfahren häufig lediglich exemplarisch an wenigen, zum Teil proprietären, Problemen angewandt und analysiert.

Die angeführten Gründe oder vielmehr Entschuldigungen für die unvollständige Analyse sind:

- Verfügbarkeit oder mangelnde Kompatibilität von Implementationen anderer Methoden,

- Verfügbarkeit von Daten und Benchmarks,

- fehlende Vergleichbarkeit der Ergebnisse aufgrund unterschiedlicher Repräsentationen, fehlender Dokumentation oder experimenteller Rahmenbedingungen sowie

- unzureichende Rechenleistung für eine systematische, vergleichende Auswertung.

Diese Einwände lassen sich in Zeiten des Internets, Public Domain Software und leistungsfähiger Multi-Core-Prozessoren leicht entkräften. Dieser Beitrag setzt es sich zum Ziel hilfreiche und praktikable Hinweise auf State-of-the-Art Methoden, frei verfügbare Implementierungen und Benchmarkprobleme und Vorgehensweise beim Methodenvergleich zu geben.

Benchmarking beruht auf den drei Grundregeln der Validierbarkeit, Reproduzierbarkeit und Vergleichbarkeit von Ergebnissen.

- Validierbarkeit beinhaltet eine standardisierte, statistisch abgesicherte Vorgehensweise welche gewährleistet, dass die erzielten Resultate gültig sind und keine zufällig oder durch eine falschen Entwurf des Experiments zustande gekommenen Zufallsprodukte darstellen.

- Reproduzierbarkeit bedeutet eine klare Spezifikation aller Aspekte des Experiments welche es anderen Wissenschaftlern ermöglicht die Untersuchung zu wiederholen und prinzipiell zu denselben Resultaten zu gelangen. Dies bedarf insbesondere der allgemeinen Verfügbarkeit der dem Experiment zugrundeliegenden Benchmarkdaten oder -probleme, idealerweise aber auch der algorithmischen Implementierung.

- Vergleichbarkeit beinhaltet die direkte Gegenüberstellung der Ergebnisse unterschiedlicher Veröffentlichungen ohne die Notwendigkeit selber Experimente aller Forschergruppen zu wiederholen. Vergleichbarkeit setzt identische experimentelle Rahmenbedingungen hinsichtlich der Daten und statistischen Analyse voraus. Daher sollten sich möglichst alle Gruppen an einer etablierten experimentellen Vorgehensweise ausrichten und nur in wohlbegründeten Fällen davon abweichen.

Um keine Zweifel an der technischen Richtigkeit der publizierten Methoden und Ergebnisse zu wecken sollten diese Grundregeln beachtet werden.

- statistisch korrekter Aufbau und Auswertung der Experimente,

- vollständige Dokumentation der Experimente und Vorgehensweise sowie

- Vergleich auf einer breiten Basis von Datensätzen und Problemen und etablierter Methoden.

Benchmarks sind für die Neu- und Weiterentwicklung von Verfahren sehr wichtig, weil sie einen objektiven Vergleich zwischen verschiedenen Ansätzen ermöglichen. Grundsätzlich gibt es zwei alternative Herangehensweisen zur Beurteilung neuer Verfahren. Die folgende Gegenüberstellung verdeutlicht den Bedarf für Benchmarks:

- *Ein* Experte, der einen neuen Algorithmus entwickelt, vergleicht ihn mit Standardmethoden aus Softwarepaketen (z.B. in Matlab®-Toolboxen implementiert) oder etablierten, weit verbreitenden Standards anhand vorliegender Datensätze. Ein solcher Vergleich ist naturgemäß unfair, weil Wissen und Erfahrung des Experten bezüglich der verschieden Methoden sehr unterschiedlich sein wird.

- *Viele* Experten vergleichen ihre Algorithmen, mit den sie sehr vertraut sind, auf standardisierten Datensätzen. Dies erlaubt einen fairen Vergleich, setzt aber Benchmark-Datensätze voraus, die öffentlich zugänglich und (bestenfalls) weit verbreitet sind.

Daher sollten Methodenvergleiche auf allgemein akzeptierten Benchmarkdatensätzen oder -problemen beruhen, wie beispielsweise dem UCI Machine Learning Repository[1] der University of California, das neben den

---

[1]http://archive.ics.uci.edu/ml/index.html

Datensätzen für die Klassifikation und Regression selbst auch Beschreibungen, Webhits als Maß für die Popularität und Links auf Ergebnisse enthält.

Für alle Problemstellungen, sei es Klassifikation, Funktionsapproximation oder Systemidentifikation gelten folgende Entwurfshinweise:

- Häufig wird die Notwendigkeit für die Entwicklung neuer Verfahren über kompliziertere Anwendungen mit speziellen Eigenschaften begründet. Auch in diesen Fällen sollte aber gezeigt werden, welche Ergebnisse die neuen Verfahren auf einfacheren Benchmarkdatensätzen oder -problemen zeigen. Sie sollten dort zumindest vergleichbar zu Standardverfahren abschneiden. Zudem sollten existierende Standardverfahren auf die Datensätze der komplizierteren Anwendung angewendet werden, um ihre Grenzen zu zeigen. Am besten ist es, wenn die Daten oder Systeme der komplizierteren Anwendung als neuer Benchmark gemacht werden. Eine solche Vorgehensweise erhöht die Akzeptanzchancen einer Publikation über neue Methoden in angesehenen Fachzeitschriften erheblich.

- Generell sollten neue Verfahren immer auf möglichst vielen verschiedenen Benchmarks getestet werden, weil sich die Ergebnisse oft unterscheiden. Für eine gute Bewertung eines neuen Verfahrens reicht es aus, wenn es auf mindestens einem der Benchmarks in der Spitzengruppe ist oder andere Vorteile (z.B. geringer Rechenaufwand, besserer Interpretierbarkeit usw.) aufweist.

- Bei allen Benchmarkdatensätzen ist eine Validierung über unabhängige Testdaten dringend erforderlich. Das kann über eine einmalige Aufteilung in Lern- und Testdaten (gut geeignet für große Datensätze) mit einer optionalen weiteren Unterteilung des Lerndatensatzes in Lerndatensätze für Parameter- und Strukturersuche oder durch eine mehrmalige Aufteilung durch Verfahren wie Kreuzvalidierung (engl. Crossvalidierung), Leave-one-out und Bootstrap erfolgen (siehe [1]). In vielen Benchmarkdatensätzen ist diese Aufteilung bereits fest enthalten.

Bei der Systemidentifikation sind die relevanten Eingangs- und Ausgangsgrößen im allgemeinem bekannt, häufig wird bei den Eingangsgrößen zwischen nicht beeinflussbaren Störgrößen und kontrollierbaren Stellgrößen unterschieden. Bei der Klassifikation und Funktionsapproximation enthalten Datensätze häufig eine sehr große Anzahl an Merkmalen, von denen nur eine Teilmenge tatsächlich einen Einfluss auf die Zielgröße haben. Für die Vorhersagegüte in praktischen Anwendungen ist daher oftmals eine sorgfältige Vorverarbeitung der Daten durch Merkmalsauswahl, Merkmalsgenerierung, Merkmalstransformation (Dimensionsreduktion), Datentupelselektion und Ausreißererkennung von wesentlich größerer Bedeutung als die Auswahl eines bestimmten Klassifikators oder Modells.

Das Ziel des folgenden Abschnitts besteht darin, zunächst eine Übersicht über wesentliche Validierungsstrategien (Abschnitt 2) zu geben. Anschließend werden Benchmarkdatensätze, -probleme, Bewertungskriterien und Standardverfahren auf den Gebieten Klassifikation und Mustererkennung (Abschnitt 3), Text Mining (Abschnitt 4), nichtlineare Regression (Abschnitt 5) sowie Nichtlineare Systemidentifikation und Regelung (Abschnitt 6) vorgestellt. Diese Übersicht soll dabei als Diskussionsbasis für die weitere Ausschussarbeit dienen.

2 Validierungsstrategien für Benchmarkdatensätze

Das zentrale Kriterium für die Güte eines Modells ist dessen Fähigkeit zur Prädiktion der Zielgröße auf zuvor ungesehenen Daten. Die erzielte Genauigkeit auf den Daten, mit denen das Modell trainiert wurde (in sample), geben keine realistische Abschätzung der zu erwartenden Modellgenauigkeit auf künftigen Daten (out of sample). Das Bias-Varianz-Dilemma verdeutlicht dies. Deshalb werden zuvor ungenutzte Testdaten zur Beurteilung der Genauigkeit herangezogen. Meist müssen Strukturentscheidungen über Metaparameter getroffen werden, wie Neuronanzahl, Stärke der Regularisierung, Art des Kernels, usw. Um die Auswirkungen dieser Entscheidungen zu bewerten, benötigt man einen dritten Datensatz zur Validierung.

Daher unterteilt man die Datensätze in Trainings-, Validierungs- und Testdaten.

- Trainingsdaten bilden die Grundlage für das überwachte Lernen durch Optimierung der Modellparameter bezüglich der Kostenfunktion.

- Validierungsdaten dienen der Festlegung der optimalen Struktur des Modells, beispielsweise Anzahl der Neuronen oder Teilmodelle in einem künstlichen neuronalen Netz und der optimalen Parameter des Lernalgorithmus selber, beispielsweise Lernrate oder Anzahl der Trainingsepochen.

- Testdaten ermöglichen die Schätzung des Vorhersagefehlers auf ungesehenen Daten.

Weit verbreitet ist die sogenannte Hold-Out-Methode bei der ein Teil der Daten (ca. 60%) für das Training reserviert und die übrigen der Validierung (ca. 20%) und dem Testen (ca. 20%) dienen. Die Hold-Out-Methode nutzt die Daten nicht effizient, dies ist besondere bei Probleme mit geringer Datenbasis ein Problem. Da Daten wertvoll sind, möchte man einerseits einen möglichst großen Anteil für das Training verwenden, andererseits verbleiben dann wenig Daten zum Validieren und Testen; die Beurteilung des Modells wird unzuverlässig. Die k-fache Kreuzvalidierung unterteilt die Daten in k disjunkte Teilmengen, auf denen k Tests durchgeführt werden, wobei jeweils k-1 Teilmengen dem Training und die verbliebene Teilmenge dem Testen dient. Somit verwendet die Kreuzvalidierung sämtliche Daten sowohl für das Trainieren als auch das Testen. Der gesamte Vorhersagefehler ergibt sich aus dem Mittelwert der Fehler über die k Testmengen. Als Standard hat sich die 10-fach Kreuzvalidierung etabliert, bei der jeweils auf 9/10 der Daten trainiert und auf den verbleibenden 1/10 validiert bzw. getestet wird. Bei vielen realen Benchmarkdaten ist dieses Vorgehen üblich. Bei der Aufteilung in Teilmengen ist darauf zu achten, dass die Datensätze der Teilmengen eine annähernd ähnliche Verteilung aufweisen, man spricht in diesem Fall von stratifizierter Kreuzvalidierung. Bei der Leave-One-Out-Kreuzvalidierung besteht jede Teilmenge aus einem einzelnen Datensatz, mit anderen Worten die Anzahl der Testläufe deckt sich mit der Anzahl der Datensätze. Diese Vorgehenweise ist wegen ihres hohen Rechenaufwands nur bei einer sehr geringen Anzahl an Daten sinnvoll. Bei synthetischen Problemen ist man in der glücklichen Lage jederzeit problemlos zusätzliche Daten für Validierung und Test generieren zu können.

Extrapolation beinhaltet die Vorhersage über einen gesicherten Bereich hinaus, das heisst auf Daten die außerhalb des durch die Trainingsdaten aufgespannten Wertebereichs liegen. Bei der Interpolation hingegen stammen die Testdaten aus der gleichen oder zumindest einer sehr ähnlichen Verteilung wie diejenige der Trainingsdaten. Naturgemäß stellt die Extrapolation wesentliche höhere Anforderungen an die datenbasierte Modellierung als die Interpolation. Hier liefern Ansätze die auf der Überlagerung lokaler Teilmodelle basieren in der Regel deutlich bessere Ergebnisse als globale Approximationsfunktionen.

Ein häufiger Fehler bei der Analyse und Validierung ist das sogenannte „data snooping" [2] [2]. Viele Einstellungen des Algorithmus (Metaparameter) werden anhand eines Datensatzes zur Validierung vorgenommen, der dann nicht mehr unverfälscht die Modellgenauigkeit widerspie-
gelt. Die Validierungsdaten dürfen nicht mit den Testdaten verwechselt
werden! In Wettbewerben wie der „Annual Data Mining and Knowledge
Discovery Competition" ([3]) werden deshalb die Testdaten zurückgehalten,
um ein Anpassen daran zu vermeiden.

Methodenvergleiche sollten stets durch einen statistischen Test untermauert werden. Da die Mehrzahl der Ansätze zur Klassifikation und Funktionsapproximation, zum Beispiel bei der Initialisierung von Lösungen,
eine stochastische Komponente enthalten sind die oben aufgeführten Bewertungskriterien per se Zufallsvariablen. Ein statistischer Test erlaubt die
Annahme oder Ablehnung einer Hypothese bezüglich eines vorgegebenen
Signifikanzniveaus. Die im maschinellen Lernen am weitesten verbreite-
ten Tests sind der t-Test und der Wilcoxon-Rang Test. Der t-Test geht von
normalverteilten Stichproben aus und prüft ob sich die Mittelwerte zweier
Grundgesamtheiten signifikant unterscheiden. Da die Voraussetzung des t-
Test einer normalverteilten Stichprobe schwierig nachzuweisen ist findet
häufig der Wilcoxon-Vorzeichen-Rang-Test als nicht parametrischer Test
Verwendung. Er vergleicht zwei gepaarte Stichproben miteinander und
trifft eine Aussage über die Gleichheit oder Ungleichheit der Mittelwerte der verbundenen Grundgesamtheiten.

3 Klassifikation und Mustererkennung

3.1 State-of-the-Art Methoden

Klassifikationsproblem sind Probleme des überwachten Lernens mit einer bekannten Ausgangsgröße. Dabei wird eine Abbildung zur Ermittlung einer geschätzten Ausgangsgröße $\hat{y} = f(x_1, \ldots, x_s)$ gesucht, die
s Merkmale x_i (reellwertige oder kategorische Eingangsgrößen) auf eine eindimensionale kategorische Ausgangsgröße mit m_y disjunkten Termen B_j abbildet. Diese Terme werden auch als Klassen bezeichnet (z.B.
$j = 1, \ldots, m_y = 3$, $y = B_1$: fehlerfreies Bauteil, $y = B_2$: fehlerhaftes
Bauteil mit Fehler Typ A, $y = B_3$: fehlerhaftes Bauteil mit Fehler Typ
B). Die Lern- und Testdatensätze bestehen folglich aus $n = 1, \ldots, N$ Datentupeln mit je s Merkmalen und einer Ausgangsgröße y. Die Merkmale

---

[2]http://work.caltech.edu/telecourse.html
[3]http://www.sigkdd.org/kddcup/

können auch aus strukturierten Daten wie Zeitreihen, örtlichen Sequenzen oder Bildern resultieren.

Eng verwandt sind Probleme der unscharfen Klassifikation, bei denen der Wert der Ausgangsgröße keine scharfe Zuordnung zu den Termen beschreibt, sondern Fuzzy-Zugehörigkeiten $\mu_{B_j} \in [0, 1]$.

Eine relativ einfache Klassifikationsmethode sind Bayes-Klassifikatoren auf der Basis von Normalverteilungen mit klassenspezifischen Kovarianzmatrizen im s-dimensionalen Merkmalsraum. Ein Sonderfall ist hier ein Klassifikator, der zum Abstandsklassifikator äquivalent ist. Bei nicht normalverteilten Daten geben insbesondere Support-Vektor-Maschinen (SVM), k-Nearest-Neighbor-Verfahren, Entscheidungsbäume, Fuzzy-Klassifikatoren und Künstliche Neuronale Netze oftmals gute Ergebnisse. Umfassende methodische Übersichten finden sich in [1, 3, 4].

3.2 Verfügbare Implementierungen

In nahezu allen Data-Mining-Tools sind mehrere Klassifikationsmethoden implementiert (siehe [5]). Geeignete Open-Source-Tools für Klassifikationsaufgaben sind beispielsweise RapidMiner[4], KNIME[5] und Gait-CAD[6].

3.3 Benchmarkprobleme/-datensätze

Neben relativ einfachen Datensätzen existieren Benchmarkdatensätze mit wachsender Komplexität für unterschiedliche Aspekte. Das betrifft z.B. Datensätze mit

- vielen Eingangsgrößen (insbesondere aus Zeitreihen oder anderen strukturierten Daten, wo es dann noch auf geeignete Verfahren zur Merkmalsextraktion und -selektion ankommt),

- teilweise fehlenden Werten der Ausgangsgrößen im Lerndatensatz (teilüberwachtes Lernen),

- mit fehlenden Werten in den Merkmalen,

- kompliziert geformten, eng zusammen liegenden, sich überlappenden oder in Subklassen geteilten Klassen im Merkmalsraum,

---

[4]http://www.rapidminer.com
[5]http://www.knime.org
[6]http://sourceforge.net/projects/gait-cad

- sich im Merkmalsraum verändernden Klassen (z.B. als Folge einer zeitvarianten Änderung),

- weit von anderen Datentupeln entfernt liegenden Ausreißern,

- mit besonders wenigen oder vielen Datentupeln,

- Klassen mit stark voneinander abweichenden Datentupelanzahlen und

- Fuzzy-Klassenzugehörigkeiten.

Populäre Benchmarkdatensätze für Klassifikationen sind

- IRIS ($N = 150, s = 4, m_y = 3$)[7]: kleiner, relativ einfacher Datensatz zur Unterscheidung von drei Schwertlilienarten,

- Heart oder Heart Disease ($N = 303, s = 13, 14$ bzw. $76, m_y = 3$)[8]: relativ kleiner Datensatz zur Diagnose von Herzkrankheiten mit einigen fehlenden Werten, gemischt reellwertige und kategorische Merkmale, z.T. unterschiedliche Teildatensätze in Nutzung,

- Japanese Vowels (JVowels, $N = 640, s = 12 \times 7 \ldots 29, m_y = 9$)[9]: Erkennung von neun japanischen Sprechern auf der Basis der Aussprache eines Vokals, Datensatz mit kurzen Zeitreihen der Länge $K = 7, \ldots, 29$,

- Shuttle ($N = 58000, s = 9, m_y = 7$)[10]: Datensatz der NASA zur Detektion des Heizungszustands im Space Shuttle, Klassen mit stark voneinander abweichenden Datentupelanzahlen und eng zusammenliegende Klassen,

- Datensatz IIIB der BCI Competition III von 2005 [6] ($N = 2640, s = 2 \times 875, m_y = 2$)[11], zur Klassifikation von Hirnsignalen bei der Vorstellung von zwei Bewegungen mit vielen Eingangsgrößen (zwei Zeitreihen der Länge $K = 875$) und sich im Merkmalsraum verändernden Klassen.

[4] vergleicht unterschiedliche Klassifikatoren (allerdings ohne die neueren Verfahren wie SVM) auf einer Vielzahl von Benchmarkdatensätzen (darunter IRIS, Heart Disease und Shuttle).

---

[7]http://archive.ics.uci.edu/ml/datasets/Iris
[8]http://archive.ics.uci.edu/ml/datasets/Heart+Disease
[9]http://archive.ics.uci.edu/ml/datasets/Japanese+Vowels
[10]http://archive.ics.uci.edu/ml/datasets/Statlog+(Shuttle)
[11]http://www.bbci.de/competition/iii/

3.4 Bewertungs- und Performanzmaße und Methodik bei der komparativen, statistischen Analyse von Methoden

Das mit Abstand populärste Bewertungsmaß ist der relative Klassifikationsfehler, bei dem die Anzahl der Fehlklassifikationen $N_e(\hat{y} = B_c \cap y = \overline{B_c})$ pro Anzahl Datentupel im Datensatz angegeben wird:

$$Q_K = \frac{1}{N} \sum_{c=1}^{m_y} N_e(\hat{y} = B_c \cap y = \overline{B_c}). \tag{1}$$

Außerdem existieren Erweiterungen für unscharfe oder probabilistische Klassenzugehörigkeiten und Entscheidungskosten (unterschiedliche Kosten für unterschiedliche Arten von Fehlklassifikationen). Zur Beurteilung von Problemen mit unterschiedlichen Datentupelanzahlen pro Klasse eignen sich Sensitivität und Spezifität bzw. daraus generierte Maße. Bei der Berechnung der Sensitivität (engl. sensitivity or recall, Q_{Sens}), Spezifität (engl. specificity, Q_{Spec}) und positivem Vorhersagewert (engl. precision, Q_{Prec}):

$$Q_{\text{Sens}} = \frac{TP}{TP + FN}, \quad Q_{\text{Spec}} = \frac{TN}{TN + FP}, \quad Q_{\text{Prec}} = \frac{TP}{TP + FP}, \tag{2}$$

werden immer Zweiklassenprobleme (mit den Termnamen "P: positive" und "N: negative") betrachtet und richtige (T: true) und falsche (F: false) Entscheidungen gezählt. Mehrklassenprobleme werden als Paar $y = B_c$ (positive) und $y = \overline{B_c}$ behandelt. Somit entstehen die Anzahlen TN (True Negative), TP (True Positive), FN (False negative) und FP (False Positive).

4 Text Mining

Die meisten Text-Mining-Probleme beschäftigen sich mit der Klassifikation von Dokumenten, um beispielsweise semantische Suchmaschinen zu unterstützen. Darüber hinaus gibt es u.a. Arbeiten zur paarweisen Ähnlichkeit zwischen Dokumenten oder Teilen von Dokumenten (z.B. zur Erkennung von Plagiaten), zur Extraktion von WENN-DANN-Zusammenhängen aus geschriebenen Texten (z.B. in der Biologie), zur automatisierten Suche nach Synonymen und zur Erkennung zeitvarianter Änderungen in Dokumentensammlungen (z.B. um neue Themen zu erkennen). Die Standardverfahren zählen die relative Häufigkeit von Wörtern ("Bag-of-words") oder aufeinander folgenden Buchstabengruppen fester Länge (n-Gramme). Dabei werden in der Regel extrem häufige Wörter (z.b. Artikel, html-Kommandos) ausgeschlossen. Ein Standardbuch mit einer Beschreibung vielfältiger Methoden ist [7]. Häufig kommen Standardmethoden der Klassifikation zum Einsatz (z.b. Support-Vektor-Maschinen), die mit einer großen Anzahl an Merkmalen zurechtkommen und lediglich über geschickte Merkmalsextraktionsverfahren an die Aufgabenstellung angepasst werden.

Populäre Text-Mining-Benchmarkdatensätze sind

- 20-newsgroups (20-NG)[12] ($N = 18846$ Dokumenten für $m_y = 20$ verschiedene Newsgroups als Klassen) mit einer gut balancierten Aufteilung. Für diesen Datensatz gibt es eine Standardaufteilung in Lerndaten (11314 Dokumente) und Testdaten (7532) und

- Reuters-21578[13] ($N = 21578$ Dokumente für $m_y = 20$ Topics als Klassen). Standardaufteilung (mode Apt split) in Lerndatensatz mit 9603 Dokumenten und 3299 Dokumenten im Testdatensatz. Hier sind Kategorien mit sehr unterschiedlichen Dokumentenanzahlen enthalten. Außerdem gehören einige Dokumente zu mehreren Topics.

Geeignete Open-Source-Tools für Klassifikationsaufgaben sind beispielsweise RapidMiner[14], KNIME[15], R[16] und GATE[17].

Für die Klassifikation von Dokumenten werden Bewertungsmaße für Klassifikationen verwendet. Hier sind aber insbesondere Maße wie der Precision-recall Break Even Point (BEP) populär (siehe z.B. [8, 9]), die ein Gleichgewicht zwischen Sensitivität (engl. sensitivity, recall) und positivem Vorhersagewert (engl. precision) suchen, siehe Gl. (2). Somit beziehen sie sich auf geeignete Schwellwerte einzelner Kategorien und können so besser auf seltene Kategorien angepasst werden.

---

[12]http://archive.ics.uci.edu/ml/datasets/Twenty+Newsgroups
[13]http://archive.ics.uci.edu/ml/datasets/Reuters-21578+Text+Categorization+Collection
[14]http://www.rapidminer.com
[15]http://www.knime.org
[16]http://www.r-project.org
[17]http://gate.ac.uk/download

5 Nichtlineare Regression und Funktionsapproximation

5.1 Übersicht

Alle naturwissenschaftlichen und ingenieurtechnischen Disziplinen bedürfen der Modellbildung zur Beschreibung und Analyse ihrer zugrundeliegenden Zusammenhänge und Prozesse. Bei der Konzeption technischer Systeme ist die Qualität des Modells einer der maßgeblichen Faktoren für deren Gesamtgüte. Dieser Abschnitt beschränkt sich auf die datenbasierte Modellierung statischer Prozesse mithilfe nichtlinearer Regression, häufig auch als Funktionsapproximation bezeichnet. Die Identifikation dynamischer Systeme behandelt der nachfolgende Abschnitt, wobei deren Modellierung auf der Verknüpfung einer ebensolchen statischen Funktionsapproximation mit einer Filterbank zur Generierung der Merkmale aus den zeitversetzten Signalverläufen basiert. Funktionsapproximation spielt eine wichtige Rolle in vielen Teilgebieten der Mathematik und Informatik. Die grundlegende Herausforderung besteht in der Auswahl einer Funktion aus einer wohldefinierten Klasse welche die Zielfunktion in einer problemspezifischen Art und Weise bestmöglich ännähert". Dieses Grundproblem beinhaltet drei Aspekte:

- Aus welcher Klasse von Funktionen oder Modellen wählt man aus?

- Wie definiert sich die Ähnlichkeit zwischen Modell und Daten?

- Wie bestimmt man die Parameter welche die Zielfunktion optimal approximieren?

Die Aufgabe der Funktionsapproximation lässt sich in zwei Klassen unterteilen. Ist die mathematische Form der Zielfunktion explizit bekannt so bietet die numerische Analyse eine Vorgehensweise um Approximationen mit gewünschten Eigenschaften wie effiziente Berechenbarkeit, Kontinuität zu gewährleisten. Leider entziehen sich viele Prozesse einer auf grundlegenden Gesetzmäßigkeiten basierenden mathematischen Modellierung (White-Box Modell). Im Fall der datenbasierten Modellierung (Black-Box-Modell) ist die Zielfunktion selber unbekannt, es existieren lediglich Beispielwerte der Funktion in Form von Paaren $(x, f(x))$. Geht man von reellwertigen Größen aus lässt sich f durch Interpolation, Extrapolation, Regressionsanalyse oder Kurvenapproximation annähern. Bei diskreten Größen handelt es sich um eine Klassifikationsaufgabe. Die statistische Lerntheorie behandelt die Probleme der Regression, Funktionsapproximation und Klassifikation in einheitlicher Weise unter dem Oberbegriff des überwachten Lernens. Die Computational Intelligence eignet sich insbesondere für die Black-Box-Modellierung, da künstliche neuronale Netze, Fuzzy-Modelle und Überlagerung lokaler Modelle auf universalen Funktionen operieren und damit unter wenig restriktiven Randbedingungen im Prinzip jeden funktionalen Zusammenhang beliebig genau approximieren können.

5.2 State-of-the-Art Methoden

Bevor man die Entwicklung eines nichtlinearen Modells in Erwägung zieht empfiehlt es sich zunächst einmal lineare Modelle in Betracht zu ziehen. Selbst wenn deren Genauigkeit für die Aufgabenstellung nicht ausreicht, legen sie die Messlatte für den Vergleich zu nichtlinearen Modellen. Gerade bei einer geringen oder stark verrauschten Datenbasis erweisen sich häufig lineare Modelle gegenüber schlecht gewählten nichtlinearen Modellen hinsichtlich ihres Vorhersagefehlers auf ungesehenen Daten als überlegen.

5.2.1 Lineare und nichtlineare Regression

Bei der nichtlinearen Regression wird die beobachtete Größe durch eine Funktion approximiert die in nichtlinearer Weise von den Modellparametern und den unabhängigen Merkmalen abhängt. Dabei ist der funktionale Zusammenhang zwischen den Eingangs- und Ausgangsgrößen als grundsätzlich bekannt vorausgesetzt. Die Daten bestehen aus den fehlerfreien unabhängigen Merkmalen x und den beobachteten, abhängigen Größen y. Die verrauschten Ausgangsgrößen y sind durch Zufallsvariable beschrieben deren Mittelwert die nichtlineare Funktion $f(x, \alpha)$ ist. Im Falle der linearen Regression hängt $f(x, \alpha)$ in linearer Weise von den unabhängigen Variablen x ab. Typische Beispiele für nichtlineare Funktionen sind Polynome (in x), Exponentialfunktionen und trigonometrische Funktionen. Ist die Funktion $f(x, \alpha)$ linear in den Parametern α so lassen sich diese aus den Daten effizient durch die Methode des kleinsten quadratischen Fehlers bestimmen. Für den allgemeinen Fall existiert keine geschlossene Lösung für die optimalen Parameter, sondern diese werden vielmehr durch eine numerische globale Optimierung bestimmt. Gebräuchliche numerische Optimierungsverfahren sind Gradientenabstiegsverfahren oder Gauss-Newton Verfahren. Im Gegensatz zum linearen Fall existieren mehrere lokale Minima, so dass globale, heuristische Optimierungsmethoden wie Evolutionäre Optimierung oder Partikelschwarmoptimierung eine Alternative zu den exakten Methoden darstellen. Übliche Kostenfunktionen basieren auf der Summe des quadratischen, residualen Fehlers zwischen den geschätzten und den beobachteten Werten der abhängigen Variable y. Bei ungleicher Verteilung der Daten oder unterschiedlicher Varianz von y minimiert man die Summe des gewichteten, quadratischen Fehlers.

Das Problem der Regression besteht im Approximieren einer Funktion $y = f(x_1, \ldots, x_n)$ aus N Datenpunkten $\{x_1(i), \ldots, x_n(i), y(i)\}$, $i = 1, \ldots, N$. Man sollte sich immer bewusst sein, dass ein Würfel in n Dimensionen 2^n Ecken hat und soviele Kombinationen aus Minimum und Maximum jedes Eingangs möglich sind, wenn die Eingänge unabhängig voneinander sind.

Ein wichtiges Teilgebiet ist die Prädiktion von Zeitreihen, bei welcher der Ausgang zum Zeitpunkt k aus zeitverzögerten Ausgangswerten $y(k - \kappa)$ und eventuell zusätzlichen Eingangsgrößen prädiziert wird. Einen Überblick der Problematik von Benchmarks für Zeitreihen liefert [10]. Die Besonderheit liegt darin, dass die Eingangsgrößen $y(k - \kappa)$ voneinander abhängig sind. Eine Datenbank mit Zeitreihen-Datensätzen findet sich auf der TRACER Webseite [18].

Sobald mehr als ein Schritt vorausgesagt werden soll, kompliziert sich die Problemstellung weiter. Im Grenzfall möchte man ein dynamisches System *simulieren*, d.h. die vorhergesagten Ausgangswerte rückkoppeln, z.B.: $\hat{y}(k) = f(\hat{y}(k - 1), u(k))$. Dadurch werden die Zusammenhänge selbst bei einer lineare Funktion $f(\cdot)$ nichtlinear.

5.2.2 Künstliche Neuronale Netze

Neuronale Netze imitieren die Informationsverarbeitung in biologischen Gehirnen auf eine stark vereinfacht Art und Weise [11]. Sie zeichnen sich durch eine massiv parallele Verarbeitung von Information in Form eines Netzes künstlicher Neuronen aus, die untereinander durch gewichtete Verbindungen, den sogenannten Synapsen, verkoppelt sind. Das Lernen erfolgt durch eine Anpassung der Gewichte und Schwellwerte, zum Teil auch durch das Kappen oder Hinzufügen von synaptischen Verbindungen. Eine populäre Variante der künstlichen neuronalen Netze sind mehrschichtige, vorwärtsgerichtete Perzeptronnetzwerke (MLP). Ein Perzeptron bildet das Verhalten eines einzelnen Neurons nach und besitzt adaptierbare Gewichtungen und einem Schwellenwert. Das Training des Netzwerkes erfolgt über die Rückführung des Ausgangsfehlers (error backpropgation) und basiert auf einem Gradientabstieg der Gewichtsparameter zur Minimierung

---

[18]http://tracer.uc3m.es/tws/TimeSeriesWeb/repo.html

der Summe der quadratischen Ausgangsfehler. Ein MLP-Netzwerk mit einer versteckten Schicht gilt bereits als universaler Funktionsapproximator, da es in der Lage ist jede kontinuierliche Funktion beliebig genau zu approximieren. Daher sollte man die Entscheidung für eine Architektur mit mehr als einer versteckten Schicht wohlbegründen, falls zum Beispiel ein zweischichtiges Netzwerk bei gleicher Approximationsgüte dennoch mit insgesamt weniger Neuronen auskommt. Ebenfalls weit verbreitet sind radiale Basisfunktionsnetzwerke (RBF) mit lokalen Aktivierungsfunktionen welche die Ähnlichkeit der Basisfunktion mit dem Eingangsmuster bestimmen. Die Ausgabe eines RBF-Netzes ergibt sich aus der linear gewichteten Überlagerung der Aktivierungen der Basisfunktionen. Die Zentren der Basisfunktion werden durch Clustering im Eingangsraum festgelegt,die Gewichte der Ausgabeschicht werden durch die Methode des kleinsten quadratischen Fehlers bestimmt.

5.2.3   Fuzzy- und Neuro-Fuzzy-Modelle

Die Fuzzy-Logik erweitert den klassischen Mengenbegriff indem sie es erlaubt das ein Element eine graduelle Zugehörigkeit zu einer Menge aufweist. Zusammenhänge zwischen Größen werden in Fuzzy-Systemen in Form von Wenn-Dann Regeln repräsentiert. Die Unschärfe des Mengenbegriffs erfordert eine neue Form der approximativen Schlussfolgerung in solch regelbasierten Systemen. Ein wesentlicher Vorteil von Fuzzy-Modellen liegt in der Integrierbarkeit von Regeln die auf Wissen oder Erfahrung basieren, mit Regeln die auf der Grundlage von Daten generiert werden. Man unterscheidet bei Fuzzy-Systemen zwischen sogenannten linguistischen Fuzzy Systemen und Takagi-Sugeno-Kang Systemen. Erstere beschreiben Größen durch linguistische Variablen in dem den Zugehörigkeitsfunktionen für den Experten bedeutungstragende linguistische Terme zugeordnet sind. In Tagaki-Sugeno-Kang Fuzzy Systemen sind die Konklusionen der Regeln parametrisierte, oftmals lineare Funktionen der Eingangsgrößen. Die Parameter der Konklusion werden aus den Daten durch die Methode des kleinsten quadratischen Fehlers bestimmt. Gegenüber lingustischen Fuzzy-Systemen weisen Takagi-Sugeno-Kang Systeme aufgrund der parametrisierbaren Konklusion eine höhere Approximationsgenauigkeit auf, die jedoch zu Lasten der Interpretierbarkeit der Regeln geht (interpretability accuracy tradeoff).

In ihrer ursprünglich Form sind Fuzzy-Systeme nicht für das überwachte Lernen konzipiert. Erst die Erweiterung zu Neuro-Fuzzy Systemen ermöglicht die datenbasierte Anpassung der Regeln und Zugehörigkeitsfunktion [12]. Der Vorteil von Neuro-Fuzzy Systemen liegt darin Vorwissen in den Lernprozess zu integrieren und bei geeigneter Einschränkung des Lernens auf einen Teil der Modell-Parameter die Interpretierbarkeit der Regeln zu erhalten. Sogenannte Singleton-Fuzzy-System mit einer konstanten skalaren Konklusion sind in der Tat äquivalent zu RBF-Netzwerken. Das Adaptive-Network-based Fuzzy Inferenz System (ANFIS) [13] basiert auf der nichtlinearen Optimierung eines Takagi-Sugeno-Kang Modells mit lineare Konklusion. NEFCLASS ist ein trainierbarer Neuro-Fuzzy Klassifikator welcher interpretierbare Regeln aus Daten generiert [14].

5.2.4 Lokal gewichtete Modelle

In der Mustererkennung ist der k-nächste Nachbar Algorithmus eine weit verbreitete Methode um die Klasse eines Objekts anhand seiner Ähnlichkeit zu bekannten Prototypen vorherzusagen. Der Algorithmus klassifiziert ein Objekt anhand der unter seinen k nächsten Nachbarn mehrheitlich auftretenden Klasse. Der Algorithmus gehört zur Klasse der instanzbasierten Lernverfahren, welche die Trainingsbeispiele lediglich speichern und erst zum Zeitpunkt der Entscheidungsfindung ein zur Anfrage passendes lokal gültiges Modell der Zielfunktion erstellen. Im Falle der Funktionsapproximation wird die Zielgröße anhand des Mittelwertes der k nächsten Nachbarn geschätzt. Eine Verallgemeinerung zur Schätzung anhand des einfaches Mittelwertes besteht darin, den Beitrag eines Nachbarn bei der Mittelung anhand seiner Ähnlichkeit zum ungesehenen Beispiel zu gewichten. Im Ergebnis führt dies zu einer gewichteten Interpolation der Zielgröße. Die lokal gewichtete Regression beruht auf der Generierung eines linearen Modells welches lokale Gültigkeit in der Nähe der Anfrage besitzt [15]. Einen zentrale Rolle spielt dabei die Kernfunktion, oftmals in Form einer Normalverteilung, welche im Sinne eines Ähnlichkeitsmaß die Gewichtung der Nachbarn festlegt. Lokal lineare Neuro-Fuzzy Modelle (NRBF) stellen eine Erweiterung von RBF-Netzwerken dar, mit dem Unterschied dass ein lokal lineares Modell an die Stelle des konstanten Gewichts tritt. Die Gesamtausgabe des NRBF-Netzwerk ergibt sich aus der über die Kernfunktionen gewichteten Überlagerung der linearen Teilmodelle. Die Schätzung der Parameter der linearen Teilmodelle erfolgt durch die lokale oder globale Methode des kleinsten quadratischen Fehlers. Letztere bietet zwar eine höhere Approximationsgenauigkeit ist jedoch anfällig gegenüber verrauschten Daten und zeigt schlechteres Verhalten bei der Extrapolation. Die zentrale Herausforderung besteht in der Partitionierung des Eingangsraums, das heisst der Optimierung der Zentren und Breiten der Kernfunktionen. Als Strategien bieten sich an die regelmäßige Anordnung auf einem

Gitter, das Clustern im Eingangsraum oder Produktraum, die nichtlineare Optimierung und die Methode des orthogonalen kleinsten quadratischen Fehlers. Ein sehr effizientes Verfahren zur Partitionierung des Eingangsraums sind die lokal linearen Modellbäume (LOLIMOT) [16]. Der LOLIMOT Algorithmus partitioniert den Eingangsraum in iterativer Weise durch achsenparallele Schnitte. Bei dieser heuristischen Suche wird jeweils dasjenige Teilmodell das den größten residualen Fehler aufweist in zwei Teilmodelle unterteilt. Das Modell wird entlang der Dimension unterteilt für welche die erweiterte Struktur den kleinsten globalen Gesamtfehler erreicht. Das Verfahren ist insofern effizient, als dass der Rechenaufwand in linearer Weise mit der Anzahl der Teilmodelle zunimmt. Ein weiterer Vorteil besteht darin Nebenbedingungen und Komplexitätsmaße direkt bei der Strukuroptimierung mit zu berücksichtigen.

5.3 Fehlermaß

Das bei der Funktionsapproximation am häufigsten verwendete Fehlermaß ist der normierte, quadratische Fehler (normalized mean squared error):

$$\text{NMSE} = \frac{\sum_{i=1}^{N}(y_i - \hat{y}_i)^2}{\sum_{i=1}^{N}(y_i - \bar{y})^2} \tag{3}$$

mit der beobachteten Ausgangsgröße y, deren Mittelwert $\bar{y}$ und dem Modellausgang $\hat{y}$. Er basiert auf der Abweichung zwischen der Zielfunktion y_i und ihrem vom Modell prognostizierten Wert $\hat{y}_i$ und ist ein weit verbreitetes Maß um die Vorhersagegenauigkeit eines Modells zu beurteilen. Vielfach findet auch $R^2 = 1 - \text{NMSE}$ Verwendung. Zu beachten ist, dass bei einer Kreuzvalidierung die Normierung erst nach Berechnung des gesamten Modellausgangs durchgeführt werden kann!

Leider wird oft auch ein anderes Fehlermaß angegeben, was Vergleiche sehr erschwert da es maßgeblich von der Streuung der Ausgangsgröße abhängt, z.B. der mittlere quadratische Fehler (mean squared error)

$$\text{MSE} = \frac{1}{N} \sum_{i=1}^{N} (y_i - \hat{y}_i)^2 \tag{4}$$

oder dessen Wurzel. Je nach Anwendung sind häufig auch die Summe der Fehlerbeträge oder der maximale Fehler von Interesse.

Der Regressionskoeffizient

$$R^2 = 1 - \frac{\sum_{i=1}^{n}(y_i - \hat{y}_i)^2}{\sum_{i=1}^{n}(y_i - \bar{y})^2} \tag{5}$$

gibt an, welcher Anteil der natürlichen Varianz der Zielfunktion durch das Modell erklärt wird und ist somit ein aussagekräftiges und von der Verteilung der Zielgröße unabhängiges Maß. Ein sehr niedriger Regressionskoeffizient bedeutet, dass das Modell lediglich imstande ist im wesentlichen den Mittelwert der Zielfunktion vorherzusagen.

Überwachte Lernverfahren lassen sich überdies anhand der Verteilung der residualen Fehler vergleichen. Box-Plots vermitteln einen intuitiven visuelle Analyse, je nach Anwendung bevorzugt man unter Umständen ein Modell mit höherem mittleren quadratischen Fehler ohne Ausreißer gegenüber einem Modell, dessen Fehlerverteilung eine hohe Varianz aufweist.

5.4 Implementierungen

Die Zusammenstellung der Implementierungen erhebt keinen Anspruch auf Vollständigkeit. Da der Nutzen und die Praxistauglichkeit einer Software sehr stark von den individuellen Anforderungen, dem IT-Umfeld und dem Wissen des Anwenders abhängt, enthalten sich die Autoren einer Bewertung oder Empfehlung innerhalb der aufgeführten Softwarepakete. Zu den frei verfügbaren Implementierungen zählen Gait-CAD [19], eine Matlab®-Toolbox für Data Mining mit Methoden zur Klassifikation, Regression, Datenvorverarbeitung, Visualisierung und Analyse, Rapidminer [20] ein umfangreiches, professionellen Ansprüchen genügendes Open-Source Software für Data Mining, WEKA [21] eine auf Java basierende Sammlung von Methoden des Maschinellen Lernens, der Konstanz Information Miner KNIME [22] mit einer graphischen Benutzeroberfläche für die Datenanalyse und der auf UNIX-Systeme abgestimmte Stuttgarter Neuronal Network Simulator SNNS [23] für die Simulation neuronaler Netze. Neben den freien Implementierungen sei auf Matlab® [24] als kommerzielles Produkt verwiesen. Matlab® ist ein Paket zum wissenschaftlichen Rechnen und zur Simulation. Die Toolboxen Statistics, Neural Networks, Fuzzy Logic und Global Optimization beinhalten eine Vielzahl von CI-Methoden zur Klassifikation, nichtlinearen Regression und Optimierung.

---

[19] http://sourceforge.net/projects/gait-cad

[20] http://www.rapidminer.com

[21] http://www.cs.waikato.ac.nz/ml/weka/

[22] http://www.knime.org/

[23] http://www.ra.cs.uni-tuebingen.de/SNNS/

[24] http://www.mathworks.de/

5.5 Benchmarkprobleme

Um die objektive Vergleichbarkeit von Algorithmen und Modellen zur linearen und nichtlinearen Regression zu gewährleisten stellt die Statistical Engineering and Mathematical and Computational Sciences Divisions des NIST Information Technology Laboratory eine Reihe von Benchmarkdatensätzen zur Verfügung [25]. Die Sammlung von 27 Datensätzen umfasst sowohl realistische Daten aus echten Anwendungen als auch synthetisch erzeugte Daten unterschiedlicher Komplexität. Die den Daten zugrundeliegenden Modelle und deren Parameter sind bekannt ebenso wie die Referenzwerte der optimalen Parameter [26]. Die Benchmarkdaten sind insofern eingeschränkt, als dass alle Probleme lediglich eine einzige Eingangsgröße aufweisen. Der NIST Benchmark eignet sich vorwiegend für die Evaluierung von Methoden zur nichtlinearer Regression bei bekannter Struktur der Zielfunktion (White-Box-Modell).

Am bequemsten und sicher weit verbreitetsten sind die Daten aus den Matlab®-Toolboxen für Statistics (30 Datensätze) und neuronale Netze (8 Datensätze für Regression). Hierbei handelt es sich meist um echte Messdaten. Auch die simulierte chaotische Zeitreihe von Mackey-Glass [17] aus der Fuzzy-Toolbox soll wegen der breiten Verwendung erwähnt werden. Ebenfalls populär ist die UCI-Datenbank [27] mit 24 Datensätzen zur Regression, die DELVE-Datenbank mit 10 Regressionsproblemen [28] und 63 Funktionsapproximationsprobleme [29]. Das WEKA-Archiv enthält 37 Regressionsprobleme diversen Ursprungs [30].

Leider ist typischerweise Ziel und Bewertungsmaßstab nicht eindeutig definiert. Die Popularität der Daten hat sich historisch entwickelt. Bei der beliebten chaotischen Zeitreihe nach Mackey-Glass z.B. werden unterschiedliche Parameter und Datenausschnitte für Training und Test gewählt, so dass die Veröffentlichungen untereinander nur begrenzt vergleichbar sind. Bei den Hauspreisen in Boston war das ursprüngliche Ziel nicht die Modellgenauigkeit, sondern das Verständnis der Zusammenhänge [18].

---

[25] http://www.itl.nist.gov/div898/strd/nls/nls_main.shtml
[26] http://www.itl.nist.gov/div898/strd/nls/nls_info.shtml
[27] http://archive.ics.uci.edu/ml/
[28] http://www.cs.toronto.edu/~delve/
[29] http://funapp.cs.bilkent.edu.tr/DataSets/
[30] http://www.cs.waikato.ac.nz/ml/weka/

5.5.1 Hauspreise in Boston

Es stehen 506 Datenpunkte bestehend aus 13 Eingangsgrößen (davon eine binär) zur Modellierung des Hauspreises in Boston in den späten 1970er Jahren zur Verfügung. Da keine separaten Testdaten existieren, ist eine 10-fach Kreuzvalidierung als Vergleich üblich. Das ursprüngliche nichtlineare Modell (mittels linearer Regression geschätzt) kommt auf einen NMSE von 0,19 und ein einfaches CART-Modell, das nur vier Eingänge verwendet, auf 0,27 [19]. Ein lokales Modellnetz, aufgebaut mittels inkrementeller Baumkonstruktion (LOLIMOT bzw. HILOMOT) [20, 21], kommt auf 0,13 bzw. 0,15 für 5 lokal lineare bzw. 2 lokal quadratische Modelle. Bei der Konstruktion wurde der beste korrigierte AIC ausgewählt. Interessanterweise ist das Netz mit lokal quadratischen Modellen beim Training besser, bei der Kreuzvalidierung aber schlechter (Overfitting!).

5.5.2 Druckfestigkeit von Beton

In [22] wurde zum ersten Mal ein Datensatz zur Beschreibung der Druckfestigkeit von Beton mit 8 Eingangsgrößen vorgestellt. Später wurde er auf 1030 Datenpunkte erweitert. In [23] findet sich ein Vergleich von einem linearen Modell, einem Multilayer-Perzeptron und einem Regressions-Baum (M5P) mit 10-fach-Kreuzvalidierungsfehlern von NMSE = 0,30, 0,21 und 0,11. Bild 1 zeigt das Training von lokal linearen Modellnetzen von NMSE = 0,38 (1 Modell) bis 0,06 (13 Modelle) und lokal quadratischen Modellnetzen von NMSE = 0,19 (1 Modell) bis 0,03 (8 Modelle). Das Netz mit lokal quadratischen Modellen ist beim Training 2 x besser, bei der Kreuzvalidierung (NMSE = 0,10) aber nur genauso gut, wie das mit lokal linearen Modellen.

5.5.3 Chaotische Zeitreihe

In der Matlab[®]-Fuzzy-Toolbox werden zur Prädiktion der chaotischen Mackey-Glass Zeitreihe [17] jeweils 500 Datenpunkte für Training und Test verwendet. Ein ANFIS-Fuzzy-Modell mit 16 Regeln erzielt für beides einen NMSE = $1 \cdot 10^{-4}$ nach 10 Iterationen bzw. konvergiert gegen $4 \cdot 10^{-5}$. Ein lokal quadratisches Modellnetz erzielt mit 19 lokalen Modellen den besten korrigierten AIC (NMSE = $2 \cdot 10^{-5}$) bzw. konvergiert gegen $3 \cdot 10^{-6}$ mit 73 lokalen Modellen. Diese Ergebnisse sind wegen des fehlenden Rauschens eher akademischer Natur.

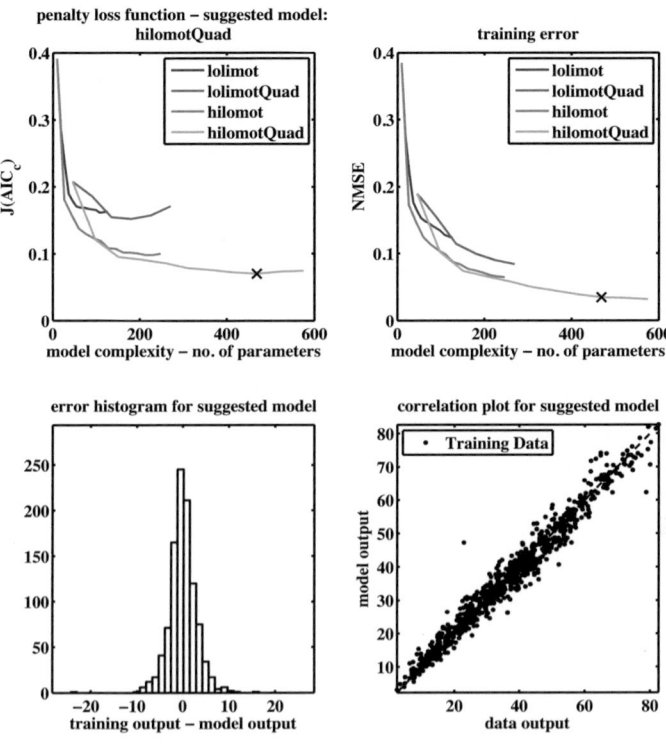

Bild 1: Typisches Ergebnis des Trainings von lokalen Modellnetzen mittels vier verschiedener Trainingsalgorithmen anhand des Benchmarks „concrete" aus der UCI-Datenbank.

6 Nichtlineare Systemidentifikation und Regelung

6.1 Übersicht

Zur systematischen Bewertung und für den Vergleich von Methoden der datengetriebenen Modellierung und von Computational Intelligence-basierten modellgestützten Regelungsmethoden sind Benchmarkprobleme unerlässlich. In diesem Abschnitt wird eine Sammlung von Benchmarkproblemen vorgestellt, die sowohl synthetische Systembeschreibungen als auch reale Anwendungen beinhaltet. Es werden ausschließlich Prozesse betrachtet, die mindestens einen freien Steuereingang enthalten. Das heißt, Benchmarks ohne Steuereingänge für die Bewertung von Methoden der reinen Zeitreihenanalyse werden nicht berücksichtigt. Dabei unterliegt die

Auswahl geeigneter Benchmarks ebenso klar formulierten Auswahlkriterien wie die eigentliche Bewertung der zu untersuchenden Methoden. Die Benchmark-Sammlung soll sowohl Datensätze für die nichtlineare Systemidentifikation als auch Simulationsmodelle zum Vergleich von Regelungsmethoden enthalten.

Der folgende Abschnitt fasst die üblichen Bewertungskriterien kurz zusammen. Insbesondere im Fall der Regelung ist für die Vergleichbarkeit festzulegen, welche Führungs- und Störgrößenverläufe wie auch Parameteränderungen zu betrachten sind.

Vier Typen von Benchmarkproblemen wurden aufgenommen:

- Synthetische Systembeschreibungen (ohne Bezug zu einem technischen Prozess aufgestellte Gleichungen) insb. für die nichtlineare Systemidentifikation,

- Datensätze für die nichtlineare Systemidentifikation,

- gekapselte Simulationsmodelle für Entwurf und Test nichtlinearer Regler, wobei ein Prozessmodell zu identifizieren ist, sowie

- theoretische Modelle technischer Prozesse insbesondere für den nichtlinearen Reglerentwurf ohne datengetriebene Modelle z.b. mit Takagi-Sugeno-Systemen basierend auf Sektornichtlinearitäten.

Dabei wurden nur Beispiele aufgenommen, von denen die Autoren aus Literaturrecherchen den Eindruck haben, dass sie von vielen Parteien als Problemstellung aufgegriffen werden und die Bezeichnung "Benchmarkprobleme" verdienen. Die vorgestellten technischen Prozesse sind, obwohl diese zum Teil schon seit den 80iger Jahren in der regelungstechnischen Literatur behandelt wurden, weiterhin aktuell. Dabei werden verschiedenartige nichtlineare Kopplungen physikalischer Zustände berücksichtigt, die auf eine größere Anzahl von technischen Anwendungen übertragbar sind. Es steht jedoch zur Diskussion, ob es in Zukunft nicht ebenfalls sinnvoll ist, aktuelle methodische Entwicklungen, wie z.B. die Signalübertragung mittels digitaler Netzwerke in Regelungssystemen und neue Anforderungen an die Regelung aufzugreifen, wie z.B. das fehlertolerante Verhalten, um damit die Benchmarkprobleme adäquat zu erweitern. Andererseits sind wichtige Anwendungen wie Verbrennungsmotoren oder Windturbinen mangels verfügbarer Benchmarks noch nicht berücksichtigt.

6.2 Bewertungskriterien

6.2.1 Identifikation

Zu den typischen Bewertungskriterien für identifizierte Modelle zählen:

- Mittelnde Maße wie der mittlere quadratische Fehler,

- lokale Maße wie der max. Fehlerbetrag,

- statistische Maße wie Bestimmtheits-/Unbestimmtheitsmaße,

- die Form der Häufigkeitsverteilung der Residuen und

- der Verlauf der Autokorrelationsfunktion des Residualsignals sowie der Kreuzkorrelationsfunktion von Eingangs- und Residualsignal.

Dabei sind die Modelle insbesondere auf den Test- (bzw. Validierungs-/Generalisierungs-)daten zu bewerten und nicht auf den Trainings- (bzw. Identifikations-)daten. Die Testdaten wie auch die Trainingsdaten sollten das Systemverhalten ausreichend charakterisieren, um bei nichtlinearen Systemen zu einer möglichst repräsentativen Bewertung der Modellgüte zu gelangen. Beim Vergleich alternativer Modelle ist zudem die Parameteranzahl mit zu bewerten; einfache Modelle sind bei vergleichbarer Prädiktionsgüte vorzuziehen (Ockham'sches Prinzip). Eine formalisierte Bewertung von Prädiktionsgüte und Modellparameteranzahl nehmen die Informationskriterien vor [24] [20].

Die zuvor genannten Kriterien bewerten alle das Approximationsvermögen eines Modells. Bei Fuzzy-Modellen kann die Interpretierbarkeit als weiteres grundständiges Kriterium hinzugenommen werden. Dies ist für Mamdani- aber auch Takagi-Sugeno-Fuzzy-Modelle relevant, die aus gewichteten Kombinationen lokal affiner Modelle bestehen.

6.2.2 Regelung

Insbesondere lassen sich Festwert- und Folgeregelungsaufgaben unterscheiden. Bei Festwertaufgaben gehört zu den Bewertungskriterien:

- Streuung und Erwartungswert der Regelabweichung in stationären Phasen für verschiedene Arbeitspunkte sowie

- Geschwindigkeit, Verlauf und "Endwert" der rückführenden Reaktion einer Regelung bei sprung- und rampenförmigen und harmonischen Änderungen von Störgrößen oder bei sprung- oder rampenförmigen Änderungen von Prozessparametern (z.B. über An-/Ausregelzeit, Überschwingen und bleibender Regelabweichung).

Bei Folgeregelungsaufgaben gehört zu den Bewertungskriterien:

- Dynamische Verzerrung bei der Verfolgung des Sollgrößenverlaufs z.B. mittels lokaler Bewertung über den max. Amplitudenfehler, die max. Nacheilung oder ein mittelndes integrales Fehlermaß wie die quadratische oder betragslineare Regelfläche,

- erreichte Bandbreite, d.h. die Frequenz, bei der bei sukzessiver Erhöhung der Frequenz eines periodischen Führungssignals die Amplitude der Regelgröße nur noch $1/\sqrt{2}$ der Amplitude des Führungssignals erreicht,

- Wiederholgenauigkeit bei zyklischen Vorgängen, sowie

- Genauigkeit des Erreichens von Betriebspunkten wie Endlagen bei Positionieraufgaben.

Dabei sind die "Kosten" für die erreichte Regelgüte zu bewerten, z.B. über den Stellaufwand und die Stellaktivität. In der Regel sind zudem Beschreibungen eben dieser Größen zu beachten. Da die hier vorgestellten Benchmarkprobleme allesamt Stellgrößenbegrenzungen aufweisen, ist der zulässige Aufwand bezogen auf die angegebenen Grenzen zu bewerten.

6.3 Benchmarkprobleme

6.3.1 Synthetische Beispiele zur Identifikation

Prozessbeschreibung: In [25] finden sich 5 Beispiele wie z.B.:

$$y(k+1) = \frac{y(k) \cdot y(k-1) \cdot (y(k) + 2,5)}{1 + y^2(k) + y^2(k-1)} + u(k) \tag{6}$$

Bei diesem Beispiel wird angenommen, dass $u(k)$ ein in $[-2; 2]$ gleichverteiltes Zufallssignal ist.

Nutzung: Z.B. in [26, 27], z.T. aber mit anderen Steuersignalen.

6.3.2 Dreitanksystem

Einleitung: Das Dreitanksystem (Bild 2) wird weltweit in Rahmen der regelungstechnischen Ausbildung eingesetzt. Es stellt einen verfahrenstechnischen Prozess dar, bei dem Prozessgrößen in Form von Füllständen in Tanks unabhängig von äußeren Störungen geregelt werden sollen.

Prozessbeschreibung: Die prozessrelevanten Anlagenteile sind in Bild 2 dargestellt. Die unabhängig steuerbaren Zuflüsse zu den Tanks 1 und 3 werden mit den Pumpen 1 und 2 eingestellt. Die äußeren Tanks sind mit dem mittleren Tank durch Rohre an den Tankböden miteinander verbunden. Der Tank T2 enthält einen zusätzlichen Abfluss mit fest eingestelltem Querschnitt. Die in Bild 2 dargestellten vertikalen Abflüsse dienen der Nachbildung deterministischer Störungen und können als nichtmessbare Leckflüsse aufgefasst werden. Die Füllstände der drei Tanks werden mit Hilfe von Druckaufnehmern gemessen.

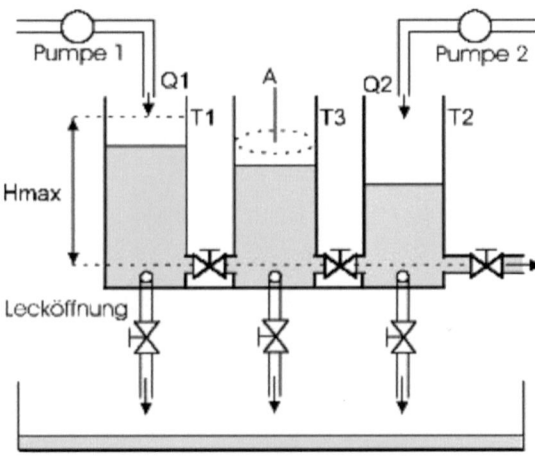

Bild 2: Dreitank-System (DTS 200, Amira)

Problemstellung: Die Regelstrecke wird durch ein nichtlineares Zustandsraummodell dritter Ordnung vorgegeben. Die Füllstände in den Tanks bilden die Systemzustände. Die Durchflussparameter sind mit Unsicherheiten behaftet. Eine häufig auftretende nichtlineare statische Pumpencharakteristik wird durch begrenzte Parameterunsicherheiten in der Eingangsmatrix berücksichtigt. Das Ziel der Regelung ist es, die Füllstände in den Tanks T1 und T3 (oder T2 und T3) ausgehend von einem vorgegebenen Anfangszustand bei deterministischen Störungen, erstens auf festen Pegelständen und zweitens in einem großen Arbeitsbereich entlang von

Sollwertprofilen zu halten. Die Störungen, die auf das System einwirken, treten einerseits durch Parametervariationen in der Eingangsmatrix und in den Durchflussparametern auf und werden andererseits gezielt mit dem Ein- und Ausschalten der Lecköffnungen verändert.

Bewertungskriterien: Es sind zunächst keine gesonderten, über die bekannten Kriterien hinausgehenden, Bewertungsmaßstäbe erforderlich.

Nutzung: Z.B. in [28–30].

6.3.3 Inverses Pendel

Prozessbeschreibung: Das inverse Pendel (Bild 3) besteht aus einem beweglichen Wagen, an dem ein frei drehbares Pendel angebracht ist, welches in einer nach oben senkrecht stehenden Position ausgerichtet werden soll. Um das Pendel an einer vorgegebenen Wagenposition in aufrechter Lage zu stabilisieren, wird der Wagen, auf dem sich das Pendel befindet, über ein Transmissionsband mit Hilfe eines Elektromotors angetrieben. Als Messgrößen stehen die Position des Wagens x, die Geschwindigkeit des Wagens $\dot{x}$ und der Winkel des Pendelstabes θ der Regelung zur Verfügung.

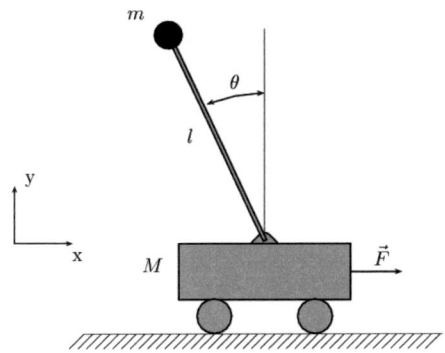

Bild 3: Inverses Pendel

Problemstellung: Ziel der Regelung ist es, das inverse Pendel selbstständig aufzuschwingen und in der instabilen Ruhelage zu stabilisieren, so dass sich die Masse oberhalb des Drehpunktes befindet. Äußere Störungen wie externe (unbekannte) Kräfte die auf das Pendel und den Wagen wirken müssen ausgeregelt werden.

Bewertungskriterien: Das inverse Pendel soll unabhängig von der gewünschten Bewegung des Wagens und auch bei externen Störungen in der senkrechten Position gehalten werden.

Nutzung: Z.B. in [31,32].

6.3.4 Pneumatischer Antrieb

Einleitung: Pneumatische Antriebe (Bild 4) sind aufgrund ihres einfachen und robusten Aufbaus überlastfähig und werden zur Positionierung in der Fabrikautomation sowie als Antrieb in Handhabungssystemen eingesetzt. Jedoch ergeben sich aus den enthaltenden Nichtlinearitäten, der geringen Steifigkeit bei schwacher Dämpfung und der niedrigen Eigenfrequenz etliche Nachteile. Die Nichtlinearitäten werden zum einen durch die nichtlineare Massenfluss-Druck-Relation in den stetig gesteuerten Öffnungsquerschnitten des Servoventils, zum anderen durch die Kompressibilität des Mediums Luft, die auch die geringe Steifigkeit des Antriebs bewirkt, und durch die Reibung zwischen dem bewegten Kolben/der Kolbendichtung und der Innenwand des Antriebszylinders verursacht.

Prozessbeschreibung: Die Antriebskonfiguration, die dem Benchmark zugrunde liegt, besteht im Wesentlichen aus einem senkrecht stehenden Zylinder und einem Kolben mit einer durchgehenden Kolbenstange, an der starr eine anzutreibende veränderliche Masse befestigt ist [33], siehe Bild 4. Die Massenströme werden über ein elektrisch ansteuerbares Servoventil mit 5/3-Wegecharakteristik gesteuert. Verschiedene Datensätze zur Systemidentifikation können von den Autoren bereitgestellt werden.

Problemstellung: Eine praxisrelevante Problemstellung ist die Positionsregelung bei Variation der mechanischen Lasten unter Berücksichtigung von Änderungen im Versorgungsdruck (Reduzierung bis zu 15%).

Bewertungskriterien: Die Regelungsstrategien sollen in Ihrem Verhalten auf verschiedene sprungförmige Änderungen der Sollposition (über den gesamten Hubbereich) und der Störgrößen (Versorgungseinbruch, Lastwechsel) bewertet werden. Dabei ist die Genauigkeit des Erreichens von stationären Betriebspunkten das Bewertungsmaß. Optional werden rampenförmige Sollgrößenverläufe vorgegeben und die dynamischen Verzerrungen der Kolbenposition bewertet.

Nutzung: Z.B. in [34–36].

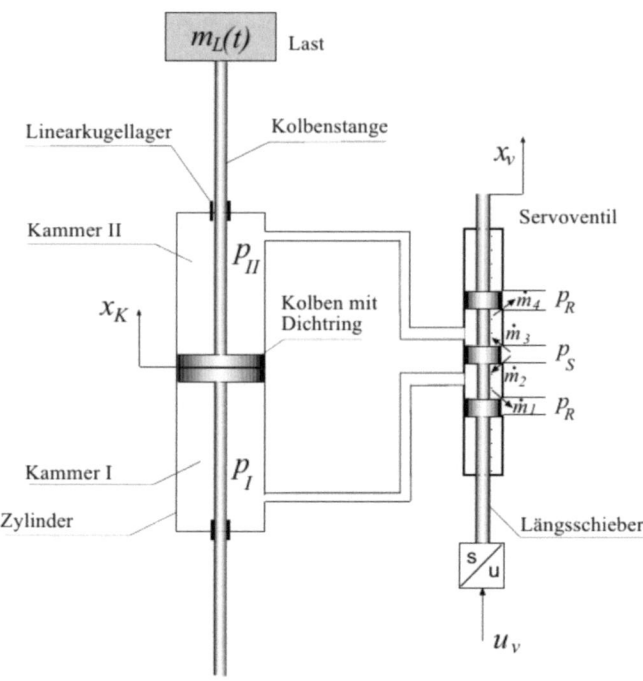

Bild 4: Wirkschaltbild eines pneumatischen Antriebs

6.3.5 Hydrostatischer Fahrantrieb

Einleitung: In mobilen Arbeitsmaschinen werden aufgrund der hohen Leistungsdichte hydrostatische Antriebe eingesetzt. Bei einem hydrostatischen Fahrantrieb (Bild 5) handelt es sich um ein stark nichtlineares System, das i.d.R. in sehr weiten Arbeitsbereichen betrieben wird.

Prozessbeschreibung: Die Dynamik hydrostatischer Fahrantriebe wird in den meisten Fällen durch ein nichtlineares Zustandsraummodell vierter bis sechster Ordnung beschrieben [37], [38]. Dabei ist die Zustandsgröße Druck im geschlossenen Kreis mit der Antriebsdrehzahl stark verkoppelt. Unbekannte, stark variierende Lasten verhindern eine geschlossene Trajektorienplanung, wie sie z.B. bei stationären Antrieben eingesetzt werden. Als Benchmarkproblem wird ein hydrostatischer Antrieb mit zwei Stellgrößen vorgeschlagen, d.h. neben der Verstellung des Fördervolumens der Hydropumpe (Primärverstellung) ist auch das Schluckvolumen des Hydromotors (Sekundärverstellung) veränderbar.

Problemstellung: Es soll eine fahrsituationsunabhängige Drehzahl- und

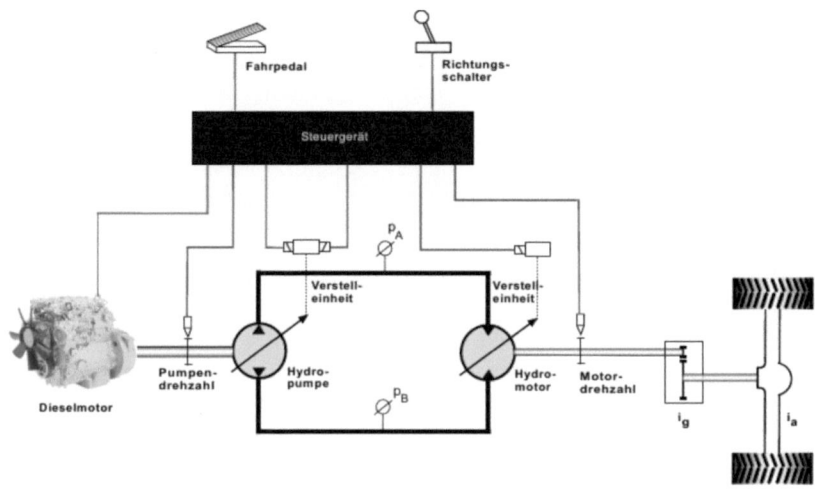

Bild 5: Hydrostatischer Fahrantrieb

Momentenregelung basierend auf einem regelungsorientierten nichtlinearen Zustandsraummodell vierter Ordnung realisiert werden. Dabei werden die Sollgrößen von einer übergeordneten Fahrstrategie vorgegeben, die nicht Teil der Problemstellung ist. Die Regelung muss allgemein in der Lage sein, den Sollgrößen auch bei stark variierenden Lasten zu folgen. Speziell muss die Drehzahlregelung den Sollwertvorgaben der Fahrstrategie folgen können, solange die maximale Antriebsleistung nicht erreicht ist. Die maximal zulässigen Drücke dürfen dabei nicht überschritten werden. Zur realitätsnahen Bewertung wird ein typisches Wegeprofil vorgegeben.

Bewertungskriterien: Als Bewertung für die Regelgüte wird die zeitliche Integration der quadratischen Regelabweichung im Teillastbereich und die Überschwinghöhe des Antriebsmoments im Vollastbereich herangezogen. Zum Vergleich wird ein Mehrgrößenregler in Takagi-Sugeno-Form mit stationärer Entkopplung von den Autoren bereitgestellt.

Nutzung: Z.B. in [37–39]

6.3.6   Identifikationsdatensammlung DaISy

Einleitung: Von der SISTA-Gruppe der Katholischen Universität Leuven wurden Datensätze für die Systemidentifikation gesammelt und im Internet zur Verfügung gestellt [31]. Dabei handelt es sich mehrheitlich um Daten

---

[31] http://homes.esat.kuleuven.be/ smc/daisy/

von Prozesssystemen und mechanischen Systemen. Die Motivation besteht darin, dass in Veröffentlichungen oft proprietäre Daten verwendet werden und so die Ergebnisse durch Dritte nicht reproduzierbar sind.

Prozessbeschreibung: Zum Zeitpunkt der Schriftlegung sind die folgenden 24 Datensätze in DaISy verfügbar. Zu den Datensätzen sind grundlegende Informationen wie Bezeichnung der Ein-/Ausgangsgrößen, Abtastzeit usw. verfügbar und es ist jeweils zumindest eine Referenz angegeben:

- Data of a simulation of a ethane-ethylene destillation column
- Data of a glass furnace (Philips)
- Data of a 120 MW power plant (Pont-sur-Sambre, France)
- Data from an industrial evaporator
- Simulation data of a pH neutralization process in a stirring tank
- Step response of a fractional distillation column
- Data from an industrial dryer (supplied by Cambridge Control Ltd)
- Liquid-saturated steam heat exchanger
- Data from a test setup of an industrial winding process
- Continuous stirred tank reactor
- Model of a steam generator at Abbott Power Plant in Champaign IL
- Data of the ball-and-beam setup in SISTA
- Data of a laboratory setup acting like a hair dryer
- Data of a CD-player arm
- Wing flutter data
- Data from a flexible robot arm
- Experiment on a Steel Subframe Flexible structure
- Cutaneous potential recordings of a pregnant woman
- Tongue displacement shapes occurring in the pronunciation of english vowels by different english-speaking persons
- Data of a simulation of the western basin of Lake Erie
- Heat flow density through a two layer wall
- Heating system
- Simulator of in-vivo MRS-signals
- One hour of internet traffic between the Lawrence Berkeley Laboratory and the rest of the world

Problemstellung: Mit den Daten können Systemidentifikationsmethoden getestet, demonstriert und verglichen werden.

Bewertungskriterien: Es werden keine übergeordneten Kriterien genannt.

Nutzung: Z.B. in [40, 41].

6.3.7 Rührkesselreaktor

Einleitung: Kontinuierlich betriebene Rührkesselreaktoren (Bild 6) treten in vielen chemischen und biochemischen Prozessen auf. Treten Parallel- und Folgereaktionen auf, so besitzen sie eine schwierig zu beherrschende Dynamik [42], was sie zu einem beliebten Regelungs-Benchmark macht. Von der Vielzahl veröffentlichter Modelle sollen exemplarisch zwei herausgegriffen sein: der Bioreaktor von [43] und der Klatt-Engell-Reaktor [42]. Bei letzteren sei z.B. auf [44] für eine etwas umfangreichere Modellbeschreibung verwiesen.

Prozessbeschreibung: Der Bioreaktor aus [43] wird nach [45, 46] über zwei gekoppelte nichtlineare Differentialgleichungen beschrieben:

$$\dot{C}_1(t) = -C_1(t)\cdot u(t) + C_1(t)\cdot(1 - C_2(t))\cdot e^{C_2(t)/\Gamma} \tag{7}$$

$$\dot{C}_2(t) = -C_2(t)\cdot u(t) + C_1(t)\cdot(1 - C_2(t))\cdot e^{C_2(t)/\Gamma}\cdot\frac{1+\beta}{1+\beta - C_2(t)} \tag{8}$$

Dabei sind C_1 und C_2 die auf das Einheitsintervall normierten Zustandsvariablen für Zellmasse und Nährstoffmenge in einem Tank mit konstantem Volumen und u der Zufluss des Nährstoffs, welcher auch der abgezogenen Stoffmenge entspricht. Die Parameter Γ und β bestimmen die Rate der Zellformierung und des Nährstoffumsatzes mit Referenzwerten von $\Gamma = 0,48$ und $\beta = 0,02$. Der Reaktor weist je nach Betriebspunkt stabiles, grenzzyklisches oder instabiles Verhalten auf. Zudem wird in [46] noch angegeben, wie das System zu zeitdiskretisieren ist.

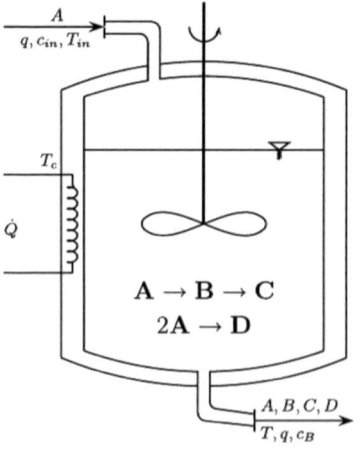

Bild 6: Rührkesselreaktor van de Vusse-Reaktion [44]

Problemstellung: Der Prozess wird für die Identifikation nichtlinearer Modelle und die nichtlineare Regelung genutzt. Bei der Regelung soll sowohl ein beliebiger Arbeitspunkt, sei es im stabilen oder instabilen Bereich als auch Transitionen zwischen beliebigen (stabilen oder instabilen) Arbeitspunkten möglich sein.

Bewertungskriterien: Das Folgeverhalten für eine sprungförmig variierende Führungsgröße ist zu betrachten. Tests erfolgen mit um 5% bis 20% geänderten Parametern und Fälle mit und ohne Messrauschen werden betrachtet.

Nutzung: Z.B. in [47, 48].

6.3.8 Destillationskolonne

Einleitung: Destillationskolonnen sind in Prozessanlagen verbaut und werden oft als Anwendungsbeispiel für Identifikation und Regelungsentwurf verwendet. Viele Autoren verwenden selbst entwickelte Modelle; es gibt aber auch dynamische, nichtlineare physikalische Modelle mit einer gewissen Verbreitung wie z.b. die in [49] oder [50]. Skogestad stellt ein Matlab®-Modell als "Column A" zur Verfügung [32], das im Folgenden vorgestellt wird.

Prozessbeschreibung: Die in Bild 7 dargestellte Kolonne hat 39 Böden zuzüglich eines Verdampfers und eines Kondensators. Der binäre Destillationsprozess wird als ein nichtlineares dynamisches System mit 4 Eingangsgrößen (Recycle-, Boilup-, Destillat- und Sumpfproduktstoffstrom), 4 Ausgangsgrößen (Molanteile Kopf- und Sumpfprodukt, Verdampfer- und Kondensatorholdup) und 82 Zustandsgrößen behandelt. Es sei angemerkt, dass auch reduzierte Probleme verwendet werden, z.B. ein 2x2-System in [51, 52].

Problemstellung: Mit dem Modell können Daten generiert werden, um Identifikationsmethoden zu testen. Auch wird es für Untersuchungen zur Ermittlung der Regelungsstruktur für dezentrale Ansätze und zum Entwurf von Mehrgrößenreglern eingesetzt.

Bewertungskriterien: Es werden keine übergeordneten Kriterien genannt.

Nutzung: Z.B. in [51–53].

---

[32]http://www.nt.ntnu.no/users/skoge/book/matlab_m/cola/cola.html

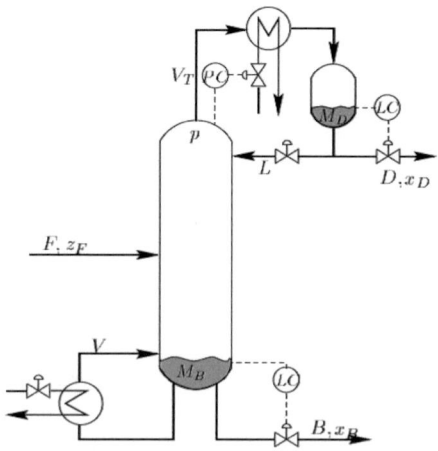

Bild 7: Destillationskolonne in LV-Konfiguration [50]

6.3.9 Alstom Gasifier Control Benchmark II

Einleitung: Alstom hat Ende der 90iger Jahre für einen Kohlevergaser lineare Prozessmodelle für ein Regelungs-Benchmarkproblem (Benchmark I) und 2002 das nichtlineare Prozessmodell (Benchmark II) bereitgestellt.

Prozessbeschreibung: Der Kohlevergasungsprozess ist Teil eines neuen Kraftwerkskonzeptes, zu dem eine Pilotanlage besteht, mit deren Messdaten auch das Modell validiert wurde. Der Vergaser stellt ein nichtlineares Mehrgrößensystem mit 4 Stellgrößen (Kohle-, Kalkstein-, Dampf- und Verkohlungsrückstandstoffflüsse), 4 Ausgangsgrößen (Druck, Temperatur, Bettmasse und Gasqualität) und 2 Störgrößen (Druck, Kohlequalität) dar, die stark wechselwirken (Bild 8). Der zur Schwefelabsorption verwendete Kalksteinstoffstrom muss in festem Verhältnis zum Kohlenstoffstrom stehen, weshalb nur 4 unabhängige Stellgrößen vorliegen. Das Modell ist gekapselt als Matlab® C-Code S-Funktion verfügbar [33].

Problemstellung: Regelungsziel ist eine Festwertregelung der Prozessgrößen. Die Stellgrößen unterliegen Wertebereichs- und Änderungsratenbeschränkungen.

Bewertungskriterien: Die Antwort des Regelungssystems auf sprungförmige und harmonische Druckänderungen sowie Änderungen der Last und der Kohlequalität ist zu bewerten. Es werden genaue Werte für

---

[33]http://www-staff.lboro.ac.uk/ elrd2/

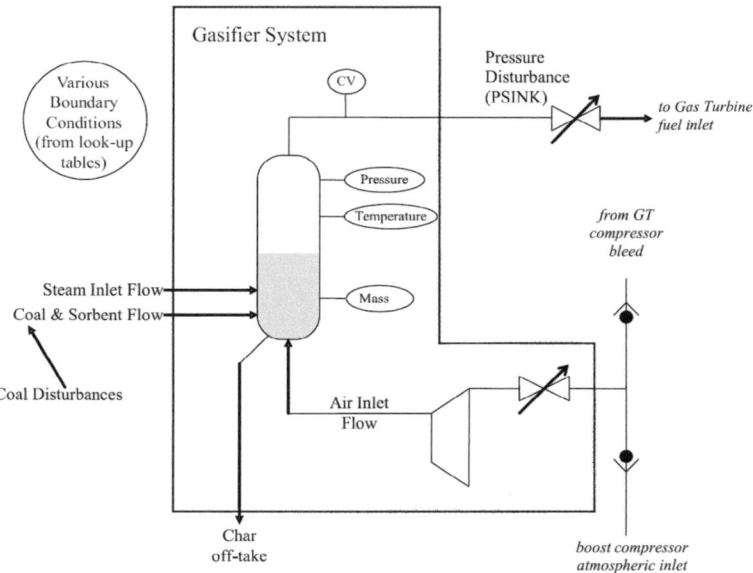

Bild 8: Technologieschema des Kohlevergasers [54]

die Testsignale vorgeschlagen. Zum Vergleich wird ein linearer PI-Mehrgrößenregler mit Testszenarien und -ergebnissen bereitgestellt [54].

Nutzung: Z.B. in [55–57].

6.3.10 Tennessee Eastman Process Control Problem

Einleitung: Das nichtlineare Tennessee Eastman Regelungsproblem wurde von der Firma Eastman Chemicals (USA) als realistisches Benchmarkproblem für die akademische Prozessregelungs-Community 1990 bereitgestellt [58]. Dabei handelte es sich um einen wirklich existierenden, mittelgroßen chemischen Prozess aus der Industrie, dessen Beschreibung zum Schutz von Betriebsgeheimnissen modifiziert wurde. Die Aufgabe besteht in dem Entwurf einer Festwertregelung für das nichtlineare, instabile Mehrgrößensystem.

Prozessbeschreibung: In einem kontinuierlich betriebenen chemischen Prozess (Bild 9) werden 2 Produkte (G, H) aus 4 Einsatzstoffen (A, C, D, E) hergestellt. Zudem tritt eine inerte Verunreinigung (B) der gasförmigen Einsatzstoffe auf und es entsteht ein Nebenprodukt (F), so dass insg. 8 chemische Spezies beteiligt sind. Die Reaktionen sind irreversibel und exotherm. Der Prozess besteht aus 5 miteinander wechselwirkenden Hauptein-heiten: Einem Rührkesselreaktor, einem Dampf-Flüssigphasenseparator, einem Kondensator für den Produktstrom, einem Stripper und einem Zen-trifugalkompressor für den Recyclemassenstrom. Die Dampf- und Re-aktions-Flüssigkeitsgleichgewichtsgleichungen sind stark nichtlinear. Der Reaktorprozess ist zudem instabil. Die beiden Produkte verlassen die Anla-ge in einem Strom und werden in einem nachgelagerten, hier nicht betrach-teten Prozess voneinander getrennt. Der Prozess hat bis zu 12 Stellgrö-ßen (Durchflüsse, Ventilstellungen, Antriebsdrehzahl) sowie 41 Messgrö-ßen (Durchflüsse, Füllstände, Drücke, Temperaturen, Leistung, Konzen-trationen) und das ursprüngliche Modell 50 Zustandsgrößen. Ein theore-tisches Prozessmodell ist als FORTRAN-Code und in vereinfachter Form als Matlab®-Code verfügbar [34].

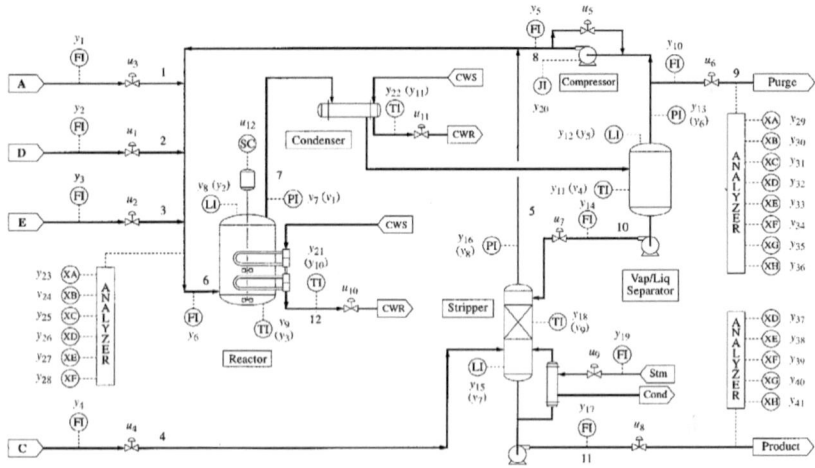

Bild 9: Fließdiagramm Tennessee Eastman Prozess [59]

Problemstellung: Es werden 6 Betriebsmodi angegeben, die sich im Ver-hältnis und Absolutwert der Produktströme unterscheiden. Die Regelungs-ziele sind Festwertregelung der Prozessgrößen, Einhaltung von Betriebs-grenzen einiger Prozessgrößen, minimale Schwankungen von Produktrate und -qualität bei Störungen, minimale Bewegungen von Ventilen, die ande-re Prozessteile beeinflussen, sowie schnelles und ruhiges Wiederherstellen des Nominalbetriebs nach Störungen und Änderungen von Produktionsrate oder -mix.

---

[34] http://depts.washington.edu/control/LARRY/TE/ download.html

Bewertungskriterien: Die Regelungsstrategien sollen bzgl. des Verhaltens bei verschiedenen sprungförmigen Änderungen von Sollwerten und Störgrößen bewertet werden. Dabei sind insb. die Schwankungen des Produktstoffstroms und der Produktzusammensetzung nach Amplitude und Frequenz zu bewerten. Eingriffe in die Massenströme einiger Einsatzstoffe sind unerwünscht, da sie zu Rückwirkungen auf die zuliefernden Prozessanlagen führen. Deshalb sollen auch deren Verläufe in die Bewertung miteinbezogen werden.

Nutzung: Z.B. in [59–61].

7 Zusammenfassung und Ausblick

Der vorliegende Beitrag beleuchtet den Stand der Technik für Methoden der Computational Intelligence zur Klassifikation, zum Text Mining, zur nichtlinearen Regression, Systemidentifikation und Regelung. Er beschreibt wissenschaftlich korrekte Vorgehensweisen bei der Analyse und dem Vergleich von Methoden, um zu belastbaren und überprüfbaren Schlussfolgerungen über die Leistungsfähigkeit unterschiedlicher Ansätze zu gelangen. Der Beitrag gibt Hinweise auf allgemein akzeptierte Bewertungskriterien, Benchmarkdatensätze und -probleme und zählt frei verfügbare Implementierungen von CI-Methoden auf.

Der Beitrag erhebt keinen Anspruch auf Vollständigkeit, sondern beruht auf der subjektiven Auswahl und Präferenz der Autoren. Daher sollten übersehene Benchmarks, Methoden oder Implementierungen nach einer Fachauschussdiskussion hinzugefügt und weniger geeignete eliminiert werden. Für eine im Rahmen der Diskussion zu selektierende Teilmenge der Benchmarks sind Details zu ergänzen, um Lösungen auf diesen Benchmarkproblemen direkt und unmittelbar im Fachausschuss und darüber hinaus vergleichen zu können.

Zusammenfassend bleibt festzustellen dass in der CI-Community zwar bereits Wettbewerbe mit wohldefinierten Benchmarks existieren, diese erfordern jedoch einen erheblichen Einarbeitungsaufwand um die Problemstellungen darzustellen oder nachzuahmen. Da bei einer komplexen Problemstellung der gesamte, aus vielen Schritten bestehende Lösungsweg bewertet wird, lassen sich Ergebnisse schwerlich einem einzelnen Algorithmus zuordnen. Um Verfahren zu vergleichen, fehlen derzeit eindeutig beschriebene Benchmarks mit klar definierten Bewertungskriterien. Der Ausschuss sollte es sich zum Ziel setzen für einzelne Domänen solche Benchmarks in Verbindung mit objektiven Kriterien zu etablieren.

Literatur

[1] Mikut, R.: *Data Mining in der Medizin und Medizintechnik*. Universitätsverlag Karlsruhe. 2008.

[2] Abu-Mostafa, Y.; Magdon-Ismail, M.; Lin, H.: *Learning From Data*. AMLBook. 2012.

[3] Jain, A. K.; Duin, R. P. W.; Mao, J.: Statistical Pattern Recognition: A Review. *IEEE Transactions on Pattern Analysis and Machine Intelligence* 22(1) (2000), S. 4–36.

[4] Michie, D.; Spiegelhalter, D.; Taylor, C.: *Machine Learning, Neural and Statistical Classification*. Ellis Horwood. 1994.

[5] Mikut, R.; Reischl, M.: Data Mining Tools. *Wiley Interdisciplinary Reviews: Data Mining and Knowledge Discovery* 1 (5) (2011), S. 431 – 443.

[6] Blankertz, B.; Müller, K.-R.; Krusienski, D. J.; Schalk, G.; Wolpaw, J. R.; Schlögl, A.; Pfurtscheller, G.; Millán, J. D. R.; Schröder, M.; Birbaumer, N.: The BCI Competition III: Validating Alternative Approaches to Actual BCI Problems. *IEEE Transactions on Neural Systems and Rehabilitation Engineering* 14(2) (2006), S. 153–159.

[7] Feldman, R.; Sanger, J.: *The Text Mining Handbook: Advanced Approaches in Analyzing Unstructured Data*. Cambridge University Press. 2007.

[8] Joachims, T.: Text Categorization with Support Vector Machines: Learning with Many Relevant Features. In: *Proc., Machine Learning: ECML*, S. 137–142. Springer. 1998.

[9] Qian, T.; Xiong, H.; Wang, Y.; Chen, E.: On the strength of hyperclique patterns for text categorization. *Information Sciences* 177 (2007) 19, S. 4040–4058.

[10] Keogh, E.; Kasetty, S.: On the need for time series data mining benchmarks: a survey and empirical demonstration. *Data Mining and Knowledge Discovery* 7 (2003) 4, S. 349–371.

[11] Haykin, S.: *Neural Networks: A Comprehensive Foundation*. Prentice Hall. 1999.

[12] Nauck, D.; Borgelt, C.; Klawonn, F.; Kruse, R.: *Neuro-Fuzzy-Systeme — Von den Grundlagen künstlicher Neuronaler Netze zu modernen Fuzzy-Systemen*. Vieweg. 2003.

[13] Jang, J. R.: ANFIS: Adaptive-Network-Based Fuzzy Inference System. *IEEE Transactions on Systems, Man, and Cybernetics* 23 (1993), S. 665–685.

[14] Nauck, D.; Kruse, R.: NEFCLASS - A Neuro-Fuzzy Approach For The Classification Of Data. In: *Applied Computing 1995. Proc. of the 1995 ACM Symposium on Applied Computing*, S. 461–465. ACM Press. 1995.

[15] Atkeson, C. G.; Y, A. M.; Z, S. S.: Locally weighted learning. *Artificial Intelligence Review* (1997), S. 11–73.

[16] Nelles, O.: LOLIMOT – Lokale, lineare Modelle zur Identifikation nichtlinearer, dynamischer Systeme. *Automatisierungstechnik (at)* 45 (1997) 4, S. 163–174.

[17] Mackey, M.; Glass, L.: Oscillation and chaos in physiological control systems. *Science* 197 (1977) 4300, S. 287–289.

[18] Breiman, L.; Friedman, J.; Olshen, R.; Stone, C.: *Classification and Regression Trees*. New York: Chapman & Hall. 1984.

[19] Belsley, D.; Kuh, E.; Welsch, R.: *Regression diagnostics*. Wiley Online Library. 1980.

[20] Nelles, O.: *Nonlinear System Identification*. Berlin, Germany: Springer. 2001.

[21] Hartmann, B.; Ebert, T.; Fischer, T.; Belz, J.; Kampmann, G.; Nelles, O.: LMNtool – Toolbox zum automatischen Trainieren lokaler Modellnetze. In: *22. CI-Workshop*. Dortmund, Germany. 2012.

[22] Yeh, I.: Modeling of strength of high-performance concrete using artificial neural networks. *Cement and Concrete research* 28 (1998) 12, S. 1797–1808.

[23] Deepa, C.; SathiyaKumari, K.; Sudha, V.: Prediction of the Compressive Strength of High Performance Concrete Mix using Tree Based Modeling. *International Journal of Computer Applications IJCA* 6 (2010) 5, S. 18–24.

[24] Jelali, M.; Kroll, A.: *Hydraulic servo-systems: Modelling, identification and control.* Springer, London. 2003.

[25] Narendra, K.; Parthasarathy, K.: Identification and control of dynamical systems using neural networks. *IEEE Trans. on Neural Networks* 1 (1990) 1, S. 4–27.

[26] Serra, G.; Bottura, C.: An IV-QR algorithm for neuro-fuzzy multivariable online identification. *IEEE Trans. on Fuzzy Systems* 15 (2007) 2, S. 200–210.

[27] Papadakis, S.; Theocharis, J.: A GA-based fuzzy modeling approach for generating TSK models. *Fuzzy Sets and Systems* 131 (2002) 2, S. 121–152.

[28] Galindo, R.: Mixed Sensitivity H_∞ Control of a Three-Tank-System. In: *American Control Conference.* Portland, USA. 2005.

[29] Hou, M.; Xiong, Y.; Patton, R.: Observing a three-tank system. *IEEE Transactions on Control Systems Technology* 13 (2005) 3, S. 478 – 484.

[30] Kovács, L.: Classical and Modern Multivariable Control Designing Methods of the Three Tank System, Periodica Politechnica. *Transactions on Automatic Control and Computer Science* 48 (2003) 62, S. 80–86.

[31] Aracil, J.; Gordillo, F.: The inverted pendulum: a benchmark in nonlinear control. In: *Proc. of World Automation Congress*, Bd. 16, S. 468 – 482. 2004.

[32] Åström, K. J.; Furuta, K.: Swinging up a pendulum by energy control. *Automatica* 36 (2000), S. 287–295.

[33] Schulte, H.; Hahn, H.: Fuzzy state feedback gain scheduling control of servo-pneumatic actuators. *Control Engineering Practice* 12 (2004) 5, S. 639–650.

[34] Smaoui, M.; Brun, X.; Thomasset, D.: Systematic Control of an Electropneumatic System: Integrator Backstepping and Sliding Mode Control. *Transactions on Control Systems Technology* 14 (2006) 5, S. 905–913.

[35] Hahn, H.: Nichtlineare Regelung eines servopneumatischen Antriebs (Nonlinear Control of a Servopneumatic Actuator). *at – Automatisierungstechnik* 48 (2000) 3, S. 140–150.

[36] Bernd, T.; Kleutges, M.; Kroll, A.: Nonlinear black box modelling – fuzzy systems versus neural networks. *Neural Computing & Applications* 8 (1999), S. 151–162.

[37] Kugi, A.; Schlacher, K.; Aitzetmüller, H.; Hirmann, G.: Modeling and Simulation of a Hydrostatic Transmission with Variable-Displacement Pump. *Mathematics and Computers in Simulation* 53 (2000), S. 409–414.

[38] Schulte, H.: Control-Oriented Modeling of Hydrostatic Transmissions using Takagi-Sugeno Fuzzy Systems. In: *IEEE International Conference on Fuzzy Systems*. London, UK. 2007.

[39] Stoll, S.; Kliffken, M. G.; Behm, M.; Wang, X.: Regelungskonzepte für hydrostatische Antriebe in mobilen Arbeitsmaschinen. *at – Automatisierungstechnik* 55 (2007), S. 48–57.

[40] Markovky, I.; Willems, J.; Huffel, S. V.; de Moor, B.; Pintelon, R.: Application of structured total least squares for system identification and model reduction. *IEEE Trans. on Automatic Control* 50 (2005) 10, S. 1490–1500.

[41] Jamali, B.; Jazayeri-Rad, H.: Application of adaptive local linear model tree for nonlinear identification of heat recovery steam generator system based on experimental data. In: *4th UKSim European Symposium on Computer Modeling and Simulation*, S. 16–20. 2010.

[42] Klatt, K.-U.; Engell, S.: *Nichtlineare Regelung, VDI–Bericht Nr. 1026*, Kap. Rührkesselreaktor mit Parallel- und Folgereaktion, S. 101–111. ISBN 3-18-091026-7. 1993.

[43] Ungar, L.: *Neural Networks for Control*, Kap. A bioreactor benchmark for adaptive network-based process control, S. 387–402. Cambridge, MA: MIT Press. ISBN 0-262-13261-3. 1990.

[44] Utz, T.; Hagenmeyer, V.; Mahn, B.: Comparative evaluation fo nonlinear model predictive and flatness-based two-degree-of-freedom control design in view of industrial application. *Journal of process Control* 17 (2007), S. 129–141.

[45] Feldkamp, L.; Puskorius, G.: Neural Network Control of an Unstable Process. In: *Proc. of the 36th Midwest Symposium on Circuits and Systems*. ISBN 0-7803-1760-2. 1993.

[46] Puskorius, G.; Feldkamp, L.: Neurocontrol of nonlinear dynamical systems with Kalman filter trained recurrent networks. *IEEE Trans. on Neural Networks* 5 (1994) 2, S. 279–297.

[47] Cao, S.; Rees, N.; Feng, G.: Analysis and design of a class of complex control systems. Part I: Fuzzy modelling and identification. *Automatica* 33 (1997) 6, S. 1017–1028.

[48] Dadhe, K.; Gesthuisen, R.; Engell, S.: Estimating the prediction uncertainty of dynamic neural network process models. In: *Proc. 7th IFAC Symp. on Dynamics and Control of Process Systems*, S. 829–840. 2004.

[49] Weischedel, K.; McAvoy, T.: Feasibility of decoupling in conventionally controlled distillation columns. *Ind. Eng. Chem. Fund.* 19 (1980), S. 379–384.

[50] Skogestad, S.: Dynamics and control of distillation columns – A tutorial introduction. In: *Distillation and Absorbtion 97*. Maastricht, Netherlands: Trans. IChemE, 75, Part A, Sept. 1997.

[51] Abonyi, J.; Feil, B.: *Cluster analysis for data mining and system identification*. Birkhäuser, Basel. 2007.

[52] Molov, S.; Babuska, R.; Abonyi, J.; Verbruggen, H.: Effective optimization for fuzzy model predictive control. *IEEE Trans. on Fuzzy Systems* 12 (2004) 5, S. 661–675.

[53] Sanandaji, B.; Salahshoor, K.; Fatehi, A.: Multivariable GA-based identification of TS fuzzy models: MIMO Distillation Column Model Case Study. In: *IEEE International Fuzzy Systems Conference*. 2007.

[54] Dixon, R.; Pike, A.: Alstom benchmark challenge II on gasifier control. *IEE Proc. Control Theory Appl.* 153 (2006) 3, S. 254–261.

[55] Wang, Y.; Yue, J.; Wang, Y.: Input and output constrained multiple-models predictive control for gasifier. In: *Proc. 8th Int. Conf. on Machine Learning and Cybernetics*, S. 1943–1948. Baoding, CHN. 2009.

[56] Wang, X.; Wu, K.; Lu, J.; Xiang, W.: Nonlinear identification of Alstom gasifier based on Wiener model. In: *Int. Conf. on Sustainable Power Generation*. 2009.

[57] Seyab, R. A.; Cao, Y.: Nonlinear model predictive control for the Alstom gasifier. *Journal of Process Control* 16 (2006) 8, S. 795–808.

[58] Downs, J.; Vogel, E.: A plant-wide industrial process control problem. *Computers and Chemical Engineering* 17 (1993) 3, S. 245–255.

[59] Larsson, T.; Hestetun, K.; Hovland, E.; Skogestad, S.: Self-optimizing control of a large-scale plant: the Tennessee Eastman process. *Ind. Eng. Chem. Res.* 40 (2001), S. 4889–4901.

[60] Jockenhövel, T.; Biegler, L.; Wächter, A.: Dynamic optimization of the Tennessee Eastman process using the OptControlCentre. *Computers and Chemical Engineering* 27 (2003), S. 1513–1531.

[61] Kuhl, P.; Wirsching, L.; Bock, H.; Diehl, M.: A moving horizon state estimation algorithm applied to the Tennessee Eastman benchmark process. In: *IEEE Int. Conf. on Multisensor Fusion and Integration for Intelligent Systems*, S. 377–382. 2006.

Learning from Imprecise and Fuzzy Data: On the Notion of Data Disambiguation

Eyke Hüllermeier

Department of Mathematics and Computer Science
University of Marburg, Germany
eyke@mathematik.uni-marburg.de

Abstract

Methods for analyzing or learning from "fuzzy data" have attracted considerable attention in recent years. In many cases, however, existing methods (for precise, non-fuzzy data) are extended to the fuzzy case in an ad-hoc manner, and without carefully considering the interpretation of a fuzzy set when being used for modeling data. Distinguishing between an *ontic* and an *epistemic* interpretation of fuzzy set-valued data, and focusing on the latter, we argue that a "fuzzification" of learning algorithms based on an application of the generic extension principle is not appropriate. In fact, the extension principle fails to properly exploit the inductive bias underlying typical machine learning methods, although this bias, at least in principle, offers a means for "disambiguating" the fuzzy data. Alternatively, we therefore propose a method which is based on the generalization of loss functions in empirical risk minimization, and which performs model identification and data disambiguation simultaneously.

1 Introduction

The learning of models from imprecise data, such as interval data or, more generally, data modeled in terms of fuzzy subsets of an underlying reference space, has gained increasing interest in recent years (Denoeux, 2011a; Denoeux, 2011b; Cour et al., 2011; Viertl, 2011). Indeed, while problems such as fuzzy regression analysis (Changa and Ayyubb, 2001) have already been studied for a long time, the scope is currently broadening, both in terms of the problems tackled (e.g., classification, clustering, ranking) and the uncertainty formalisms used (e.g., probability distributions, histograms, intervals, fuzzy sets, belief functions).

Needless to say, learning from imprecise and uncertain data also requires the extension of corresponding learning algorithms. Unfortunately, this is often done without clarifying the actual meaning of an uncertain observation, although representations such as an interval or a fuzzy set can obviously be interpreted in different ways. In particular, an "ontic" interpretation of (fuzzy) set-valued data should be carefully distinguished from an "epistemic" one (Dubois, 2011). In fact, these two interpretations call for very different types of extensions of existing learning algorithms and methods for data analysis.

In this paper, we focus on the epistemic view, under which a fuzzy set is interpreted as a characterization of the uncertain knowledge about a true (precise) observation; in other words, a fuzzy set defines a possibility distribution that specifies a degree of plausibility for each precise value. Although this interpretation naturally suggests a "fuzzification" of learning algorithms based on an application of the generic extension principle, we shall argue that this approach is not appropriate and prone to fail in the context of data analysis. As explained in Section 3, the main reason is a lack of differentiation between the possible data instantiations (i.e., the instantiation of each imprecise observation by a precise value). Such a differentiation, however, is normally suggested by the model assumptions through which the learning algorithm justifies its generalization beyond the data observed.

The idea of differentiating between instantiations of the data leads us to the notion of "data disambiguation". More specifically, we argue that, when learning from imprecise data under the epistemic view, one should try to find a model that "disambiguates" the data instead of reproducing it. To this end, we propose a learning procedure that performs model identification and data disambiguation simultaneously. This approach, to be outlined in Section 4, is based on the generalization of loss functions in empirical risk minimization.

2 Notation and Basic Setting

We consider a setting in which a learning (data analysis) algorithm **ALG** is given a set

$$\mathcal{D} = \left\{ \, \boldsymbol{z}_i \, \right\}_{i=1}^{N} \in \mathcal{Z}^N \qquad (1)$$

of data points $\boldsymbol{z}_i \in \mathcal{Z}$ as input and produces a model $M \in \mathbf{M}$ as output:

$$\mathbf{ALG} : \mathfrak{D} \to \mathbf{M} \; , \qquad (2)$$

where $\mathfrak{D}$ is the space of all data samples. For example, the data points might be vectors in $\mathcal{Z} = \mathbb{R}^d$, and the model could be a clustering, i.e., a partitioning of the data into a finite set of disjoint groups. Or, the model could be a probability density function characterizing the underlying data generating process. In fact, the data points $\boldsymbol{z}_i$ are typically assumed to be independent and identically distributed (i.i.d.) according to an underlying (though unknown) probability distribution. Moreover, the model class $\mathbf{M}$ is often parameterized, which means that each model $M \in \mathbf{M}$ is uniquely identified by a parameter $\theta \in \Theta$ (in other words, there is a bijection between the model space $\mathbf{M}$ and the parameter space Θ).

In *supervised learning*, the data space is split into an input (instance) space $\mathcal{X}$ and an output space $\mathcal{Y}$, that is, $\mathcal{Z} = \mathcal{X} \times \mathcal{Y}$. The interest, then, is to learn a mapping from $\mathcal{X}$ to $\mathcal{Y}$; correspondingly, the model space $\mathbf{M}$ consists of a class of such mappings. To this end, the learning algorithm **ALG** is given a set $\mathcal{D} = \{(\boldsymbol{x}_i, y_i)\}_{i=1}^{N}$ of *training examples* $\boldsymbol{z}_i = (\boldsymbol{x}_i, y_i) \in \mathcal{X} \times \mathcal{Y}$ as input. Important special cases of this setting include *classification*, where $\mathcal{Y}$ is a finite (usually small) set comprised of K classes $\{\lambda_1, \ldots, \lambda_K\}$, and *regression*, where outputs are real numbers, and hence $\mathcal{Y} = \mathbb{R}$.

3 Use of the Extension Principle

Suppose that, instead of precise data, the observations are now given in the form of a sample of fuzzy data

$$\mathcal{D}^* = \left\{ \, Z_i \, \right\}_{i=1}^{N} \in \mathbb{F}(\mathcal{Z})^N \; , \qquad (3)$$

where the $\mathbb{F}(\mathcal{Z})$ is the set of all fuzzy subsets of the underlying domain $\mathcal{Z}$. Given a learning algorithm **ALG** for precise data, the most straightforward approach to handling the fuzzy data (3) is to apply the well-known extension principle to (2).

More formally, we define an *instantiation* of the fuzzy data (3) as a sample of precise data

$$\mathcal{D} = \left\{ \boldsymbol{z}_i \right\}_{i=1}^{N} ,$$

where $\boldsymbol{z}_i \in Z_i$ for all $i \in [N] = \{1, \ldots, N\}$. The degree of membership of $\mathcal{D}$ in the fuzzy set of instantiations is given by

$$\mu(\mathcal{D}) = \min \left\{ \mu_{Z_i}(\boldsymbol{z}_i) \,|\, i \in [N] \right\} ,$$

with $\mu_{Z_i}(\boldsymbol{z}_i)$ the degree of membership of $\boldsymbol{z}_i$ in Z_i. Then, according to the extension principle, the result of applying **ALG** to the fuzzy data (3) is a fuzzy set of models in **M**, with the degree of membership of $M \in \mathbf{M}$ given by

$$\mu(M) = \sup \left\{ \mu(\mathcal{D}) \,|\, \mathbf{ALG}(\mathcal{D}) = M \right\} . \tag{4}$$

We argue, however, that the application of the extension principle is not very meaningful in the context of learning from data. To ease the explanation for our reservations, let us consider the special case where the imprecise data is set-valued, i.e., the Z_i are sets instead of fuzzy sets; as will be seen, our arguments obviously apply to the fuzzy case in exactly the same way. If data is set-valued, then the extension principle simply yields a set of possible models, namely

$$\mathcal{M} = \bigcup_{\mathcal{D} \in \mathrm{INS}(\mathcal{D}^*)} \mathbf{ALG}(\mathcal{D}) , \tag{5}$$

where $\mathrm{INS}(\mathcal{D}^*)$ is the (crisp) set of instantiations of $\mathcal{D}^*$.

Now, according to (5), all instantiations are treated as equal, in the sense that each instantiation contributes a possible model and all the models thus produced are seen as equally plausible candidates. In

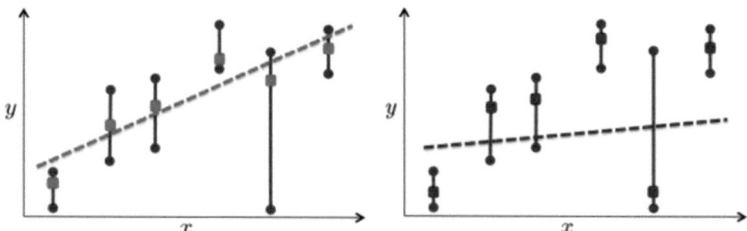

Figure 1: Fit of a regression line for two different instantiations (indicated as dots) of the same interval-valued observations.

learning from data, however, a method inducing a model from a set of data always comes with certain *model assumptions*, and under these assumptions, specific selections may appear more plausible than others! Or, stated differently, the underlying model assumptions introduce a *dependency* between the data points $z_i \in Z_i$. This dependency, however, is ignored by the extension principle, which simply selects the z_i independently of each other.

This point is best explained by means of a simple example. Consider the problem of learning a regression function $f : \mathbb{R} \to \mathbb{R}$ from observations of the form $z_i = (x_i, y_i) \in \mathbb{R}^2$. More specifically, suppose that the observed outputs are imprecise and therefore modeled as intervals $Y_i \subset \mathbb{R}$. Our learning algorithm **ALG** assumes a linear dependency and fits a regression line $x \mapsto \alpha + \beta \cdot x$ using the method of least squares.

Figure 1 shows a concrete example with two different instantiations of the same set-valued data and the corresponding regression lines. In this case, the first combination of data and model (left picture) is arguably more plausible than the second one (right picture), simply because the first instantiation allows for a much better fit than the second one. In fact, the first instantiation is much more in agreement with the assumption of a linear relationship between inputs and outputs than the second one. Consequently, the first regression line should be considered as more plausible than the second one. According to (5) and the extension principle (4), however, there is no difference between them.

What this example shows is that, in the context of learning from data, not only the data is providing information about the (unknown) model, but also the other way around: Against the background of the underlying model assumptions, some instantiations of the imprecise or ambiguous data appear to be more plausible than others. Exploiting this insight in order to differentiate between more and less plausible instantiations is something that we refer to as *data disambiguation* (Hüllermeier and Beringer, 2006).

4 Loss Minimization

How can model induction be combined with data disambiguation? Here, we propose an approach based on the notion of (direct) loss minimization. Roughly speaking, instead of generalizing the learning algorithm, as done by the extension principle, we fuzzify an underlying loss function to be minimized by this algorithm. Thus, instead of fixing an instantiation first and fitting a model to this data afterward, we look for an optimal instantiation given a model; the model itself is then evaluated on the basis of this instantiation.

In supervised learning, the main goal is typically to find a model $M \in \mathbf{M}$ with minimal *risk*, that is, expected loss

$$\mathcal{R}(M) = \int L\big(y, M(\boldsymbol{x})\big) \, d\mathbf{P}(\boldsymbol{x}, y) \; , \tag{6}$$

where $L : \mathcal{Y} \times \mathcal{Y} \to \mathbb{R}$ is a loss function: For an input $\boldsymbol{x} \in \mathcal{X}$, this function compares the prediction $\hat{y} = M(\boldsymbol{x})$ with the true output y and quantifies a corresponding penalty in terms of $L(y, \hat{y})$. Roughly speaking, the risk is a weighted average of these losses, with each input/output tuple $(\boldsymbol{x}, y)$ weighted according to its probability of occurrence.

Obviously, the risk cannot be computed, since these probabilities are not known (i.e., the measure $\mathbf{P}$, which specifies the data generating process, is unknown). What is often minimized as a substitute is the *empirical risk*

$$\mathcal{R}_{emp}(M) = \frac{1}{N} \sum_{i=1}^{N} L\big(y_i, M(\boldsymbol{x}_i)\big) \ , \tag{7}$$

i.e., the average loss on the training data $\mathcal{D} = \{(\boldsymbol{x}_i, y_i)\}_{i=1}^{N}$. Or, in order to avoid the problem of possibly *overfitting* the data, a *regularized* version of (7) is minimized:

$$\mathcal{R}_{reg}(M) = \frac{1}{N} \sum_{i=1}^{N} L\big(y_i, M(\boldsymbol{x}_i)\big) + \lambda C(M) \ , \tag{8}$$

where $C(M)$ is a measure of the complexity of the model M and λ is a regularization parameter. In the following, we shall mostly stick to (7), keeping in mind that an extension to the regularized version (8) can be realized in a rather straightforward way.

4.1 The Case of Set-Valued Data

Now, consider a candidate model M and an imprecise observation $(\boldsymbol{x}, Y)$; again, for the sake of simplicity, we first consider the case where Y is set-valued. The set of possible losses of M on this observation is then given by

$$\big\{ L(y, \hat{y}) \,|\, y \in Y \big\} \ ,$$

where $\hat{y} = M(\boldsymbol{x})$. In agreement with the idea of data disambiguation, we should look at the smallest of these losses, namely

$$L^*(Y, \hat{y}) = \min \big\{ L(y, \hat{y}) \,|\, y \in Y \big\} \ , \tag{9}$$

and the value for which it is obtained:[1]

$$y^* = \arg \min \big\{ L(y, \hat{y}) \,|\, y \in Y \big\} \ .$$

---

[1]We assume that Y is closed and the minimum exists.

Given the model M, this value appears to be most plausible.

On the basis of the generalized loss function L^* as defined in (9), we can then also generalize the empirical risk (7):

$$\mathcal{R}_{emp}(M) = \frac{1}{N} \sum_{i=1}^{N} L^*\big(Y_i, M(\boldsymbol{x}_i)\big) . \tag{10}$$

A minimizer M^* of this risk (or, alternatively, a regularized version thereof) is an optimal model and, at the same time, suggests a disambiguation of the data: For each imprecise observation Y_i, the most plausible precise value is

$$y_i^* = \arg\min \big\{ L(y_i, M^*(\boldsymbol{x}_i)) \,|\, y \in Y_i \big\} .$$

So far, we have assumed that only the output value is imprecise, while the input values are precisely observed. Obviously, the whole approach can be generalized quite easily to the case of imprecise observations of the form $(X, Y) \subset \mathcal{X} \times \mathcal{Y}$. To this end, the loss function (9) is further generalized as follows:

$$L^*(M, X, Y) = \min \big\{ L(y, M(\boldsymbol{x})) \,|\, (\boldsymbol{x}, y) \in X \times Y \big\} . \tag{11}$$

4.2   The Case of Fuzzy Data

In the set-valued case, each candidate model M is evaluated in terms of a generalized empirical risk, that is, a risk function based on a generalized loss. This evaluation can be expressed equivalently in terms of a standard empirical risk on a properly selected (instantiated) data sample:

$$\mathcal{R}_{emp}(M) = \frac{1}{N} \sum_{i=1}^{N} L\Big(y_i^M, M\big(\boldsymbol{x}_i^M\big)\Big) , \tag{12}$$

where

$$\begin{aligned} \big(\boldsymbol{x}_i^M, y_i^M\big) &= \mathrm{SEL}(X_i, Y_i, M) \tag{13} \\ &= \arg\min \big\{ L(y_i, M(\boldsymbol{x}_i)) \,|\, (\boldsymbol{x}_i, y_i) \in X_i \times Y_i \big\} \end{aligned}$$

is the disambiguation of (X_i, Y_i) under M. A best model

$$M^* = \arg \min_{M \in \mathbf{M}} \mathcal{R}_{emp}(M) \ , \tag{14}$$

supposed to be unique here, is then chosen, which in turn leads to a unique disambiguation

$$\left\{ \left(\boldsymbol{x}_i^{M^*}, y_i^{M^*} \right) \right\}_{i=1}^{N}$$

of the original (imprecise) data. In the more general case of fuzzy data, the same approach can be realized *level-wise*, i.e., for each level-cut

$$\left\{ \left([X_i]_\alpha, [Y_i]_\alpha \right) \right\}_{i=1}^{N}$$

of the fuzzy data

$$\{(X_i, Y_i)\}_{i=1}^{N} \subset \mathbb{F}(\mathcal{X}) \times \mathbb{F}(\mathcal{Y}) \ .$$

Then, for a fixed model M, data disambiguation does not yield a unique selection (13), but instead a potentially different selection for each level cut. In other words, the selection is now a mapping

$$\alpha \mapsto \left(\boldsymbol{x}_i^M(\alpha), y_i^M(\alpha) \right) = \arg \min \left\{ L(y_i, M(\boldsymbol{x}_i)) \mid (\boldsymbol{x}_i, y_i) \in [X_i]_\alpha \times [Y_i]_\alpha \right\}.$$

In (Dubois and Prade, 2008), a mapping of that type is called a *gradual element* (in a fuzzy set). Likewise, a mapping from levels to (empirical) risk values can be associated with each model M:

$$r_M : (0, 1] \rightarrow \mathbb{R}, \ \alpha \mapsto \frac{1}{N} \sum_{i=1}^{N} L\left(y_i^M(\alpha), M\left(\boldsymbol{x}_i^M(\alpha) \right) \right)$$

Note that the risk function r_M thus defined is non-decreasing.

The problem of comparing models now comes down to comparing risk functions. This problem is non-trivial, since there is no natural total order on such functions. Obviously, a model M is (weakly) preferred to another model M', written $M \succeq M'$, if $r_M \leq r_{M'}$, i.e., $r_M(\alpha) \leq r_{M'}(\alpha)$ for all $0 < \alpha \leq 1$. The relation $\succeq$ thus defined is only a partial order on $\mathbf{M}$, however, since models M and M' might also be incomparable.

This situation can be handled in different ways. First, one may accept the non-uniqueness of the result, i.e., the existence of several (Pareto) optimal models; here, a model M is optimal (non-dominated) if there is no model M' such that $M' \succ M$, that is, $M' \succeq M$ and $M \not\succeq M'$.

Second, one may refine the partial oder $\succeq$ as defined above into a total order. For example, a model M could be evaluated in terms of the *average* risk

$$\overline{\mathcal{R}}_{emp}(M) = \int_0^1 r_M(\alpha)\, d\alpha \ , \qquad (15)$$

and models could then be compared in terms of these values:

$$\left(M \succeq M' \right) \Leftrightarrow \left(\overline{\mathcal{R}}_{emp}(M) \leq \overline{\mathcal{R}}_{emp}(M') \right)$$

The model induction problem then comes down to finding a minimizer of (15):

$$M^* \in \arg \min_{M \in \mathbf{M}} \overline{\mathcal{R}}_{emp}(M) \qquad (16)$$

Interestingly, by exchanging summation and integration, (15) can also be written as a standard (empirical) risk with a modified loss function:

$$\overline{\mathcal{R}}_{emp}(M) = \frac{1}{N} \sum_{i=1}^N L^\bullet\!\left(Y_i, M(\boldsymbol{x}_i) \right) \ , \qquad (17)$$

where

$$L^\bullet(Y, \hat{y}) = \int_0^1 L^*\!\left([Y]_\alpha, \hat{y} \right) d\alpha \ .$$

Expression (17) holds in the case of precise input and fuzzy output data but needs to be generalized further if input data is fuzzy, too.

5 Conclusion

We have presented a formal framework for learning from set-valued and fuzzy data in a semantically meaningful way. Our approach is based on the generalization of loss functions in empirical risk minimization and, in contrast to the extension principle, implicitly exploits the inductive bias underlying the learning method. In fact, it performs model identification and data disambiguation simultaneously.

Needless to say, while conceptually simple and elegant, our framework can become quite challenging from a computational perspective. For example, solving the optimization problems underlying (14) and (16) is far from trivial. Developing efficient algorithms for specific problem classes is an important topic of future work.

References

Changa, Y. and Ayyubb, B. (2001). Fuzzy regression methods—a comparative assessment. *Fuzzy Sets and Systems*, 119(2):187–203.

Cour, T., Sapp, B., and Taskar, B. (2011). Learning from partial labels. *The Journal of Machine Learning Research*, 12:1501–1536.

Denoeux, T. (2011a). Maximum likelihood estimation from fuzzy data using the EM algorithm. *Fuzzy Sets and Systems*, 183(1):72–91.

Denoeux, T. (2011b). Maximum likelihood estimation from uncertain data in the belief function framework. *IEEE Transactions on Knowledge and Data Engineering*, 99.

Dubois, D. (2011). Ontic vs. epistemic fuzzy sets in modeling and data processing tasks. In Madani, K., Kacprzyk, J., and Filipe, J., editors, *Proc. IJCCI (NCTA), International Conference on Neural Computation Theory and Applications*, Paris.

Dubois, D. and Prade, H. (2008). Gradual elements in a fuzzy set. *Soft Computing*, 12(2):165–175.

Hüllermeier, E. and Beringer, J. (2006). Learning from ambiguously labeled examples. *Intelligent Data Analysis*, 10(5):419–440.

Viertl, R. (2011). *Statistical Methods for Fuzzy Data*. Wiley.

Challenges of Uncertainty Propagation in Image Analysis

Johannes Stegmaier, Arif ul Maula Khan, Markus Reischl, Ralf Mikut

Karlsruhe Institute of Technology,
Institute for Applied Computer Science,
D-76344 Eggenstein-Leopoldshafen, Hermann-von-Helmholtz-Platz 1,
Phone: (0721) 608-2-5755, Fax: (0721) 608-2-5786,
E-Mail: johannes.stegmaier@kit.edu

1 Motivation

Contemporary research in the life sciences and related fields heavily relies on methods for the automated analysis of multidimensional image data [1]. The tremendous amount of high-resolution spatio-temporal data produced by modern imaging devices can hardly be analyzed manually and require sophisticated data management solutions [2]. However, most image analysis and data mining operations that are applied on such image data suffer from multidimensional acquisition methods being flawed with a relatively low signal-to-noise ratio due to excitation strength and limited optical resolution [3]. Particularly, the recently established techniques for *in vivo* imaging of developing specimen like the zebrafish bring up various challenges [4, 5]. Performance of processing operators is, for instance, heavily affected by smeared object boundaries, object merging, illumination variations and partial occlusion of objects. Each operation therefore induces a measurable degree of uncertainty into the automated analysis that needs to be considered by subsequent processing steps [6]. Starting with the identification of objects, it is difficult in some cases to distinguish small objects from background noise or to resolve under-segmentation errors in regions of homogeneous intensity in the image. Imprecise results of the object detection step are mostly propagated to the segmentation step without further investigation of the quality of extracted features. Furthermore, the propagation of biased segmentation results e.g. to a subsequent tracking step in video data analysis can lower the result quality. Being aware of the uncertainty component each operator involves, it can help to reject inappropriate objects e.g. from the segmentation or tracking or to adjust the parameters of the corresponding processing operators such that delivered results become appropriate. Generally, the uncertainty measure can be used to improve results by an increased knowledge about the likelihood of the current object state and its properties. To actually estimate the degree of uncertainty, the incorporation of prior knowledge, e.g. size, shape or moving behavior of objects, can be used to estimate the degree of belief of extracted image features belonging to real objects.

A guide to the expression of uncertainty (GUM) in measurement of visual sensor signals can be found in [7]. Besides estimated uncertainty of pixel intensity values emerging in the image acquisition step due to sensor imperfections or temperature dependence [6], many recent publications deal with the estimation of localization uncertainty of geometric features such as corners, centroids, edges and lines in images [8, 9, 10]. Although most of the related literature is focused on industrial quality quantification, there are also other application areas, such as the uncertainty evaluation in algorithms for face recognition [11] or shape tracking in ultrasound images [12]. Throughout this work, we consider uncertainty as the imperfect knowledge about the validity of a piece of extracted information [13] and try to use it to assess the reliability of actions or decisions performed by individual image analysis pipeline components. In contrast to the uncertainty estimation, the use of biological prior knowledge has become an important component of cutting-edge algorithms. The methods described in [5, 14], for instance, incorporate knowledge about the size and the amount of desired objects in order to improve and adjust an interest point detection algorithm. For the task of image segmentation, i.e. the dichotomization of an image into meaningful foreground and background regions, shape properties of desired objects can be used to improve results. A common way to accomplish this is to incorporate *a priori* knowledge based shape penalization terms e.g. into the energy functional of a graph cuts [15, 16] or a level-sets segmentation [17].

Analyses of biological screens, however, do not sufficiently condense the calculation of uncertainties with available prior knowledge. The remainder of this paper depicts emerging problems and incidents of uncertainty in various parts of image analysis pipelines. Next to a general framework for propagation of uncertainty in Sec. 2, an exemplary image analysis pipeline that is comprised of detection, segmentation and tracking of objects in different time frames is presented in Sec. 3. We provide measures for the quantification of uncertainty within an image analysis pipeline by use of available prior knowledge and propose how this knowledge can be used for pipeline improvements. The validation of the presented methods is performed by analyzing a benchmark dataset.

2 Material and Methods

Most image analysis pipelines are comprised of multiple processing operators that directly rely on the results provided by previous calculations. Therefore, it is a natural step to search for a way of measuring the validity of every extracted piece of information in each step and only pass data through the rest of the pipeline that meets the requirements.

2.1 Uncertainty Quantification Based on *a priori* Knowledge

An image analysis pipeline be comprised of N_{OP} sequentially connected operators. Let $i \in \{1, ..., N_{OP}\}$ be the number of an operator generating a set $\mathcal{X}_i = \{\mathbf{x}_i^\top[n] : n = 1, ..., N_i\}$ with N_i data tuple vectors containing M_i features each (e.g. N_i: number of cells, M_i: number of features like size or shape per cell). The output can be written as an $(N_i \times M_i)$ matrix

$$\mathbf{X}_i = \begin{pmatrix} \mathbf{x}_i^\top[1] \\ \vdots \\ \mathbf{x}_i^\top[N_i] \end{pmatrix} = \begin{pmatrix} x_i[1,1] & \cdots & x_i[1, M_i] \\ \vdots & & \vdots \\ x_i[N_i, 1] & \cdots & x_i[N_i, M_i] \end{pmatrix}. \tag{1}$$

For the generation of matrix $\mathbf{X}_i$, operator i directly relies on the output matrix $\mathbf{X}_{i-1}$ of its predecessor. To quantify uncertainty, we make use of fuzzy set theory ([13]). A feature $m = \{1, ..., M_i\}$ is fuzzified by N_L linguistic terms, which may be specified based on *a priori* knowledge. The fuzzy set membership functions for processor i, feature m and linguistic term $j \in \{1, ..., N_L\}$ are then denoted by $\mu_{ijm} : \mathbb{R} \to [0,1]$. A data tuple $\mathbf{x}_i[n]$ obtains the membership $\mu_{ijm}(x_i[n, m])$.

In this work we focus on mainly four possible outcomes of individual image analysis steps (i.e. $N_L = 4$ in this case):

Extracted feature ...

1. ... perfectly matches the expectation.

2. ... is smaller than expected but might be useful.

3. ... is larger than expected but might contain useful objects of interest.

4. ... is not useful (e.g. noise or artefacts).

A common case is to specify only the fuzzy set for the desired outcome of the operators corresponding to case 1 in the above-mentioned list and aggregate all other cases by $\mu_{i2m} = 1 - \mu_{i1m}$. In some cases, however, it might also make sense to use the remaining cases. Consider for example an image segmentation operator that produces merged image regions due to under-segmentation. Despite being directly useful, extracted information that is classified to case 3, i.e. having a large region that contains desired objects, might be exploited by subsequent operators. Due to simplicity we use trapezoidal membership functions for $\mu_{ijm}(x, \boldsymbol{\theta}_{ijm})$ defined as

$$
\mu_{ijm}(x, \boldsymbol{\theta}_{ijm}) = \begin{cases} \frac{x - a_{ijm}}{b_{ijm} - a_{ijm}}, & a_{ijm} \leq x < b_{ijm} \\ 1, & b_{ijm} \leq x < c_{ijm} \\ \frac{d_{ijm} - x}{d_{ijm} - c_{ijm}}, & c_{ijm} \leq x < d_{ijm} \\ 0, & \text{otherwise.} \end{cases} \tag{2}
$$

In Eq. (2), each membership function μ_{ijm} is specified by its four dimensional parameter vector $\boldsymbol{\theta}_{ijm} = (a_{ijm}, b_{ijm}, c_{ijm}, d_{ijm})^{\top}$. The respective parameters have to be set individually depending on the prior knowledge about the expected outcome (see Sec. 3). Of course, multiple features can be combined to form logical expressions for desired operator outcome, e.g. if an extracted object has to be structured and rectangular to be a desired object, the corresponding membership values are multiplied. For instance, a combination of M_i membership functions for case 1 leads to

$$
\mu_{LC,i1}(\mathbf{x}_i[n]) = \prod_{m=1}^{M_i} \mu_{i1m}(x_i[n, m]). \tag{3}
$$

Membership functions of features that should not contribute to Eq. (3) are simply set to one, with parameter vector $\boldsymbol{\theta}_{ijm} = (-\infty, -\infty, \infty, \infty)^{\top}$. For each data vector that is produced by operator i, the degree of membership to the respective fuzzy sets is calculated. Consequently, (1) is replaced by an augmented output matrix of size $(N_i \times M_i + N_{LC})$

$$
\mathbf{X}_i = \begin{pmatrix} x_i[1, 1] & \cdots & x_i[1, M_i] & \mu_{LC,i1}(\mathbf{x}_i[1]) & \cdots & \mu_{LC,iN_{LC}}(\mathbf{x}_i[1]) \\ \vdots & & \vdots & \vdots & & \vdots \\ x_i[N_i, 1] & \cdots & x_i[N_i, M_i] & \mu_{LC,i1}(\mathbf{x}_i[N_i]) & \cdots & \mu_{LC,iN_{LC}}(\mathbf{x}_i[N_i]) \end{pmatrix} \tag{4}
$$

that is passed to the subsequent operators for further processing steps. In Eq. (4), it is theoretically allowed to add an arbitrary number N_{LC} of additional positive criteria $\mu_{LC,il}(\mathbf{x}_i[n])$ with $l \in \{1, ..., N_{LC}\}$ that are created similar to Eq. (3).

2.2 Propagation of Uncertainty in Image Analysis Pipelines

One possibility to exploit the uncertainty information is by optimizing parameter values of a respective operator in a feedback fashion such that the outcome minimizes a previously defined optimization criterion [18]. Here, the focus is put on delivering the uncertainty and associated data tuples through the pipeline, i.e. performing a feed-forward propagation of the reliability of data shared between operators.

The first step to filter the extracted output information $\mathcal{X}_i$ produced by an operator i using thresholds $\alpha_{il} \in [0, 1]$. According to the uncertainty $\mu_{LC,il}(\mathbf{x}_i[n])$ calculated for each data tuple $\mathbf{x}_i[n] \in \mathcal{X}_i$, $\mathbf{x}_i[n]$ is only passed to the next pipeline component if $\mu_{LC,il}(\mathbf{x}_i[n]) \geq \alpha_{il}$ for the membership to a desired set. The reduced set which serves as input for operator $i + 1$ can be written as

$$\tilde{\mathcal{X}}_i := \{\mathbf{x}_i[n] \in \mathcal{X}_i : \mu_{LC,il}(\mathbf{x}_i[n]) > \alpha_{il}, \forall l\}. \tag{5}$$

Some image analysis operators are heavily dependent on parameter values and may produce a high amount of useless information if parameters are wrongly set. Nevertheless, in some cases the use of *soft* parameters becomes necessary to capture all desired objects including a high amount of false positives. In this particular case, the uncertainty based object exclusion provides a convenient way to filter meaningless data while at the same time information loss is minimized (see Sec. 3).

If an operator i produces an uncertain outcome, which corresponds to a low degree of membership to the desired set, it might be advantageous to keep information $\mathbf{x}_{i-1}[n] \in \tilde{\mathcal{X}}_{i-1}$ from one of the previous steps that produced the uncertain information $\mathbf{x}_i[n] \in \mathcal{X}_i$. This can be achieved by introducing a second threshold β_{il} for each operator that specifies a level below which information of the previous step is preserved. More formally this means that instead of propagating the α_{il}-filtered set $\tilde{\mathcal{X}}_i \subseteq \mathcal{X}_i$ produced by operator i to operator $i + 1$ a set

$$\Omega_i = \tilde{\mathcal{X}}_i \cup \tilde{\Omega}_{i-1} \tag{6}$$

with $i \geq 2$ and $\Omega_1 = \tilde{\mathcal{X}}_1$ is passed through the pipeline. In Eq. (6), $\tilde{\Omega}_{i-1}$ represents the subset of elements in Ω_{i-1} which are not successfully transferred into useful information by operator i, i.e. the elements $\mathbf{x}_{i-1}[n] \in \tilde{\mathcal{X}}_{i-1}$

that generated output $\mathbf{x}_i[n] \in \mathcal{X}_i$ with $\mu_{LC,il}(\mathbf{x}_i[n]) \leq \beta_{il}$. Such elements characterize information of operator $i-1$ that might be useful in later steps. Features that are shared between multiple operators should remain unchanged. However, it might make sense to alter fuzzy membership values of the data tuples, e.g. to gradually decrease the influence of early steps on later pipeline stages. In our framework we assume that responsibility for calculating Ω_i and appropriately adapting the membership values is taken by the operators themselves.

Next to filtering and propagating the information of the operators within the pipeline, the operators can explicitly make use of the provided uncertainty information to improve their results. Depending on the degree of uncertainty of provided information, parameters or even whole processing methods might be adapted if needed. Consider for example the seeded segmentation of objects from an image. If it is known in advance that a certain seed point is not likely to correspond to a desired object, parameter values can be adjusted accordingly, e.g. to avoid infinite growth of segmented objects due to a lack of edge information in the image.

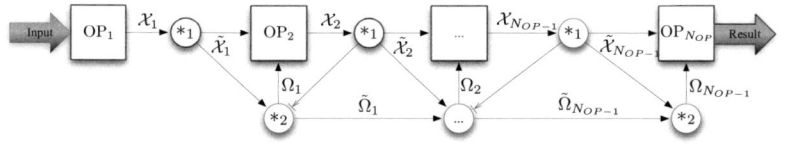

Figure 1: In most analysis pipelines each of the N_{OP} processing objects directly relies on the output $\mathcal{X}_i$ of its predecessor. Using thresholds the extracted output information of each operator can be filtered according to its uncertainty leading to a reduced set $\tilde{\mathcal{X}}_i \subseteq \mathcal{X}_i$ that is passed to the successor ($*_1$, threshold α_{il}). If an operator i produces uncertain outcome $\mathbf{x}_i[n] \in \mathcal{X}_i$ its successor may access preserved information from one of the previous steps. Therefore, each element $\mathbf{x}_{i-1}[n] \in \Omega_{i-1}$ that led to an uncertain result in processing object i is kept in the set $\tilde{\Omega}_{i-1} \subseteq \Omega_{i-1}$ and additionally passed to the successor, i.e. $\Omega_i = \tilde{\mathcal{X}}_i \cup \tilde{\Omega}_{i-1}$ with $i \geq 2$ and $\Omega_1 = \tilde{\mathcal{X}}_1$ is used as input for operator $i + 1$ ($*_2$, threshold β_{il}). Solid lines indicate the main information flow, dash-dotted lines the propagation of previously calculated results and dotted lines emphasize influence on the selection of propagated information.

The general scheme for the proposed uncertainty propagation framework is depicted in Fig. 1. All in all, uncertainty propagation considered in this contribution encompasses filtering, passing and providing information produced by and between individual pipeline components based on fuzzy set membership. The key ideas of the proposed framework are summarized in the following enumeration:

1. Filter information based on their uncertainty, i.e. define uncertainty thresholds α_{il} for each pipeline component. For some steps such as segmentation, however, it might make sense to set $\alpha_{il} = 0$ in order to keep all provided information. For $\alpha_{il} = 1$, no information is passed to operator $i + 1$.

2. Allow operators to fall back on information of penultimate processing steps if predecessor does not deliver good results. The parameter β_{il} specifies the level up to which operator i should preserve previous information. If $\beta_{il} = 1$ all information of $i - 1$ is propagated to the successor $i + 1$. If $\beta_{il} = 0$ only the information produced by operator i is propagated.

3. Specifically handle information provided by previous operators based on the respective uncertainty.

The next section presents the application of the described methods to an exemplary image analysis pipeline for a common biological data set.

3 Applications

Within this section the methods described earlier are applied on a benchmark data set of 2D time-lapse microscopy images of developing, moving and dividing HeLa cells[1]. The data set contains 100 subsequently captured grayscale images with a resolution of 672x512 pixels and a dynamic range of 16 bits. Additionally, a ground truth for properties such as segmentation and tracking is provided on the website. All described algorithms are implemented in MATLAB and will presumably be integrated into the open-source MATLAB toolbox Gait-CAD [19]. The tasks performed on these images are seed detection, seeded segmentation and tracking of the contained cells. Challenges that have to be overcome in this data set are particularly the relatively high level of background noise, splitting events and movement of the cells. Moreover, closely located cells occasionally are merged due to under-segmentation in later time frames when cell density increases. To proof the potential of uncertainty based propagation of extracted information through an image analysis pipeline, a method for resolving tracking errors due to under-segmentation is presented. However, to attain tracking results comparable to state-of-the-art tracking algorithms, a thorough integration of the proposed method into known algorithms would be required, which is beyond the scope of this contribution

---

[1] http://www.cbi-tmhs.org/Dcelliq/files/051606_HeLaMCF10A_DMSO_1.rar

and will be addressed in future work. In Fig. 2 the initial operator outcomes for seed detection (operator $i = 1$), segmentation (operator $i = 2$) and tracking (operator $i = 3$) of cells are illustrated. It can be seen that the different results can clearly be associated with one of the four cases described in Sec. 2.1.

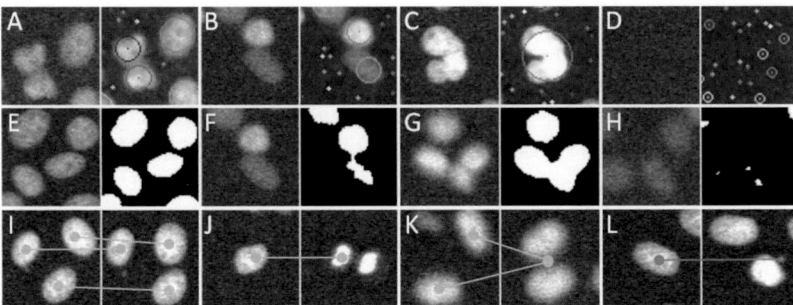

Figure 2: Exemplary cases for the classification of extracted information derived from seed detection (top), segmentation (center) and tracking (bottom), respectively. (A,E,I) Perfect match of the expectation. (B,F,J) Identified object too small but might be useful. (C,G,K) Object larger than expected but contains useful information. (D,H,L) Extracted information not useful at all.

For seed detection a Laplacian-of-Gaussian (LoG) scale space maximum projection of the image is generated and local maxima are detected therein, similar to [5]. This way centroids of roundish objects as well as an initial size estimate can be determined by the scale in which the objects are found.

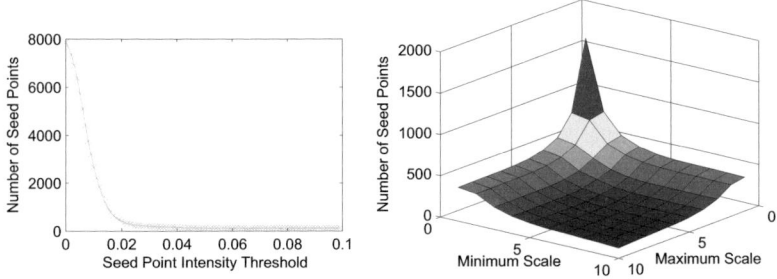

Figure 3: Dependency of the amount of detected seed points on the selected parameter values. Intensity based seed point threshold varied within a range of [0..0.1] were chosen with $\sigma_{min} = 1$ and $\sigma_{max} = 12$ (left). Dependency of the investigated scales ranging from $\sigma_{min}, \sigma_{max} \in [1..10]$ with fixed threshold at t = 0.02 (right).

To minimize the risk of leaving some cells undetected, the parameters for the algorithm are set *softly*, i.e. it is favored to retrieve more false positive detected seed points while minimizing the false negative detections. The standard deviation range of the LoG filter σ_{min} and σ_{max} are set to 1 and 8, respectively, to detect roundish objects of the desired size and a minimum intensity threshold for the seed points is set to 0.02 in this case (see e.g. [5]). Fig. 3 shows the amount of seed points that are detected by the algorithm depending on different parameter values. Since the correct number of seeds derived from the ground truth lies in the plateau regions of the parameter plots, it is reasonable to set the parameters slightly below that values to prevent missing seed points in this case. Based on the detected seed points a seeded segmentation using the distance-regularized Level-sets algorithm is performed [20].

The membership functions of extracted information are evaluated according to fuzzy sets that are derived from ground truth based prior knowledge as described in Sec. 2. Parameters for the membership functions are manually selected to determine if an extracted object really corresponds to a cell based on the properties listed in Tab. 1:

Property	Mean	Std. Dev.	Min	Max	Median
Mean Intensity	0.0674	0.0022	0.0615	0.0718	0.0673
Diameter	23.2106	2.7227	17.0007	30.7781	22.8058
Solidity	0.9662	0.0156	0.8936	0.9875	0.9690

Table 1: Prior knowledge used for the definition of the fuzzy sets. Next to the mean intensity of the extracted region, the diameter of a circle that has an equivalent area as the extracted segment is calculated. The solidity represents the proportion of pixels in the convex hull that are also present in the extracted region.

According to Eq. (3) the seed detection fuzzy set is based on a combination of the mean intensity and the diameter property with parameters (0.0615, 0.0637, ∞, ∞) and (11.6, 19.7, 28.0, 33.5), respectively. In addition, the segmentation evaluation makes use of the solidity property with parameters (0.25, 0.75, 1.0, 1.0) and the amount of seed points per segment as an additional feature with membership function parameters $(0, 1, 1, 4)$. In Fig. 4 the fuzzy membership function for the expected diameter D of extracted objects is exemplarily illustrated.

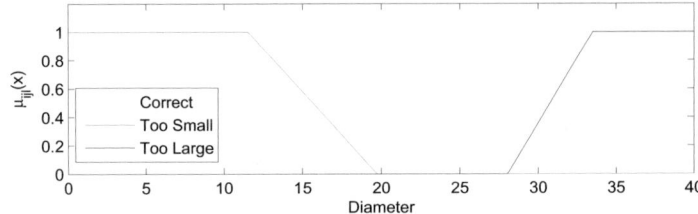

Figure 4: Trapezoidal membership functions of the fuzzy sets with parameters $(11.6, 19.7, 28.0, 33.5)$ that are used for diameter dependent classification of objects. Transition regions of the fuzzy sets are derived from the ground truth listed in Tab. 1.

The results of the fuzzy membership evaluation for the extracted seed points and the identified segments is shown in Fig. 5. It can clearly be observed that useless seed points have a low membership value (depicted in red/dark gray).

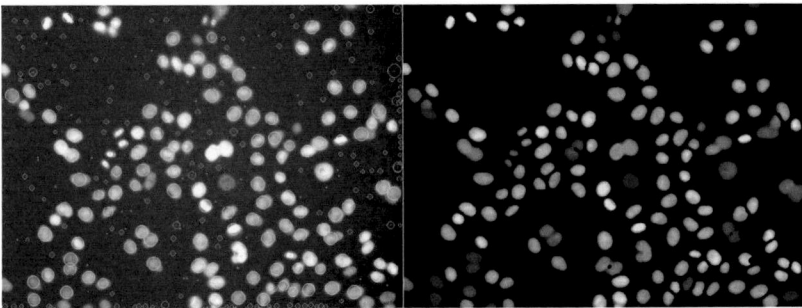

Figure 5: Identified seed points using Laplacian-of-Gaussian scale space maximum detection (left). Segmentation results with seeded Level-sets segmentation (right) [20]. Green/bright gray indicates strong, blue/gray medium and red/dark gray weak membership to the desired class of objects.

To ensure a reasonable performance of the Level-sets algorithm, the detected seed points are filtered out by using the propagation threshold $\alpha_{11} = 0.1$. Since there is no previous information that could be kept for the subsequent processing operators, the backwards threshold β_{11}, is not necessary in this step. Similar to the seed detection, the calculation of membership values for each extracted segment is able to highlight segments that are unlikely to be real cells, which means that clusters of cells and significantly smaller cells are colored appropriately. In order to propagate all segmented objects to the tracking operator, α_{21} is set to 0.0. For each segment that has a membership value below $\beta_{21} = 0.9$, the seed points that generated the segment are kept too and are additionally provided to the subsequent processing step (see Eq. (6)).

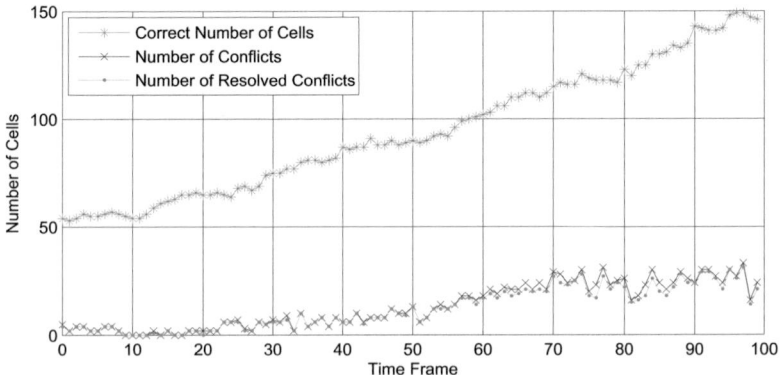

Figure 6: The number of cells contained in each frame of the ground truth segmentation (blue/gray). Amount of cells per image that are occasionally merged due to under-segmentation lead to tracking inaccuracies and ambiguity (red/dark gray). Exploiting previously calculated information, i.e. detected seed points in this case, tracking conflicts may be resolved. The amount of potentially resolvable conflicts are indicated by the green curve (green/bright gray).

Fig. 6 shows the amount of cells contained in each image. Moreover, it is evaluated how many clustered cells are present within the corresponding frames. This is achieved by using the membership values calculated for the segments, i.e. all segments with membership values below $\beta_{21} = 0.9$ are considered as potential tracking conflict. Exploiting the ground truth segmentation it is determined how many segments actually are contained in each segment and compared to the respective number of seed points that are available for tracking corrections. By propagating the seed points to the tracking step it becomes possible to resolve nearly all of the potential conflicts. A nearest neighbor based algorithm is used for tracking and demonstrates how this rather simple algorithm already can benefit from uncertainty based propagation of information through the pipeline. The identified correspondences of different operator outcomes between two frames are depicted in Fig. 7. Tracking the seed points directly introduces many false positives due to seed points corresponding to noise. Additionally, identified seed point centers are not as accurate as centroids of segmented regions. Using the segmentation results directly for tracking, however, performs poor upon erroneously clustered cells and only maps cluster centroids to each other.

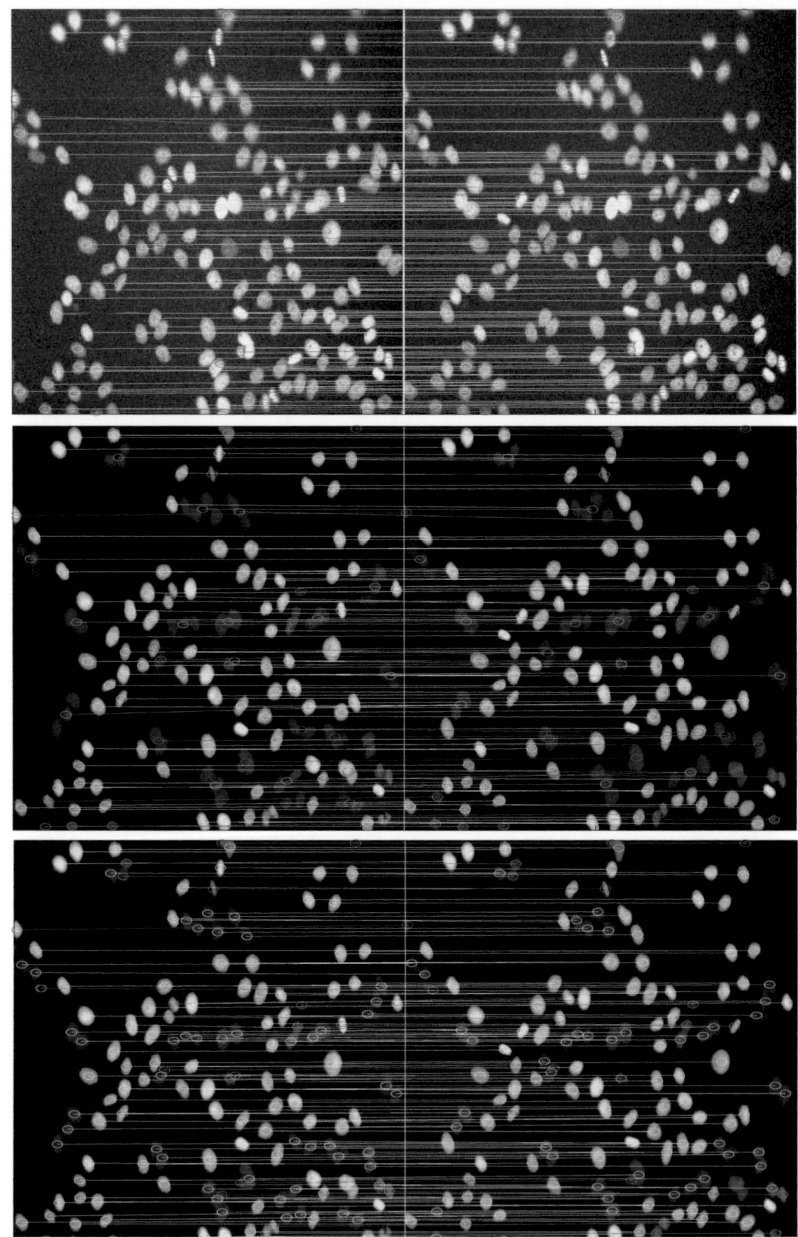

Figure 7: Identified correspondences of a nearest neighbor tracking algorithm. Tracking performed on seed points delivers many false positives and inaccurate centroid locations (top). Tracking performed on segments yields more accurate centroid locations but fails for cell clusters (middle). Combined approach that falls back to detected seeds for uncertain segments is able to resolve nearly all conflicts (bottom).

Contrary to this, the proposed approach automatically exploits all available information based on membership values of investigated segments, for instance, from the penultimate seed detection step in this case, and can resolve 92% of tracking errors caused by under-segmentation.

4 Conclusions

In this work methods for the uncertainty estimation of image analysis operators based on *a priori* knowledge are presented and used to improve image analysis pipeline performance. Available prior knowledge is used to define fuzzy sets of desired operator outcome to evaluate the corresponding quality of extracted information. It is presented how this uncertainty component or rather the degree of fuzzy membership to a desired set can be used to significantly improve algorithmic performance. A forward and a backward threshold is introduced for each pipeline component, in order to control the appropriateness of data that is fed through the pipeline and which parts of extracted information should be propagated over multiple pipeline steps. The described methods can help to compensate imperfect behavior of involved algorithms, e.g. on noisy image data. The functionality and power of the methods is exemplarily demonstrated for a common task in the automated analysis of microscopic images, namely tracking cells in time resolved 2D images.

A further step will be the quantitative comparison of the proposed methodology to the performance of similar algorithms on this benchmark dataset. Hitherto, the forward and backward thresholds α_{il} and β_{il} as well as the fuzzy set membership functions are determined manually. Future work will be put on automating these processes and to find performance maximizing parameter sets for the whole interconnected pipeline. Additionally, the approach could be transferred and tested on other image analysis tasks, which could likely lead to new methods such as uncertainty weighted registration of multidimensional image data or fuzzy tracking based on evaluated uncertainty properties.

References

[1] Gehrig, J.; Reischl, M.; Kalmar, E.; Ferg, M.; Hadzhiev, Y.; Zaucker, A.; Song, C.; Schindler, S.; Liebel, U.; Müller, F.: Automated High Throughput Mapping of Promoter-Enhancer Interactions in Zebrafish Embryos. *Nature Methods* 6 (2009) 12, pp. 911–916.

[2] Garcia, A.; Bourov, S.; Hammad, A.; Jejkal, T.; Otte, J.; Pfeiffer, S.; Schenker, T.; Schmidt, C.; van Wezel, J.; Neumair, B.; Streit, A.: Data Management and Analysis at the Large Scale Data Facility. In: *Proc., 6th International Conference on Digital Information Management, Melbourne*. 2011.

[3] Keller, P.; Stelzer, E.: Quantitative in vivo Imaging of Entire Embryos with Digital Scanned Laser Light Sheet Fluorescence Microscopy. *Current Opinion in Neurobiology* 18 (2008) 6, pp. 624–632.

[4] Keller, P.; Schmidt, A.; Wittbrodt, J.; Stelzer, E.: Digital Scanned Laser Light-Sheet Fluorescence Microscopy (DSLM) of Zebrafish and Drosophila Embryonic Development. *Cold Spring Harbor Protocols* 2011 (2011) 10, pp. pdb–prot065839.

[5] Al-Kofahi, Y.; Lassoued, W.; Lee, W.; Roysam, B.: Improved Automatic Detection and Segmentation of Cell Nuclei in Histopathology Images. *IEEE Transactions on Biomedical Engineering* 57 (2010) 4, pp. 841–852.

[6] Santo, M.; Liguori, C.; Paolillo, A.; Pietrosanto, A.: Standard Uncertainty Evaluation in Image-Based Measurements. *Measurement* 36 (2004) 3, pp. 347–358.

[7] BIPM; IEC; IFCC; ISO; IUPAC; IUPAP; OIML: *Guide to the Expression of Uncertainty in Measurement*. 1993.

[8] Chen, J.; Zhao, L.: A New Method for Uncertainty Evaluation of Centroid Detection. In: *2nd International Congress on Image and Signal Processing, 2009. CISP'09*, pp. 1–4. IEEE. 2009.

[9] Chen, J.; Zhao, L.: A New Method for Uncertainty Evaluation of Corner Detection. In: *International Conference on Artificial Intelligence and Computational Intelligence (AICI), 2010*, vol. 1, pp. 458–462. IEEE. 2010.

[10] Anchini, R.; Liguori, C.; Paolillo, A.: Evaluation of the Uncertainty of Edge-Detector Algorithms. *IEEE Transactions on Instrumentation and Measurement* 56 (2007) 3, pp. 681–688.

[11] Betta, G.; Capriglione, D.; Liguori, C.; Paolillo, A.: Uncertainty Evaluation in Face Recognition Algorithms. In: *Instrumentation and Measurement Technology Conference (I2MTC), 2011 IEEE*, pp. 1 –6. 2011.

[12] Zhou, X.; Gupta, A.; Comaniciu, D.: An Information Fusion Framework for Robust Shape Tracking. *IEEE Transactions on Pattern Analysis and Machine Intelligence* 27 (2005) 1, pp. 115–129.

[13] Bouchon-Meunier, B.; Yager, R. R.; Zadeh, L. A.: *Information, Uncertainty and Fusion*. Boston: Kluwer Academic. 2000.

[14] Bourgine, P.; Čunderlík, R.; Drblíková-Stašová, O.; Mikula, K.; Remešíková, M.; Peyriéras, N.; Rizzi, B.; Sarti, A.: 4D Embryogenesis Image Analysis Using PDE Methods of Image Processing. *Kybernetika* 46 (2010) 2, pp. 226–259.

[15] Lou, X.; Kaster, F.; Lindner, M.; Kausler, B.; Kothe, U.; Hockendorf, B.; Wittbrodt, J.; Janicke, H.; Hamprecht, F.: Deltr: Digital embryo lineage tree reconstructor. In: *Proc., IEEE International Symposium on Biomedical Imaging: From Nano to Macro*, pp. 1557–1560. IEEE. 2011.

[16] Vu, N.; Manjunath, B.: Shape Prior Segmentation of Multiple Objects with Graph Cuts. In: *IEEE Conference on Computer Vision and Pattern Recognition, 2008. CVPR 2008.*, pp. 1–8. IEEE. 2008.

[17] Leventon, M.; Grimson, W.; Faugeras, O.: Statistical Shape Influence in Geodesic Active Contours. In: *IEEE Conference on Computer Vision and Pattern Recognition, 2000. Proceedings.*, vol. 1, pp. 316–323. IEEE. 2000.

[18] Khan, A.; Reischl, M.; Schweitzer, B.; Weiss, C.; Mikut, R.: Automatic Tuning of Image Segmentation Routines by Means of Fuzzy Feature Evaluation. *Advances in Intelligent Systems and Computing* 190 (2013) 5, pp. 459–467.

[19] Stegmaier, J.; Alshut, R.; Reischl, M.; Mikut, R.: Information Fusion of Image Analysis, Video Object Tracking, and Data Mining of Biological Images using the Open Source MATLAB Toolbox Gait-CAD. *Biomedizinische Technik (Biomedical Engineering)* 57 (S1) (2012), pp. 458–461.

[20] Li, C.; Xu, C.; Gui, C.; Fox, M.: Distance Regularized Level Set Evolution and its Application to Image Segmentation. *IEEE Transactions on Image Processing* 19 (2010) 12, pp. 3243–3254.

Inkrementelles Lernen von Takagi-Sugeno Fuzzy-Systemen 1. Ordnung

Andreas Buschermöhle, Jan Schoenke, Werner Brockmann

Universität Osnabrück, Technische Informatik
Albrechtstraße 28, 49069 Osnabrück
Tel.: (0541) 969 2598
Fax: (0541) 969 2799
E-Mail: Andreas.Buschermoehle@Uni-Osnabrueck.de,
jschoenk@Uni-Osnabrueck.de, Werner.Brockmann@Uni-Osnabrueck.de

1 Motivation

Modelle des Verhaltens eines Systems können aus Daten erlernt werden, um den Entwurfsaufwand zu reduzieren [1]. Dabei wird das Modell durch einen Approximator realisiert und ein Lernverfahren stellt die Lernparameter des Approximators ein. Im Extremfall werden die Daten hierzu inkrementell präsentiert und müssen in jedem Schritt in das Modell integriert werden. Beeinflusst das Modell kritische Teile einer Anwendung, ist es für den Entwickler aufgrund der Rückwirkung auf das System wichtig, dass vorhersehbar ist, wie jedes Lerndatum integriert wird. Außerdem sollte jederzeit das gelernte Wissen verstanden werden können, um Wissen über das Systemverhalten zu extrahieren [2, 3]. Also muss die Komplexität hinsichtlich der Anzahl der gleichzeitig zu betrachtenden Parameter möglichst gering sein. Dies betrifft sowohl die Komplexität jedes Lernschrittes als auch die Komplexität des Approximators. Die geringe Komplexität kann jedoch im Widerspruch zu einer ausreichenden Ausdrucksstärke stehen, die zur Beschreibung des Systemverhaltens notwendig ist. Als Kompromiss verwendet man einfache lokale Modelle, die nur in einem Teil des Eingangsraums gültig sind und durch Interpolation ein ausdrucksstarkes, globales Modell (gesamter Approximator) ergeben. Ein Takagi-Sugeno Fuzzy-System 1. Ordnung (TSFS1) stellt ein solches globales Modell dar [2, 4]. Es besteht aus N lokalen, linearen Modellen (Hyperebenen)

$$f_j(x) = a_j + \sum_{i=1}^{D} b_{i,j} \cdot x_i \qquad (1)$$

mit den jeweiligen Parametern a_j als konstantem Anteil und $b_{i,j}$ als linearem Anteil des i-ten von D Eingängen. Diese lokalen Modelle bilden die

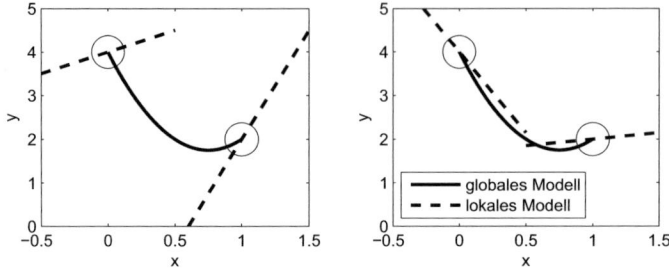

Bild 1: Zwei TSFS1 mit gleichem globalen Modell (durchgezogene Linie) bei unterschiedlichen lokalen Modellen (gestrichelte Linien). Die Kreise geben die Zentren der lokalen Modelle an.

Konklusionen von Fuzzy-Regeln und werden mit der Sum-Prod-Inferenz mit ihren Zugehörigkeitsfunktionen $\mu_j(x)$ nach

$$f(x) = \sum_{j=1}^{N} \mu_j(x) \cdot f_j(x) \qquad (2)$$

zu einem globalen Modell $f(x)$ zusammengefasst. Zur eindeutigen Lokalisierung eines lokalen Modells verwendet man dreieckige Zugehörigkeitsfunktionen in jeder Eingangsdimension mit normierter Regelbasis. Somit sind die lokalen Modelle auf einem Gitter im Eingangsraum angeordnet und zwischen ihnen wird linear interpoliert. Die Betrachtung als Fuzzy-System erlaubt es zudem, Expertenwissen vorab in das Modell einzubringen.

Das globale Modell muss die Daten nicht nur gut approximieren, sondern jedes lokale Modell der lokalen Datenlage entsprechen, damit es auch für sich sinnvoll ist. Ein grundsätzliches Problem von TSFS1 ist dabei, dass die linearen Anteile der lokalen Modelle unterbestimmt sind. Das bedeutet, dass bei der Interpolation zwischen zwei lokalen Modellen das gleiche resultierende globale Modell durch unterschiedliche Parameter erreicht werden kann. Bild 1 veranschaulicht diese Unterbestimmtheit anhand von zwei Regeln. Es sind die beiden lokalen Modelle als gestrichelte Linien und das globale Modell als durchgezogene Linie eingezeichnet. Das globale Modell hängt in jeder Dimension nur von der Differenz der linearen Anteile und den konstanten Anteilen ab. Dies hat zur Folge, dass die lokalen Modelle nicht unbedingt mit dem Verlauf des globalen Modells übereinstimmen (z.B. Bild 1 links), für die Korrektheit der lokalen Modelle ist dies jedoch unerlässlich (z.B. Bild 1 rechts).

2 Inkrementelle Lernverfahren für TSFS1

Für das Lernen von TSFS1 gibt es zwei unterschiedliche Möglichkeiten, welcher Teil des Modells aus Daten erlernt wird. Zum einen gibt es evolvierende Fuzzy-Systeme, bei denen die Zahl und Lage der Zugehörigkeitsfunktionen sowie deren Konklusionen angepasst werden [5, 6]. Davon unterscheiden sich adaptive Fuzzy-Systeme dadurch, dass nur die Parameter der Konklusionen angepasst werden, die Struktur jedoch fest bleibt. Eine feste Struktur unterstützt die Verständlichkeit in dem Sinne, dass der Entwickler die Positionen der Zugehörigkeitsfunktionen vorab festlegen und das später gelernte Wissen in derselben Struktur wieder extrahieren kann. Daher betrachtet diese Arbeit im Folgenden näher die Lernverfahren für adaptive Fuzzy-Systeme.

Dazu wird das TSFS1 in der allgemeinen Repräsentation $f(x) = \alpha^T \varphi(x)$ als Approximator beschreiben, der linear in den Parametern ist. Hierzu werden alle Lernparameter so in einen Vektor α zusammengefasst, dass für $i = 1, \ldots, D$ und $j = 1, \ldots, N$ gilt: $\alpha_j = a_j, \alpha_{N+(j-1)\cdot D+i} = b_{i,j}, \varphi_j(x) = \mu_j(x)$ und $\varphi_{N+(j-1)\cdot D+i}(x) = \mu_j(x) \cdot x_i$

Um die Konklusionen eines TSFS1 anzupassen gibt es prinzipiell zwei inkrementelle Lernverfahren, den Gradientenabstieg (Gradient Descent, GD) [7, 8, 9] und rekursive kleinste Quadrate (Recursive Least Squares, RLS) [10, 11]. Ein direkter Gradientenabstieg auf dem Fehlerpotential eines Lerndatums verteilt den Fehler anteilig auf die Lernparameter je nach der Stärke ihres Beitrags zur aktuellen Ausgabe. Die Anpassung $\Delta\alpha_k^{(t)}$ des Parameters $\alpha_k^{(t)}$ für ein Lerndatum $(x^{(t)}, y^{(t)})$ im Lernschritt[1] t hat die Form

$$\Delta\alpha_k^{(t)} = -\frac{1}{2}\frac{\partial(y^{(t)} - f(x^{(t)}))^2}{\partial\alpha_k} \cdot \eta = \varphi_k(x^{(t)}) \cdot (y^{(t)} - f(x^{(t)})) \cdot \eta, \quad (3)$$

wobei η die Schrittweite entlang des Gradienten angibt. Mit einer Normierung durch den Faktor $(\sum \varphi_k^2(x^{(t)}))^{-1}$ kann GD so skaliert werden, dass die Schrittweite η zu einer Lernrate $\lambda \in [0, 1]$ wird. Für $\lambda = 1$ wird der Fehler des Lerndatums in einem Schritt exakt ausgeglichen.

Die Anpassung der Parameter nach RLS ist speziell für Approximatoren mit linear wirkenden Parametern ausgelegt und nutzt eine Kovarianz-

---

[1] Im Folgenden wird der oberer Index für die Anzahl vergangener Lernschritte verwendet.

Matrix P, um die Aufteilung des Fehlers auf die Parameter dem Lernverlauf anzupassen. Die Kovarianz-Matrix P kann zudem als parameterspezifische Lernrate verstanden werden. Mit jedem Lerndatum wird neben dem Parameterupdate auch die Kovarianz-Matrix P nach folgender Vorschrift aktualisiert:

$$P^{(t)} = P^{(t-1)} - \frac{P^{(t-1)}\varphi(x^{(t)})(\varphi(x^{(t)}))^T P^{(t-1)}}{1 + (\varphi(x^{(t)}))^T P^{(t-1)}\varphi(x^{(t)})} \tag{4}$$

$$\Delta\alpha^{(t)} = \frac{P^{(t-1)}\varphi(x^{(t)})}{1 + (\varphi(x^{(t)}))^T P^{(t-1)}\varphi(x^{(t)})} \cdot (y^{(t)} - f(x^{(t)})) \tag{5}$$

RLS wurde bereits in der Literatur auf TSFS1 daraufhin untersucht, in wie weit das globale Modell einen geringen Approximationsfehler liefert und gleichzeitig eine gute Approximation durch die lokalen Modelle erreicht werden kann [12, 13]. Hierzu wurde der Lernalgorithmus nicht global auf das gesamte TSFS1 angewandt, sondern auf jedes lokale Modell einzeln. Der Fehler wird dabei nach der Aktivierung $\mu_j(x^{(t)})$ auf die lokalen Modelle verteilt und dann lokal RLS für die Anpassung der Parameter verwendet. Auf diesem Weg wird jedes Modell mit dem Ziel eines kleinen lokalen Fehlers trainiert und so eine gute Korrektheit der lokalen Modelle erreicht. Durch die Aufteilung des Fehlers nach der Aktivierung der lokalen Modelle wird implizit auch der globale Fehler klein gehalten.

GD gewichtet die Parameteranpassungen $\Delta\alpha_k$ allein über die Basisfunktion $\varphi_k(x)$. Das führt dazu, dass in einem lokalen Modell der konstante Anteil mit 1 und die linearen Anteile jeweils mit $x_i^{(t)}$ gewichtet werden. Für $x_i^{(t)} \ll 1$ wird somit vor allem der konstante Anteil a_j und für $x_i^{(t)} \gg 1$ vor allem der lineare Anteil $b_{i,j}$ angepasst. Die Verteilung der lokalen Modelle im Eingangsraum wird dabei ignoriert und es ergibt sich eine Abhängigkeit vom Wertebereich der Eingangsgrößen. Somit ist im Allgemeinen nicht zu erwarten, dass die resultierenden lokalen Modelle den Daten entsprechen. Dafür hängt das Verhalten des GD nur vom Parametervektor α und dem Lerndatum $(x^{(t)}, y^{(t)})$ ab. Somit ist die Anzahl relevanter Parameter für ein lokales Modell in einem Lernschritt in $O(D)$. RLS hat hingegen den Vorteil, dass sich die Aufteilung des Fehlers auf die Parameter über die Kovarianz-Matrix an die bisher präsentierten Daten anpasst und so den minimalen quadratischen Fehler zu allen präsentierten Daten erreicht. Dadurch entsprechen beim lokalen RLS auch die lokalen Modelle optimal den Daten. Da beim RLS zusätzlich die Kovarianz-Matrix P zu berücksichtigen ist, liegt die Anzahl relevanter Parameter in $O(D^2)$ beim lokalen RLS und $O((N \cdot D)^2)$ beim globalen RLS. Somit ist ein Lernschritt des GD deutlich leichter zu verstehen.

3 Inkrementelle Lernansätze

3.1 Anforderungen

Kapitel 2 zeigt, dass GD leicht verständliche Lernschritte bietet, während RLS eine hohe Approximationsgüte, lokal sowie global, erreicht. Dafür sind die Lernschritte bei RLS schwerer zu verstehen. Daher stellt diese Arbeit zwei Ansätze für Lernverfahren vor, die hinsichtlich der Anzahl relevanter Parameter in einem Lernschritt in $O(D)$ bleiben, also leicht verständlich sind. Dennoch sollen sie eine hohe globale und lokale Approximationsgüte erreichen, um die Qualität des globalen Modells zu gewährleisten und gleichzeitig korrekte lokale Modelle zu erzeugen.

3.2 Struktureller Ansatz

Der strukturelle Ansatz zielt darauf ab, die Verteilung der lokalen Modelle im Eingangsraum beim Lernen zu berücksichtigen. Befindet sich das Lerndatum im Zentrum p_j eines lokalen Modells ($\mu_j(p_j) = 1$) wird dessen Höhe, also der konstante Anteil, angepasst; befindet es sich hingegen zwischen den lokalen Modellen wird die Krümmung, also die linearen Anteile der interpolierten Modelle, angepasst. Die Aufteilung der notwendigen Anpassung zwischen linearem und konstantem Anteil wird über das Maß

$$v_j(x^{(t)}) = 1 - \prod_{i=1}^{D} 2 \left| \mu_{i,j}(x_i^{(t)}) - \frac{1}{2} \right| \tag{6}$$

vorgenommen, wobei $\mu_{i,j}(x_i^{(t)})$ die dreieckige Zugehörigkeitsfunktion des j-ten Modells entlang der i-ten Dimension ist. $v_j(x^{(t)})$ gibt somit den Anteil des Fehlers an, der durch Anpassung der linearen Parameter ausgeglichen wird. Daraus folgt für den konstanten Anteil jedes lokalen Modells eine Anpassung

$$\Delta a_j^{(t)} = \mu_j(x^{(t)})(1 - v_j(x^{(t)})) \cdot (y^{(t)} - f(x^{(t)})) \,. \tag{7}$$

Für die linearen Anteile jedes lokalen Modells wird der Fehler zunächst in eine Steigung

$$m_{i,j}(x^{(t)}) = \mu_j(x^{(t)})v_j(x^{(t)}) \frac{(y^{(t)} - f(x^{(t)}))}{(x_i^{(t)} - p_{i,j})} \tag{8}$$

umgerechnet, wobei $p_{i,j}$ die i-te Komponente des Zentrums des j-ten lokalen Modells ist. Dieser Fehler wird dann nach

$$\Delta b_{i,j}^{(t)} = m_{i,j}(x^{(t)}) \frac{\left(1 - 2\left|\mu_{i,j}(x_i^{(t)}) - \frac{1}{2}\right|\right) \prod_{d \neq i} \mu_{d,j}(x_d^{(t)})}{\sum_{k=1}^{D} \left(1 - 2\left|\mu_{k,j}(x_k^{(t)}) - \frac{1}{2}\right|\right) \prod_{d \neq k} \mu_{d,j}(x_d^{(t)})} \tag{9}$$

auf die einzelnen linearen Anteile aufgeteilt, so dass sie insbesondere in den Dimensionen angepasst werden, in denen sich $x_i^{(t)}$ zwischen zwei lokalen Modellen befindet. Für den undefinierten Fall $x_i^{(t)} = p_{i,j}$ wird die Anpassung $\Delta b_{i,j}^{(t)} = 0$. Auch hier ist es möglich analog zu GD eine Normierung und damit eine Lernrate einzuführen. Damit das Verfahren numerische stabil bleibt, ist es zusätzlich notwendig, die absoluten linearen Anteile zu minimieren. Dazu wird die eingangs beschriebene Unterbestimmtheit der Parameter genutzt, sodass bei minimalen absoluten Werten die Differenzen zwischen den Parametern gleich bleibt, und sich so das funktionale Verhalten nicht ändert.

3.3 Differenzierbarer Ansatz

Durch die Verwendung von dreieckigen Zugehörigkeitsfunktionen ist ein TSFS1 im Allgemeinen nicht differenzierbar. Fordert man hingegen explizit den Erhalt der Differenzierbarkeit des TSFS1 in jedem Lernschritt, entspricht die Monotonie jedes lokalen Modells notwendigerweise der Monotonie des globalen Modells in seiner lokalen Umgebung. Auf dieser Idee basiert der differenzierbare Ansatz, durch diese Anforderung wird jedoch die Ausdrucksfähigkeit des TSFS1 geringfügig eingeschränkt. Der Verlauf eines allgemeinen TSFS1 mit dreieckigen Zugehörigkeitsfunktionen entspricht einer stetigen, stückweise parabolischen Funktion. Da die Summe differenzierbarer Funktionen wieder differenzierbar ist, wird somit in jedem Lernschritt nach einer stückweise parabolischen, differenzierbaren Funktion gesucht, die die Differenz zwischen Zielwert und aktueller Ausgabe des globalen Modells ausgleicht. Aufgrund der Sum-Prod-Inferenz kann diese Funktion für jede Eingangsdimension einzeln bestimmt werden. Da für den Erhalt der Differenzierbarkeit auch benachbarte lokale Modelle verändert werden müssen, diese aber weiterhin korrekt bleiben sollen, darf sich die Änderung am globalen Modell durch ein Lerndatum nur lokal auswirken.

In der Umsetzung dieses Ansatzes wird der Fehler auf die lokalen Modelle anteilig nach $\mu_j(x)$ verteilt. Innerhalb der lokalen Modelle wird dieser gleichmäßig auf die einzelnen Eingangsdimensionen aufgeteilt. Für jede

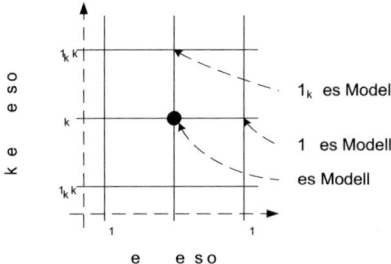

Bild 2: Die Grafik zeigt einen 2D-Ausschnitt aus einem TSFS1-Gitter. Die Gitterlinien entsprechen den Maxima der dreieckigen Zugehörigkeitsfunktionen in jeder Dimension. An jedem Schnittpunkt befindet sich das Zentrum eines lokalen Modells.

Eingangsdimension wird demnach eine stückweise parabolische, differenzierbare Funktion gesucht, die am Lernpunkt $x_i^{(t)}$ den Anteil $\frac{\mu_j(x)}{D}$ des Fehlers ausgleicht. Zur Erhaltung der Differenzierbarkeit müssen dabei in jedem Lernschritt die jeweils direkt benachbarten lokalen Modelle entlang der betrachteten Dimension mit angepasst werden. Um gleichzeitig nur lokal Änderungen durchzuführen, dürfen die übernächsten Nachbarn nicht angepasst werden. Dies bedeutet, dass zwischen diesen fünf Modellen in der i-ten Dimension jeweils stückweise Polynome 2. Grades gesucht werden. Diese vier Polynome S_I bis S_{IV} müssen folgenden Anschlussbedingungen genügen:

- $S_I(p_{j-2_i,i}) = 0$
- $S_I'(p_{j-2_i,i}) = 0$
- $S_I(p_{j-1_i,i}) = S_{II}(p_{j-1_i,i})$
- $S_I'(p_{j-1_i,i}) = S_{II}'(p_{j-1_i,i})$
- $S_{II}(p_{j,i}) = S_{III}(p_{j,i})$

- $S_{II}'(p_{j,i}) = S_{III}'(p_{j,i})$
- $S_{III}(p_{j+1_i,i}) = S_{IV}(p_{j+1_i,i})$
- $S_{III}'(p_{j+1_i,i}) = S_{IV}'(p_{j+1_i,i})$
- $S_{IV}(p_{j+2_i,i}) = 0$
- $S_{IV}'(p_{j+2_i,i}) = 0$

Hierbei ist folgende spezielle Nomenklatur zu beachten (siehe auch Bild 2): $p_{j+1_i,i}$ ist die i-te Komponente des Zentrums des lokalen Modells, welches der rechte Nachbar des j-ten lokalen Modells in der i-ten Dimension ist. Durch das aktuelle Lerndatum $(x^{(t)}, y^{(t)})$ kommen zwei weitere Bedingungen hinzu, die sich für $x_i^{(t)} < p_{i,j}$ auf S_{II} und sonst auf S_{III} beziehen:

- $S_{II/III}(x_i^{(t)}) = (y^{(t)} - f(x^{(t)}))\frac{\mu_j(x^{(t)})}{D}$
- $S_{II/III}'(x_i^{(t)}) = 0$

Insgesamt bilden diese Bedingungen ein eindeutig lösbares lineares Gleichungssystem für die 12 gesuchten Parameter der vier Polynome. Die Parameter der Polynome lassen sich dann direkt auf die Parameter der lokalen Modelle übertragen. Auch hier ist es möglich analog zu GD eine Normierung und damit eine Lernrate einzuführen.

4 Untersuchung

Für die Untersuchung der Methoden werden die beiden vorgestellten Ansätze mit GD und dem lokalen sowie dem globalen RLS auf insgesamt 10 Benchmark-Datensätzen mit je einer Eingangs- und einer Ausgangsdimension verglichen. Die vorgestellten Ansätze und GD werden in der normierten Variante mit einer Lernrate $\lambda = 0.5$ verwendet. Die Datensätze enthalten einen Teil des *NIST Nonlinear Regression* Archivs [14] sowie den *Motorcycle* Datensatz [15]. Die Auswahl der Datensätze stellt eine möglichst gute Abdeckung verschiedener Eigenschaften des Lernproblems dar. Dabei werden die Datensätze unterschieden nach der Nichtlinearität des zugrunde liegenden Verlaufs, der Stärke von Monotoniewechseln, der Varianz der Zielwerte und lokal unterschiedlichen Varianzen bzw. Sparsizitäten der Daten. Die Eigenschaften der Datensätze sind in Tabelle 1 zusammengestellt, wobei ein Minus für eine geringe Ausprägung, ein Kreis für eine mittlere Ausprägung und ein Plus für eine starke Ausprägung der Eigenschaft steht.

	Lanczos3	Bennett5	Kirby2	Chwirut1	Hahn1	MGH17	Thurber	Chwirut2	Gauss1	Motorcycle
Anzahl Lerndaten	24	154	151	214	236	33	37	54	250	133
Nichtlinearität	O	-	+	O	+	+	+	O	+	+
Monotoniewechsel	-	-	-	-	-	O	O	-	+	+
Datenvarianz	-	-	-	+	-	-	-	O	O	+
lokale Varianz	-	-	-	-	-	-	-	O	O	+
lokale Sparsizität	-	+	-	-	O	-	+	+	-	-

Tabelle 1: Einteilung der Datensätze nach ihren jeweiligen Eigenschaften. Die Datensätze sind nach aufsteigendem Schwierigkeitsgrad sortiert.

Die drei wichtigsten Eigenschaften der Lernverfahren, die in dieser Arbeit untersucht werden, sind die Qualität der Vorhersage beim Einsatz des

Modells im Online-Betrieb, die Approximationsgüte des erlernten Modells und die Korrektheit der resultierenden lokalen Modelle. Für die Online-Vorhersage wird als Maß der mittlere kumulative Vorhersagefehler e_c (10) verwendet, mit dem bewertet wird, wie gut der nächste Datenpunkt einer Sequenz mit dem erlernten Wissen aus allen vorherigen Datenpunkten vorhergesagt wird. Analog zu [13] wird die Approximationsgüte mit dem globalen mittleren quadratischen Fehler e_g (11) und die Korrektheit mit dem lokalen mittleren quadratischen Fehler e_l (12) nach dem Lernen des ganzen Datensatzes bewertet. Auf diese Weise wird zum einen überprüft, ob das globale Modell in Kombination seiner lokalen Modelle eine gute globale Genauigkeit erreicht, zum anderen, ob die lokalen Modelle den lokal relevanten Daten entsprechen und somit korrekt sind.

$$e_c = \frac{1}{N_D} \sum_{i=1}^{N_D} (f^{(i-1)}(x^{(i)}) - y^{(i)})^2 \tag{10}$$

$$e_g = \frac{1}{N_D} \sum_{i=1}^{N_D} (f^{(N_D)}(x^{(i)}) - y^{(i)})^2 \tag{11}$$

$$e_l = \frac{1}{N_D} \sum_{i=1}^{N_D} \sum_{j=1}^{N} \mu_j(x^{(i)})(f_j^{(N_D)}(x^{(i)}) - y^{(i)})^2 \tag{12}$$

Die Maße werden über alle Daten des jeweiligen Datensatzes gebildet, wobei N_D der Anzahl an Daten und $f^{(i)}$ dem globalen Modell nach der Verwendung der ersten i Lerndaten entspricht. Für die Vergleichbarkeit der Ergebnisse werden die Daten in ihren Wertebereichen auf das Intervall [0, 1] skaliert und jedem Algorithmus in zufälliger Reihenfolge fünfmal präsentiert. Es werden jeweils 8 gleichmäßig verteilte lokale Modelle zur Approximation verwendet.

Die Ergebnisse der Untersuchungen sind in Tabelle 2 - Tabelle 4 aufgeführt. Die Tabellen zeigen jeweils eines der drei Maße und vergleichen die verschiedenen Verfahren auf allen Datensätzen. In Tabelle 2 ist die Qualität im Einsatz als Online-Vorhersagemodell (e_c) zu sehen, wo zu gleichen Teilen lokaler und globaler RLS die besten Ergebnisse erzielen (fett gedruckt). Die anderen Verfahren erreichen zwar ebenfalls gute Werte, liegen jedoch in der Qualität hinter den RLS-Varianten. In Tabelle 3 sind die Ergebnisse für den globalen Approximationsfehler e_g zu sehen. Das globale RLS-Verfahren erreicht hier nahezu ausnahmslos das beste Ergebnis, da genau dieser Fehler das Optimalitätskriterium ist, nach dem der RLS hergeleitet ist. Die übrigen Verfahren erreichen etwas schlechtere, aber insgesamt vergleichbar gute Ergebnisse, wobei hier keines auf allen Datensätzen

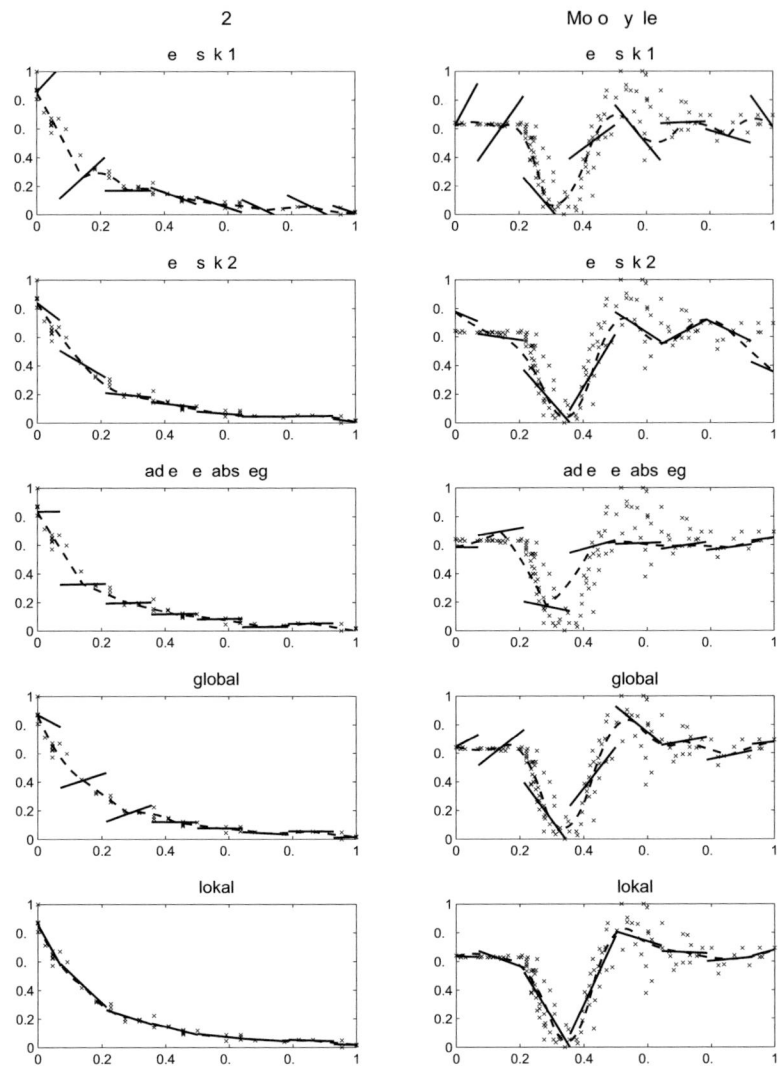

Bild 3: Veranschaulichung der erlernten Modelle auf zwei exemplarischen Datensätzen (Chwirut2 und Motorcycle). Die vorgegebenen Daten sind als Kreuze eingezeichnet, die acht lokalen linearen Modelle werden durch durchgezogene Linien und das resultierende globale Modell durch eine gestrichelte Linie dargestellt.

	strukt. Ansatz	differ. Ansatz	GD	globaler RLS	lokaler RLS
Lanczos3	1.7e-2	1.4e-2	1.2e-2	**2.3e-3**	3.7e-3
Bennett5	6.3e-3	4.6e-3	3.6e-3	2.7e-3	**2.0e-3**
Kirby2	7.1e-3	4.1e-3	3.3e-3	2.1e-3	**2.0e-3**
Chwirut1	3.4e-3	3.0e-3	2.6e-3	**1.9e-3**	2.0e-3
Hahn1	7.9e-3	6.1e-3	4.2e-3	2.9e-3	**2.8e-3**
MGH17	2.5e-2	1.4e-2	1.4e-2	**8.3e-3**	8.3e-3
Thurber	3.5e-2	2.5e-2	2.1e-2	1.5e-2	**1.4e-2**
Chwirut2	8.7e-3	7.6e-3	5.3e-3	**3.3e-3**	3.3e-3
hline Gauss1	3.5e-3	1.5e-2	3.5e-3	**1.3e-3**	5.1e-3
Motorcycle	2.2e-2	2.4e-2	2.9e-2	1.6e-2	**1.5e-2**

Tabelle 2: Mittlerer kumulativer Vorhersagefehler e_c für die verschiedenen Datensätze.

heraus sticht. Tabelle 4 zeigt die Korrektheit der lokalen Modelle durch den lokalen Fehler e_l. Hier erreicht das lokale RLS-Verfahren für jeden Datensatz das beste Ergebnis. Außerdem zeigt sich, dass der strukturelle Ansatz stets das schlechteste Ergebnis liefert und GD sowie globaler RLS ebenfalls eher schlechte Ergebnisse erzielen. Der differenzierbare Ansatz erreicht deutlich bessere Ergebnisse, bleibt aber stets hinter dem lokalen RLS zurück.

Zwei charakteristische Datensätze wurden ausgewählt, um das funktionale Verhalten der resultierenden Modelle zu veranschaulichen (Bild 3), zum einen der Datensatz *Chwirut2*, der noch einen recht einfachen Verlauf der zugrunde liegenden Funktion aufweist, und zum anderen der komplexere Datensatz *Motorcycle*. Hier ist der Unterschied in der Qualität der lokal gelernten Modelle deutlich zu erkennen. Während alle Verfahren ein nachvollziehbares Ergebnis für das globale Modell zeigen, unterscheiden sich die lokalen Modelle stark. Einige der linearen Modelle sind sogar entgegen der Monotonie des Datenverlaufes ausgerichtet und nur der differenzierbare Ansatz sowie der lokale RLS liefern lokale Modelle, die dem lokalen Verlauf der Daten entsprechen und somit korrekt sind.

5 Diskussion

Die Untersuchungen zeigen, dass die Resultate der RLS-Verfahren den Erwartungen entsprechen und jeweils auf dem Maß optimal sind, für welches das Verfahren hergeleitet wurde. So liefert der globale RLS den klein-

	strukt. Ansatz	differ. Ansatz	GD	globaler RLS	lokaler RLS
Lanczos3	1.2e-3	1.9e-3	6.2e-5	**2.0e-5**	9.9e-5
Bennett5	2.6e-5	8.8e-7	1.6e-6	**6.1e-7**	7.1e-7
Kirby2	2.0e-4	1.3e-5	8.3e-6	**1.5e-6**	6e-6
Chwirut1	1.4e-3	1.5e-3	1.6e-3	**1.3e-3**	1.4e-3
Hahn1	1.8e-4	1.6e-4	3.6e-4	**9.8e-5**	3.9-4
MGH17	1.9e-4	3.2e-4	3.6e-4	7.4e-5	**6.9e-5**
Thurber	1.2e-3	2.5e-3	1.4e-4	**4.4e-5**	1.6e-4
Chwirut2	2.2e-3	1.7e-3	1.6e-3	**1.2e-3**	1.2e-3
Gauss1	8.6e-4	8.5e-3	1.6e-3	**5.3e-4**	4.2e-3
Motorcycle	1.6e-2	1.7e-2	2.2e-2	**1.1e-2**	1.1e-2

Tabelle 3: Globaler mittlerer quadratischer Fehler e_g für die verschiedenen Datensätze.

sten globalen Approximationsfehler. Dazu wird jedoch die Ausdrucksstärke von TSFS1 und insbesondere die Unterbestimmtheit so genutzt, dass die lokalen linearen Modelle nicht dem Verlauf der Daten entsprechen und teilweise sogar eine entgegengesetzte Steigung aufweisen. Der lokale RLS hingegen schafft es, genau diese Korrektheit der lokalen Modelle optimal einzustellen, sodass nahezu kein Unterschied zwischen den lokalen Modellen und dem globalen Modell besteht. Dadurch ist die globale Approximationsgüte zwar etwas geringer, aber eine Interpretation der lokalen Modelle ist ohne Berücksichtigung der übrigen lokalen Modelle möglich. Bezüglich der Komplexität eines Lernschrittes haben beide RLS-Verfahren den Nachteil, dass das Verhalten zusätzlich von der ebenfalls online eingestellten Kovarianz-Matrix abhängt und somit schwerer nachzuvollziehen ist. Aus genau diesem zusätzlichen Wissen ist jedoch die gesteigerte Approximationsgüte dieser Verfahren zu erklären.

Nimmt man ein Verfahren ohne zusätzliches Gedächtnis, wie GD, so zeigt sich, dass dessen Qualität sowohl global als auch lokal schlechter ausfällt. Der hier vorgestellte strukturelle Ansatz, welcher die Verteilung der lokalen Modelle berücksichtigt, erzielt in den Untersuchungen schlechte Ergebnisse und eignet sich somit nicht für die Verbesserung der Korrektheit der lokalen Modelle. Der differenzierbare Ansatz, der die Differenzierbarkeit des Modells an den nicht differenzierbaren Stellen der Zugehörigkeitsfunktionen erzwingt, ermöglicht es hingegen, die lokalen Modelle besser an die Daten anzupassen und zugleich einen kleinen globalen Fehler zu erreichen. Die Veranschaulichung der Resultate in Bild 3 zeigt, dass die resultierenden lokalen Modelle für sich gut interpretiert werden können

	strukt. Ansatz	differ. Ansatz	GD	globaler RLS	lokaler RLS
Lanczos3	2.2e-2	3.4e-3	7.5e-3	7.8e-3	**5.9e-4**
Bennett5	1.6e-2	7.6e-4	1.1e-3	1.2e-3	**1.6e-5**
Kirby2	1.5e-2	1.1e-3	3.1e-3	2.4e-3	**3.8e-5**
Chwirut1	2.4e-2	4.0e-3	1.1e-2	1.1e-2	**1.5e-3**
Hahn1	2.3e-2	7.2e-3	2.2e-2	1.7e-2	**1.1e-3**
MGH17	6.0e-2	2.0e-3	6.6e-3	4.8e-3	**4.4e-4**
Thurber	1.6e-2	6.0e-3	8.1e-3	7.9e-3	**4.4e-4**
Chwirut2	2.5e-2	3.9e-3	1.1e-2	1.3e-2	**1.4e-3**
Gauss1	4.0e-2	1.3e-2	3.4e-2	3.9e-2	**1.1e-2**
Motorcycle	4.8e-2	2.2e-2	5.0e-2	3.0e-2	**1.6e-2**

Tabelle 4: Lokaler mittlerer quadratischer Fehler e_l für die verschiedenen Datensätze.

und gleichzeitig ein gutes globales Modell erreicht wird. Da dieses Verfahren ohne zusätzliches Gedächtnis arbeitet, sind die erreichten Ergebnisse etwas schlechter als beim lokalen RLS, aber dafür sinkt auch die Komplexität jedes einzelnen Lernschrittes. Dieser Ansatz bietet also eine gute Balance zwischen Komplexität jedes Lernschrittes, Korrektheit der lokalen Modelle und globaler Approximationsgüte.

6 Fazit

Diese Arbeit befasst sich mit dem inkrementellen Lernen von Takagi-Sugeno Fuzzy-Systemen 1. Ordnung, da sie ein globales Modell aus einfachen, lokal gültigen Modellen erlernen können. Solche einfachen, lokal gültigen Modelle sind leichter verständlich, jedoch zeigen Standardlernverfahren (wie GD und RLS), dass die resultierenden lokalen Modelle nicht notwendigerweise dem lokalen Verlauf der Daten entsprechen und somit falsche Interpretationen liefern. Ein lokales RLS-Verfahren ermöglicht es, gute lokale Modelle zu erhalten, hat jedoch eine Parameter-Komplexität in $O(D^2)$, was wiederum jeden Lernschritt schwer verständlich macht. Um ein Lernverfahren mit einfach verständlichen Lernschritten und guter lokaler sowie globaler Approximation zu erhalten, wurden zwei Ansätze aus $O(D)$ vorgestellt und mit den Standardverfahren verglichen.

Aus den Untersuchungen lässt sich folgern, dass GD zwar das einfachste aber auch qualitativ schlechteste inkrementelle Lernverfahren darstellt.

Wenn nur die globale Approximationsgüte relevant und keine Interpretation des gelernten Wissens notwendig ist, ist der globale RLS das Verfahren der Wahl. Ist jedoch die Korrektheit der lokalen Modelle gewünscht, sollte der lokale RLS oder der differenzierbare Ansatz angewendet werden. Sofern auch jeder Lernschritt verständlich sein soll und dafür eine leicht verringerte Qualität in der Approximation akzeptiert werden kann, ist der differenzierbare Ansatz als Lernverfahren für TSFS1 geeignet. Über die hier aufgeführten Ergebnisse hinaus ist die Abhängigkeit der vorgestellten Ansätze von der Datenreihenfolge noch zu untersuchen, da in vielen technischen Prozessen die Daten entlang einer kontinuierlichen Trajektorie anfallen. Außerdem ist die Lokalität der Auswirkungen eines Lerndatums beim differenzierbaren Ansatz verringert. Daher stellt sich die Frage, ob ein Ansatz gefunden werden kann, der mit stärkerer Lokalität korrekte lokale Modell erzeugt.

Literatur

[1] Vijayakumar, S.; D'Souza, A.; Schaal, S.: Incremental Online Learning in High Dimensions. *Neural Computation* 17 (2005) 12, S. 2602–2634.

[2] Mikut, R.; Jäkel, J.; Gröll, L.: Interpretability Issues in Data-based Learning of Fuzzy Systems. *Fuzzy Sets and Systems* 150 (2005) 2, S. 179–197.

[3] Johansen, T.; Shorten, R.; Murray-Smith, R.: On the Interpretation and Identification of Dynamic Takagi–Sugeno Fuzzy Models. *IEEE Trans. Fuzzy Systems* 8 (2000) 3, S. 297–313.

[4] Takagi, T.; Sugeno, M.: Fuzzy Identification of System and its Applications to Modelling and Control. *IEEE Trans. Syst., Man, and Cybern.* 1 (1985), S. 116–132.

[5] Tzafestas, S.; Zikidis, K.: NeuroFAST: On-line Neuro-Fuzzy ART-based Structure and Parameter Learning TSK Model. *IEEE Trans. Syst., Man, and Cybern., Part B: Cybernetics* 31 (2001) 5, S. 797–802.

[6] Lughofer, E.: *Evolving Fuzzy Systems - Methodologies, Advanced Concepts and Applications*, Bd. 266 von *Studies in Fuzziness and Soft Computing*. Springer. ISBN 978-3-642-18086-6. 2011.

[7] Smale, S.; Yao, Y.: Online Learning Algorithms. *Foundations of Computational Mathematics* 6 (2006) 2, S. 145–170.

[8] Bartlett, P.; Hazan, E.; Rakhlin, A.: Adaptive Online Gradient Descent. *Advances in Neural Information Processing Systems* 20 (2007), S. 65–72.

[9] Ying, Y.; Pontil, M.: Online Gradient Descent Learning Algorithms. *Foundations of Computational Mathematics* 8 (2008) 5, S. 561–596.

[10] Angelov, P.; Filev, D.: An Approach to Online Identification of Takagi-Sugeno Fuzzy Models. *IEEE Trans. Syst., Man, and Cybern., Part B: Cybernetics* 34 (2004) 1, S. 484–498.

[11] Vahidi, A.; Stefanopoulou, A.; Peng, H.: Recursive Least Squares with Forgetting for Online Estimation of Vehicle Mass and Road Grade: Theory and Experiments. *Vehicle System Dynamics* 43 (2005) 1, S. 31–55.

[12] Abonyi, J.; Babuska, R.: Local and Global Identification and Interpretation of Parameters in Takagi-Sugeno Fuzzy Models. In: *Ninth IEEE Int. Conf. Fuzzy Systems*, Bd. 2, S. 835–840. IEEE. 2000.

[13] Quah, K.; Quek, C.: FITSK: Online Local Learning with Generic Fuzzy Input Takagi-Sugeno-Kang Fuzzy Framework for Nonlinear System Estimation. *IEEE Trans. Syst., Man, and Cybern., Part B: Cybernetics* 36 (2006) 1, S. 166–178.

[14] National Institute of Standards and Technology: Statistical Reference Datasets (StRD) (Zugriff: 01.09.2012). URL http://www.itl.nist.gov/div898/strd/. 2000.

[15] Härdle, W.: *Applied Nonparametric Regression.* Cambridge University Press. 1990.

Ein Ansatz für ein Fuzzy-Führungsfilter zur Berücksichtigung von Stellgrößenbeschränkungen beim Arbeitspunktwechsel

Klaus J. Diepold, Sebastian J. Pieczona

Lehrstuhl für Regelungstechnik, Technische Universität München
Boltzmannstr. 15, 985748 Garching
Tel.: (089) 289-15664
Fax: (089) 289-15653
E-Mail: kj.diepold@mytum.de

1 Einleitung

Jedes reale System unterliegt Stellgrößenbeschränkungen. Werden diese beim Reglerentwurf berücksichtigt, kann die Performance gesteigert und die Systemstabilität (insbesondere bei instabilen Systemen) gesichert werden. Während für lineare Systeme einige Ansätze bekannt sind [1, 2], existieren für nichtlineare Systeme nur wenige [3]. Der Fokus dieser Methoden liegt zumeist auf der Stabilisierung einer Ruhelage, wobei der Anfangszustand des Systems innerhalb eines abgeschätzten Einzugsbereiches liegen muss. Dies beschränkt die Anzahl der stabilisierbaren Ruhelagen (Abhängigkeit vom Anfangszustand), wodurch sich z.B. die möglichen Arbeitspunktwechsel reduzieren [4].

In diesem Beitrag wird ein auf Fuzzy-Logik basierendes Führungsfilter vorgestellt, das die Einhaltung von Eingangsbeschränkungen während eines Arbeitspunktwechsels für lineare sowie nichtlineare Systeme ermöglicht. Es ist an ein für lineare Systeme entwickeltes analytisches Lyapunov-Führungsfilter angelehnt [5]. Ist der aktuelle Zustand außerhalb eines abgeschätzten Einzugsbereiches der gewünschten Zielruhelage, wird in [5] eine sicher stabilisierbare Ruhelage berechnet und diese anstelle der Gewünschten ausgeregelt. Während sich das System dieser Ruhelage nähert, wird sie sukzessive in Richtung der Zielruhelage verschoben. Vorausgesetzt wird eine bekannte Abschätzung des zulässigen Einzugsbereiches mittels einer quadratischen Lyapunov-Funktion sowie die Kenntnis über die Menge zuweisbarer Ruhelagen. Das Fuzzy-Führungsfilter (FFF) basiert auf dem gleichen Prinzip. Allerdings ist im Gegensatz zur analytischen Lösung die in jedem Zeitschritt berechnete Ruhelage nicht ideal, sondern wird iterativ verbessert. Durch die Berücksichtigung des Einzugsbereiches der berechneten Ruhelagen in der Regelbasis ist die Stabilität des

Systems gewährleistet. Die Abschätzung des Einzugsbereiches kann auch mittels nicht-quadratische Lyapunov-Funktionen durchgeführt werden und das FFF ist nicht an einen spezifischen Reglerentwurf gebunden. In Kapitel 2 wird der Lyapunov-Führungsfilter [5] zusammengefasst. Das daran angelehnte FFF sowie dessen Stabilität ist in Kapitel 3 erläutert. Kapitel 4 validiert den vorgestellten Ansatz am Beispiel des in der oberen Ruhelage stabilisierten inversen Pendels. Zur Stabilisierung wird neben einem LQ-Regler für das linearisierte auch ein IDA-PBC Regler für das nichtlineare System betrachtet. Gezeigt werden erzielte Ergebnisse in Simulation und Experiment.

2 Lyapunov-basiertes Führungsfilter

Mit Hilfe von Lyapunov-Funktionen kann der Einzugsbereich $\mathcal{R}(\mathbf{x}^*)$ einer Ruhelage $\mathbf{x}^*$ für lineare sowie nichtlineare Systeme unter Berücksichtigung von Eingangsbeschränkungen abgeschätzt werden. Befindet sich der aktuelle Zustandsvektor $\mathbf{x}$ allerdings nicht innerhalb von $\mathcal{R}(\mathbf{x}^*)$, kann folglich ein stabiler Übergang $\mathbf{x} \to \mathbf{x}^*$ nicht gewährleistet werden. Dies kann zum einen vorliegen, wenn $\mathbf{x}$ bedingt durch eine Störung $\mathcal{R}(\mathbf{x}^*)$ verlässt und zum anderen wenn $\mathbf{x}_0 \notin \mathcal{R}(\mathbf{x}^*)$, wobei $\mathbf{x}_0$ dem initialen Zustandsvektor entspricht. Im zweiten Fall könnten beispielsweise zwei Gleichgewichtslagen $\mathbf{x}_1^*$ und $\mathbf{x}_2^*$, zwischen denen ein Arbeitspunktwechsel erfolgen soll, soweit auseinander liegen, dass sich die zugehörigen Einzugsbereiche nicht überlappen: $\mathcal{R}(\mathbf{x}_1^*) \cap \mathcal{R}(\mathbf{x}_2^*) = \{\}$. Das in [5] vorgestellte Lyapunov-basierte Führungsfilter stellt eine Methode dar, die zumindest für lineare Systeme den genannten Problemen entgegenwirkt. Im Folgenden wird eine kurze Zusammenfassung des Ansatzes für Systeme mit einer sättigenden Stellgröße gegeben. Eine Verallgemeinerung auf m sättigende Stellgrößen wird kurz angesprochen und ist detailliert in [6] zu finden:

Gegeben sei ein lineares System

$$\dot{\mathbf{x}} = \mathbf{A}\mathbf{x} + \mathbf{b}\,\text{sat}(u), \tag{1}$$

mit $\mathbf{x} \in \mathbb{R}^n$, $\mathbf{A} \in \mathbb{R}^{n \times n}$, $\mathbf{b} \in \mathbb{R}^n$ und der sättigenden Stellgröße $\text{sat}(u) = \text{sgn}(u)\min\{u_{max}, |u|\}$, wobei $\pm u_{max}$ den symmetrischen Begrenzungen der Stellgröße entsprechen. Des Weiteren sei ein asymptotisch stabiler Zustandsregler $u = -\mathbf{k}^T\mathbf{x}$ sowie eine quadratische Lyapunov-Funktion $V = \mathbf{x}^T\mathbf{P}\mathbf{x}$ des geschlossenen Regelkreises bekannt. Eine gewünschte Ruhelage $\mathbf{x}_d^*$ ist stabilisierbar, wenn

$$V_{\mathbf{x}_d^*} = (\mathbf{x} - \mathbf{x}_d^*)^T\mathbf{P}(\mathbf{x} - \mathbf{x}_d^*) \leq \eta(u_d^*) \tag{2}$$

gilt, wobei $\eta(u_d^*)$ dem Wert der Höhenlinie entspricht, die den Einzugsbereich $\mathcal{R}(\mathbf{x}_d^*)$ einhüllt. Die Stellgröße u_d^* ist die zur Stabilisierung der Ruhelage $\mathbf{x}_d^*$ benötigte Stellenergie. Für quadratische Lyapunov-Funktionen kann $\eta(u^*)$ im Allgemeinen mittels

$$\eta(u^*) = \eta(0)\frac{(u_{max} - |u^*|)^2}{u_{max}^2} \tag{3}$$

bestimmt werden. Dabei entspricht $\eta(0)$ der größtmöglichen Höhenlinie (für $\mathbf{x}^* = \mathbf{0}$, $u^* = 0$), die mit $\eta(0) = \frac{u_{max}^2}{\mathbf{k}^T\mathbf{P}^{-1}\mathbf{k}}$ Sättigung entweder verhindert [7] oder über eine LMI-basierte Optimierung sättigende Bereiche des Zustandsraumes enthält [1, 8]. Ist (2) nicht erfüllt, berechnet das Lyapunov-basierte Führungsfilter eine temporäre Ruhelage $\mathbf{x}_t^*$, u_t^*, so dass

$$V_{\mathbf{x}_t^*} = (\mathbf{x} - \mathbf{x}_t^*)^T \mathbf{P}(\mathbf{x} - \mathbf{x}_t^*) \overset{!}{=} \eta(u_t^*). \tag{4}$$

Aufgabe des Reglers ist nun die Stabilisierung von $\mathbf{x}_t^*$. Ein Blockschaltbild der Regelung mit Führungsfilter ist in Bild 1(a) gezeigt. Die temporäre Ruhelage wird sukzessive in Richtung der Zielruhelage verschoben, bis schließlich $\mathbf{x}_t^* = \mathbf{x}_d^*$ und folglich (2) erfüllt ist. Voraussetzung für die Bestimmung der ersten temporären Ruhelage ist die Kenntnis einer stabilisierbaren Referenzruhelage (Ausgangsruhelage) $\mathbf{x}_r^*$, u_r^*, so dass $\mathbf{x}_0 \in \mathcal{R}(\mathbf{x}_r^*)$. Ist eine Ruhelage $\mathbf{x}_r^*$, u_r^* gefunden, liegen die gesuchten temporären Ruhelagen auf der Verbindung

$$\mathbf{x}_t^* = \mathbf{x}_r^* + c\left(\mathbf{x}_d^* - \mathbf{x}_r^*\right), \; u_t^* = u_r^* + c\left(u_d^* - u_r^*\right). \tag{5}$$

Der Skalierungsfaktor c bestimmt dabei wie weit $\mathbf{x}_t^*$ von $\mathbf{x}_r^*$ ($c = 0$) in Richtung $\mathbf{x}_d^*$ ($c = 1$) unter Berücksichtigung des aktuellen Zustandes $\mathbf{x}$ verschoben werden kann. Eine entsprechende Berechnung von c, die Bestimmung von $\mathbf{x}_r^*$, u_r^* sowie ein zugehöriger Stabilitätsnachweis ist in [5, 6] zu finden. Das sich letztlich ergebende Funktionsprinzip des erweiterten Regelkreises aus Bild 1(a) ist in Bild 1(b) für den Fall $|u_r^*| > |u_d^*|$ skizziert.

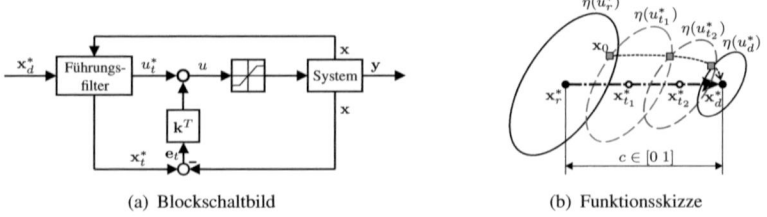

(a) Blockschaltbild   (b) Funktionsskizze

Bild 1: Das Lyapunov-basierte Führungsfilter

Zu sehen sind die Höhenlinien der Referenzruhelage, der Zielruhelage sowie zweier beispielhafter temporärer Ruhelagen. Für mehrere sättigende Eingangsgrößen ist die beschränkende Höhenlinie (3) für jedes Eingangssignal u_i separat zu bestimmen und schließlich die insgesamt kleinste Höhenlinie zu wählen. Dabei kann wiederum $\eta_i(0) = \min(\frac{u_{max,i}^2}{\mathbf{k}_i^T \mathbf{P}^{-1} \mathbf{k}_i})$ oder eine LMI optimierte maximale Höhenlinie verwendet werden.

Die effiziente analytische Berechnung des Skalierungsfaktors c für (5), ist an die Verwendung einer quadratischen Lyapunov-Funktion gebunden, wodurch der Anwendungsbereich des Führungsfilters limitiert ist. Im Folgenden wird ein auf Fuzzy-Logik basierendes Führungsfilter vorgestellt, das auch mit nicht-quadratischen Lyapunov-Funktionen hantieren kann.

3 Lyapunov-basiertes Fuzzy-Führungsfilter

Im Gegensatz zu einer analytischen Berechnung der temporären Ruhelage gemäß Kapitel 2, basiert das Fuzzy-Führungsfilter (FFF) auf einer iterativen Lösungssuche. Das Verfahren sucht dabei ein $\mathbf{x}_t^*$, so dass

$$\eta_{max} - V_{\mathbf{x}_t^*} = 0 \qquad (6)$$

erfüllt wird. Voraussetzungen sind dabei eine bekannte Abschätzung des zulässigen Einzugsbereiches durch die beschränkende Höhenlinie η_{max} sowie die Kenntnis über eine Menge zuweisbarer Ruhelagen. Beide Größen werden analog in Kapitel 2 benötigt, wo sie in den Gleichungen (3) und (5) zu finden sind. Die Lyapunov-Funktion $V_{\mathbf{x}^*}$ darf sowohl quadratischen als auch nicht-quadratischen Ursprungs sein. Im Folgenden wird die iterative Suche der temporären Ruhelage sowie deren Stabilität erläutert. Im Anschluss sei noch kurz auf Möglichkeiten zur Abschätzung der benötigten Menge zuweisbarer Ruhelagen sowie η_{max} für nichtlineare Systeme eingegangen.

3.1 Iterative Suche der temporären Ruhelage

Die temporäre Ruhelage wird in zwei Schritten bestimmt:

$$\Delta\mathbf{x}_t^*(k+1) = \Delta\mathbf{x}_t^*(k) + \frac{\mathbf{r}}{|\mathbf{r}|} a_t(k), \qquad (7a)$$

$$\mathbf{x}_t^*(k+1) = \tilde{\mathbf{x}}^*(k) + \Delta\mathbf{x}_t^*(k+1), \qquad (7b)$$

wobei k den Iterationsindex darstellt. Der Vektor $\mathbf{r} = \mathbf{x}_d^* - \mathbf{x}_r^*$ gibt analog zu (5) die Suchrichtung für $\mathbf{x}_t^*(k)$ vor. Befindet sich das System in einem Arbeitspunkt (AP), wie in diesem Beitrag angenommen, kann dieser als $\mathbf{x}_r^*$ herangezogen werden. Ist dies nicht der Fall, kann auf Basis von Kapitel 3.3 nach einer geeigneten Refenrenzruhelage gesucht werden. Folglich ist durch den zu berechnenden Faktor $a_t(k)$ der Wert $\Delta\mathbf{x}_t^*(k+1)$ gegeben, um welchen $\mathbf{x}_t^*(k)$ verschoben wird. Der Vektor $\tilde{\mathbf{x}}^*(k) = \mathbf{x}_r^* + (\mathbf{x} - \mathbf{x}_r^*)_{\mathbf{r}}^*(k)$ ist die Projektion von $\mathbf{x}(k)$ auf $\mathbf{r}$, wobei $(\mathbf{x} - \mathbf{x}_r^*)_{\mathbf{r}}^*(k)$ der orthogonalen Projektion von $\mathbf{x} - \mathbf{x}_r^*$ auf die durch $\mathbf{r}$ bestimmte Richtung entspricht. Somit kann $a_t(k)$ mit dem Skalierungsfaktor c aus (5) verglichen werden.

Die Berechnung von $a_t(k)$ in (7a) wird im Folgenden mittels eines einfachen Mamdami Fuzzy-Systems [9] durchgeführt. Zur Reduktion der benötigten Iterationsschritte kann die Anzahl der verwendeten Zugehörigkeitsfunktionen beliebig erhöt werden: Das Verfahren untersucht die Energieniveaus $V_{\mathbf{x}_t^*}$ des aktuellen Zustands im Bezug auf eine temporäre Ruhelage $\mathbf{x}_t^*$ sowie zweier sich in unmittelbarer Umgebung zu $\mathbf{x}_t^*$ befindender Ruhelagen $\mathbf{x}_{t+}^*$ und $\mathbf{x}_{t-}^*$. Beide sind in Richtung $\mathbf{r}$ (siehe (7a)) zu $\mathbf{x}_t^*$ verschoben ($\mathbf{x}_{t+}^*$ positiv und $\mathbf{x}_{t-}^*$ negativ). Fuzzifiziert wird das Verhältnis der Signale $V_{\mathbf{x}_{t+}^*}$ und $V_{\mathbf{x}_{t-}^*}$ zueinander und zur maximal erlaubten Höhenlinie η_{max}:

$$\nu_t = \frac{V_{\mathbf{x}_t^*}}{\eta_{max}}, \quad \nu_{-/+} = \frac{V_{\mathbf{x}_{t-}^*}}{V_{\mathbf{x}_{t+}^*}}. \tag{8}$$

Mittels ν_t kann untersucht werden, ob sich $V_{\mathbf{x}_t^*}$ oberhalb oder unterhalb von η_{max} befindet. Durch $\nu_{-/+}$ ist die richtige Suchrichtung ($\pm\mathbf{r}$) für $\mathbf{x}_t^*$ gegeben. Die gewählten Zugehörigkeitsfunktionen (ZF) sind in Abbildung 2(a) dargestellt. Anstelle der trapezoiden ZF kann jede beliebige ZF benutzt werden. Die Größen $s_{1,2}(\nu_t)$ und $s_{1,2}(\nu_{-/+})$ spiegeln die Eckwerte der ZF wider. Abbildung 2(b) zeigt plakativ, wie aus den Größen (8) die iterative Suche der optimalen temporären Ruhelage (gemäß (6)) stattfindet: Zu sehen sind eine beispielhafte Lyapunov-Funktion $V_{\mathbf{x}_t^*}$, η_{max} sowie drei mögliche Lagen von $\mathbf{x}_t^*(k)$. Befindet sich $\mathbf{x}_t^*$ im rechten Teil der Lyapunov-

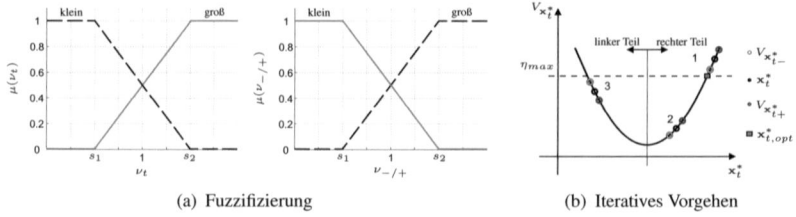

(a) Fuzzifizierung (b) Iteratives Vorgehen

Bild 2: Das Fuzzy-Führungsfilter

Tabelle 1: FFF Regelbasis für $V_{\mathbf{x}_{t+}^*} - V_{\mathbf{x}_{t-}^*} > 0$

$[\nu_t, \nu_{-/+}]$	[klein, klein]	[groß, klein]	[klein, groß]	[groß, groß]
$a_t(k)$	positiv	negativ	negativ	positiv

Funktion und ist $V_{\mathbf{x}_t^*} > \eta_{max}$ (Lage 1), muss die Suche in Richtung $V_{\mathbf{x}_{t-}^*}$ fortgesetzt werden. Gilt jedoch $V_{\mathbf{x}_t^*} < \eta_{max}$ (Lage 2), muss $\mathbf{x}_t^*$ in Richtung $\mathbf{r}$ (siehe (7a)) und somit zu $\mathbf{x}_{t+}^*$ hin verschoben werden. Ist $\mathbf{x}_t^*$ im linken Teil der Lyapunov-Funktion (Lage 3), muss immer in Richtung $\mathbf{x}_{t+}^*$ iteriert werden, denn nur so wird $\mathbf{x}_t^*$ in Richtung $\mathbf{x}_d^*$ verschoben. Die optimale Lösung $V_{\mathbf{x}_t^*} = \eta_{max}$ ist mittels eines Rechtecks markiert und mit $\mathbf{x}_{t,opt}^*$ bezeichnet. Hier wäre folglich $V_{\mathbf{x}_{t+}^*} > \eta_{max}$ und $V_{\mathbf{x}_{t-}^*} < \eta_{max}$. Die Regelbasis in Tabelle 1 spiegelt das gewünschte Iterationsverhalten für den Fall $V_{\mathbf{x}_{t+}^*} - V_{\mathbf{x}_{t-}^*} > 0$ (z.B. Lage 1 und Lage 2) und somit für den rechten Teil der Lyapunov-Funktion wider. Zur Defuzzifizierung wurden einfache Singletons verwendet. Die erste Regel lautet beispielsweise: Wenn ν_t und $\nu_{-/+}$ klein, dann $a_t(k)$ positiv. Für $V_{\mathbf{x}_{t+}^*} - V_{\mathbf{x}_{t-}^*} < 0$, was im linken Teil der Lyapunov-Funktion vorliegt (Lage 3), können die Schlussfolgerungen der Regeln gemäß Tabelle 1 negiert werden.

Durch den iterativen Charakter der vorgestellten Berechnung von $\mathbf{x}_{t,opt}^*$ kann es zu temporären Ruhelagen kommen, für die (6) nicht erfüllt wird. In diesem Fall kann der Stabilitätsnachweis des Lyapunov-basierten Führungsfilters (Bild 1(b)) gemäß [5, 6] nicht direkt übertragen werden. Im Folgenden werden daher Bedingungen erläutert, die die Stabilität des FFF sicherstellen.

3.2 Stabilitätsbetrachtung

Falls für eine temporäre Ruhelage

$$\eta_{max} - V_{\mathbf{x}_t^*(k)} > 0 \qquad (9)$$

gilt, ist $\mathbf{x}(k) \in \mathbb{R}(\mathbf{x}_t^*(k))$ und somit die Stabilität des Systems nicht gefährdet. Die temporäre Ruhelage wurde lediglich nicht so weit verschoben, wie es möglich gewesen wäre. Falls allerdings

$$\eta_{max} - V_{\mathbf{x}_t^*(k)} < 0 \qquad (10)$$

eintritt, wäre $\mathbf{x}(k) \notin \mathbb{R}(\mathbf{x}_t^*(k))$ und somit ein stabiles Überführen des Systems in die berechnete temporäre Ruhelage nicht sichergestellt. Daher muss die temporäre Ruhelage der vorherigen Iteration weiterhin aktiv bleiben ($\mathbf{x}_t^*(k) = \mathbf{x}_t^*(k-1)$). Da ein stabiles Überführen des Systems hin zu $\mathbf{x}_t^*(k-1)$ möglich ist (sonst wäre $\mathbf{x}_t^*(k-1)$ nicht aktiviert worden), gilt nun auch $\mathbf{x}(k) \in \mathbb{R}(\mathbf{x}_t^*(k))$. Diese rekursive Absicherung der Stabilität setzt allerdings voraus, dass für $k = 0$ eine stabilisierbare Ruhelage bekannt ist. Diese kann analog zur benötigten Referenzruhelage $\mathbf{x}_r^*$ in (5) gesehen und gemäß Kapitel 3.3 bestimmt werden. Für die nächste Iteration $(k+1)$ wird dennoch die zuletzt bestimmte temporäre Ruhelage verwendet (auch wenn diese nicht aktiviert wurde). Zudem wird η_{max} in (6) um $\alpha\eta_{max}$, mit $\alpha < 1$, verkleinert, allerdings bleibt η_{max} in (9) bzw. (10) unberührt. Dadurch wird für die weiteren Iterationen die Wahrscheinlichkeit einer nicht zulässigen Lösung (gemäß (10)) für $\mathbf{x}_t^*$ vermindert.

3.3 Abschätzung: Ruhelagen und Einzugsbereiche

Bei linearen Systemen kommen häufig quadratische Lyapunov-Funktionen für die Abschätzung des Einzugsbereiches einer Ruhelage zum Einsatz. In diesem Fall kann gemäß (3) der Einzugsbereich jeder interessierenden Ruhelage abgeschätzt werden. Auch die Bestimmung einer Referenzruhelage ist gemäß [5, 6] möglich. Die benötigte Menge an zuweisbaren Ruhelagen ist durch (5) gegeben, da jede Linearkombination zweier Ruhelagen wiederum einer Ruhelage des linearen Systems entspricht. Die genannten Abschätzungen sind allerdings bei einem nichtlinearen System nicht so ohne weiteres möglich. Ein sehr viel versprechendes Vorgehen ist es, das System in seiner Takagi-Sugeno (TS) Fuzzy Form darzustellen [10, 11]. Auf die so entstehende endliche Anzahl linearer dynamischer Systeme kann das Vorgehen gemäß [5, 6] wieder angewandt werden. Findet hinsichtlich der Regelung eine nicht quadratische Lyapunov-Funktion Verwendung, ist eine Abschätzung des Einzugsbereiches aller Ruhelagen nach (3) nicht mehr möglich. In diesem Fall kann beispielsweise die Menge der Ruhelagen (5) diskretisiert und für diese jeweils ein Einzugsbereich bestimmt werden. Der kleinste aller Einzugsbereiche (und somit das kleinste η_{max}) kann als eine sichere Abschätzung verwendet werden. Ist eine Systemdarstellung in TS-Form nicht möglich bzw. zu aufwändig, ist eine geschlossene Abschätzung der zuweisbaren Ruhelagen gemäß (5) nicht mehr möglich. Jede in Betracht kommende Ruhelage muss separat untersucht werden. Liegt das System beispielsweise in eingangs-affiner Form

$$\dot{\mathbf{x}} = \mathbf{f}(\mathbf{x}) + \mathbf{g}(\mathbf{x})\mathbf{u} \tag{11}$$

vor, gilt für alle Gleichgewichstlagen $\mathbf{x}^*$, $\mathbf{u}^*$

$$0 = \mathbf{h}(\mathbf{x}^*) = -\mathbf{g}^\perp \mathbf{f}(\mathbf{x}^*), \quad \mathbf{u}^* = -\left(\mathbf{g}^T(\mathbf{x}^*)\mathbf{g}(\mathbf{x}^*)\right)^{-1}\mathbf{g}^T(\mathbf{x}^*)\mathbf{f}(\mathbf{x}^*), \quad (12)$$

wobei $\mathbf{g}^\perp$ dem links Annihilator von $\mathbf{g}(\mathbf{x})$ ($\mathbf{g}^\perp\mathbf{g} = 0$) entspricht. Gemäß dem Theorem über implizite Funktionen [12] folgt: Hat die Jacobi-Matrix $\frac{\partial \mathbf{h}}{\partial \mathbf{x}}|_{\mathbf{x}}$ vollen Rang, dann ist $\mathbf{x}$ eine Gleichgewichtslage $\mathbf{x}^*$, und es existiert zumindest lokal eine Ruhelagenfunktion (ähnlich zu (5)). Allerdings selbst wenn $\frac{\partial \mathbf{h}}{\partial \mathbf{x}}|_{\mathbf{x}}$ für alle in Frage kommenden Zustandsvektoren (z.B. Diskretisierung von (5)) vollen Rang besitzen würde, könnten die einzelnen lokalen Aussagen nicht in eine globale überführt werden. Daher muss der in Kapitel 3.1 erläuterte Suchalgorithmus des FFF um einen sogenannten *quanitzer* erweitert werden. Diese finden in der Regelung hybrider Systeme Einsatz und wandeln ein kontinuierliches Signal in ein diskretes [13]. Die durch (7b) berechneten $\mathbf{x}_t^*$ dürfen durch den quanitzer nur zwischen den gemäß (12) abgesicherten Ruhelagen diskret springen. Die Stabilität nach Kapitel 3.2 bleibt dadurch unbeeinflusst.

Es sein nochmals angemerkt, dass falls sich das System in einer Ruhelage befindet, diese sofort als Referenzruhelage $\mathbf{x}_r^*$, $\mathbf{u}_r^*$ verwendet werden kann. Dadurch ist das Auffinden einer Referenzruhelage für einen durchzuführenden Arbeitspunktwechsel trivial.

4 Beispiel: Inverses Pendel

In diesem Kapitel wird das vorgestellte Fuzzy-Führungsfilter gemäß Tabelle 1 für diverse Positionswechsel eines inversen Pendels verwendet und in Simulation sowie experimentell untersucht. Der verwendete Prüfstand ist in Bild 3(a) bzw. dessen schematischer Aufbau in Bild 3(b) dargestellt. Die Parameter der Anlage sind in Tabelle 2 aufgeführt. Die Antriebskraft F wird durch einen Motor erzeugt, der über das System erster Ordnung $F = -d_x\dot{x} + c_m u$ modelliert wird. Dabei entspricht die Motorspannung u

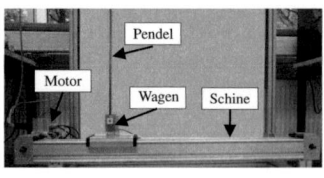

(a) Prüfstand

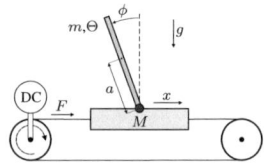

(b) Schematischer Aufbau

Bild 3: Inverses Pendel

der Eingangsgröße des Pendelsystems. Die nichtlinearen Bewegungsgleichungen des Pendels ergeben sich zu

$$\ddot{\phi} = -\frac{-3m_p a \dot{\phi}^2 \cos{(\phi)} \sin{(\phi)} + 3F \cos{(\phi)} + 3gm_w \sin{(\phi)} + 3gm_p \sin{(\phi)}}{a\left(-4m_w - 4m_p + 3m_p \cos{(\phi)}^2\right)} \qquad (13a)$$

$$\ddot{x} = -\frac{3m_p g \cos{(\phi)} \sin{(\phi)} + 4F - 4m_p a \dot{\phi}^2 \sin{(\phi)}}{-4m_w - 4m_p + 3m_p \cos{(\phi)}^2}, \qquad (13b)$$

wobei x der Position des Wagens, $\dot{x}$ der Geschwindigkeit des Wagens, ϕ dem Pendelwinkel und $\dot{\phi}$ der Pendelgeschwindigkeit entspricht. Aus (13) kann ein nichtlineares Zustandsraummodell mit $\mathbf{x} = \left[\phi, x, \dot{x}, \dot{\phi}\right]^T$ abgeleitet werden. Zur Stabilisierung der oberen Ruhelage $\mathbf{x}_d^* = [0, x_d^*, 0, 0]^T$, mit x_d als gewünschter Wagenposition, wird für das nichtlineare Zustandsmodell ein IDA-PBC Regler entworfen [14]. Die sich ergebende nichtquadratische Energiefunktion dient als Lyapunov-Funktion. Das linearisierte Modell soll mittels des sich aus

$$J = \int_0^\infty \mathbf{x}^T \mathbf{Q} \mathbf{x} + uRu \ \mathrm{dt}, \qquad (14)$$

$\mathbf{Q} = \mathrm{diag}(51467, 71162, 0, 0)$, $R = 10$ ergebenden LQ-Reglers stabilisiert werden. Die gefundene Lösung der algebraischen Riccati-Gleichung $\mathbf{P} > 0$ findet als quadratische Lyapunov-Funktion $V = \mathbf{x}^T \mathbf{P} \mathbf{x}$ Verwendung. Das in der oberen Ruhelage linearisierte Modell sowie der verwendete Zustandsbeobachter sind in [15] erklärt.

Eine Abschätzung der Ruhelagen sowie deren Einzugsbereiche gemäß Kapitel 3.3 ergibt, dass alle Positionen $\mathbf{x}^* = [0, x^*, 0, 0]^T$ als temporäre bzw.

Tabelle 2: Parameter des Prüfstandes

Parameter	Symbol	Wert	Einheit
Schwerpunktshöhe	a	0.1925	m
Masse des Stabes	m	0.146	kg
Masse des Wagens	M	5.9	kg
Trägheitsmoment	$\Theta = \frac{4}{3}ma^2$	$1.8 \cdot 10^{-3}$	kgm^2
Reibungskonstante	d_x	843	Ns/m
Motorkonstante	c_m	24.95	N/V
Gravitationskonstante	g	9.81	N/kg

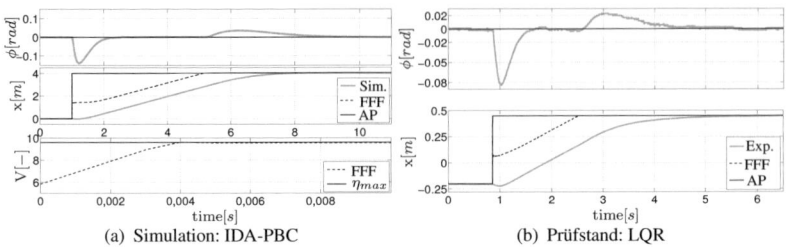

(a) Simulation: IDA-PBC   (b) Prüfstand: LQR

Bild 4: Ergebnisse: Inverses Pendel

Referenzruhelagen verwendet werden können und für diese $\eta_{max} = \eta(0)$ gilt ($\eta(0)$ siehe (3)). Die Kernpositionen der Zugehörigkeitsfunktionen in Bild 2(a) wurden zu $[s_1, s_2] = [0.9, 1.1]$ (IDA-PBC) bzw. $[s_1, s_2] = [0.8, 1.2]$ (LQR) für ν_t und $\nu_{-/+}$ gewählt. Die Werte der Singletons für die Schlussfolgerungen in Tabelle 1 wurden zu $[positiv, negativ] = [2.5, -2.5]$ (IDA-PBC) bzw. $[0.5, -0.5]$ (LQR) gesetzt. Der Wert $\alpha = 0.01$, mittels dem gemäß Ende Kapitel 3.2 η_{max} verkleinert wird, lieferte gute Resultate. Auf Basis dieser Information wurde das Fuzzy-Führungsfilter (FFF) ausgelegt und am Pendel appliziert. Die Ergebnisse für zwei Arbeitspunktwechsel (AP) in Bild 4 dargestellt. Bild 4(a) zeigt einen simulierten Positionswechsel von $5\,\mathrm{m}$ des mittels IDA-PBC geregelten Systems. Da sich die initiale Ruhelage nicht im Einzugsbereich der Gewünschten befindet, generiert das FFF eine sicher stabilisierbare temporäre Ruhelage und verschiebt diese sukzessive in Richtung der Zielruhelage. Das FFF iteriert $\mathbf{x}_t^*$ gemäß (7) innerhalb von $5\,\mathrm{ms}$ an das mögliche Optimum $\mathbf{x}_{t,opt}^*$ (siehe Bild 2(b)), wo folglich (6) erfüllt ist. Dadurch wird die schnelle Arbeitsweise des FFF trotz der minimalen Anzahl an verwendeten Regeln (Tabelle 1) offensichtlich. Ohne FFF wurde die Simulation instabil. Im Zeitintervall $t \in [2, 5]$ s verfährt das Pendel mit einer konstanten Geschwindigkeit ($\phi = 0$). Hier hat sich ein Gleichgewicht zwischen der zeitlichen Entwicklung von $\mathbf{x}$ und $\mathbf{x}_t^*$ eingestellt. Der IDA-PBC sowie der gemäß (14) erhaltende LQ-Regler wurden des Weiteren am Prüfstand aus Bild 3(a) getestet. Auch hier bestätigten sich die anhand der Simulation erläuterte Verhaltensweise des FFF. Bild 4(b) zeigt plakativ die Ergebnisse des LQ-geregelten Systems für einen Positionswechsel von ca. $0.70\,\mathrm{m}$.

5 Zusammenfassung und Ausblick

Der vorliegende Beitrag stellt ein Lyapunov-basiertes Fuzzy-Führungsfilter (FFF) vor, das die Einhaltung von Eingangsbeschränkungen während eines

Arbeitspunktwechsels für lineare sowie nichtlineare Systeme ermöglicht. Dabei wird eine zu stabilisierende Ruhelage iterativ in Richtung der gewünschten Ruhelage verschoben, so dass das System durchgehend stabilisert werden kann. Durch die iterative Lösungssuche kann jegliche Art von Lyapunov-Funktion für die Abschätzung des Einzugsbereiches und eine beliebige lineare sowie nichtlineare Zustandsrückführung verwendet werden. Die Stabilität des FFF ist durch das Berücksichtigen des Einzugsbereiches der berechneten Ruhelage in der Regelbasis gewährleistet. Als beispielhafte Anwendung wurde das linearisierte (mit LQ-Regelung) sowie das nichtlineare (mit IDA-PBC-Regelung) inverse Pendel vorgestellt und verschiedenste Positionswechsel untersucht. Zusammenfassend kann gesagt werden, dass beide Regelungskonzepte ohne den FFF keinen beliebigen Arbeitspunktwechsel (Positionswechsel) stabilisieren konnten. Bereits durch eine kleine Anzahl an verwendeten Regeln erzielten die mittels des FFF erweiterten Regelkreise eine sehr gute Performance. Eine experimentelle Anwendung validierte die Ergebnisse.

Zu untersuchende Punkte wären die erzielbare Performance bei komplexeren nichtlinearen Systemen sowie die Möglichkeiten zur Zustandsbeschränkung. Auch eine mögliche Performanceoptimierung des FFF, beispielsweise durch eine rekurrente Formulierung der Regelbasis oder einer Optimierung der Lage der Zugehörigkeitsfunktionen, sollten analysiert werden.

Literatur

[1] Hu, T.; Lin, Z.: *Control Systems with Actuator Saturation*. Birkhäuser. 2001.

[2] Tarbouriech, S.; Garcia, G.; da Silva Jr., J. M. G.; Queinnec, I.: *Stability and Stabilization of Linear Systems with Saturating Actuators*. Springer. 2011.

[3] Gußner, T.; Jost, M.; Adamy, J.: Controller design for a class of nonlinear systems with input saturation using convex optimization. *Systems & Control Letters* 61 (2012), S. 258–268.

[4] Kefferpütz, K.; Adamy, J.: A Tracking Controller for Linear Systems Subject to Input Amplitude and Rate Constrains. In: *IEEE American Control Conference*, S. 3790–3795. 2011.

[5] Buhl, M.; Lohmann, B.: Lyapunov Function-based Set Point Generator. *Automatisierungstechnik* 10 (2009), S. 499–504.

[6] Diepold, K. J.; Pellegrini, E.; Dessort, R.; Panzer, H. K. F.: Switched Control of a Ballbot Avoiding Input Saturation by Lyapunov-based Set Point Generation. *Submitted to IEEE Trans. Contr. Syst. Technol.* (2012).

[7] Adamy, J.; Flemming, A.: Soft variable-structure controls: a survey. *Automatica* 40 (2004), S. 1821–1844.

[8] Boyd, S.; Ghaouli, L. E.; Feron, E.; Balakrishnan, V.: *Linear Matrix Inequalities in System and Control Theory*. SIAM. 1994.

[9] Mamdani, E.: Application of Fuzzy Logic to Approximate Reasoning using Linguistic Synthesis. *IEEE Transaction on Computers* 26 (1977), S. 1182–1191.

[10] Takagi, T.; Sugeno, M.: Fuzzy Identification of Systems and Its Application to Modeling and Control. *IEEE Trans. Syst., Man, Cybern.* 15 (1985) 1, S. 116–132.

[11] Tanaka, K.; Wang, H. O.: *Fuzzy Control Systems Design and Analysis: A Linear Matrix Inequality Approach*. John Wiley & Sons. 2001.

[12] Allgower, E. L.; Georg, K.: *Introduction to Numerical Continuation Methods*. SIAM. 2003.

[13] Lunze, J.; Nixdorf, B.: Representation of hybrid systems by means of stochastic automata. *Mathematical and Computer Modelling of Dynamical Systems* 7 (2001) 4, S. 383 – 422.

[14] Acosta, J. A.; Ortega, R.; Mahindrakar, A. D.: Interconnection and Damping Assignment Passivity-Based Control of Mechanical Systems With Underactuation Degree One. *IEEE Trans. Automat. Contr.* 50 (2005) 12, S. 1936 – 1955.

[15] Diepold, K. J.; Pieczona, S. J.: Recurrent Takagi-Sugeno Fuzzy Interpolation for Switched Linear Systems and Hybrid Automata. In: *IEEE WCC, FUZZ-IEEE*. 2012.

Stabilisierungs-Optimierungs-Dilemma: Problembeschreibung und erster Lösungsansatz

Christian Lintze, Werner Brockmann

Universität Osnabrück
Albrechtstraße 28, 49069 Osnabrück
Tel.: (0541) 969 2493
Fax: (0541) 969 2480
E-Mail: Christian.Lintze@Uni-Osnabrueck.de,
Werner.Brockmann@Uni-Osnabrueck.de

1 Problembeschreibung

Da klassische Regelkonzepte bei nichtlinearen und zeitvarianten Prozesseigenschaften sowie unbekannten Umgebungseinflüssen an Komplexitätsgrenzen stoßen, werden zunehmend lernfähige Regelkonzepte eingesetzt. Hier wird die Regelfunktion (oder Teile dieser Funktion) mittels *maschinellen Lernens* üblicherweise inkrementell im Betrieb erlernt und dynamisch an sich ändernde Betriebsbedingungen angepasst. Eine typische Architektur für eine direkte Adaption eines lernfähigen Reglers zeigt Bild 1.

Dabei entstehen besondere Herausforderungen an das maschinelle Lernen, denn die Lerndaten werden inkrementell über den Prozess generiert. Da sich dieser auf geschlossenen (meist stetigen) Trajektorien durch den Zustandsraum bewegt, sind die so gewonnenen Daten aber nicht statistisch unabhängig und nicht gleichverteilt. Es gibt somit Bereiche im Eingangsraum des lernfähigen Reglers für die sehr viele Daten vorliegen, wohingegen andere Bereiche wenig oder garnicht abgedeckt sind. Zudem können so je nach Lernverfahren Probleme aus der Reihenfolgeabhängigkeit resultieren. Hinzu kommt, dass keine exakten Informationen über den lokalen[1] Lernfehler vorliegen und dieser zur Bestimmung der Lernvorgaben über andere Größen wie z.B. den Regelfehler abgeschätzt werden muss. Dies hat zur Folge, dass die Lernvorgaben nur eine Tendenz zur (lokalen) Anpassung der Regelfunktion angeben. Es handelt sich bei den Lernvorgaben also nicht um exakte Zielwert-, sondern um Differenzvorgaben, die wiederum mit systematischen Fehlern behaftet sein können.

Besonders kritisch ist allerdings, dass sich der lernende Regler in einem geschlossenen Wirkungskreis mit dem Prozess befindet. So hat das, was

---

[1]Die Lokalität bezieht sich auf den Eingangsraum des Reglers.

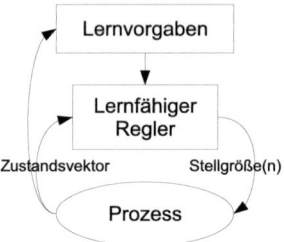

Bild 1: Beispiel für eine Systemarchitektur bei einer direkten Adaption. Der lernfähige Regler wird im Betrieb adaptiert.

gelernt wird, unmittelbare Auswirkungen auf das Prozessverhalten und somit auf das was als nächstes gelernt werden wird. Damit bildet sich eine (weitere) Wirkungskette die ein potentiell chaotisches und im regelungstechnischen Sinne instabiles Verhalten zeigen kann.

Die "Stabilität" des Lernverfahrens, also dessen Konvergenz zu einer statischen und möglichst optimalen Regelfunktion, kann also nicht mehr unabhängig vom Prozess betrachtet werden. Vielmehr muss der lernende Regler den Prozess in allen Betriebsphasen auch im Sinne der Regelungstechnik stabilisieren, also so betreiben, dass der Prozess bestimmte Stabilitätsgrenzen im Zustandsraum nicht verlässt und keine stabilitätskritischen Dynamiken angeregt werden[2].

In der Praxis gibt es somit mehrere Szenarien, in denen Konvergenz auf lange Sicht nicht ausreicht. Ein zu langsamer oder fehlerhafter Lernvorgang kann bei zeitvarianten Prozesseigenschaften sicherheitskritische Folgen haben. Besonders kritisch ist zudem die Inbetriebnahme von lernfähigen Reglern, da hier z.B. auf Grund von Fertigungsschwankungen keine genaue Vorinitialisierung möglich ist. Verschärft wird die Problematik dadurch, dass mit jeder zusätzlichen Eingangsgröße in der Regelfunktion auch der Bedarf an Lerndaten (i.d.R. exponentiell) ansteigt. Folglich steigt auch die Lerndauer und somit die Gefahr eines instabilen Verhaltens, insbesondere bei der Inbetriebnahme und beim Relearning, also wenn sich Prozesseigenschaften zur Laufzeit ändern.

Um diesen Herausforderungen gerecht zu werden und einen gleich von Beginn an sicheren Betrieb gewährleisten zu können, bewegt sich der Entwickler einer lernfähigen Regelung in einem Überschneidungsbereich aus Systemarchitektur, Funktionsapproximator und Lernalgorithmus. Dabei

---

[2]Im Folgenden bezieht sich der Begriff "Stabilität" somit im regelungstechnischen Sinne auf die Stabilität des geschlossen Wirkungskreises aus lernendem Regler und Prozess, wobei sich der Begriff "Konvergenz" auf ein konvergentes und somit stabiles Lernverfahren bezieht.

steht er vor dem Zielkonflikt, mit demselben online lernenden System sowohl mit sehr wenigen Lerndaten schon in der Lage zu sein, den geschlossenen Wirkungskreis davon abzuhalten, instabil zu werden, also stets ein stabiles Systemverhalten zu gewährleisten, als auch beliebig starke Nichtlinearitäten genau genug ausdrücken zu können, um den Prozess schließlich auch optimal betreiben zu können. Im begrifflichen Kontrast zum klassischen *Stabilitäts-Plastizitäts-Dilemma* des maschinellen Lernens, welches den Zielkonflikt beschreibt, mit demselben lernfähigen System sowohl jede beliebige Zielfunktion ausdrücken zu können, gleichzeitig aber aus unterschiedlichen Lerndatensätzen oder aus Folgen von inkrementellen Lernvorgaben eine spezifische Zielfunktion auch stets robust zu erlernen, wird dieses Dilemma hier als *Stabilisierungs-Optimierungs-Dilemma* bezeichnet.

2 Stand der Technik

Formal besteht das Ziel einer lernfähigen Regelung darin, eine optimale Regelfunktion $u = f(x)$ mit $x \in \mathbb{R}^n$ als Eingangsvektor $u \in \mathbb{R}^m$ als Ausgangsvektor (der Stellgrößen) im Betrieb möglichst genau zu approximieren und gleichzeitig in allen Betriebsphasen ein stabiles Systemverhalten zu gewährleisten. Als Basisalgorithmus werden dazu universelle Funktionsapproximatoren $\hat{f} \colon X \times \Gamma \to U$ eingesetzt. Hier bezeichnet $X \subset \mathbb{R}^n$ den Eingangsraum und $U \subset \mathbb{R}^m$ den Ausgangsraum der Stellgrößen. Zusätzlich steht $\Gamma \subset \mathbb{R}^k$ für den Raum der Lernparameter. Mit $x \in X$ als Eingangsvektor und $\theta \in \Gamma$ als Vektor der Lernparameter lassen sich die Approximatoren in die allgemeine Form

$$\hat{f}(x, \theta) = \theta_1^T \phi(x, \theta_2) \tag{1}$$

überführen [1]. Dabei bezeichnet $\phi(x, \theta_2)$ einen Vektor aus *Basisfunktionen*, die nur von einem Teil der Lernparameter, nämlich θ_2, abhängen. Man teilt also die Lernparameter θ ein in einen Vektor θ_1, der die Lernparameter enthält, die *linear* auf die Ausgabe wirken, und eine Menge θ_2 von Parametern, die im Allgemeinen nichtlinear auf die Ausgabe wirken.

Eine Sonderstellung im Kontext lernfähiger Regelung nehmen sogenannte lokale LIP-Approximatoren (*Linear-in-the-parameters*) ein. Hier handelt es sich um Basisalgorithmen, bei denen alle Lernparameter linear auf die Ausgabe wirken und zusätzlich jeder Lernparameter nur eine lokale Wirkung besitzt, ein einzelner Lernparameter die Ausgabe also nur auf einer echten und zusammenhängenden Teilmenge von X beeinflusst. So wird sichergestellt, dass lokal gültige Lernvorgaben die Ausgabe des Approximators auch nur lokal verändern und bereits an anderen Stellen des Eingangsraumes gelerntes Wissen nicht unzulässig verändert wird. Zudem bieten sie den Vorteil, dass durch die geschickte Wahl der Basisfunktionen das Lernproblem vorstrukturiert wird und das Lernergebnis a posteriori leichter interpretiert werden kann. Allerdings stoßen sie tendenziell an Grenzen, wenn der Eingansraum groß wird (Curse of Dimensionality [2]). Deswegen gibt es auch Ansätze bei denen ebenfalls nichtlinear wirkende Parameter sowie die interne Struktur, also die Lage und Anzahl der Basisfunktionen, im Betrieb angepasst werden [3, 4, 5]. Diese Ansätze ermöglichen potentiell einen besseren Umgang mit dem Stabilisierungs-Optimierungs-Dilemma, da sie prinzipiell die interne Struktur an die Datenlage anpassen können. Allerdings werden hier entweder starke Einschränkungen bezüglich der zu regelnden Prozessklasse gemacht(z.B. Einschränkung auf dynamische Systeme erster Ordnung [3]), Zusatzkomponenten benötigt, die schon von sich aus die eigentliche Stabilisierung des Prozesses realisieren [4] oder detaillierte Informationen über bestimmte Prozesseigenschaften benötigt, um im Betrieb formale Stabilitätsbetrachtungen durchführen zu können [5]. Für einen sicheren Betrieb auch unter praxisrelevanten Randbedingungen reichen diese Ansätze also nicht aus. Aus Gründen der Beherrschbarkeit werden deshalb vorwiegend lokale LIP-Approximatoren mit fester Struktur zur lernfähigen Regelung eingesetzt [1, 6, 7, 8]. Für diesen Fall gilt dann:

$$\hat{f}(x, \theta) = \theta^T \phi(x) \tag{2}$$

Um die Lernparameter θ im Betrieb anzupassen, wird ein an den Approximator angelehnter Lernalgorithmus $L \colon \Gamma \times X \times U \times P \to \Gamma$ mit P als Raum möglicher Steuerparameter benötigt. Zusammen mit dem Approximator wird dieser in eine Systemarchitektur eingebettet, z.B. gemäß Bild 1. Durch diese Architektur wird spezifiziert, wie der Approximator im Betrieb zur Bestimmung der Reglerausgabe eingesetzt wird und wie die Lernvorgaben (x, u^*) mit $x \in X$ und $u^* \in U$ für den Lernalgorithmus bereitgestellt werden.

Inspiriert von der klassichen (adaptiven) Regelungstechnik findet sich hier die sog. Adaptive Approximation Based Control (AABC) [1]. Methodisch geht man dabei von einem formalen Prozessmodell aus, leitet daraus eine Regelfunktion her, die die gewünschten Eigenschaften hätte, wenn man alles über den Prozess wüsste, repräsentiert diese Funktion durch einen Approximator und leitet dann mit Hilfe formale Stabilitätsbetrachtungen[3]

---

[3]Hier wird üblicherweise die Lyapunov-Theorie [9] eingesetzt.

einen Algorithmus für die Anpassung der Lernparameter θ her. Dies geschieht in vielen Fällen basierend auf klassischen (inkrementellen) Lernalgorithmen wie dem Gradientenabstieg oder der rekursiven Methode der kleinsten Quadrate [1, 8]. Es können so aber auch spezielle, an die Systemarchitektur und Prozessklasse angepasste Lernalgorithmen hergeleitet werden [10, 11]. Der Vorteil dieser Methodik ist der formale Stabilitätsnachweis, also die Garantie, dass nach einer initialen Lernphase sowohl der Regelfehler als auch der Approximationsfehler theoretisch verschwinden [8, 10]. Allerdings stößt die Methodik bei komplexen Prozessen an Grenzen, da zum einen viele praxisrelevante Effekte wie z.B. Reibung nicht exakt durch Modelle beschrieben werden können und zum anderen aus den Stabilitätsbetrachtungen keine Aussagen über die reale Lerndauer hergeleitet werden können. Dennoch erfordern Regelfunktionen, die sich für die obigen formalen Betrachtungen eignen, viele Eingangsgrößen, so dass die Lerndauer einer schnellen Stabilisierung bei der Inbetriebnahme oder beim Relearning und somit auch einer praktischen Realisierung im Wege steht.

Ähnlich zu AABC arbeiten Verfahren zur direkte Adaption eines lernfähigen Reglers [3, 6, 7], nachfolgend *Dirigiertes Selbstlernen* (DSL) genannt. Die Entwurfsmethode ist hier weniger von formalen Herleitungen als von Expertenwissen geprägt. Der Entwickler strukturiert dazu einen lokalen LIP-Approximator mit seinem intuitiven Hintergrundwissen vor und formuliert in ähnlicher Weise ein *Anpassungsgesetz* zur Generierung der Lernvorgaben, welche dann mit Hilfe von klassischen Lernalgorithmen umgesetzt werden. Der Blickwinkel bei der Spezifikation des Anpassungsgesetzes ist, wie der Entwickler persönlich die Ausgabe des Approximators bzw. des Reglers inkrementell verbessern würde, wenn er ein suboptimales Verhalten beobachtet. Die Optimierungsstrategie des Entwicklers wird also maschinell repräsentiert. Die Methode ist aber auch stabilitätstheoretisch untermauert [12]. Zudem gibt es Erweiterungen, die insbesondere den Umgang mit nicht idealisierten Randbedingungen wie Sensorrauschen oder Stellgrößenbegrenzungen ermöglichen [13, 14]. DSL bietet den Vorteil, dass weniger (formales) Hintergrundwissen über den Prozess benötigt wird, keine idealisierten Randbedingungen vorausgesetzt werden und weniger Einschränkungen bezüglich der Prozessklasse vorgenommen werden müssen. Allerdings stößt DSL auch dann an Grenzen, wenn durch eine hohe Eingangsdimensionalität der Regelfunktion oder durch eine zu feine Partitionierung des Eingangsraumes eine zu hohe Lerndauer entsteht. DSL ermöglicht also ohne Zusatzmechanismen keinen gezielten Umgang mit dem Stabilisierungs-Optimierungs-Dilemma.

Ein anderer Ansatz zur schnellen Stabilisierung auch komplexer Prozesse wird in [15, 16] vorgestellt. Hier wird das Lernprinzip DSL, das Konvergenz gegen eine (optimale) statische Zielfunktion avisiert, zum sog. DACL-Ansatz (Dynamic Adaptation by Continuous Learning) modifiziert. Dieser Ansatz nutzt aus, dass sich der Prozess auf geschlossenen Trajektorieren durch den Zustandsraum bewegt und verfolgt das Konzept, zu jedem Zeitpunkt nur lokal sinnvolles Verhalten auszuprägen, indem kontinuierlich, aggressiv und vor allem schnell gelernt wird, also bewusst keine Konvergenz zu einer statischen Funktion angestrebt wird. So wird die Plastizität des lernenden Reglers enorm erhöht. Da allerdings nur lokal sinnvolles Wissen ausgeprägt wird und so auch potentiell später brauchbares Wissen zerstört wird, geschieht dies auf Kosten einer langfristigen Optimierung. Somit ist auch der DACL-Ansatz vom Stabilisierungs-Optimierungs-Dilemma betroffen, aber auf Seiten der Optimierung.

Zusammenfassend lässt sich sagen, dass kein Ansatz einen gezielten Umgang mit dem Stabilisierungs-Optimierungs-Dilemma ermöglicht. Denn entweder wird von idealisierten Randbedingungen ausgegangen, Einschränkungen bezüglich der Prozessklasse vorgenommen oder langfristiges Optimierungspotential verschenkt. Aus Gründen der Beherrschbarkeit hat sich DSL in vielen Fällen als taugliches Lernverfahren erwiesen [6, 7, 13]. Damit DSL aber auch für die hier betrachteten (komplexen) Prozesse eingesetzt werden kann, müssen neue Methoden entwickelt werden. Hier gilt auch bei feiner Partitionierung des Eingangsraumes und hoher Eingangsdimensionalität eine schnelle Stabilisierung zu ermöglichen. Dieses Ziel verfolgen wir dem dem folgenden Ansatz.

3 Lösungsansatz

Aus den oben beschriebenen Gründen der Beherrschbarkeit setzen wir die DSL-Architektur (und lokale LIP-Approximatoren) ein. Um aber Instabilitäten auf Grund einer zu langsamen Lerngeschwindigkeit zu vermeiden, verfolgen wir speziell das Ziel die Lerngeschwindigkeit in kritischen Phasen drastisch zu erhöhen. Dazu wird im Sinne des DSL-Ansatzes allgemeines Hintergrundwissen des Entwicklers einbezogen, wobei wir davon ausgehen, dass es in regelungstechnischen Anwendungen Eingangsgrößen gibt, die für die Stabilisierung besonders wichtig sind, während andere Größen vorwiegend für die Optimierungsphase hilfreich, für die Stabilisierung aber nicht zwingend notwendig sind.

Unser konkreter Ansatz besteht nun darin, die Anzahl der im lernfähigen

Regler berücksichtigten Eingangsgrößen und somit die Komplexität des Lernproblems dynamisch an den aktuellen Lernfortschritt anzupassen, also in kritischen Phasen nur die wichtigsten Eingangsgrößen zu berücksichtigen, um möglichst schnell zu lernen, im Zuge des fortgeschrittenen Lernvorgangs aber zusätzliche Eingangsgrößen dynamisch „hinzuzuschalten" und dem System so mehr Ausdrucksmöglichkeiten zur gezielten Optimierung zu geben. Dies wird realisiert, indem an den Lernalgorithmus als weitere Steuerparameter die Menge aller aktiven Eingangsdimensionen übergeben wird. Der Ansatz wird im Folgenden als PIA-Ansatz (*Prioritized Incremental Approximation*) bezeichnet.

Als Basisalgorithmus setzen wir dazu Takagi-Sugeno Fuzzy-Systeme (TS-Systeme) $f : \mathbb{R}^n \mapsto \mathbb{R}$ 0. Ordnung [1, 3, 8, 14] ein. Als Zugehörigkeitsfunktionen in den Prämissen verwenden wir Dreiecksfunktionen [14], von denen sich pro Eingangsdimension maximal zwei überschneiden. Dies ermöglicht es dem Entwickler durch die Lage der Zugehörigkeitsfunktionen den Eingangsraum gezielt zu partitionieren. Sei weiter $x \in X \subset \mathbb{R}^n$ der Eingangsvektor, $n \in \mathbb{N}^+$ die Anzahl der Eingangsgrößen, N_i die Anzahl der Zugehörigkeitsfunktionen der $i-$ten Eingangsdimension und $\mu_{j,i}(x_i)$ der Zugehörigkeitsgrad der $j-$ten Zugehörigkeitsfunktion des $i-$ten Eingangs. Auf diese Weise entsteht eine $n-$dimensionale Gitterstruktur mit $k = \prod_{i=1}^n N_i$ Gitterpunkten. Jedem Gitterpunkt lässt sich dabei eine (Fuzzy)-Regel mit dem Index $J = (j_1, ..., j_n) \in C = [1, N_1] \times ... \times [1, N_n]$ und jeder Regel wiederum eine Konklusion $\theta_J \in \mathbb{R}$ sowie ein von x abhängiger Aktivierungsgrad $\phi_J(x) \in \mathbb{R}$ zuordnen. Dieser bestimmt sich mit Hilfe der Zugehörigkeitsfunktionen über $\phi_J(x) = \prod_{i=1}^n \mu_{j,i}(x_i)$. Schließlich werden die Konklusionen in dem Vektor $\theta \in \mathbb{R}^n$ und die Aktivierungsfunktionen in dem Vektor $\phi(x)$ zusammengefasst. Für die Ausgabe gilt dann

$$f_{TS}(x, \theta) = \theta^T \phi(x) = \sum_{J \in C} \phi_J(x) \cdot \theta_J(t). \tag{3}$$

Die Anpassung der Konklusionen θ geschieht über den Lernalgorithmus $L : \Gamma \times X \times U \times P \to \Gamma$. Zur externen Steuerung des Algorithmus wird die Menge der aktiven Eingangsdimensionen über den Steuerparameter $a \subseteq \{1, ..., n\} \subset P$ angegeben. Sei nun $X_a \subset \mathbb{R}^l$ der durch die aktiven Eingangsdimensionen aufgespannte Vektorraum und $X_d \subset \mathbb{R}^{n-l}$ der Vektorraum, der durch die deaktivierten Eingangsdimensionen aufgespannt wird. Dann teilt sich der Vektor x auf in eine Komponente $x_a \in X_a$ und eine Komponente $x_d \in X_d$. Die Menge a spezifiziert nun einen vom Basisalgorithmus abgeleiteten (niedrigdimensionaleren) Approximator f_a mit dem Regelindex $J_a = (j_{a,1}, ..., j_{a,l})$ und den Konklusionen $\theta_a \in \mathbb{R}^{k_a}$ mit $k_a = \prod_{i \in a} N_i$. Für den Aktivierungsgrad der Regeln J_a sei weiter

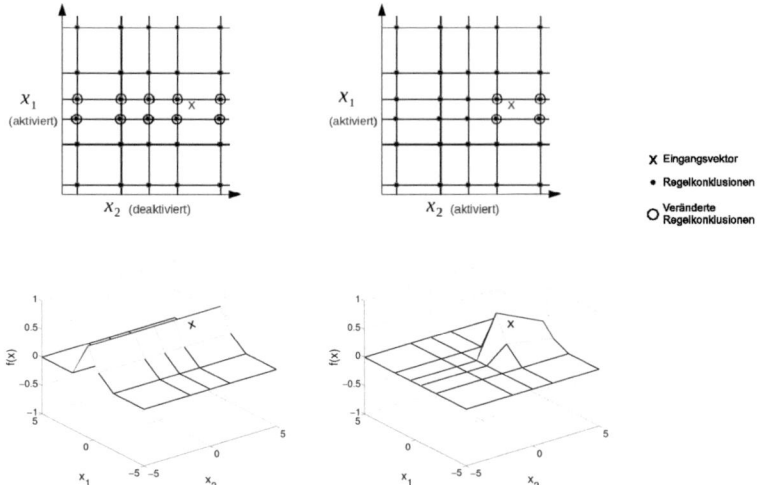

Bild 2: Schematische Darstellung der Wirkung eines Lerneingriffes beim PIA-Ansatz für einen zweidimensionalen Eingangsraum bei nur einer aktiven Eingangsgröße ($a = \{1\}$, links) und bei zwei aktiven Eingangsgrößen ($a = \{1, 2\}$, rechts) in Draufsicht (oben) und als Kennfläche (unten).

$\phi_{J_a}(x) = \prod_{i \in a} \mu_{j,i}(x_i)$. Der Vektor θ_a wird über die Projektion von $f(x, \theta)$ auf X_a bestimmt, so dass (für festes x_d) gilt:

$$f_a(\tilde{x}_a, \theta_a) = f_{TS}(x, \theta) \forall \tilde{x}_a \in X_a. \tag{4}$$

f_a wir nun herangezogen um für die Lernvorgabe (x, u^*) mittels normalisiertem Gradientenabstieg [1] mit der Lernrate $\lambda \in \mathbb{R}^+$ einen inkrementellen Lernschritt im niedrigdimensionaleren Raum durchzuführen:

$$\theta_{J_a(t+1)} = \theta_{J_a(t)} + \lambda \cdot \phi_{J_a(t)}(x) \frac{u^*}{\sum_{K \in C_a} \mu(K, x)^2} \tag{5}$$

Zur Übertragung des Ergebnisses auf die Parameter θ wird nun die zylindrische Erweiterung herangezogen:

$$f_{TS}(x, \theta) = f_a(x_a, \theta_a) \forall x_a \subset X_a \text{ und } \forall x_d \subset X_d \tag{6}$$

Bild 2 veranschaulicht die Wirkungsweise eines solchen Lerneingriffs beim PIA-Ansatz schematisch für ein zweidimensionales Beispiel, indem der Fall reduzierter Dimensionalität mit einem Lernschritt bei voller Dimensionalität verglichen wird.

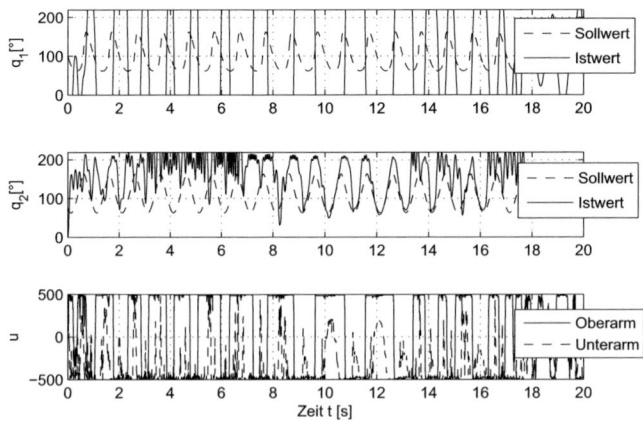

Bild 3: Regelverhalten beim Lernen mit mittlerer Lernrate ($\lambda = 1$). Auf Grund eines zu langsamen Lernvorgangs entsteht ein instabiles Verhalten.

4 Untersuchung

Wie in Kapitel 1 beschrieben stellen die Inbetriebnahme und das Relearning besondere Herausforderungen an eine lernfähige (DSL-)Regelung. Im folgenden Abschnitt zeigen wir exemplarisch am Beispiel der Inbetriebnahme, wie sich hier das Stabilisierungs-Optimierungs-Dilemma äußert und welche Möglichkeiten zum gezielten Umgang mit diesem Dilemma der PIA-Ansatz liefert. Als Beispielsystem verwenden wir dazu ein Benchmark-Szenario aus [4, 8, 17]. Hierbei handelt es sich um ein simuliertes Modell eines zweigelenkigen SCARA-Roboterarms mit idealer Aktorik. Die Gleichungen des Modells lauten:

$$\begin{bmatrix} \ddot{q}_1 \\ \ddot{q}_2 \end{bmatrix} = \begin{bmatrix} M_{11} & M_{12} \\ M_{21} & M_{22} \end{bmatrix}^{-1} \left(\begin{bmatrix} u_1 \\ u_2 \end{bmatrix} - \begin{bmatrix} -h\dot{q}_2 & -h(\dot{q}_1 + \dot{q}_2) \\ h\dot{q}_1 & 0 \end{bmatrix} \begin{bmatrix} \dot{q}_1 \\ \dot{q}_2 \end{bmatrix} \right) \quad (7)$$

mit

$$M_{11} = a_1 + 2a_3 \cos(q_2) + 2a_4 \sin(q_2), \ M_{22} = a_2$$
$$M_{21} = M_{12} = a_2 + a_3 \cos(q_2) + a_4 \sin(q_2)$$
$$h = a_3 \sin(q_2) - a_4 \cos(q_2), a_1 = I_1 + m_1 l_{c1}^2 + I_w + m_e l_1^2$$
$$a_2 = I_e + m_e l_{ce}^2, a_3 = m_e l_1 l_{ce} \cos(\delta_e), \ a_4 = m_e l_q l_{ce} \sin(\delta_e)$$

und

$$m_1 = 1, m_e = 2, l_1 = 1, l_{c1} = 0.5, l_{ce} = 0.6, I_1 = 0.12, I_e = 0.25, \delta_e = \frac{\pi}{6}.$$

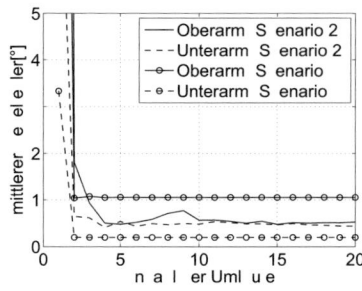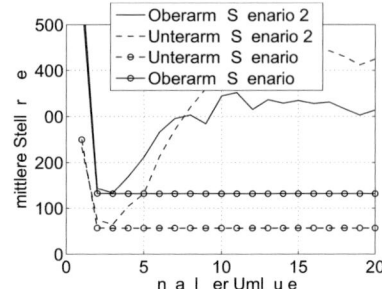

Bild 4: Verlauf von mittlerem Regelfehler (links) und mittlerer Stellenergie(rechts) pro Umlauf beim Lernen mit einer hohen Lernrate (Szenario 2) und mit reduzierte Eingangs-dimensionalität (Szenario 3).

Das Regelziel sei nun darin gegeben einer stetig differenzierbaren Soll-wertvorgabe $(q_{soll,1}(t), q_{soll,2}(t))$ möglichst genau zu folgen. Die zugehörige optimale Regelfunktion für diese *Tracking-Regelung* lässt sich zu Vergleichs-zwecken über eine Zustandslinieearisierung bestimmen [17]). Um diese sta-tische Zielfunktion im Betrieb approximieren zu können, wäre allerdings ein lernfähiger MIMO-Regler mit zehn Eingängen und zwei Ausgängen nötig. Bei den hier verwendeten Approximatoren hätte dies neben im-mensem Speicherbedarf insbesondere eine nicht akzeptable Lerndauer zur Folge. Beispielsweise müssten, wenn jede Eingangdimension mit sieben Zugehörigkeitsfunktionen aufgelöst wird, $2 * 7^{10} = 564\,950\,498$ Lern-parameter im Betrieb erlernt werden. Aus diesem Grund setzen wir eine dezentrale Regelung ein, indem für jeden (Teil-)Arm ein einzelner Teilreg-ler eingesetzt wird. Um mögliche Interaktionsphänomene [16] zu vermei-den, verwenden wir in allen Szenarien ergänzend den SILKE-Ansatz [14] mit einem mittelnden Template und einer Anpassungsrate von 0.05. Da-mit die Teilregler sowohl dynamisch auf Fehler reagieren können, als auch die nichtlinearen Abhängigkeiten vom Arbeitspunkt sowie die erwünschte Regeldynamik erlernen können, wählen wir für beide Regler als Eingangs-vektor $x_{in,i} = (e_i, \dot{e}_i, q_{soll,i}, \dot{q}_{soll,i})$. Hier steht $i = 1$ für den Oberarm und $i = 2$ für den Unterarm. Beide Teilregler arbeiten mit der selben Appro-ximatorstruktur, wobei der Eingang e_i mit elf und die anderen Eingänge mit neun Zugehörigkeitsfunktion aufgelöst werden. Die Generierung der Lernvorgaben $(x_{in,i}, \Delta u_i^*)$ geschieht in Form von Differenzvorgaben über das Anpassungsgesetz

$$\Delta u_i^* = e_i + 0.05 \cdot \dot{e}_i. \tag{8}$$

Das konkrete Regelziel besteht nun darin mit der Spitze des Roboterarms innerhalb einer Sekunde eine vorgegebenen Kreisbahn möglichst genau abzufahren. Über die inverse Kinematik werden daraus die konkreten Soll-trajektorien für die Winkel q_i bestimmt (Bild 3 und Bild 6). Um die Heraus-forderungen an die Regelung zu steigern und um praxisrelevante Randbe-dingungen zu schaffen, werden die Stellgrößen im Gegensatz zu [4, 8, 17] auf $u_i \in [-500, 500]$ begrenzt. Zudem starten die Regler ohne Vorwissen. Das Stabilisierungs-Optimierungs-Dilemma zeigt sich nun wie folgt:

Szeanrio 1: Beim Lernen mit kleinen und mittleren Lernraten ($\lambda \leq 1$) ent-steht eine zu lange Lerndauer, so dass sich ein instabiles Systemverhalten ausprägt (Bild 3).

Szeanrio 2: Das Lernen mit hohen Lernraten ($\lambda \geq 3$) ermöglicht zwar eine Stabilisierung des Prozesses, allerdings prägt sich ein sehr aggressives Re-gelverhalten aus. Dies zeigt sich insbesondere beim Stellenergieaufwand (Bild 4 rechts) aber auch bei der Regelgenauigkeit (Bild 4 links). Hier blei-ben trotz idealer Sensorik und Aktorik Restfehler.

Szeanrio 3: Verringert man die Eingangsdimensionalität der Approxima-toren und arbeitet mit $x_{in,i} = (e_i, \dot{e}_i)$ bleibt der Prozess bei sonst gleichen Einstellungen auch mit niedrigen und mittleren Lernraten ($\lambda \leq 1$) stabil. Allerdings bleibt ein größerer mittlerer Regelfehler (Bild 4).

Im Folgenden werden zwei Ansätze zum Umgang mit diesem Dilemma verglichen:

Szeanrio 4: Lernen mit abklingender Lernrate (Simulierte Abkühlung).
Szeanrio 5: Lernen mit dem PIA-Ansatz.

Die Simulationsergebnisse für das Lernen mit einer abklingenden Lernrate zeigt Bild 5. Hier wurde die ursprüngliche Lernrate über

$$\lambda(t) = 3 \cdot e^{\frac{ln(2)}{T_{1/2}} * t}$$

mit einer Halbwertszeit von $T_{1/2} = 2s$ kontinuierlich verringert. Es zeigt sich, dass so insbesondere der Stellenergieaufwand deutlich verbessert wird. Das aggressive Lernen zu Beginn hat allerdings zur Folge, dass das Re-gelverhalten im weiteren Verlauf mit niedrigerer Lernrate nicht mehr ent-scheidend verbessert werden kann. Es bleibt weiteres Optimierungspoten-tial. Die Simulationsergebnisse für das Lernen mit dem PIA-Ansatz zeigen Bild 5 und Bild 6. Die Anpassung der Eingangsdimensionalität geschieht hier der Einfachheit halber zeitgesteuert. Der Lernalgorithmus startet mit $a = \{1, 2\}$, also berücksichtigt zunächst wie in Szenario 2 nur die Größen e_i und $\dot{e}_i$. Nachdem fünften Umlauf wird dann zunächst über $a = \{1, 2, 4\}$ die Größe $\dot{q}_{soll,i}$ und nach dem zehnten Umlauf über $a = \{1, 2, 3, 4\}$ die Größe $q_{soll,i}$ hinzugeschaltet. Für die ersten fünf Umläufe zeigt sich das sel-be Verhalten wie bei Szenario 2. Durch das Hinzuschalten der zusätzlichen

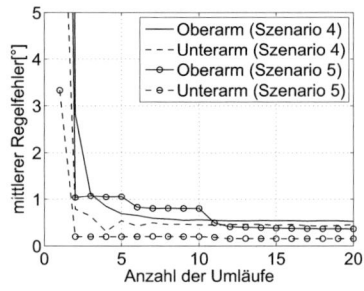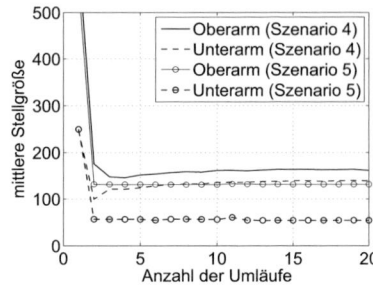

Bild 5: Verlauf von mittlerem Regelfehler (links) und mittlerer Stellenergie (rechts) pro Umlauf beim Lernen mit einer abklingenden Lernrate (Szenario 4) und mit dem PIA-Ansatz (Szenario 5).

Größen kann das Regelverhalten aber weiter verbessert werden. Dabei wird ein gutes Regelverhalten bei geringem Stellenergieaufwand erreicht. Dies zeigt sich auch in Bild 6. Das erzielte Regelverhalten ist dabei trotz der erschwerten Randbedingungen und härteren dynamischen Anforderungen konkurrenzfähig zu [4, 8, 17].

5 Diskussion

Beide in Kapitel 4 untersuchten Ansätze vereinfachen den Umgang mit dem Stabilisierungs-Optimierungs-Dilemma bei der Inbetriebnahme einer lernfähigen Regelung, allerdings mit unterschiedlichem Erfolg. Beim Lernen mit einer abklingenden Lernrate wird die schnelle Stabilisierung über einen aggressiven Lernvorgang erreicht. Das hat zur Folge, dass in dieser dynamischen Anfangsphase in angrenzenden Bereichen des Eingangsraumes Wissen ausgeprägt wird, das eine gezielt Optimierung im weiteren Verlauf des Lernvorgangs erschwert. Der PIA-Ansatz hingegen ermöglicht es, in einem niedrigdimensionaleren Eingangsraum gezielt Wissen zu sammeln und den Prozess trotz mittlerer Lernrate von Beginn an zu stabilisieren. Beim Hinzuschalten von Eingangsdimensionen wirkt dies dann wie eine Vorinitialisierung des Eingangsraums entlang dieser Dimensionen, so dass das erlernte Wissen nur noch im Detail nachoptimiert werden muss. Die Wirkung eines Lerneingriff beim PIA-Ansatzes ist vergleichbar mit einer Strukturveränderung des Approximators oder der Anpassung von global und nichtlinear wirkenden Lernparametern. Der PIA-Ansatz erreicht diese Wirkung aber, indem die ursprünglich rein lokale Wirkung eines Lerneingriffes hin zu einer regionalen Wirkung erweitert/extrapoliert wird.

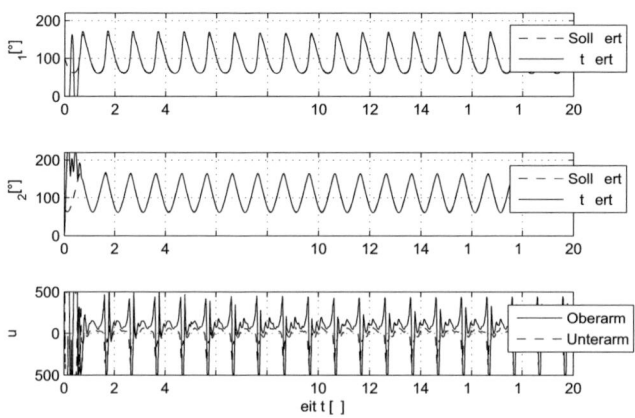

Bild 6: Regelverhalten beim Lernen mit dem PIA-Ansatz bei einer mittleren Lernrate ($\lambda = 1$). Für die Legende siehe Bild 3.

Dabei lässt er die vom Entwickler vorgegebene Approximatorstruktur unverändert und bleibt so im Gegensatz zu [3, 4] beherrschbar und interpretierbar.

6 Fazit und Ausblick

Das Stabilisierungs-Optimierungs-Dilemma stellt den Entwickler einer lernfähigen Regelung insbesondere bei der Inbetriebnahme und beim Relearning vor spezielle Herausforderungen. Der in dieser Arbeit vorgestellte PIA-Ansatz unterstützt die Inbetriebnahme einer lernfähigen Regelung, indem die Eingangsdimensionalität des lernfähigen Reglers im Betrieb erhöht und so das Lernverhalten an den Lernfortschritt angepasst werden kann. Allerdings geschieht dies in den obigen Untersuchungen der Einfachheit halber nur für eine feste Zieltrajektorie und rein zeitgesteuert. Um nicht nur die Inbetriebnahme zu unterstützen, sondern auch in anderen kritischen Lernphasen wie beim abrupten Relearning eine schnelle Stabilisierung und einen somit sicheren Betrieb zu ermöglichen, sind flexiblere Ansätze gefragt.

Eine Lösungsmöglichkeit bietet der PIA-Ansatz, wenn die Dimensionsanpassung nicht zeitgesteuert, sondern abhängig vom Lernfortschritt erfolgt. Dies entspricht einer speziellen Form der *Metaadaption*. Um den Ansatz dafür auf eine breitere Basis zu stellen, sind noch weitere Forschungsarbeiten nötig. Hier gilt es auch zu erforschen, wie beim Relearning Eingangsgrößen gezielt ausgeblendet werden können, denn bei der anstehenden Projektion kommt es zu Mehrdeutigkeiten, welche momentan durch den harten Schnitt am Arbeitspunkt aufgelöst werden. Dies kann allerdings einen unnötigen Informationsverlust bedeuten und zudem, wenn der Schnitt zu einem ungünstigen Zeitpunkt erfolgt, fehlerhafte Lernvorgaben verstärken. Hier gilt es weitere Ansätze, wie z.B. die Mittlung der Lernparameter entlang der deaktivierten Dimension zu analysieren. Eine zentrale Rolle spielt dabei zudem, wie der Lernfortschritt im Betrieb bewertet werden kann. Dies kann z.b. über Kenngrößen realisiert werden, die dazu das Regelverhalten und den Verlauf der Lernvorgaben betrachten.

Literatur

[1] Farrell, J.; Polycarpou, M.: *Adaptive Approximation Based Control: Unifying Neural, Fuzzy and Traditional Adaptive Approximation Approaches*. Wiley Interscience, Hoboken, New Jersey. 2006.

[2] Hastie, T.; Tibshirani, R.; Friedman, J.: *The Elements of Statistical Learning: Data Mining, Inference, and Prediction*. Springer US. 2004.

[3] Pomares, H.; Rojas, I.; Gonzalez, J.; Damas, M.; Pino, B.; Prieto, A.: Online Global Learning in Direct Fuzzy Controllers. *IEEE Trans. Fuzzy Systems* 12 (2004) 2, S. 218–229.

[4] Gao, Y.; Er, M.: Online Adaptive Fuzzy Neural Identification and Control of a Class of MIMO Nonlinear Systems. *IEEE Trans. Fuzzy Systems* 11 (2003) 4, S. 462–477.

[5] Zhao, Y.; Farrell, J.: Self-organizing approximation-based control for higher order systems. *IEEE Trans. Neural Networks* 18 (2007) 4, S. 1220–1231.

[6] Brockmann, W.: Online Machine Learning for Adaptive Control. In: *Proc. IEEE Int. Workshop on Emerging Technologies and Factory Automation – ETFA 1992*, S. 190–195. IEEE Press, Piscataway. 1992.

[7] Rosemann, N.; Brockmann, W.: Concept for Controlled Self-optimization in Online Learning Neuro-fuzzy Systems. In: *KI 2007: Advances in Artificial Intelligence, LNAI* (Hertzberg, J.; Beetz, M.; Englert, R., Hg.), Bd. 4667, S. 498–501. Springer, Berlin. 2007.

[8] Labiod, S.; Guerra, T. M.: Direct and Indirect Adaptive Fuzzy Control for a Class of MIMO Nonlinear Systems. In: *Advances in Robot Manipulators* (Hall, E., Hg.). InTech. 2010.

[9] Khalil, H. K.: *Nonlinear Systems: Third Edition*. Prentice Hall. 2002.

[10] Ordonez, R.; Passino, K.: Stable Multi-input Multi-output Adaptive Fuzzy/Neural Control. *IEEE Trans. Fuzzy Systems* 7 (2002) 3, S. 345–353.

[11] Li, H.; Tong, S.: A Hybrid Adaptive Fuzzy Control for a Class of Nonlinear MIMO Systems. *IEEE Trans. Fuzzy Systems* 11 (2003) 1, S. 24–34.

[12] Spooner, J.; Ordóñez, R.; Passino, K.: Stable Direct Adaptive Control of a Class of Discrete Time Nonlinear Systems. In: *Proc. IFAC World Congress*, S. 343–348. 1996.

[13] Brockmann, W.; Rosemann, N.; Lintze, C.: Dynamic Rate Adaptation in Self-Adapting Real-Time Control Systems. In: *Proc. Workshop on Machine Learning in Real-Time Applications – KI 2009* (Lohweg, V.; Niggemann, O., Hg.).

[14] Rosemann, N.; Brockmann, W.: Incremental Regularization to Compensate Biased Teachers in Incremental Learning. In: *Proc. IEEE World Congress Computational Intelligence – WCCI 2010*, S. 1963–1970. IEEE Press, Piscataway. 2010.

[15] Brockmann, W.; Huwendiek, O.: Adaptive Fuzzy Control of a Batch Process. In: *Proc. European Congress on Intelligent Techniques and Soft Computing*, S. 883–888. Verlag Mainz, Aachen. 1995.

[16] Rosemann, N.; Brockmann, W.; Lintze, C.: Controlling the Learning Dynamics of Interacting Self-adapting Systems. In: *Proc. IEEE Int. Conf. Self-Adaptive and Self-Organizing Systems – SASO 2011*. IEEE Press, Piscataway. 2011.

[17] Slotine, J.; Li, W.: *Applied Nonlinear Control*. Prentice-Hall Englewood Cliffs, NJ. 1991.

Integration of Statistical Analyses for Parameterisation of the Fuzzy Pattern Classification

Holger Hähnel[1], Arne-Jens Hempel[1], Uwe Mönks[2], and Volker Lohweg[2]

[1] Department of Electrical Engineering
Chemnitz University of Technology
Straße der Nationen 62, 09111 Chemnitz, Germany
Tel.: +49 (0)371 531-33954
Fax: +49 (0)371 531-833954
E-Mail: {holger.haehnel,arne-jens.hempel}@etit.tu-chemnitz.de
[2] inIT – Institute Industrial IT
Ostwestfalen-Lippe University of Applied Sciences
Liebigstraße 87, 32657 Lemgo, Germany
Tel.: +49 (0)5261 702-5993
Fax: +49 (0)5261 702-312
E-Mail: {uwe.moenks,volker.lohweg}@hs-owl.de

Abstract

The present work aims at a statistically motivated parameterisation for a fuzzy classification approach. Its key points are the determination of robust parameterisations for the data-driven fuzzy class learning based on statistical analyses as well as the preservation of the interpretability of the fuzzy class models and the classification process. In particular, order statistics and Monte Carlo methods are used to determine distributions and moments of class border parameters. These distributions and moments are further applied to evaluate the robustness of parameters of the current fuzzy classification model and to propose alternative robust parameterisations. The feasibility of the approach is demonstrated in the context of a machine diagnosis application.

1 Introduction

Since the 80s of the last century, the Fuzzy Pattern Classification (FPC) introduced by [1] has been applied in various fields: machine diagnosis, time series forecast, decision support systems as well as for medical diagnosis procedures [2, 3, 4]. This method was adapted to the industrial environment in the 2000s, thus enabling implementations in hardware-based concepts, e. g. for quality assurance via real-time print inspection [5].

Due to the special selection of the membership function as parametric potential function (see Sect. 2), the FPC approach provides a high flexibility as well as a high robustness with regard to classification results in connection with practically-oriented questions. The highly interpretable and reconfigurable membership function offers the possibility for direct inclusion of expert knowledge into Fuzzy Pattern Classification. The treatment of overlapping classes, e. g. for modelling transition states, terms another advantage of the FPC approach.

However, further adjustments are necessary for practical relevant phenomena as wear (drift) or production related variations (noise). Whereas in the first case an adjustment of the center of the membership function is required, the integration of statistical analyses is a promising approach in the second case. This article focuses on the latter.

More precisely, one is faced with problems when considering feature values of a training data set as a random sample, especially for small data sets. In this case, random noise may be a source for unstable or unexact parameterisations.[1] To this reason, we will first recall the FPC-based membership functions with particular attention to their parameterisation in Sect. 2. Hereafter (Sect. 3), statistical analyses are used to investigate the robustness and the accuracy of FPC parameters, in particular the class borders $c_{l/r}$ together with the elementary fuzziness c_e and the percental elementary fuzziness p_{c_e}. In order to improve accuracy and robustness of these parameters, alternative parameterisations emerge directly or indirectly from the statistical analyses depending on the assumed underlying probability distribution.

To validate the elaborated concepts, they are applied in the context of an electric motor supervision application (see Sect. 4). In this application, an electric motor's health state as well as that of the subsequent process are derived from the characteristics of the motor's electric current consumption [6]. Extracted significant features are modelled applying the novel parametrisation approach and its robustness is evaluated.

2 Fuzzy Pattern Classification

Fuzzy Pattern Classification is a sub-discipline in the field of pattern recognition and makes use of Zadeh's fuzzy set concept in form of membership functions [7]. Originally, Bocklisch introduced the FPC approach

---

[1]By "parameterisation" we understand the way of generating values for the parameters of a given model, not the setting up of a parametric model itself.

in the mid-eighties of the last century [1]. Basically, classes of objects are described by M features x_m, $m = 1, \ldots, M$ (like colour, area, etc.). Each of the N objects is represented by $\boldsymbol{x}_i = (x_{1,i}, \ldots, x_{M,i})^\top$, $i = 1, \ldots, N$. Since variations naturally occur in physical instances of class objects, e. g. due to production tolerances, wear and tear effects, or simply biological variations, each of the features is represented by a fuzzy set being capable of expressing the aforementioned uncertainties in a feature's description. Bocklisch proposed a parametric, unimodal potential function to be applied as membership function $\mu_m : \mathbb{R} \to [0, 1]$, describing one of the objects' features [1]:

$$\mu_{m,\text{FPC}}(x_m) = \frac{1}{1 + \left(\frac{1}{b_{m,\text{l/r}}} - 1 \right) \left| \frac{x_m - s_m}{c_{m,\text{l/r}}} \right|^{d_{m,\text{l/r}}}}. \tag{1}$$

The parameter s_m represents the function's mode location, all other parameters are adjusted for the left (l, $x_m < s_m$) and right (r, $x_m \geq s_m$) part of the function, respectively: They include the class borders $c_{m,\text{l/r}}$ with their according border memberships $b_{m,\text{l/r}} \in [0, 1]$ and the specifier for the fuzziness of an FPC basis function $d_{m,\text{l/r}} \in [2, \infty)$. Occasionally, a symmetric formulation of the class border, denoted by c_m, is used [8]. It is also investigated in this paper (cf. Sect. 3).

For obtaining the membership of the whole object, all membership functions $\mu_{m,\text{FPC}}$ are aggregated to one single, M-dimensional membership function $\mu_{\text{FPC}} : \mathbb{R}^M \to [0, 1]$ by means of a fuzzy intersection operator so that the function concept, parameters, and properties are preserved [9].

Lohweg et al. picked up Bocklisch's ideas at the beginning of the 2000s and introduced their concept of the Modified FPC (MFPC) [5]. It aggregates the parametric membership functions

$$\mu_{m,\text{MFPC}}(x_m) = 2^{-\left| \frac{x_m - s_m}{c_{m,\text{l/r}}} \right|^{d_{m,\text{l/r}}}} \tag{2}$$

using the geometric mean aggregation operator. The main reason for choosing such a form of parametric membership functions was a more efficient way to implement it in hardware devices for real-time inspection tasks. Obviously, the same symbols as in (1) are used in $\mu_{m,\text{MFPC}}$'s formulation. Actually, these parameters have the same semantic meaning, though their respective values affect the membership function's shape slightly different, due to the functions' different formulations. Also, $\mu_{m,\text{MFPC}}$ uses a fixed value for $b_{m,\text{l/r}} = 0.5$ resulting in a hidden use of that parameter. The other parameters are adjusted according to the present data, where s_m and $c_{m,l/r}$ are set automatically while $d_{m,l/r}$ typically an integer value from the range $[2, 20]$ is assigned heuristically by expert knowledge [5]. Further research showed that the classification performance is highly dependent on both, the choice of the parameters left to the user as well as the applied aggregation operator. For stabilisation of the classification process, the MFPC concept was extended to the Probabilistic MFPC (PMFPC) approach which allows a substitution of MFPC's geometric mean aggregation operator and automates the parameterisation process further [8]. As well, the parameter $b_{m,l/r}$ is reintroduced as a variable quantity:

$$\mu_{m,\mathrm{PMFPC}}\left(x_m\right) = 2^{-\mathrm{ld}\left(\frac{1}{b_{m,l/r}}\right)\left|\frac{x_m-s_m}{c_{m,l/r}}\right|^{d_{m,l/r}}} \qquad (3)$$

The actual parameterisation procedures are described in the following Section. A visualisation of the FPC and PMFPC (basically identical to MFPC) membership functions (cf. (1) and (3), respectively) is found in Fig. 1.

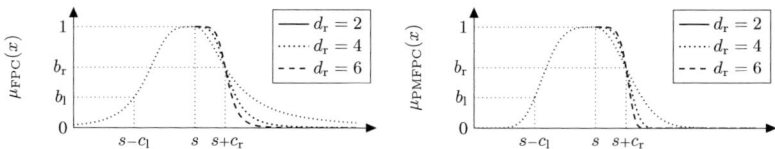

Figure 1: One-dimensional, unimodal FPC membership functions

2.1 Data-Driven Parameterisation of Fuzzy Pattern Classes

This Section briefly recalls the relevant automatic PMFPC parameterisation approaches. They rely on a set of N objects $x_i = (x_{1,i}, \ldots, x_{M,i})^\top$ described by M features. For details on the respective parameterisation parts, and also on the parameterisations of the remaining parameters, the interested reader is referred to [8].

2.1.1 Mode Location

The mode location s_m of the mth feature is determined by the arithmetic mean or alternatively by the midrange ($\tilde{s}_m$ in that case) of all N feature values extracted from the objects:

$$s_m = \overline{x} = \frac{1}{N}\sum_{i=1}^{N} x_{m,i} \quad \text{or} \quad \tilde{s}_m = mr = \frac{1}{2}(x_{\min,m} + x_{\max,m}), \qquad (4)$$

where $x_{\min,m} := \min_{i=1,\dots,N} x_{m,i}$ and $x_{\max,m} := \max_{i=1,\dots,N} x_{m,i}$.

2.1.2   Class Border

The main focus of this article is put on the parameter $c_{m,l/r}$ and its symmetric analogon c_m. Both model the membership function's width and are expressed by

$$c_{m,l} = s_m - x_{\min,m} + c_e, \qquad c_{m,r} = x_{\max,m} - s_m + c_e, \qquad (5)$$

and

$$c_m = \tilde{s}_m - x_{\min,m} + c_e = x_{\max,m} - \tilde{s}_m + c_e = \frac{1}{2}(x_{\max,m} - x_{\min,m}) + c_e, \quad (6)$$

with $c_e = p_{c_e} \cdot (x_{\max,m} - x_{\min,m})$. Hence, $s \pm c$ is located where the smallest and the largest feature value of the data occur (disregarding elementary fuzziness), assigned a membership of $b_{m,l/r}$ (cf. Sect. 2.1). In other words, it is expected to be rarely possible that class objects occur outside these borders. Since the latter expectation is highly dependent on the data available, the class border is extended by the so-called elementary fuzziness c_e, usually consisting of a percental portion (expressed by the percental elementary fuzziness p_{c_e}) of the complete range between the minimum and maximum value. The value of p_{c_e} is chosen by expert knowledge, mainly heuristically, and thereby often leads to a suboptimally chosen value assignment.

The aim of this article is to present novel automatic parameterisation procedures for c, $c_{l,r}$, c_e, and p_{c_e}, leading to a proper value assignment for these parameters resulting in a more robust classifier. This is especially important in terms of classification results, as these parameters model the class borders of the Fuzzy Pattern Classes. Any optimisation of the parameterisation process will definitely lead to less misclassifications than before, as the class is described more precisely. All following elaborations are carried out for one dimension for sake of simplicity, but without limitation to the generality. This is due to all FPC approaches model each dimension (hence feature) separately and construct a multi-dimensional classifier by fuzzy-aggregating the single membership functions. Additionally, the research presented in the following can be transferred directly from PMFPC to MFPC and FPC as the parameters c, $c_{l/r}$, c_e, and p_{c_e} are determined identically in all three approaches (cf. [1, 5, 8]). The other automatic parameterisation methods presented above are not discussed in the following and will be part of further research due to their more complicated expression in terms of statistical analysis.

3 Statistical Analyses Integration

When integrating tools from probability theory and statistics into a fuzzy classification context, one has to keep in mind the essential assumptions regarding the data. In statistics, it is supposed that the data $(x_1, \ldots, x_N) \in \mathbb{R}^N$ emanates from the N-fold realisation of a random variable X. This means that it can be considered as a (concrete) random sample, a realisation of an (abstract) random sample $(X_1, \ldots, X_N)$ where X_i, $i = 1, \ldots, N$ are independent and identically distributed (iid) random variables.[2] In practical cases where the iid assumption is supposed to be strongly violated, e. g. non-stationarity, trend, and time dependence, the following methods ought to be applied with caution.

At first, the question of the robustness for the classical parameterisations of c and $c_{l/r}$ is pursued involving arbitrary continuous distributions of the data. Afterwards, the class border parameterisations for c, c_e and p_{c_e} are adapted in the special case of a uniform distribution. The section closes with alternative ideas for robust parameterisations of the class border $c_{l/r}$ as well as the elementary fuzziness c_e and p_{c_e} for unbounded continuous distributions.

3.1 Robustness Investigation by Order Statistics and MC Methods

The investigation of the parameters' robustness is conducted by the calculation of statistical characteristics such as distribution, expectation, as well as variance or standard deviation. For some parameterisations, this can be done analytically using order statistics [10]. In other cases where analytical representations are hard to find, it is more effective to apply Monte Carlo (MC) methods [11].

Let $X_i \sim X$, $i = 1, \ldots, N$ be iid random variables where X is absolutely continuous with cumulative distribution function F and probability density function (pdf) f. The vector $(X_1, \ldots, X_N)$ represents the abstract random sample. The ascending arrangement of its elements yields the order statistic $(X_{(1)}, \ldots, X_{(N)})$, in which the pdf of the kth order statistic is given by

$$f_{X_{(k)}}(y) = k \binom{N}{k} [1 - F(y)]^{N-k} [F(y)]^{k-1} f(y), \quad y \in \mathbb{R} . \tag{7}$$

---

[2]In order to distinguish between random variables and variables that indicate concrete (data) values (or functions of each), the first are denoted by capitals (X, X_i, $\overline{X}$, R, MR, ...) and the latter by lower-cases (x, x_i, $\overline{x}$, r, mr, ...) in the following. The only exception are the FPC parameters themselves where the original nomenclature (s, c, $c_{l/r}$, c_e, p_{c_e}) is kept to avoid confusion.

Together with the joint distribution of two order statistics $X_{(k)}$ and $X_{(l)}$ (see [10]), one can calculate pdfs for FPC-relevant, i.e. class-border-relevant variables, such as the minimum $X_{\min} = X_{(1)}$ and the maximum $X_{\max} = X_{(N)}$, the range $R = X_{(N)} - X_{(1)}$, and the midrange $MR = \frac{1}{2}(X_{(1)} + X_{(N)})$. We obtain

$$f_{X_{\min}}(y) = N[1 - F(y)]^{N-1} f(y), \quad f_{X_{\max}}(y) = N[F(y)]^{N-1} f(y),$$

$$f_R(y) = N(N-1) \int_{-\infty}^{\infty} [F(x) - F(x-y)]^{N-2} f(x-y) f(x) \, dx, \quad y > 0, \quad (8)$$

and $\quad f_{MR}(y) = 2N(N-1) \int_{y}^{\infty} [F(x) - F(2y-x)]^{N-2} f(2y-x) f(x) \, dx.$

Thus, the pdf of the symmetric class border with percental elementary fuzziness, $c = X_{\max} - MR + p_{c_e} R = (0.5 + p_{c_e})R$, is given by

$$f_c(y) = \frac{1}{0.5 + p_{c_e}} f_R\left(\frac{y}{0.5 + p_{c_e}}\right). \quad (9)$$

Evaluation of f_R in (8) and (9) can be undertaken via analytical or numerical integration depending on the structure of the data's distribution F. In the asymmetric case, where $c_l = \overline{X} - X_{\min} + p_{c_e} R$ and $c_r = X_{\max} - \overline{X} + p_{c_e} R$, only stochastic simulation with MC methods appears to be practicable.[3] Expectation and standard deviation of c and $c_{l/r}$ are calculated by using numerical integration on basis of the parameter's pdf in (9) and likewise by MC methods. Especially the standard deviation of a parameter serves as a measure of its robustness.

For demonstration purposes, three one-parametric distributions, each belonging to one of the classes of vanishing (mesokurtic), negative (platykurtic) and positive (leptokurtic) excess kurtosis are selected. These are 1. normal distribution, $X = X_{\mathcal{N}} \sim \mathcal{N}(0, \sigma^2)$, mesokurtic, 2. uniform distribution, $X = X_{\mathcal{U}} \sim \mathcal{U}(-\theta, \theta)$, platykurtic, and 3. Laplace distribution, $X = X_L \sim \text{Laplace}(0, \lambda)$, leptokurtic. Fig. 2 depicts the pdfs of the symmetrical class border c for the three named distributions of X. In the case of uniform distribution, c can obviously not take higher values than θ. For large N, this causes a concentration of the pdf close to θ. For that reason, the

---

[3]The distribution of the arithmetic mean $\overline{X} = \frac{1}{N} \sum_{i=1}^{N} X_i$ itself is already hard to determine except for some specific distributions of X. Generally, the convolution of density functions or the multiplication of characteristic functions has to be applied. For an approximation, the central limit theorem can be used [12].

parameterisation of c becomes very robust for large N (cf. Sect. 3.2). Normal and Laplace distribution, which have unbounded support, effect other properties of c. The pdfs shift along the x-axis with increasing N since the increasing divergence of sample maximum and miminum determines c's parameterisation.

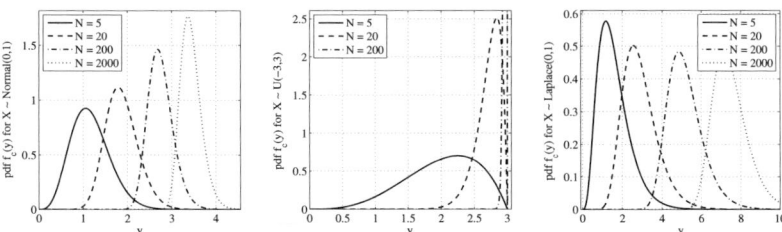

Figure 2: Probability density functions $f_c(y)$ of the symmetric class border c for different probability distributions of the data, including $X \sim \mathcal{N}(0,1)$ (left), $X \sim \mathcal{U}(-3,3)$ (middle), and $X \sim \text{Laplace}(0,1)$ (right), and for different sample sizes N. Calculations have been made with analytic formulas (8) and (9). Without loss of generality, the percental elementary fuzziness p_{c_e} has been set to zero.

These effects become even more apparent regarding Fig. 3, in which expectation and standard deviation of the symmetric and asymmetric class borders are illustrated. Whereas the expectation converges to θ for $X_{\mathcal{U}}$, it seems to be unbounded for $X_{\mathcal{N}}$ and X_{L}. Furthermore, the standard deviation of c and $c_{l/r}$ converges to zero in the uniform case. It decreases slowly for $X_{\mathcal{N}}$, but levels out for X_{L}.[4] Expectation does not differ for the symmetric and asymmetric case, whereas the symmetric class border exhibits smaller standard deviation.

It can be concluded, that primarily for (unbounded) leptokurtic distributions—often referred to as fat-tailed distributions—the parameterisations of c and $c_{l/r}$ can expose strong variations indicated by large standard deviations. This implies smaller robustness than in the case of (bounded) platykurtic distributions. Even in the case of normal distribution, the class border values can variate significantly, which may lead to inappropriate classifiers or misclassification.

3.2 Class Border Parameterisation for Uniformly Distributed Data

Most probability distributions that are applied to practical issues, e. g. normal distribution, generalized extreme value distribution, Laplace distribu-

---

[4]The latter finding can be connected with the property of max- and min-stable processes and distributions in the context of extreme value theory [14].

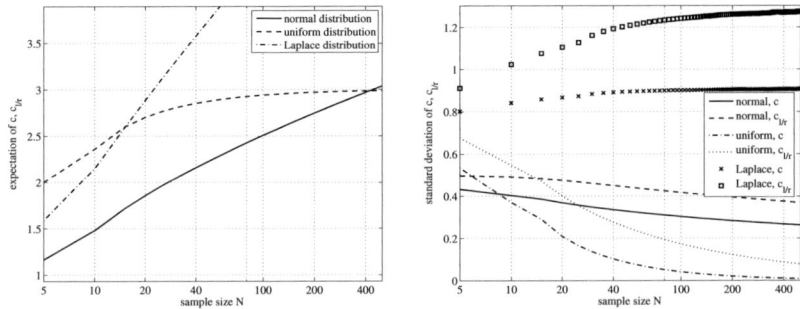

Figure 3: Expectation (left) and standard deviation (right) of the symmetric class border c and the asymmetric class borders $c_{l/r}$ depending on the sample size N. Data distributions include $X \sim \mathcal{N}(0,1)$, $X \sim \mathcal{U}(-3,3)$, and $X \sim \text{Laplace}(0,1)$. All calculations have been made with the help of stochastic simulation using $N_{\text{sim}} = 2 \cdot 10^6$ realisations of random samples in each case. Without loss of generality, the percental elementary fuzziness p_{c_e} has been set to zero.

tion, and others, are characterised by an infinite support. This entails a degree of freedom regarding the question how to set a (finite) class border c (see Sect. 3.3). Nevertheless, the uniform distribution, which is bounded, plays a key role in Fuzzy Pattern Classification since it marks the limit case in (1), (2) and (3) for $d \to \infty$, $d = 20$ respectively.

In case of a one-parametric uniform distribution, i. e. $X \sim \mathcal{U}(0,\theta)$, it is well known that $\hat{\theta} = X_{\max}$ is a biased estimator for θ with the systematic error θ/N. This can be seen as a hint that using the pure maximum for the parameterisation of the right class border is not the best choice. In view of Fuzzy Pattern Classification, this finding can be generalised for a two-parametric uniform distribution

$$X \sim \mathcal{U}(\theta_l, \theta_r), \quad \theta_l < \theta_r, \tag{10}$$

which leads to the possibility of directly determining an alternative parameterisation for the class border c as well as for the elementary fuzziness c_e and the percental elementary fuzziness p_{c_e}. In [13], unbiased estimators for the two parameters of (10) with minimal variance were calculated. Denoting the sample range by $R := X_{\max} - X_{\min}$, they are given by

$$\hat{\theta}_l = X_{\min} - \frac{R}{N-1} \quad \text{and} \quad \hat{\theta}_r = X_{\max} + \frac{R}{N-1}. \tag{11}$$

Thus, the midrange $MR := (X_{\min} + X_{\max})/2$ is an unbiased estimator with minimal variance for the expectation $\mathbf{E}X = (\theta_l + \theta_r)/2$. For this reason, it should be preferred to use the midrange instead of the sample mean for the FPC parameter s when observing uniformly distributed data.[5]

The alternative parameterisation of the (symmetric) class border is denoted by $\tilde{c}$. In tradition of the classical FPC parameterisation (see (5) and (6)), we achieve $\tilde{c} = \hat{\theta}_r - MR = MR - \hat{\theta}_1 = \frac{1}{2}\frac{N+1}{N-1}R$. Given this, one can set elementary fuzziness in a way to achieve the equality $c = \tilde{c}$, i. e. the equality of the classical FPC parameter and the alternative parameterisation, by

$$c_e = \frac{R}{N-1} \quad \text{and} \quad p_{c_e} = \frac{1}{N-1} . \tag{12}$$

The connection of c_e and p_{c_e} to the sample size and the sample range becomes interesting for applications which require a mere ontic (data-based) determination because the elementary fuzziness is unknown in the epistemic sense (expert knowledge, measurement uncertainties, etc.).

3.3 Alternative Class Border Parameterisations for Unbounded Distributions

For the case of a uniform distribution, alternative, N-dependent parameterisations for the class border c as well as for the elementary fuzzinesses c_e and p_{c_e} have already been presented in Sect. 3.2. As mentioned, difficulties appear for unbounded distributions since no "natural" class borders are given, i. e. with respect to the probability density function f. The algorithm proposed below includes three different approaches for distribution-adapted class border parameterisations. They primarily aim at an improvement of the parameters' robustness. It has to be admitted that—in the current state of investigation—these ideas leave open space for future research due to the fact that they are not fully developed and validated yet.

We propose the following two-step procedure for an alternative class border parameterisation:

1. **Goodness-of-fit tests.** In the most practical cases, the underlying probability distribution of the data is unknown. Goodness-of-fit tests check whether the data is statistically compatible with a given distribution F_0. More exactly, the test statistic is a measure for the deviation of the empirical distribution to F_0. Various test statistics, e. g. for the Kolmogorov-Smirnov test, Pearson's χ^2 test or the Anderson-Darling test, exist [15, 16]. When comparing different distributions that are supposed to fit the

---

[5]In particular, the variance of MR is of order N^{-2} whereas the variance of the sample mean is of order N^{-1}. Similar results hold especially for platykurtic distributions.

data well, the test statistics have to be compared. The crucial point with this is that in general a data-independent specification of the parameter values of F_0 has to be available. Otherwise, if the parameters are estimated by the data, the test becomes more conservative meaning that it rather accepts F_0. In case of only comparing test statistics for detecting the "best" distribution, this may not be of great importance. Nevertheless, one should not compare distributions with different numbers of parameters since the data-based estimation of more parameters indicates a better fit of F_0 to the data and thus an even more conservative characteristic of the test. In order to avoid overfitting, we suggest the use of distributions with two (location, scale) or three (location, scale, shape) parameters.

The outcome of this first step is a probability distribution F_{fit}, which is supposed to represent a "good" estimation of the data's distribution by a parametric statistical model. It serves as a basis for the alternative class border parameterisation.

2. **Determination of class borders.** The distribution-adapted class border parameters are denoted by $c_{l,\text{fit}}$ and $c_{r,\text{fit}}$ as well as by $c_{e,\text{fit}}$ for the elementary fuzziness. The ideas for the parameterisations include

(a) an α-resp. $(1 - \alpha)$-quantile of F_{fit}, i. e. find $c_{l/r}$ such that

$$F_{\text{fit}}(c_{l,\text{fit}}) = \alpha \ \text{ and } \ F_{\text{fit}}(c_{r,\text{fit}}) = 1 - \alpha . \tag{13}$$

The disadvantage of this suggestion is the necessity of an additional residual probability α, e. g. $\alpha = 0.01, 0.05, \dots$.

(b) the expectation of the parameterisation of $c_{l/r}$ from (5) without incorporation of c_e and for the given sample size N when assuming F_{fit}, i. e.

$$c_{l,\text{fit}} = \mathbf{E}_{F_{\text{fit}}}(\overline{X} - X_{\min}) \ \text{ and } \ c_{r,\text{fit}} = \mathbf{E}_{F_{\text{fit}}}(X_{\max} - \overline{X}) . \tag{14}$$

(c) the determination of the elementary fuzziness subject to the standard deviation of the minimum and/or maximum of a random sample with the underlying distribution F_{fit}, i. e.

$$c_{e,\text{fit}} = q_e \sqrt{\mathbf{V}_{F_{\text{fit}}}(X_{\max})} \ \text{ or } \ c_{e,\text{fit}} = q_e \sqrt{\mathbf{V}_{F_{\text{fit}}}(X_{\min})}, \tag{15}$$

where $\mathbf{V}(X)$ denotes the variance of a random variable X. Obviously, this gives a possibility to model asymmetric elementary fuzziness. The sighting coefficient q_e yields another degree of freedom and thereby effects a disadvantage of this approach. Herewith, class borders are calculated in the usual way

$$c_{l,\text{fit}} = s - x_{\min} + c_{e,\text{fit}} \text{ and } c_{r,\text{fit}} = x_{\max} - s + c_{e,\text{fit}} . \qquad (16)$$

The elementary fuzziness is chosen as a function of the maximum's or minimum's standard deviation because maximum and minimum strongly affect the variability of the class borders (cf. Fig. 3). It can be interpreted as some kind of "risk surcharge" and thereby leads to more conservative, i.e. "magnifying" class border parameterisations.

Options (a) and (b) may lead to values that lie below $x_{\max} - s$ or $s - x_{\min}$ contradicting the classical parameterisation of c_l and c_r, where a non-negative elementary fuzziness is added (see (5)). This is not the case for option (c).

4 Experimental Validation

The benefits of the proposed parameterisation will be shown in the context of a machine diagnosis application, where the health state of electric motors is sensorlessly surveyed [6]. The test rig used to acquire the motor's electric current signals is shown in Fig. 4. It is designed such that different intact and defective states can be run. More details on the test rig can be found in [17].

Figure 4: AutASS test rig. The electric motor under test is in the left-most position driving different test modules applied to it.

The task at hand is to classify whether an electric motor or its subsequent process is in "good" or "bad" condition based on the motor's electric current consumption. In order to obtain suitable features, the motor's current consumption has been further decomposed by the Hilbert-Huang transform into intrinsic mode functions (IMF) and respective residuals [18]. From these, three features are obtained, namely the first residual's (phase

1) mean value and the energy-normed mean square difference to a previously learned good condition of IMF 1 (phase 1) as well as of IMF 2 (phase 2), respectively called feature 1, 2 and 3 in the following. All features can obtain values from the interval $[0, 1]$.

Along with the features, a set of learning data comprising one "good" and three "defective" classes, each supported by 250 objects, has been gathered. Each object represents the respective features obtained during a time interval lasting as long as one motor rotation takes. Fig. 5 presents the learning objects of the "good" class as "+" and the objects of the "defective" classes in other shapes ("·", "o", "*"). The associated Fuzzy Pattern Class models have been parameterised according to Sect. 2.1. They are highlighted by an according grey-scale. Apparently, all learning objects are well represented by their associated Fuzzy Pattern Classes such that those classes will serve as basis for the following comparisons. The according parameterisation is given in Table 1 (last line).

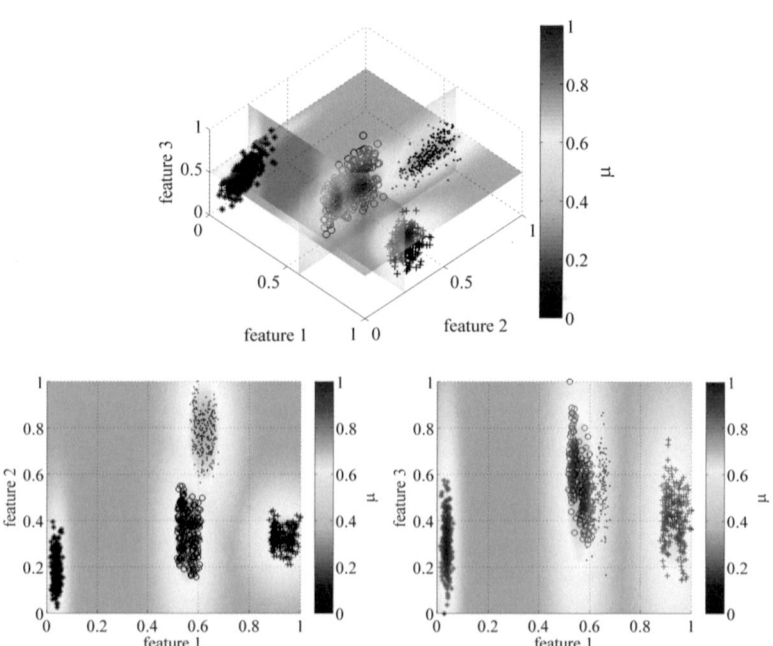

Figure 5: Learning objects and memberships of the Fuzzy Pattern Classes resulting from standard parameterisation

As proposed in Sect. 3, we like to find a more robust parameterisation for the elementary fuzziness and thereby the class borders. According to

Sect. 3.3, an assumption about the data's distribution needs to be taken. The visual inspection of Fig. 5 suggests that a uniform distribution of the learning data, in particular for feature 1, can be assumed. The visually motivated assumption has been statistically verified by a Kolmogorov Smirnov test and was not rejected. Correspondingly, the direct approach of an alternative parameterisation from Sect. 3.2 ($p_{c_e} = \frac{1}{N-1}$) has been applied and will be investigated regarding robustness in the following.

In order to show the improvements on the robustness, the alternative parameterisation based on different subsets of learning objects is compared with the parameterisation based on all learning objects. For this purpose, Table 1 lists from left to right: the number of randomly selected learning objects per class, the percental elementary fuzziness, and the left and right sided class borders in feature 1, 2, and 3.

N	p_{c_e}	$c_{1,l}$	$c_{1,r}$	$c_{2,l}$	$c_{2,r}$	$c_{3,l}$	$c_{3,r}$
10	0.11111	0.05025	0.05664	0.08255	0.08090	0.20460	0.20446
20	0.05263	0.04913	0.05933	0.09152	0.08738	0.22428	0.22580
30	0.03448	0.04910	0.06126	0.09686	0.09191	0.23645	0.24179
40	0.02564	0.04929	0.06269	0.10061	0.09539	0.24452	0.25461
50	0.02041	0.04955	0.06381	0.10342	0.09824	0.25007	0.26542
100	0.01010	0.05086	0.06702	0.11185	0.10664	0.26126	0.30263
150	0.00671	0.05204	0.06854	0.11659	0.11080	0.26386	0.32471
200	0.00503	0.05312	0.06931	0.11913	0.11322	0.26467	0.33781
250	0.00402	0.05413	0.06958	0.11992	0.11445	0.26512	0.34429

Table 1: Alternative parameterisation (p_{c_e} and $c_{m,l/r}$) of the "good" Fuzzy Pattern Class for assumed uniform distribution with respect to the number of selected learning objects N. The values for $c_{m,l/r}$ are the average of 100 000 repeated random experiments.

In the validation experiment, N objects were selected randomly from the learning data set of 250 objects available, and p_{c_e} and $c_{m,l/r}$ were determined according to Sect. 3.2. For stabilisation of the obtained findings, the experiment was repeated 100 000 times and Table 1 displays the computed mean values for the respective parameters. As p_{c_e} decreases with increasing N and thus has a greater impact on the determined class borders, the step size for $N \leq 50$ was chosen smaller. The parameters obtained for $N = 250$ incorporate maximum available knowledge and can be regarded as best possible parameterisations. Though, also for the cases where less knowledge was made available to the learning algorithm, parameter values in the same range have been obtained for features 1 and 2 (maximum difference < 0.015). For the third feature, although varying in a similar range as feature 2, the difference in parameter values is much bigger. The very stable determination of $c_{1,l/r}$ and $c_{2,l/r}$ shows that the theoretical elaborations hold in case the probabilistic distribution was determined properly. For the third feature, assuming uniform distribution obviously leads to incorrect results as the class borders are underestimated for small N.

Figure 6 illustrates the latter findings by comparing the classical versus the alternative parameterisation over the number of learning objects.

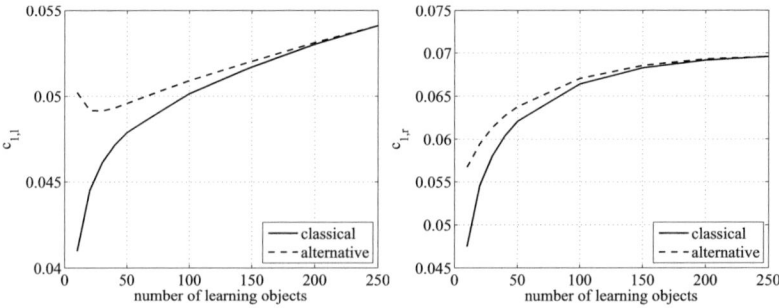

Figure 6: Left and right class border parameterisation for feature 1 of the "good" class.

5 Conclusion and Outlook

The present article proposes a novel parameterisation approach regarding the class borders of Fuzzy Pattern Classes incorporating probability theoretical methods. By incorporating the presented parameterisation approach in the learning process, a completely automatic design of Fuzzy Pattern Classes is achieved. The method leads to quite sensible and definitely practically usable statements regarding class borders and elementary fuzziness based on frequentistically motivated statistical assumptions. Exemplary, we showed the robustness of this approach using data acquired in a real world application. For very big learning data sets the presented approach may lead to significantly shortened learning time without any loss in parameterisation quality as not all learning objects need to be processed in case the probability distribution is estimated properly.

The presented approach has only been tested regarding robustness using one data set due to its novelty at the current point of time. Its benefits shall be shown with other data sets, also. Regarding classification rates, we suppose less misclassifications, especially in practical application scenarios, due to the more precise class border parameterisation. Further research will include the reasonability evaluation of alternative parametrisation methods presented in Sect. 3.3 for practical applications. Additionally, deeper conceptual connections shall be examined, especially regarding probability-possibility transforms.

Acknowledgement This work was partly supported and financed by the German Federal Ministry of Economics and Technology, Grant-No. 01MA09006A.

References

[1] Bocklisch, S. F.: *Prozeßanalyse mit unscharfen Verfahren*. Berlin: Technik. 1987.

[2] Bocklisch, S. F.; Bitterlich, N.: Fuzzy Pattern Classification – Methodology and Application. In: *Fuzzy Systems in Computer Science*. pp. 295–301. Wiesbaden: Vieweg. 1994.

[3] Herbst, G.: *Unscharfe Verfahren für lokale Phänomene in Zeitreihen*. Dissertation, TU Chemnitz. 2011.

[4] Schmidt, B.: *Nichtinvasive Erfassung des Hirndrucks mittels des transkraniellen Dopplersignals und der Blutdruckkurve unter Verwendung systemtheoretischer Methoden*. TU Chemnitz, Dissertation. 2003.

[5] Lohweg, V.; Diederichs, C.; Müller, D.: Algorithms for Hardware-Based Pattern Recognition. In: *EURASIP Journal on Applied Signal Processing*. 2004.

[6] *AutASS – Autonome Antriebstechnik durch Sensorfusion für die intelligente, simulationsbasierte Überwachung & Steuerung von Produktionsanlagen*. BMWi-funded Research Project, Grant Number: 01MA09006A. URL: http://www.autass.org/. Last visited: 2012-09-30.

[7] Zadeh, L. A.: Fuzzy sets as a basis for a theory of possibility. In: *Fuzzy sets and systems*, vol. 1, pp. 3–28. Elsevier. 1978.

[8] Mönks, U.; Lohweg, V.; Petker, D.: Fuzzy-Pattern-Classifier Training with Small Data Sets. In: *IPMU 2010 – International Conference on Information Processing and Management of Uncertainty in Knowledge Based Systems*, pp. 426–435. Dortmund. 2010.

[9] Scheunert, U.: *Fuzzy-Mengen-Verknüpfung und Fuzzy-Arithmetik zur Sensor-Daten-Fusion*. Düsseldorf: VDI. 2002.

[10] Balakrishnan, N.: *Order Statistics: Theory & Methods*. Amsterdam: Elsevier Science. 1998.

[11] Kolonko, M.: *Stochastische Simulation: Grundlagen, Algorithmen und Anwendungen*. Wiesbaden: Vieweg+Teubner. 2008.

[12] Shiryaev, A. N.: *Probability*. New York: Springer. 1995.

[13] Lloyd, E. H.: Least-Squares Estimation of Location and Scale Parameters Using Order Statistics. In: *Biometrika*, pp. 88–95. Biometrika Trust. 1952.

[14] Coles, S.: *An introduction to statistical modeling of extreme values*. London: Springer. 2001.

[15] Hartung, J.; Elpelt, B.; Klösener, K.-H.: *Statistik: Lehr- und Handbuch der angewandten Statistik*. München: Oldenbourg. 2009.

[16] Anderson, T. W.; Darling, D. A.: A Test of Goodness of Fit. In: *Journal of the American Statistical Association*, vol. 49, No. 268, pp. 765–769. ASA. 1954.

[17] Lessmeier, C.; Zimmer, D.; Piantop Mbo'o, C.; Coenen, I.; Hameyer, K.: Untersuchung von Bauteilschäden elektrischer Antriebssstränge im Belastungsprüfstand mittels Statorstromanalyse. In: *9. Aachener Kolloquium für Instandhaltung, Diagnose und Anlagenüberwachung – AKIDA*. Aachen. 2012.

[18] Huang, N. E.; Shen, Z.; Long, S. R.; Wu, M. C.; Shih, H. H.; Zheng, Q.; Yen, N.-C.; Tung, C. C.; Liu, H. H.: The empirical mode decomposition and the Hilbert spectrum for nonlinear and non-stationary time series analysis. In: *Proceedings of the Royal Society A: Mathematical, Physical and Engineering Sciences*, vol. 454, no. 1971, pp. 903–995. 1998.

Unscharfe Optimierung von Sollwertvorgaben für Feuchteregelkreise in der präventiven Konservierung

Tarek Aissa, Christian Arnold, Steven Lambeck

Hochschule Fulda, Fachbereich Elektrotechnik und Informationstechnik
Marquardstr. 35, 36039 Fulda
Tel.: (0661) 9640-5751 und -570
Fax: (0661) 9640-559
Email: {tarek.aissa; christian.arnold; steven.lambeck}@et.hs-fulda.de

Kurzfassung

Bei der Raumluftkonditionierung in Anwendungen der präventiven Konservierung (z. B. Schlösser, Bibliotheken und Museen) existieren stationäre, dynamische und ökonomische Anforderungen hinsichtlich des Raumklimas, die zum Teil nur unscharf formuliert werden können. Ein nahe liegender Ansatz ist daher die Anwendung der Fuzzy-Theorie zur Beschreibung dieser Ziele. Der Beitrag beschreibt, wie aus mehreren Fuzzy-Goals ein optimaler Sollwert mit den Methoden des Fuzzy-Decision-Making ermittelt und als Basis für eine Leitkomponente zur Führung von Feuchteregelkreisen in der präventiven Konservierung verwendet werden kann.

1 Einleitung

Um Kulturgüter vor Klimaschädigungen zu schützen, muss das umgebende Klima bestimmten Anforderungen genügen. Anforderungen hinsichtlich relativer Feuchte φ und Temperatur ϑ können dabei meist nicht exakt formuliert werden, sondern lediglich in ungeeignete, zulässige und ideale Intervalle klassifiziert werden. Aufgrund derartiger Zielformulierungen liegt die Anwendung der Fuzzy-Theorie nahe, bei der Zugehörigkeitsfunktionen μ über die Grundmenge der Entscheidungsvariablen definiert werden. In diesem Beitrag liegt der Fokus auf der Ermittlung optimaler Sollwerte für die Regelung der relativen Feuchte φ. Neben dem stationären Zielbereich der relativen Feuchte, welcher angestrebt werden sollte um das Risiko von Schädigungen wie Schimmelpilzgefahr, Austrocknung, Oxidationen und Versprödungen zu vermindern, ist die Konstanz dieser Größe für die präventive Konservierung von besonderem Interesse. Der Feuchtegehalt eines Materials steht im stationären Fall im Gleichgewicht mit der relativen Luftfeuchte der Umgebung (siehe Abbildung 1). Jede Schwankung der relativen Luftfeuchte verursacht einen ausgleichenden Feuchtetransport in die bzw. aus den Medien, bis sich ein neues Gleichgewicht eingestellt und sich das Material akklimatisiert hat.

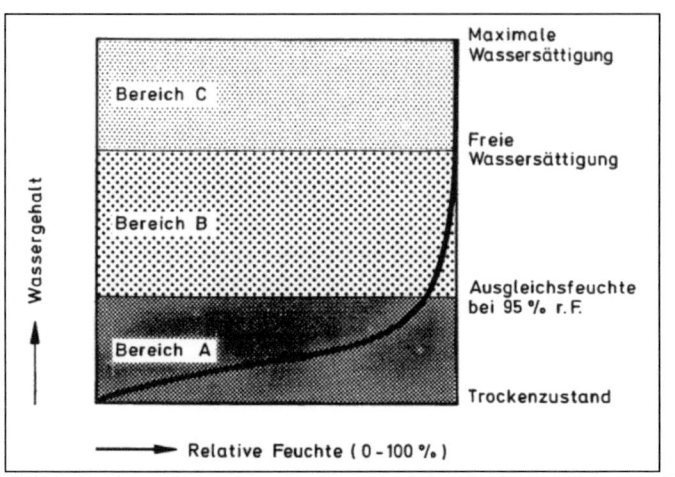

Abbildung 1: Feuchtespeicherfunktion eines hygroskopischen Stoffes (entnommen aus [13])

Ändert sich die Luftfeuchte entsprechend schnell (hoher Gradient), so wirken diese Feuchteströme belastend auf die innere Materialstruktur, was zu nachhaltiger Schädigung der Güter führen kann. Es muss daher das Ziel verfolgt werden, die stationär angestrebten Zielbereiche μ_S unter Einhaltung der dynamischen Restriktionen μ_D zu erreichen (vgl. Abbildung 2).

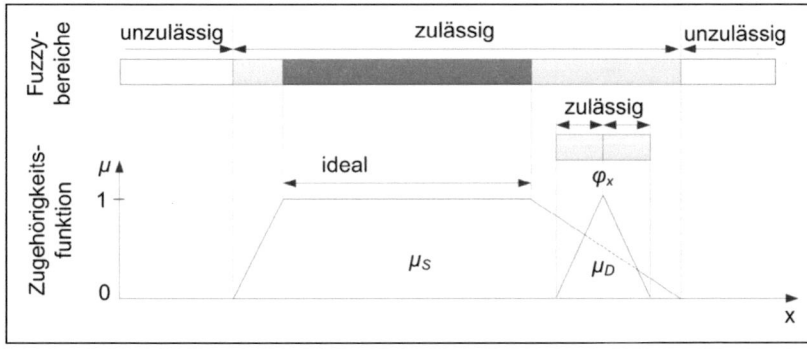

Abbildung 2: Darstellung der Zugehörigkeitsfunktionen zum stationären Fuzzy-Goal μ_S und dynamischen Fuzzy-Goal μ_D

Offensichtlich erlaubt μ_S eine Verstellung des Sollwertes φ_W innerhalb des als zulässig definierten Bereichs, so dass dieser in Abhängigkeit einer weiteren Zielstellung angepasst werden kann. Es liegt daher der Gedanke nahe, zusätzlich das Eingreifen in den Prozess durch Aktoren der Feuchteregelung zu berücksichtigen, so dass Wartungsintervalle (z.B. Nachfüllen der Wasserbehälter) und Energiekosten minimiert sowie die Lebensdauer der Aktoren verlängert werden. Es ist daher ein ökonomisches Fuzzy-Goal μ_E

über φ zu definieren, welches jedoch im Gegensatz zu μ_S zeitvariant ist, da der Sollwert vom veränderlichen Außenklima des betrachteten Raums abhängig ist. Bei der Ermittlung des optimalen Sollwertes φ_W^* für einen Feuchteregelkreis handelt sich folglich um ein multikriterielles, unscharfes Entscheidungs- bzw. Optimierungsproblem aus den drei Fuzzy-Goals:

$$\varphi_W^*(t) = f(\mu_S, \mu_D(t), \mu_E(t)) \tag{1}$$

Im Folgenden wird ein Verfahren vorgestellt, mit welchem dieser optimale Sollwert online berechnet und somit der unterlagerte Regelkreis geführt werden kann. Letztendlich erfolgt die (zyklisch durchzuführende) multikriterielle Entscheidungsfindung somit durch einen Algorithmus und nicht mehr durch den Menschen. Stattdessen wird diesem ein Werkzeug zur Verfügung gestellt, welches in der Lage ist, die unscharfen Anforderungen zu berücksichtigen. Die Realisierung der unscharfen Optimierung als Leitkomponente wird im Anschluss beschrieben, sowie simulative Ergebnisse vorgestellt.

2 Methoden der multikriteriellen Entscheidungsfindung

Die Aufgabe der Entscheidungsfindung ist es, innerhalb eines gegebenen Entscheidungsraums diejenige Lösung zu finden, die alle Ziele gleichermaßen und bestmöglich erfüllt. Die multikriterielle Entscheidungsfindung mittels Fuzzy-Methoden wird als Fuzzy-Decision-Making bezeichnet und stellt ein Verfahren dar, welches seit seiner Einführung durch Bellmann und Zadeh in [1] für viele Optimierungsprobleme angewendet wird. Der große Vorteil des Fuzzy-Decision-Making liegt in der Berücksichtigung von Unschärfe in den Zielstellungen, welche durch klassische Optimierungsverfahren nicht oder nur ungenügend berücksichtigt werden kann (siehe hierzu [2]).

2.1 Grundlagen unscharfer Optimierung

Um die beste Lösung x^* aus einer Gesamtmenge von Alternativen unter Verwendung des Fuzzy-Decision-Making zu ermitteln, werden die Anforderungen als Fuzzy-Goals μ_{Gi} (Zustände die erreicht werden sollen) und Fuzzy-Constraints μ_{Ci} (Zustände die vermieden werden sollen) formuliert. Zur Lösung des Optimierungsproblems sind die formulierten Anforderungen zu einer Menge von problemlösenden Alternativen zu aggregieren. Bellmann und Zadeh schlagen in [1] vor, die Menge möglicher Alternativen μ_L durch die Schnittmenge aller Fuzzy-Goals und Fuzzy-Constraints zu bilden:

$$\mu_L(x) = \left(\bigcap_{i=1}^{n} \mu_{Gi}(x) \right) \cap \left(\bigcap_{j=1}^{m} \mu_{Ci}(x) \right) \qquad (2)$$

Die Schnittmenge kann über die Minimum-T-Norm realisiert werden (vgl. [3], [4]).

Sofern zumindest eine Anforderung (Fuzzy-Goal oder Fuzzy-Constraints) als Fuzzy-Zahl formuliert wird und alle Kriterien konvex sind, lässt sich für das Optimierungsproblem eine eindeutige Lösung finden (siehe Abschnitt 3). Eine Fuzzy-Zahl ist dadurch definiert, dass sie ebenfalls konvex ist und lediglich an einer Stelle der Grundmenge die Zugehörigkeit $\mu = 1$ aufweist. Um die bestmögliche Lösung, das heißt die höchstmögliche Erfüllung der einzelnen Anforderungen zu finden, wird das das Maximum der T-Norm ermittelt (vgl. [3]):

$$\mu_L(x^*) = \max_x \{\mu_L(x)\} \qquad (3)$$

Es ist leicht ersichtlich, dass durch entsprechende Umformulierungen alle Fuzzy-Constraints auch als Fuzzy-Goals definiert werden können, z. B. indem anstatt des unerwünschten Bereichs der zulässige Bereich angegeben wird. Aus diesem Grund werden im Folgenden ausschließlich Fuzzy-Goals verwendet. Weiterführende Informationen zum Fuzzy-Decision-Making können [1], [3], [4], [5] und [6] entnommen werden. Da nicht immer alle Fuzzy-Goals gleich bedeutend sind, werden im Folgenden die Möglichkeiten zur Gewichtung einzelner Fuzzy-Goals und zudem die Möglichkeit zur Entscheidungsfindung bei extrem konträren Fuzzy-Goals untersucht.

2.2 Exponentielle Gewichtung

Wie in mehreren Publikationen vorgeschlagen (vgl. [4], [7], [8]), kann durch exponentielle Gewichtung einzelner Zugehörigkeitsfunktionen deren Bedeutung für die spezielle Anwendung formuliert werden:

$$\mu_L(x) = \bigcap_{i=1}^{n} \mu_{Gi}(x)^{\alpha_i} \qquad 0 < \alpha_i \leq \infty \qquad (4)$$

Da (zumindest in der vorliegenden Anwendung) lediglich ein Ziel in seiner Wertigkeit gegenüber den anderen Zielen angepasst werden soll, reicht es aus, dieses Ziel entsprechend zu gewichten. Es gilt somit:

$$\mu_L(x) = \mu_1(x) \cap \mu_2(x) \cap \dots \cap \mu_i^{\alpha}(x) \qquad (5)$$

Für $\alpha < 1$ wird das jeweilige Fuzzy-Goal abgewertet und verliert an Bedeutung in der Entscheidungsfindung. Im Gegensatz dazu wird ein Fuzzy-

Goal für $\alpha > 1$ immer stärker gewichtet. Abbildung 3 zeigt die exponentielle Gewichtung eines Ziels gegenüber zwei weiteren Zielen für den hier betrachteten Anwendungsfall.

Um Einfluss auf die Lösung des Optimierungsproblems nehmen zu können, werden in der Literatur neben der Anpassung der Zugehörigkeitsfunktionen auch unterschiedliche Aggregationsoperatoren vorgeschlagen. Hierzu seien beispielhaft neben der hier verwendeten Minimum-T-Norm, die Produkt-T-Norm, die Yager-T-Norm und die Hamacher-T-Norm genannt. Weiterführende Informationen hierzu finden sich in [8] und [10]. Der Vorteil der exponentiellen Gewichtung gegenüber solchen Methoden liegt darin, dass der Einfluss des Exponenten anschaulich ist. Es kann dem Benutzer dadurch ein intuitiv bedienbares Werkzeug bereitgestellt werden, mit dem er die Bedeutung der einzelnen Zielstellungen klar definieren kann.

Durch eine Modifikation des Gewichtungsparameters kann die Anschaulichkeit noch weiter erhöht werden. Hierzu wird wie in [7] vorgeschlagen, einen Parameter λ einzuführen, durch den der Parameter α berechnet wird:

$$\alpha_i = \begin{cases} \dfrac{1}{1 - \lambda_i} & f \ddot{u}r \quad 0 \le \lambda_i < 1 \\[3mm] 1 + \lambda_i & f \ddot{u}r \quad -1 < \lambda_i < 0 \end{cases} \tag{6}$$

Somit kann eine Gewichtung im Bereich $-1 < \lambda_i < 1$ erfolgen, so dass die Zielstellungen flexibel ab- bzw. aufgewertet werden können.

2.3 Gewichtung über Multiplikatoren

Eine weitere Möglichkeit die Wichtigkeit einzelner Anforderungen zu berücksichtigen stellt die Gewichtung über Multiplikatoren dar, welche bereits in [4] vorgeschlagen wurde. Einzelne Fuzzy-Goals werden multiplikativ bewertet, wobei die Summe aller Multiplikatoren eins sein sollte (siehe [1]). Statt der Minimum-T-Norm empfehlen Bellman und Zadeh (in [1]) zur Aggregation die Summe der gewichteten Fuzzy-Goals:

$$\mu_L(x) = \sum_{i=1}^{n} a_i \cdot \mu_{Gi}(x) \tag{7}$$

Diese Methode birgt allerdings einige Nachteile. Zum einen ist der Einfluss der Wichtungsparameter bei der Summenbildung nicht direkt ersichtlich, zum anderen geht durch die Bildung des gewichteten Mittelwerts die strenge UND-Verknüpfung verloren. Dieser kompensatorische Charakter ist jedoch meist unerwünscht. In [4] wird deshalb vorgeschlagen die Zugehörigkeitsfunktionen der Ziele mit multiplikativen Parametern zu gewichten, die Aggregation aber dennoch über die Minimum-T-Norm zu realisieren:

$$\mu_L(x) = \bigcap_{i=1}^{n} \gamma_i \cdot \mu_{Gi}(x) \qquad\qquad 0 < \gamma_i \leq 1 \qquad (8)$$

Sowohl für die exponentielle, als auch für die multiplikative Gewichtung wird im Folgenden $\mu = 0$ aus der Menge der möglichen Parameter ausgeschlossen, da diese (leicht ersichtlich) eine sinnvolle Entscheidungsfindung verhindert. Abbildung 3 zeigt die Gewichtung eines Fuzzy-Goals durch Multiplikatoren.

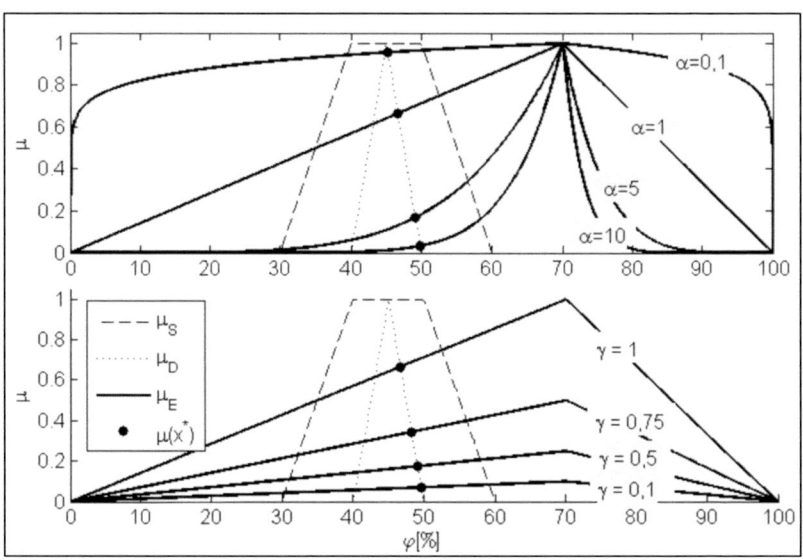

Abbildung 3: Gewichtung der Zugehörigkeitsfunktionen über exponentielle Gewichtung (oben) und Multiplikatoren (unten)

Je niedriger der Wichtungsparameter γ_i gewählt wird, desto höher ist der Einfluss der jeweiligen Zielstellung bei der Entscheidungsfindung. Da oft (oder zumindest in der vorliegenden Anwendung) lediglich ein Ziel in seiner Wertigkeit gegenüber den anderen Zielen angepasst werden soll und hierfür das Verhältnis der Wichtungsparameter ausschlaggebend ist, reicht es aus, dieses eine Fuzzy Goal zu gewichten. Es gilt somit:

$$\mu_L(x) = \mu_1(x) \cap \mu_2(x) \cap \ldots \cap \gamma_1 \cdot \mu_{i(x)} \qquad (9)$$

wenn μ_i gegenüber den anderen Zielen stark gewichtet werden soll und

$$\mu_{DS}(x) = \gamma_1 \cdot \mu_1(x) \cap \gamma_2 \cdot \mu_2(x) \cap \ldots \cap \mu_i(x) \qquad (10)$$

mit $\gamma_1 = \gamma_2 = \cdots = \gamma_{i-1}$ sofern μ_i schwach gewichtet werden soll.

2.4 Entscheidung bei konträren Zielen

Es kann vorkommen, dass einzelne Fuzzy-Goals extrem konträr sind und die Menge optimaler Entscheidungen somit leer ausfällt. Für diesen Fall ist es erforderlich, eine Methode zu definieren, um auch in derartigen Situationen optimale Entscheidungen treffen zu können. Letztendlich sollen Lösungsvarianten nahe der zulässigen Bereiche bessere Bewertungen erhalten, als solche die weiter entfernt liegen. Bislang wurde die Lösung gesucht, welche alle Ziele gleichermaßen erfüllt - nun wird gewissermaßen diejenige Lösung gesucht, die alle Ziele gleichermaßen nicht erfüllt.

Um dies zu ermöglichen, können Zugehörigkeitsfunktionen verwendet werden, deren Elemente stets Zugehörigkeiten $\mu > 0$ besitzen. Um jedoch die leichte Interpretierbarkeit trapezförmiger Zugehörigkeitsfunktion zu erhalten, wird in [7] eine Modifikation der Fuzzy-Goals vorgeschlagen. Eine trapezförmige Zugehörigkeitsfunktion sei wie folgt definiert:

$$\mu(x) = f_{Trap}(x, a, b, c, d) = \begin{cases} \dfrac{x-a}{b-a} & \text{für } a < x \leq b \\[2mm] 1 & \text{für } b < x \leq c \\[2mm] \dfrac{x-c}{d-c} & \text{für } c < x \leq d \\[2mm] 0 & \text{sonst} \end{cases} \tag{11}$$

Außerhalb des Fuzzy-Trägers zwischen a und d sind alle Zugehörigkeiten gleich null. Um auch bei extrem konträren Zielen entscheiden zu können, müssen die Übergänge zwischen den akzeptablen und unerwünschten Bereichen aufgeweicht werden. Hierzu wird ein Parameter ε eingeführt um die Grenzen zu modifizieren:

$$\mu(x) = f_{Trap,\varepsilon}(x, a, b, c, d, \varepsilon)$$

$$= \begin{cases} \varepsilon \cdot e^{\left(\frac{x-a}{\varepsilon \cdot (b-a)}\right)} & x \leq a + \varepsilon \cdot (b-a) \\[2mm] \dfrac{x-a}{b-a} & a + \varepsilon \cdot (b-a) < x < b \\[2mm] 1 & b \leq x < c \\[2mm] \dfrac{d-x}{d-c} & c < x < d - \varepsilon \cdot (d-c) \\[2mm] \varepsilon \cdot e^{\left(\frac{d-x}{\varepsilon \cdot (d-c)} - 1\right)} & x \geq d - \varepsilon \cdot (d-c) \end{cases} \tag{12}$$

Für $0 < \varepsilon \leq 1$ kann somit auch in diesen Fällen eine Entscheidung getroffen werden. Abbildung 4 zeigt die Entscheidungsfindung in einem solchen Fall.

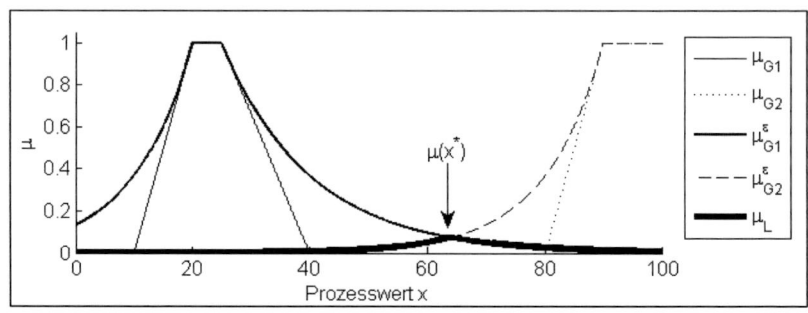

Abbildung 4: Entscheidungsfindung bei gegensätzlichen Zielen

3 Konzept einer Leitkomponente für Feuchteregelkreise

Aus den obigen Ausführungen folgen die drei Fuzzy-Goals des stationären Zielbereichs μ_S, der Restriktion bezüglich der Sollwertverstellung μ_D und ökonomischen Anforderungen μ_E, aus denen der optimale Sollwert φ_W^* zu ermitteln ist.

3.1 Struktur des Feuchteregelkreises

Die Leitkomponente wird als überlagerte Einrichtung zum bereits vorhandenen Regelkreis realisiert. Es entstehen somit neben den Schnittstellen des Reglers und der Klimastrecke weitere Schnittstellen zur Leitkomponente. Die Regelung wird über Be- und Entfeuchtungsgeräte realisiert, die einen konditionierten Luftkreislauf durch die Klimastrecke bilden. Die Aufgabe des Reglers ist es, die notwendigen Massenströme $\dot{m}$ von Befeuchter und Entfeuchter zu berechnen, um den Sollwert einzuregeln bzw. Störungen auszuregeln. Aus dem Prozess wird der Istwert der relativen Feuchte φ_{in} zurückgekoppelt. Zur Abschätzung des energieminimalen Sollwertes und zur Berechnung des ökonomischen Goals müssen jedoch zusätzliche Prozessgrößen wie die Raumtemperatur ϑ_{in} oder das Außenklima zurückgekoppelt werden.

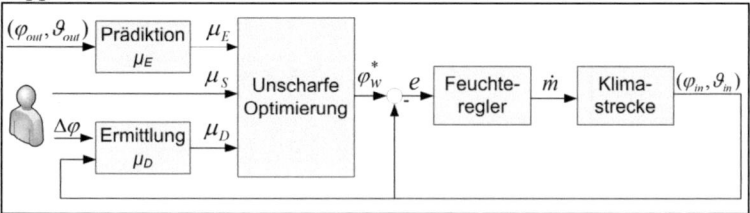

Abbildung 5: Struktur des Regelkreises

Abbildung 5 zeigt die Struktur des Regelkreises mit überlagerter Leitkomponente. Der Leitkomponente sind dabei das Fuzzy-Goal μ_S und die erlaubte Schwankungsbreite $\Delta\varphi$ durch den Nutzer zu definieren, und das ökonomische Fuzzy-Goal μ_E sowie das dynamische Fuzzy-Goal μ_D aus den Messwerten zu ermitteln. Die Leitkomponente liefert dann schließlich den optimalen Sollwert an den Regler.

3.2 Definition der Fuzzy-Goals

Im Gegensatz zum stationären Fuzzy-Goal μ_S sind die anderen beiden Zielstellungen zeitvariant. Zunächst ist das dynamische Fuzzy-Goal μ_D in Abhängigkeit der zulässigen Schwankungsbreite und des Prozesszustandes zu definieren (siehe zudem Abbildung 2):

$$\mu_D(x) = f_{Trap}(x, [\ (\varphi_{in} - \Delta\varphi) \quad \varphi_{in} \quad \varphi_{in} \quad (\varphi_{in} + \Delta\varphi)\ ]) \tag{13}$$

Der Parameter $\Delta\varphi$ hängt sehr stark von den restauratorischen Vorgaben der Anwendung ab und hat erheblichen Einfluss auf die Entscheidungsfindung. Mit $\Delta\varphi$ existiert somit ein Parameter, der dem Anwender (Restaurator) ein intuitiv bedienbares Werkzeug bereitstellt, um die erlaubte Schwankungsbreite des Systems festzulegen. Abbildung 6 zeigt den Einfluss der dynamischen Restriktion. Wegen der Anschaulichkeit und der einfacheren Interpretation der Fuzzy-Goals werden stationäres und dynamisches Fuzzy-Goal nicht gewichtet. Stattdessen wird daher vorgeschlagen nur das ökonomische Ziel zu gewichten.

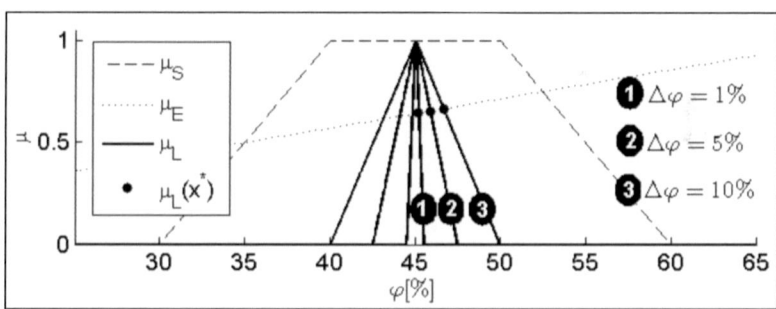

Abbildung 6: Einfluss der dynamischen Restriktion

Dieses basiert auf einem prädiktiven Ansatz, der die künftig zu erwartende Innenfeuchte prognostiziert. Es ist leicht einsichtig, dass die energetisch aufwändigsten Zustände die maximale Be- bzw. Entfeuchtung sind. Der energetisch optimale Fall liegt vor, wenn weder der Befeuchter noch der Entfeuchter aktiv ist, was genau dann vorliegt, wenn das Innenklima dem gewünschten Sollwert entspricht. Das ökonomische Goal ist somit definiert als:

$$\mu_E(x) = f_{Trap}\big(x, [0 \quad \varphi_{in}^{k \to k+1} \quad \varphi_{in}^{k \to k+1} \quad 100]\big) \qquad (14)$$

Bei jeder Ausführung der Leitkomponente wird somit eine Prädiktion der zu erwartenden Innenfeuchte durchgeführt, die Zugehörigkeitsfunktionen gebildet und im Anschluss mittels Fuzzy-Decision-Making der optimale Sollwert ermittelt.

4 Ergebnisse der simulativen Untersuchungen

Das vorgestellte Konzept zur Realisierung einer Leitkomponente wurde anhand simulativer Untersuchungen mit einer MATLAB/Simulink-Umgebung analysiert. Dabei wurde ein Raummodell verwendet, welches gestützt durch einjährige reale Außenwetterdaten das Klima im betrachteten Objekt simuliert. Die Struktur des Regelkreises als Kombination von Basisautomation und überlagerter Sollwertvorgabe wurde bereits in Abbildung 5 weiter oben grafisch dargestellt. Für den unterlagerten Regelkreis wurden ein PI-Regler verwendet und die Optimierungsalgorithmen der Leitkomponente wurden in Form einer Embedded Funktion implementiert.

Im Folgenden gilt für das stationäre Goal:

$$\mu_S(x) = f_{trap}(x, [30\% \quad 40\% \quad 50\% \quad 60\%]) \qquad (15)$$

Für eine einjährige Simulationsdauer ist der resultierende Verlauf der relativen Luftfeuchte als erster Indikator für den Einfluss der Optimierungsmaßnahmen in Abbildung 7 dargestellt.

Für die exponentielle Gewichtung des ökonomischen Fuzzy-Goals über λ (Abbildung 7, oben) lässt sich der Einfluss der Parameterveränderung bereits deutlich erkennen. Im Fall niedriger Gewichtung der Ökonomie wird die relative Feuchte langsam hin zu einem ökonomischen Wert eingeregelt. Als dynamische Restriktion gilt hier eine erlaubte Schwankungsbreite von $\Delta\varphi = 5\%$. Ebenfalls zu erkennen ist, dass bei ca. 6000h keine nennenswerte Anpassung an die sich ändernde Ökonomie stattfindet. Vergleichend hierzu zeigt eine hohe Gewichtung des Goals eine deutlich stärkere Nachführung der relativen Feuchte zu einem ökonomischen Wert. Auffallend ist auch die schnellere Anpassung der Feuchte zu Beginn der Simulation, die in dem geringer werdenden Einfluss der dynamischen Restriktion bei hohem Ökonomiewunsch begründet liegt.

Bei der multiplikativen Bewertung über den Parameters γ ist der Einfluss als gering einzustufen. Dies liegt zum Großteil daran, dass lediglich eine Erhöhung der Gewichtung des ökonomischen Fuzzy-Goals möglich ist. Aus diesem Grund wird vorgeschlagen, die exponentielle Gewichtung zur

unscharfen Optimierung von Sollwerten einzusetzen, um die komplette
Breite der Einflussmöglichkeiten ausnutzen zu können.

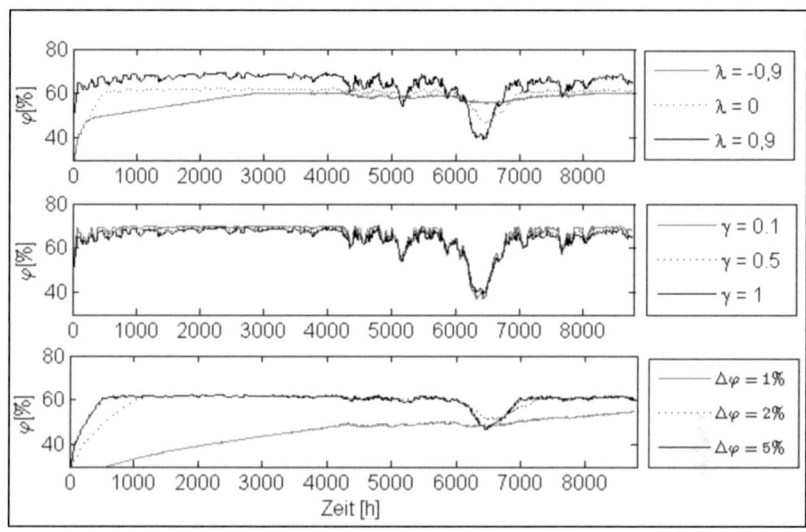

Abbildung 7: Verlauf der relativen Feuchte für die unterschiedlichen Parametereinstellungen

Den stärksten Einfluss auf das Verhalten des Systems weist die dynamische
Restriktion $\Delta\varphi$ auf. Für die Analyse dieses Parameters wurde das ökonomische Fuzzy-Goal nicht gewichtet. Wie erwartet, kann durch die Anpassung
der dynamischen Einschränkung großer Einfluss auf das Verzögerungsver-
halten des Prozesses genommen werden. Hieraus entstehen mögliche Anwendungsfälle, wenn es darum geht, Kulturobjekte zu transportieren und an
neuen Standorten zu akklimatisieren. Je nach Empfindlichkeit des Objektes
kann durch die Anpassung des dynamischen Parameters die Akklimatisie-
rungsdauer eingestellt werden.

Neben dem Verlauf der relativen Feuchte ist der benötigte Energiebedarf
zur Einhaltung der vorgegebenen Sollwerte ein zweites Kriterium zur Bewertung des vorgeschlagenen Konzepts. Für den vorliegenden Anwendungsfall kann die benötigte Wassermasse zur Be- bzw. Entfeuchtung als
Maßstab für den Energieverbrauch herangezogen werden. Beginnend bei
der exponentiellen Gewichtung ist ein deutlicher Einfluss auf den Energiebedarf zu erwarten und zu erkennen, wie Abbildung 8 zeigt. Auf die multiplikative Gewichtung wird aus den weiter oben genannten Gründen nicht
näher eingegangen.

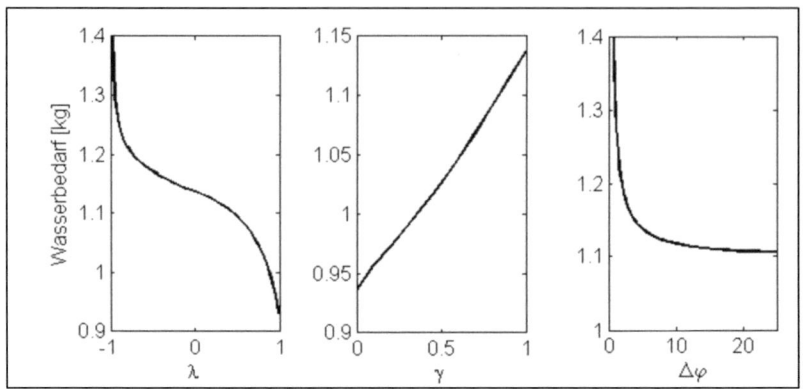

Abbildung 8: Energiebedarf als kumulierte Summe der jeweiligen Masseströme

Soll das Klima ohne größere Schwankungen auf einem Niveau gehalten werden, so ist dafür bei differentem Klima des Umfelds mehr Energie notwendig als bei einem gleitend gestalteten Sollwert. Die erlaubte Schwankungsbreite ist in Form der dynamischen Restriktion (rechts) gegeben und spiegelt eben jenes Verhalten wieder.

Etwas deutlicher wird der Energiebedarf bei unterschiedlichen Parametereinstellungen in der Darstellungsweise aus Abbildung 9. Hier sind die mittlere Erfüllung des stationären Goals, des dynamischen Goals und der zwischen null uns eins skalierte Energiebedarf in Abhängigkeit der jeweiligen Parametereinstellung dargestellt.

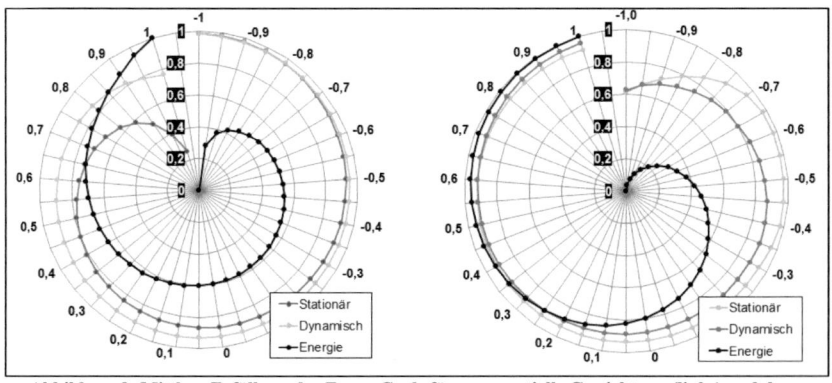

Abbildung 9: Mittlere Erfüllung der Fuzzy-Goals für exponentielle Gewichtung (links) und dynamische Restriktion (rechts) sowie resultierender Energiebedarf

Im linken Bild ist die exponentielle Gewichtung des ökonomischen Fuzzygoals zu sehen. Leicht ersichtlich werden stationäres und dynamisches Ziel im Mittel bei niedriger ökonomischer Priorität sehr gut erfüllt. Je höher die Wichtigkeit der Ökonomie eingestellt wird, desto mehr lässt die Erfüllung der beiden anderen Goals nach. Für den Fall der Anpassung der dynamischen Restriktion $\Delta\varphi$ (rechts) ist zu erwähnen, dass die Parameterwerte hier im Zehnerlogarithmus dargestellt sind, um ebenfalls eine lineare Skalierung zu erreichen. Nachvollziehbar ist, dass bei großen Werten für $\Delta\varphi$, also bei großen erlaubten Schwankungsbreiten, alle Ziele gut erfüllt werden, da der Sollwert hier sehr gleitend gestaltet wird. Je geringer die Dynamik des Systems werden soll, desto mehr Energie muss hierfür aufgewendet werden. Somit erfüllt auch diese Darstellung die Erwartungen.

Anhand dieser Darstellungen lassen sich die optimalen Einstellungen für die Benutzer leicht ablesen. Die dynamische Restriktion ist oft konservatorisch vorgegeben und der Einfluss auf den Energiebedarf kann dann in der rechten Darstellung abgelesen werden. Je nachdem wie hoch die Kompromissbereitschaft der Anwendung bezüglich der Schwankungsbreite ist, kann dann im Anschluss der passende Exponent für die Optimierung des Sollwerts aus der linken Abbildung abgelesen werden.

5   Zusammenfassung und Ausblick

In dem vorliegenden Beitrag wurde gezeigt, dass sich das Fuzzy-Decision-Making zur Sollwertoptimierung in der präventiven Konservierung eignet, da die dort geltenden Anforderungen meist durch unscharfes Expertenwissen charakterisiert sind. Für die Priorisierung einzelner Fuzzy-Goals, wurden Parameter zur exponentiellen Gewichtung beziehungsweise zur Anpassung der erlaubten Schwankungsbreite vorgeschlagen und analysiert. Mittels dieser Parameter lässt sich die optimierte Sollwertvorgabe an die unterschiedlichsten Anforderungen der jeweiligen Anwendung anpassen. Durch simulative Untersuchungen konnte der erhebliche Einfluss der überlagerten Sollwertvorgabe auf Dynamik und Ökonomie des Prozesses gezeigt werden. Die hierbei entstandenen Kennfelder können zur optimalen Anpassung der Parameter durch den Benutzer verwendet werden, so dass ein intuitiv zu bedienendes Werkzeug gestaltet werden kann.

In zukünftigen Arbeiten wird der vorgeschlagene Ansatz durch experimentelle Untersuchung im Labormaßstab analysiert. Hierzu dient der Versuchsaufbau aus Abbildung 10. In einem abgeschlossenen Raum (linkes Bild) kann hierzu ein definiertes Klimaszenario eingestellt werden, so dass reproduzierbare Messreihen mit unterschiedlichen Konfigurationen erfasst werden können.

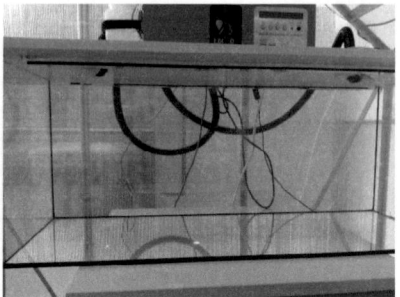

Abbildung 10: Versuchsaufbau für die experimentelle Analyse des vorgestellten Konzeptes

Die rechte Abbildung zeigt eine Klimavitrine mit mobiler Be- und Entfeuchtungseinrichtung, die als Teststrecke dient und im Klimaraum positioniert wird. Für das einzuregelnde Klima in der Vitrine soll der Sollwert durch die vorgeschlagene unscharfe Optimierung in einem Langzeitexperiment gleitend gestaltet werden.

6   Literatur

[1] R. E. Bellmann, L. A. Zadeh: *Decision-Making in a fuzzy environment;* NASA contractor report, Washington D.C., USA, 1970.

[2] H. Rommelfanger: *Die Optimierung von Fuzzy-Zielfunktionen in Fuzzy (Mehrziel-) LP-Systemen – Ein kritischer Überblick;* Workshop Computational Intelligence, Dortmund, 2007.

[3] H. Bandemer, S. Gottwald: *Einführung in die Fuzzymethoden;* Akademie Verlag, Berlin, Germany, 1993, 4. Auflage.

[4] T. Bernhard: *Ein Beitrag zur gewichteten multikriteriellen Optimierung von Heizungs- und Lüftungsregelkreisen auf Grundlage des Fuzzy Decision Making;* Dissertation, Universität Karlsruhe, Fakultät für Maschinenbau, 2000.

[5] J. M. C. Sousa, U. Kaymak: *Fuzzy Decision Making in Modeling and Control;* World Scientific Publishing Company, Singapore, 2002.

[6] H. J. Zimmermann: *Fuzzy set theory – and its application;* Kluwer Academic Publishers, Boston, 2001, 4. Auflage.

[7] C. Arnold, S. Lambeck, C. Ament: *A Fuzzy Concept for Climate Management in Preventive Conservation – An Approach to Define and Manage Climate Setpoints using Fuzzy Decision Making;* IEEE International Conference on Fuzzy Systems, Taipei, Taiwan, 2011.

[8] J. M. C. Sousa, U. Kaymak: *Weighted Constraints in Fuzzy Optimization;* Erasmus Research Institute of Management, Rotterdam, 2001.

[9] C. Arnold, S. Lambeck, C. Ament: *Multistage fuzzy control using trapezoidal membership functions and dynamic programming;* FUZZ-IEEE International Conference on Fuzzy Systems, Brisbane, Australien, 2012.

[10] B. Biewer: *Fuzzy Methoden – Praxisrelevante Rechenmodelle und Fuzzy-Programmiersprachen;* Springer Verlag, Berlin, 1997.

[11] H. J. Zimmermann*: Fuzzy Technologien – Prinzipien, Werkzeuge, Potentiale;* VDI Verlag, Düsseldorf, 1993.

[12] D. Erhard, M. F. Mecklenburg: *Relative humidity re-examined;* Preprints to the Ottawa Congress, International Institute for Conservation of Historic an Artistic Works, London, 1994.

[13] Künzel, H.: *Verfahren zur ein- und zweidimensionalen Berechnung des gekoppelten Wärme- und Feuchtetransports in Bauteilen mit einfachen Kennwerten;* Dissertation, Universität Stuttgart, Fakultät für Bauingenieur- und Vermessungswesen, 2000.

Berücksichtigung von Prognoseungenauigkeiten in Entscheidungshilfesystemen mittels Fuzzy-Methoden

Christian Arnold und Steven Lambeck

Hochschule Fulda, Fachbereich Elektrotechnik und Informationstechnik
Marquardstr. 35, 36039 Fulda
Tel.: (0661) 9640-557 und -570
Fax: (0661) 9640-559
Email: {christian.arnold; steven.lambeck}@et.hs-fulda.de

Kurzfassung

Entscheidungshilfesysteme unterstützen den Menschen bei der Prozessführung durch Empfehlungen für den Eingriff in das Prozessgeschehen. Solche Systeme sollen so gestaltet werden, dass das zukünftige Prozessverhalten die aufgestellten Anforderungen an den Prozess bestmöglich erfüllt. In bestimmten Anwendungen können zum einen die Prozessanforderungen nur grob beschrieben werden und zum anderen sind Vorhersagen über das zukünftige Prozessverhalten stets fehlerbehaftet. Im folgenden Beitrag wird die Fuzzy-Theorie angewandt, um sowohl Anforderungen (Fuzzy-Goals) an als auch die Vorhersagen von Prozessgrößen (Fuzzy-States) zu beschreiben. Als eine exemplarische Anwendung wird ein Entscheidungshilfesystem zur manuellen Lüftung für die präventive Konservierung und dessen prototypische Realisierung in einem Schloss vorgestellt.

1 Einführung

Typischerweise erfolgt die Prozessführung durch Komponenten in Leitsystemen, wie etwa Prozessleitsystemen (vgl. [1]) der Gebäudeleittechnik (vgl. [2]) oder der Netzleittechnik (vgl. [3]). Diese Leitsysteme sind über verschiedene Schnittstellen mit Messstellen aus dem Prozess sowie Steuer- und Regelkreisen der Basisautomation verbunden (Abbildung 1 links). Bei der Betriebsoptimierung können Parameter und/oder Sollwertvorgaben an unterlagerte Regelkreise übergeben werden. Die Aktualisierung dieser Größen erfolgt dabei zyklisch oder ereignisgesteuert, so dass eine kaskadierte Regelkreisstruktur entsteht. Während die Basisautomation eher operative Entscheidungen durch die Berechnung einfacher Algorithmen in relativ kurzen Zeitabständen ausführt (z. B. Verstellung von Aktoren), werden in der Leitebene meist komplexere und rechenintensivere Algorithmen in größeren Zeitabständen ausgeführt, wobei die zu treffenden Entscheidungen eher strategischer Natur sind (z. B. Optimierung eines Sollwertes).

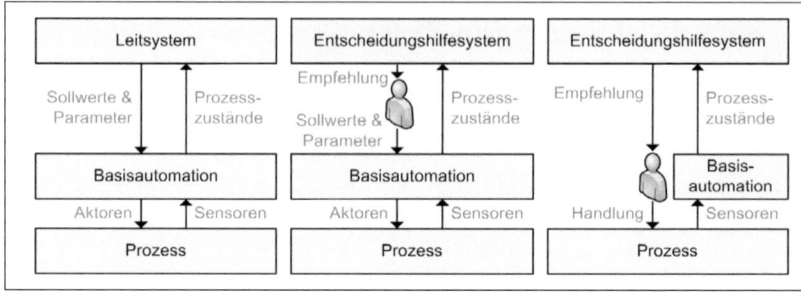

Abbildung 1: Leitkomponenten zur Prozessführung über Leitsysteme (links) oder über den Menschen als Entscheidungshilfesystem (Mitte und rechts)

In einigen Prozessen besteht keine direkte Kopplung der Leitebene mit der Basisautomatisierung oder dem Prozess, da diese nicht gewünscht oder finanzierbar ist. Die Optimierung der Prozessführung obliegt in diesem Fall dem Menschen, indem er direkt in den Prozess eingreift (Abbildung 1 Mitte) oder Parameter bzw. Sollwerte der Basisautomatisierung (Abbildung 1 rechts) anpasst. Derartige Optimierungsaufgaben sind oftmals nur schwer zu treffen, da multikriterielle Anforderungen erfüllt und die Folgen der Handlungen abgeschätzt werden müssen. Allerdings können Leitkomponenten als Entscheidungshilfesysteme realisiert werden, welche den Menschen unterstützen, indem diese die Folgen verschiedener Handlungen vorhersagen und gegebenenfalls bewerten.

Im Gegensatz zu Leitkomponenten, welche direkt mit der Basisautomation verbunden sind, entsteht dabei kein überlagerter und geschlossener Regelkreis, da die tatsächlich auszuführende Entscheidung dem Menschen obliegt. Das Entscheidungshilfesystem übernimmt daher eher eine beratende Funktion. Typische Anwendungsbeispiele derartiger Entscheidungshilfesysteme sind insbesondere im Bereich des Ressourcenmanagements anzutreffen (siehe z. B. [4]).

2 Modellbasierte Entscheidungshilfe

Grundsätzlich sind Aufgaben der Entscheidungsfindung prädiktiver Natur. Dies kann anhand der menschlichen Vorgehensweise verdeutlicht werden (siehe auch [5], [6]): auf Basis aktueller Prozesszustände (Initialisierung eines Modells) und zukünftiger Einflüsse auf den Prozess (Prognose nicht beeinflussbarer Störungen) wird vorhergesagt, welche zukünftigen Prozesszustände zu erwarten sind (Vorhersage der freien Bewegung). Stimmt die freie Bewegung der Prozesszustände in nicht ausreichendem Maße mit den gestellten Anforderungen überein, so sollte in den Prozess (möglichst optimal) eingegriffen werden. Hierzu müssen die Folgen der zur Verfügung stehenden Entscheidungen auf die Prozessgrößen abgeschätzt (Vorhersage der freien Bewegung) und mit den Anforderungen verglichen (Bewertung) werden. Offensichtlich kann die Entscheidungsfindung in die drei Hauptkomponenten Vorhersage, Bewertung und Optimierung aufgeteilt werden.

nscharfe orhersage

Vorhersagen basieren auf Modellen, welche je nach Komplexität des nachzubildenden Prozesses oder Signals unterschiedliche Strukturen aufweisen. Es liegt in der Natur der Sache, dass eine Vorhersage über das zukünftige Prozessverhalten nur mehr oder weniger exakt und somit stets fehlerbehaftet ist. Diese Eigenschaft kann auf die meist erforderlichen Vereinfachungen bei der Modellierung zurückgeführt werden. Während für einfache Prozesse bereits lineare Modelle zu einer sehr guten Vorhersagequalität führen, müssen komplexere Prozesse durch aufwendigere Modelle, wie etwa auf Grundlage der musterbasierten Vorhersage (siehe z. B. [7]) oder neuronale Netze (siehe z. B. [8]), nachgebildet werden. Einen Überblick zur nichtlinearen Vorhersage liefert [9].

Es ergibt sich somit die Fragestellung, welcher Modellansatz bzw. welche Modellierungsmethodik für eine Vorhersage sinnvoll ist. Letztendlich handelt es sich hierbei um eine Optimierungsaufgabe, da bei steigender Prognosegüte auch der Modellierungsaufwand erheblich steigt. Sinnvoll scheint, ein Prognosemodell zu wählen, welches zwar die Anforderungen an die Prognosegüte erfüllt, jedoch auch nicht unbedingt eine bessere Prognose liefert als gefordert, um den Modellierungsaufwand und die damit verbundenen Engineering-Kosten möglichst gering zu halten. Um die Güte einer Prognose zu beurteilen muss zunächst ein Bewertungsmaß definiert werden. Der Prognosefehler sei definiert wie folgt:

$$\Delta x = \hat{x} - x \tag{1}$$

Typischerweise wird für Prognosen der mittlere quadratische Fehler als Bewertungsmaß verwendet (vgl. [10]):

$$x_{mse} = \frac{1}{n} \cdot \sum_{i=1}^{n} |\Delta x(i)|^2 \tag{2}$$

Es ist anzumerken, dass der mittlere quadratische Fehler wenig Auskunft über die Fehlerverteilung liefert. Da basierend auf der Vorhersage Entscheidungen getroffen werden, welche zwar im mittel sehr gut, jedoch im Einzelfall auch nicht suboptimal sein sollen, sollte die Robustheit einer Prognose ebenfalls berücksichtigt werden. Hierzu wird vorgeschlagen, die Robustheit der Prognose über geeignete Quantil-Werte zu beurteilen:

$$q(\tilde{x}, P) = \inf\left\{\tilde{x} \mid \int_{-\infty}^{\tilde{x}} f(x) \cdot dx \geq P\right\} \tag{3}$$

Es liegt zudem der Gedanken nahe, eine Vorhersage nicht nur durch einen einzelnen Wert, sondern zusätzlich durch deren Fehlerverteilung in die Aufgaben der Bewertung- und Optimierung einfließen zu lassen, so dass Entscheidungen robust getroffen werden können. Statt der Betrachtung von Wahrscheinlichkeiten (Probabilität) wird aus folgenden Gründen vorgeschlagen die Verteilung der Möglichkeiten (Possibilität) zu fokussieren:

- Neben statistischen Unsicherheiten (wie etwa Modellabweichungen oder Rauschen) können auch Unsicherheiten nichtstatistischer Natur berücksichtigt werden (wie etwa räumliche Verteilungen und Diskretisierungen, siehe auch [11], [12])
- Die Theorie der Possibilität kann als eine Verallgemeinerung der Probabilität angesehen werden und schließt diese in gewisser Weise mit ein (siehe auch [13], [14], [15])
- Meist ist die genaue Verteilung des Prognosefehlers nicht bekannt, so dass eine Verteilung angenommen werden muss. Es ist leicht ersichtlich, dass aufgrund der fehlenden Kenntnis eher Möglichkeiten als Wahrscheinlichkeiten zu betrachten sind.

Der Unterschied zwischen Wahrscheinlichkeits- und Möglichkeitstheorie soll hier nicht weiter betrachtet werden, für weitere Ausführungen hierzu auf [11] - [15] verwiesen. Stattdessen wird festgehalten: die Wahrscheinlichkeitsdichteverteilung kann als eine untere Grenze der Möglichkeitsverteilung angesehen werden (Abbildung 2).

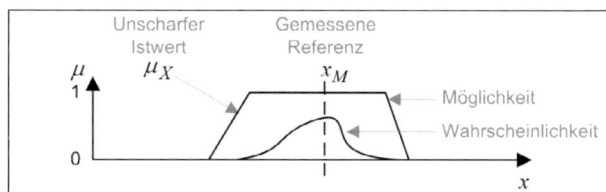

Abbildung 2: Vergleich von Wahrscheinlichkeit und Möglichkeit: die Wahrscheinlichkeit kann als untere Grenze der Möglichkeit interpretiert werden

Zur Beschreibung einer Möglichkeitsverteilung kann die Fuzzy-Theorie angewandt werden, indem jedem Wert der Grundmenge einer Variablen ein Zugehörigkeitsgrad zur Menge „möglicher Werte" zugewiesen wird.

Eine trapezförmige Zugehörigkeitsfunktion μ wird durch die Parameter $\underline{p}$ und die Funktion f_{Trap} wie folgt definiert:

$$\mu(x) = f_{Trap}\left(x, \underline{p}\right) = f_{Trap}\left(x, \begin{bmatrix} p_1 \\ p_2 \\ p_3 \\ p_4 \end{bmatrix}\right) =$$

$$\begin{cases} \dfrac{x - p_1}{p_2 - p_1} & \text{für} & p_1 < x < p_2 \\ 1 & \text{für} & p_2 \le x \le p_3 \\ \dfrac{x - p_3}{p_4 - p_3} & \text{für} & p_3 < x < p_4 \\ 0 & \text{für} & x \le p_1 \vee x \ge p_4 \end{cases} \tag{4}$$

Um aus einer statistischen Analyse von Δx einer unbekannten Fehlerverteilung eine unscharfe Quantität zu generieren, wird vorgeschlagen eine Parameter einer trapezförmigen Zugehörigkeitsfunktion $\underline{\Delta x}$ anhand der Quantil-Werte abzuleiten; z. B. anhand folgender Definition:

$$\underline{\Delta x}(\Delta x) := \begin{bmatrix} q(\Delta x, 0.025) \\ q(\Delta x, 0.25) \\ q(\Delta x, 0.75) \\ q(\Delta x, 0.975) \end{bmatrix} \tag{5}$$

Entsprechend ist es möglich eine scharfe Prognose zu verunschärfen und somit einen unscharfen Prozesszustand (Fuzzy-State) vorherzusagen:

$$\underline{x}_X = x + \underline{\Delta x} \tag{6}$$

Eine exaktere Approximation würde eine genauere Kenntnis über die Verteilung erfordern, wobei sich dann die Fragestellung ergibt, ob die Anwendung der Fuzzy-Theorie sinnvoll ist.

Es ist zudem zu erwähnen, dass Methoden bekannt sind, die eine Arithmetik mit trapezförmigen Zugehörigkeitsfunktionen (bzw. LR-Intervallen, siehe z. B. [16]) erlauben. Folglich ist es möglich, aus unscharfen Vorhersagen weitere Prozessgrößen unter Berücksichtigung der Unschärfen zu berechnen. Um die Fuzzy-Arithmetik von den konventionellen (scharfen) arithmetischen Operationen zu unterscheiden, werden für die vier Grundrechenarten folgende Notationen eingeführt: $\oplus \ominus \odot \oslash$.

4 Bewerten und Entscheiden bei Unschärfe

Die meisten Entscheidungs- und Optimierungsverfahren haben das Ziel, eine Kostenfunktion zu minimieren. Die Formulierung eines Gütekriteriums, anhand dessen eine Entscheidungsoption bewertet werden kann, ist daher meist in ökonomischen Problemstellungen trivial. Problematischer ist hingegen, wenn das Verhalten von n_M Größen eines Prozesses im Prädiktionshorizont n_P optimiert werden soll. Meist werden hierzu ebenfalls Kostenfunktionen formuliert, welche sich zum Beispiel aus der Differenz der Prozessgröße x vom Sollwert w ergeben:

$$J(u^*) = \min_u \sum_{m=1}^{n_M} \sum_{i=1}^{n_P} \left| x_m^{k+i}(u) - w_m^{k+i} \right|^2 \tag{7}$$

Typischerweise werden derartige Gütefunktionen in der prädiktiven Regelung angewandt (siehe z. B. [17] und [18]). Problematisch ist dabei allerdings, dass die Anforderungen an Prozessgrößen nicht immer genau bekannt sind oder nur grob beschrieben werden können. In diesen Fällen bietet sich daher ebenfalls die Anwendung der Fuzzy-Theorie an, um einzelnen Werten einer Grundmenge die Zugehörigkeit zur Menge gewünschter Zielbereiche als Fuzzy-Goal zu definieren:

$$\mu_W(x) = f_{Trap}\left(x, \underline{x}_W\right) \tag{8}$$

Ist die Entscheidung multikriteriell, so erfolgt die Aggregation nicht wie im konventionellen Fall durch eine Summenbildung, sondern durch den Minimumoperator (siehe [19]). Das Ziel ist somit nicht die Kosten einer Entscheidung im Gesamten zu minimieren, sondern die ungünstigste Folge der Entscheidung zu vermeiden:

$$\mu_D(u^*) = \max_u \bigwedge_{m=1}^{n_M} \bigwedge_{i=1}^{n_P} \mu_{W,m}^{k+i}\left(x_m^{k+i}(u)\right) \tag{9}$$

Es ergibt sich dabei die Fragestellung, wie Entscheidungen unter Berücksichtigung der Unschärfen von Prozessgrößen getroffen werden können. Hierzu ist ein Bewertungsmaß einzuführen, welches die Anforderungen mit den Folgen der Entscheidung vergleicht. In [20] und [21] wird daher vorgeschlagen, die Vereinigung gewünschter Sollwerte und möglicher Istwerte zu maximieren (optimistischer Ansatz, Abbildung 3 links) oder die Vereinigung ungewünschter Sollwerte und möglicher Istwerte zu minimieren (pessimistischer Ansatz, Abbildung 3 rechts).

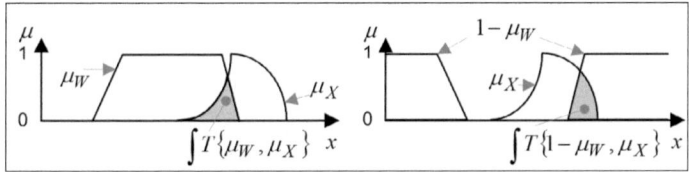

Abbildung 3: Vergleich unscharfer Zustände (Fuzzy States) und Anforderungen (Fuzzy Goals) durch optimistischen (links) und pessimistischen Ansatz (rechts)

[22] und [23] zeigen, dass ein Bewertungsmaß ζ abgeleitet werden kann, welches anhand der Parameter trapezförmiger Zugehörigkeitsfunktionen eine mittlere Bewertung der beiden Ansätze liefert:

$$\zeta\{\underline{x}_W, \underline{x}_X\} = \frac{\int \mu_W \cdot \mu_X}{\int \mu_X} =$$

$$\sum_{j=1}^{3}\sum_{i=1}^{3} \frac{\left[x \cdot \frac{x_{X(j)} \cdot x_{W(i)} - \frac{x}{2}\cdot\left(x_{X(j)} + x_{W(i)}\right) + \frac{x^2}{3}}{\left(x_{W(i)} - x_{W(i+1)}\right)\cdot\left(x_{X(j)} - x_{X(j+1)}\right)} \right]_{\min\left\{\max\left\{\begin{matrix}x_{W(i)}\\x_{X(i)}\\x_{W(i+1)}\end{matrix}\right\}\right\}}^{\min\left\{\max\left\{\begin{matrix}x_{W(i)}\\x_{X(i+1)}\\x_{W(i+1)}\end{matrix}\right\}\right\}}}{0{,}5 \cdot \left(-x_{X1} + x_{X2} + x_{X3} - x_{X4}\right)} \quad (10)$$

Das Ergebnis kann auf die Bewertungsfunktion von Gleichung (9) übertragen werden, so dass ein neues Gütekriterium folgt:

$$\mu_D(u^*) = \max_u \bigwedge_{m=1}^{n_M} \bigwedge_{i=1}^{n_P} \zeta\{\underline{x}_{W,m}^{k+i}, \underline{x}_{X,m}^{k+i}(u)\} \quad (11)$$

Sind Modelle sowie deren Unschärfe bekannt, kann jeder möglichen Entscheidung eine Bewertung nach Gleichung (10) zugewiesen werden. Aufgabe der Optimierung ist die Suche nach der bestmöglichen Lösung für das Entscheidungsproblem. Für komplexe Probleme ist die Bewertung sämtlicher Entscheidungsoptionen sehr rechenintensiv, so dass entsprechende Suchalgorithmen, wie etwa stochastische Methoden (siehe [24]) oder für mehrstufige Entscheidungen angepasste Verfahren (z. B. „Branch and Bound" [25] oder „Dynamic Programming" [26]) vorgeschlagen werden. Letztendlich ist es jedoch auch häufig der Fall, dass das nicht die Anzahl der Entscheidungsoptionen sondern das Bewertungsproblem an sich (z. B. aufgrund multikriterieller Anforderungen) die eigentlichen Schwierigkeiten mit sich bringt. Ist in derartigen Fällen die Anzahl der Entscheidungsoptionen überschaubar, so bietet sich eine Bewertung sämtlicher Entscheidungsoptionen an. Insbesondere ist dies von Interesse, wenn die auszuführenden Handlungen einer Entscheidung ohnehin nur grob ausgeführt werden können.

In Leitsystemen muss die Selektion der optimalen Entscheidung automatisch getroffen werden. Bei Entscheidungshilfesystemen übernimmt diese Aufgabe der Mensch, so dass dieser neben den berücksichtigten und bewerteten Kriterien weitere Randbedingungen in seine finale Entscheidung einfließen lassen kann.

nwendun sbeis ie   er eidun   n   i   schw n un en durch Entscheidun shi fe ur   ftun

Um Schäden an Kulturgütern zu vermeiden, sind Klimaschwankungen möglichst zu vermeiden. Andererseits müssen Schadstoffe in der Raumluft, welche durch Personen oder Materialien abgegeben werden, abgeführt werden, wozu jedoch in zahlreichen historischen Gebäuden keine technische Lüftungseinrichtung zur Verfügung steht. Folglich kann die Abfuhr von Feuchtelasten ausschließlich über das Öffnen von Fenstern und Türen erfolgen. Hierbei ergibt sich das Problem, dass durch die Lüftung Klimaschwankungen mit hohem Gradienten entstehen können, welche aus konservatorischen Gründen zu vermeiden sind: ändert sich die Temperatur und die relative Luftfeuchte in der Umgebung hygroskopischer Materialien, so resultieren Wärme- bzw. Feuchteströme in bzw. aus den Materialien, welche die Materialstruktur belasten. Abbildung 4 zeigt eine exemplarische Klimamessreihe während Lüftungen in der im weiteren Verlauf betrachteten Anwendung Schloss Fasanerie.

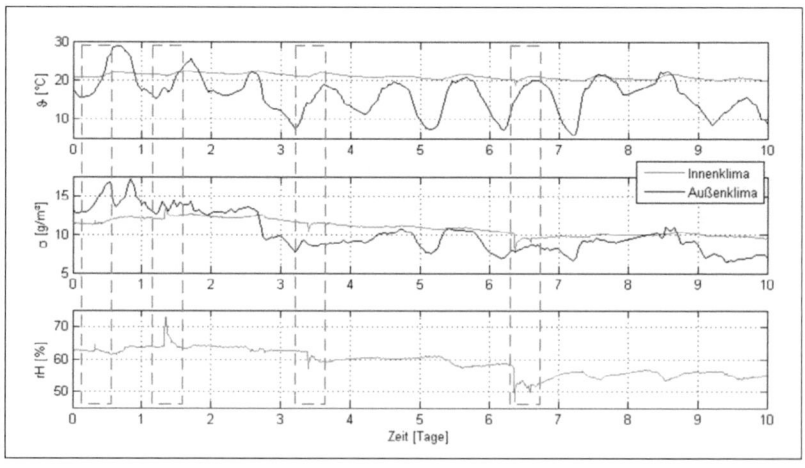

Abbildung : emplarische essungen on durch ftungen herbei gef hrte li masch ankungen: emperatur (oben) absolute (itte) und relati e Feuchte (unten)

Um derartige Klimaschwankungen zu vermeiden, müsste eine gezieltere Lüftung bei unkritischen Außenklimazuständen erfolgen. Allerdings ist der Mensch nicht in der Lage, Raum- und Außenklimazustände sowie die möglichen Klimaschwankungen während einer Lüftung in ausreichendem Maße einzuschätzen. Folglich wäre ein Entscheidungshilfesystem wünschenswert, welches auf Basis von Klimamessungen eine Entscheidungshilfe zur Lüftung ausgibt. Da jedoch das ausführende Personal nicht ständig derartige Lüftungsempfehlungen beobachtet, ist ein vorrausschauendes Konzept vorteilhafter, so dass das Lüften in den Tagesablauf eingeplant werden kann.

Für die akzeptierten Schwankungen von Temperatur und relativer Feuchte während einer Lüftung müssen Fuzzy-Goals $\Delta\vartheta_W$ und $\Delta\varphi_W$ vom Experten definiert werden. Im vorgeschlagenen Entscheidungshilfesystem werden zunächst die zu erwartenden Raumklimazustände (ohne Lüftung) für Temperatur $\hat{\vartheta}_{X,R}$ und absoluter Feuchte $\hat{\sigma}_{X,R}$ auf Basis von Messungen prognostiziert. Gleichermaßen wird mit einer regionalen Wettervorhersage und den Außenklimamessungen vor Ort das lokale Außenklima $\hat{\vartheta}_{X,A}$ und $\hat{\sigma}_{X,A}$ vorhergesagt. Für beide Prognosemodelle lieferten lineare ARX-Modellansätze bereits sehr gute Ergebnisse (vgl. [27], [28]). Abbildung 5 zeigt exemplarisch die Prognose des lokalen Außenklimas und die sich ergebenden Prognoseunschärfen über den Prognosehorizont nach Gleichung (5).

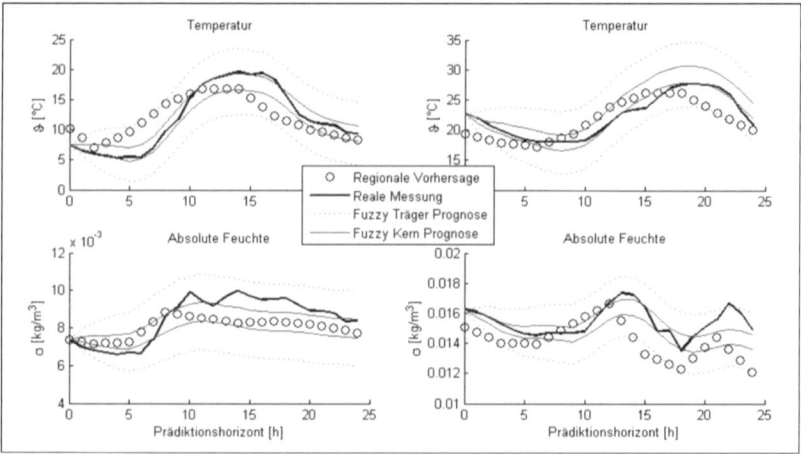

Abbildung : Z ei eispiele (links rechts) f r die unscharfe Vorhersage on empe ratur (oben) und absoluter Feuchte (unten) des Au enklimas

Zwischen zwei diskreten Prognosewerten sind nicht nur diese sondern auch sämtliche Werte dazwischen möglich. Es ist daher erforderlich die Vereinigungsmenge zu berechnen. Um weiterhin mit trapezförmigen Zugehörigkeitsfunktionen zu arbeiten, wird folgende Approximation vorgeschlagen:

$$\underline{A} \vee \underline{B} \approx \begin{bmatrix} \min\{A_1, B_1\} \\ \min\{A_2, B_2\} \\ \max\{A_3, B_3\} \\ \max\{A_4, B_4\} \end{bmatrix} \tag{12}$$

Die mögliche Schwankung von Temperatur und absoluter Feuchte ist:

$$\underline{\Delta\hat{\vartheta}}_X^{k+i \to k+i+1} = \ominus \left\{ \left(\underline{\hat{\vartheta}}_{X,A}^{k+i+1} \vee \underline{\hat{\vartheta}}_{X,A}^{k+i} \right), \left(\underline{\hat{\vartheta}}_{X,R}^{k+i+1} \vee \underline{\hat{\vartheta}}_{X,R}^{k+i} \right) \right\} \tag{13}$$

$$\underline{\Delta\hat{\sigma}}_X^{k+i \to k+i+1} = \ominus \left\{ \left(\underline{\hat{\sigma}}_{X,A}^{k+i+1} \vee \underline{\hat{\sigma}}_{X,A}^{k+i} \right), \left(\underline{\hat{\sigma}}_{X,R}^{k+i+1} \vee \underline{\hat{\sigma}}_{X,R}^{k+i} \right) \right\} \tag{14}$$

Zur Abschätzung der Schwankung der relativen Feuchte erfolgt zunächst eine Schätzung der relativen Feuchte nach der Lüftung:

$$\underline{\hat{\varphi}}_{X,R}^{k+i+1} = f_\varphi \left(\oplus \{ \underline{\hat{\vartheta}}_{X,R}^{k+i}, \underline{\Delta\hat{\vartheta}}_X^{k+i \to k+i+1} \}, \oplus \{ \underline{\hat{\sigma}}_{X,R}^{k+i}, \underline{\Delta\hat{\sigma}}_X^{k+i \to k+i+1} \} \right) \tag{15}$$

Hierzu wird die relative Feuchte über die grundlegenden physikalischen Beziehungen mit unscharfer Arithmetik berechnet:

$$\underline{\varphi} = f_\varphi(\underline{\vartheta}, \underline{\sigma}) = \oslash \left\{ \odot \left\{ R_{WD}, \odot \{ \underline{\sigma}, \underline{\vartheta} \} \right\}, \underline{p}_S(\underline{\vartheta}) \right\} \tag{16}$$

Die relative Raumluftfeuchte der freien Bewegung ohne Lüftung kann ebenfalls durch entsprechende Umrechnungen geschätzt werden. Die mögliche Schwankung ist die Differenz zu $\underline{\hat{\varphi}}_{X,R}^{k+i+1}$:

$$\underline{\Delta\hat{\varphi}}_X^{k+i \to k+i+1} = \ominus \left\{ \underline{\hat{\varphi}}_{X,R}^{k+i+1}, f_\varphi(\underline{\hat{\vartheta}}_{X,R}^{k+i}, \underline{\hat{\sigma}}_{X,R}^{k+i}) \right\} \tag{17}$$

Die Bewertungen der beiden Klimaschwankungen für eine Lüftung zwischen den Zeitpunkten $k+i$ und $k+i+1$ werden entsprechend oben eingeführter Grundlagen durch den Minimumoperator aggregiert:

$$\mu_D\left(u^{k+i \to k+i+1} \right) = \bigwedge \left\{ \begin{array}{l} \zeta \{ \underline{\Delta\vartheta}_W, \underline{\Delta\hat{\vartheta}}_X^{k+i \to k+i+1} \} \\ \zeta \{ \underline{\Delta\varphi}_W, \underline{\Delta\hat{\varphi}}_X^{k+i \to k+i+1} \} \end{array} \right\} \tag{18}$$

Abbildung : Schloss Fasanerie (ild uelle: olf   Gieler)

Das System wurde in Schloss Fasanerie (Abbildung 6) prototypisch realisiert. Hierzu wurden ein drahtloses Sensornetzwerk im Schloss sowie eine lokale Außenklimamessstelle installiert. Die Messungen werden von einem lokalen Rechner gesammelt und auf einem zentralen Server archiviert. Ebenso werden dort die regionalen Wettervorhersagen abgelegt. Auf dem Server werden die Modelle und deren Unschärfe berechnet sowie die durch Lüftungen hervorrufbaren Klimaschwankungen geschätzt und bewertet. Das Ergebnis wird dem Personal über eine Homepage zur Verfügung gestellt. Abbildung 7 zeigt exemplarische Lüftungsempfehlungen.

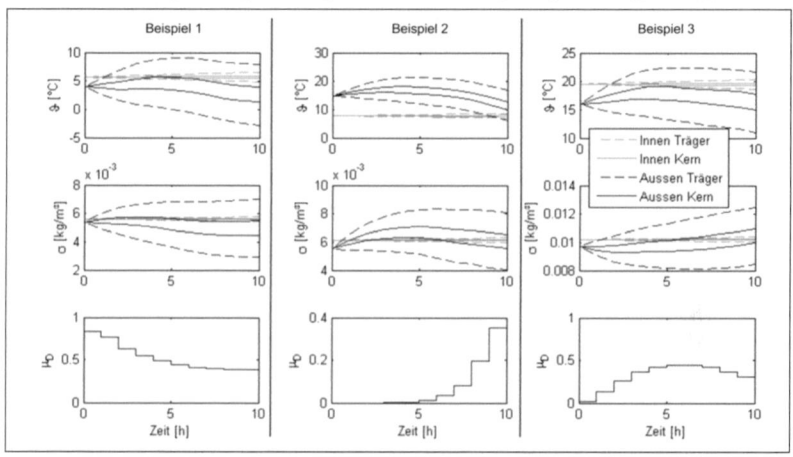

Abbildung : eispiele f r   ftungsempfehlungen μ_D (unten) auf asis unscharfer rognosen on emperatur (oben) und absoluter Feuchte (unten)

Um die Verbesserung der Empfehlungen durch die Berücksichtigung der Prognoseunschärfe zu beurteilen, wird der mittlere quadratische Fehler zwischen den im Vorfeld berechneten Empfehlungen und den (rückwirkend betrachteten) idealen Empfehlungen für drei Räume des Schlosses berechnet (Abbildung 8). Es fällt auf, dass die (scharfe) Korrektur der Vorhersagen um den mittleren Fehler bereits zu einer Verbesserung der Empfehlungen führt, die Berücksichtigung der Unschärfe in den Prognosedaten jedoch zu deutlich besseren Empfehlungen führen.

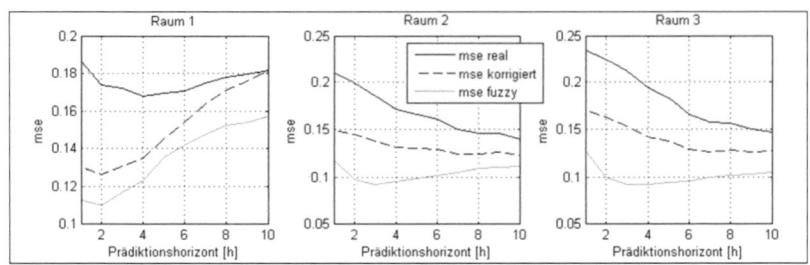

Abbildung　: Vergleich der G　te berechneter　mpfehlungen (mittlerer　uadrati
scher Fehler) f　r drei　äume aus dem An　endungsfall

Zusammenfassung und Ausblick

Es wurde das grundsätzliche Konzept modellbasierter Entscheidungshilfe-systeme unter Anwendung der Fuzzy-Theorie zur Formulierung unscharfer Anforderungen (Fuzzy-Goals) und Vorhersagen (Fuzzy-States) sowie eine Methode des Vergleichs dieser beiden Mengen vorgestellt. Das beschriebe-ne Verfahren ermöglicht die Berücksichtigung von Modellfehlern in prä-diktiven Konzepten, was die Anwendung einfacher Modelle für die Vor-hersage erlaubt und eine robustere Entscheidungsfindung ermöglicht.

Als Anwendungsbeispiel wurde ein Entscheidungshilfesystem für die Lüf-tung zur Vermeidung von Klimaschwankungen beschrieben. Es konnte im ersten Beispiel gezeigt werden, dass die Berücksichtigung der Prognoseun-schärfe zu einer Verbesserung der Entscheidungshilfe führt und somit die Robustheit des Systems steigert. Hierzu wurden die vorgestellten Methoden eines Vergleichs von Fuzzy-Goals und Fuzzy-States sowie der Fuzzy-Arithmetik angewandt.

In nachfolgenden theoretischen Arbeiten sollte insbesondere der Zusam-menhang des optimistischen und des pessimistischen Bewertungsansatzes mit der Fuzzy-Type-2-Theorie (siehe [29]) analysiert werden. Weitere An-wendungen der Entscheidungsfindung unter Berücksichtigung der Progno-sefehler sind sowohl in anderen Problemstellungen der präventiven Kon-servierung (z. B. mehrstufige Probleme, siehe [23]) als auch in neuen An-wendungsfeldern (Trajektorienplanung, Lastprognosen) geplant.

Literatur

[1]　Früh, K. F.; Maier, U.; Schaudel, D. (Hrsg.): *andbuch der　rozess automatisierung:　rozessleittechnik f　r　erfahrenstechnische Anla gen*; Oldenbourg Industrieverlag, München, 4. Auflage, 2008

[2]　Baumgarth, S. (Hrsg.): *igitale Gebäudeautomation*; Arbeitskreis der Professoren für Regelungstechnik, Springer Verlag, Berlin, 3. Auflage, 2003

[3]   Schwab, A. J.: *lektroenergiesysteme: rzeugung ransport ber tragung und Verteilung elektrischer nergie*; Springer Verlag, Berlin, 3. Auflage, 2011

[4]   Tacke, M.; Beyerer (Hrgs.): *is nergie asser und m elt*; Fraunhofer IOSB, Karlsruhe, 2012

[5]   Cuno, B.: *omputational ntelligence die atur als Vorbild f r technische Automatisierungsl sungen*; GMA-Workshop Fuzzy Control, Dortmund, 1998

[6]   Richalet, J.; O'Donovan, D.: *redicti e Functional ontrol rinci ples and ndustrial Applications*; Springer Verlag, London, England, 2009

[7]   Bretschneider, P.: *in eitrag zur Vorhersage musterbasierter nicht linearer stochastischer Signale*; Dissertation, Fakultät für Fakultät für Informatik und Automatisierung, TU Ilmenau, 2002

[8]   Thiesing, F. M.: *Analyse und rognose on Zeitreihen mit eurona len etzen*; Shaker Verlag, Aachen, 1998

[9]   Rauschenbach, T.: *odellierung und Vorhersage nichtlinearer Zeit reihen*; Habilitation, Fakultät für Fakultät für Informatik und Automatisierung, TU Ilmenau, 2005

[10]   Schlittgen, R.; Streitberg, B. H. J.: *Zeitreihenanalyse*; Oldenbourg Verlag, München, 9. Auflage, 2001

[11]   Viertl, R.; Hareter, D.: *eschreibung und Analyse unscharfer nfor mation Statistische ethoden f r unscharfe aten*; Springer Verlag, Wien, 2006

[12]   Seising, R. (Hrsg.): *Fuzzy heorie und Stochastik odelle und An endungen in der iskussion*; Vieweg Verlag, Braunschweig, 1999

[13]   Weber, K.: *nscharfe stochastische ptimierung und An endungen im arketing*; Dissertation, Fakultät für Mathematik, Naturwissenschaften und Informatik, TU Cottbus, 2005

[14]   Bandemer, H.; Gottwald, S.: *inf hrung in Fuzzy ethoden heo rie und An endungen unscharfer engen*; Akademie Verlag, Berlin, 4. Auflage, 1993

[15]   Ott, N.: *nsicherheit nschärfe und rationales ntscheiden ie An endung on Fuzzy ethoden in der ntscheidungstheorie*; Physica Verlag, Heidelberg, 2001

[16]   Biewer, B.: *Fuzzy ethoden ra isrele ante echenmodelle und Fuzzy rogrammiersprachen*; Springer Verlag, Berlin, 1997

[17] Dittmar, R.; Pfeiffer, B.-M.: *odellbasierte prädikti e egelung ine inf hrung f r ngenieure*; Oldenbourg Verlag, München, 2004

[18] Adamy, J.: *ichtlineare egelungen*; Springer Verlag, Berlin, 2009

[19] Bellmann, R. E.; Zadeh, L. A.: *ecision aking in a fuzzy en iron ment*; Management Science 17, S. 141-164, 1970

[20] Arnold, C.; Cuno, B.; Ament, C.: *An approach for the control error calculation under fuzziness*; 55. Internationales Wissenschaftliches Kolloquium (IWK), Ilmenau, 2010

[21] Arnold, C.; Cuno, B.; Ament, C.: *odifing fuzzy goals to consider the fuzziness of actual alues*; 3rd International Conference on Computer and Automation Engineering (ICCAE), Chongqing, China, 2011

[22] Arnold, C.; Lambeck, S., Ament, C.: *obust Fuzzy ecision Support System for anual Ventilations to educe limate Fluctuations in re enti e onser ation*; IEEE Intelligent Systems, Sofia, Bulgarien, 2012

[23] Arnold, C.; Lambeck, S., Ament, C.: *ultistage fuzzy control using trapezoidal membership functions and dynamic programming*; IEEE International Conference on Fuzzy Systems (FUZZ-IEEE), Brisbane, Australien, 2012

[24] Kacprzyk, J.: *ultistage control of a fuzzy system using a genetic algorithm*; IEEE International Conference on Fuzzy Systems, Yokohama, Japan, S. 1083 – 1088, 1995

[25] Kacprzyk, J.: *A ranch and ound Algorithm for the ultistage ontrol of a Fuzzy System in a Fuzzy n ironment*; Kybernetes, Vol. 8, S. 139-147, 1979

[26] Kacprzyk, J.; Esogbue, A. O.: *Fuzzy dynamic programming: ain de elopments and applications*; Fuzzy Sets and Systems 81, S. 31-45, 1996

[27] Schäfer, B.: *atenbasierte rozessanalyse zur nt icklung und e ertung on rädiktionsmodellen in der auklimatik*; Bachelor-Thesis, Fachbereich Elektrotechnik und Informationstechnik, Hochschule Fulda, 2011

[28] Schäfer, B; Lambeck, S.; Arnold, C.: *Vorhersage des aumklimas auf der Grundlage datenbasierter odellbildung*; Weimarer Bauphysik Tagung, Weimar, 2011

[29] Castillo, O.; Melin, P.: Type-2 *Fuzzy ogic heory and Applications*; Springer-Verlag, Berlin, 2008

Feature Extraction and Reduction Applied to Sensorless Drive Diagnosis

Martyna Bator, Alexander Dicks, Uwe Mönks, and Volker Lohweg

inIT – Institute Industrial IT
Ostwestfalen-Lippe University of Applied Sciences
Liebigstraße 87, D-32657 Lemgo
Tel.: +49 (0)5261 702-258
Fax: +49 (0)5261 702-312
E-Mail:
{martyna.bator,alexander.dicks,uwe.moenks,volker.lohweg}@hs-owl.de

1 Introduction

A worldwide trend to increasingly complex systems for process automation, strongly driven by computer science and information technology (IT), can be observed, especially in high-wage countries. Due to the wide range of topics of the tasks to be faced it is not surprising that solutions are often treated separately, thus causing complexity problems. In many cases, cognitive approaches are therefore used to establish autonomous systems. However, it has to be noted that holistic concepts and implementations of such systems for process automation and production engineering which secure, control and monitor complex installations are still in the initial stage of research and development activities [1, 2]. Nevertheless, it is not possible to avoid the complexity of such installations. Thus, it is important to reduce the complexity for the user (operator). This can be achieved by a (partial) autonomy of the systems. In this context the strategies in [3, 4] are referenced which, among others, make use of the procedure's results presented in this paper.

This paper depicts in Sect. 2 a model for autonomous sensorless behaviour description and diagnosis of networked electric drives. Special attention is attributed to the partial aspect of feature extraction, and here especially to feature reduction, in real-world scenarios. It is difficult to determine the "machine condition" of complex production plants since every single component is crucial for the trouble-free operation of the entire plant. In this context, the drive is a critical component because damage to the drive may produce severe disturbances, and thus increases the cost of a plant breakdown. Within the context of autonomy, an approach for the diagnosis of electric drives has been realised which provides monitoring without additional sensors. Only the electric currents' signals measured at the drive provide the basis for the diagnosis. They are decomposed via the Empirical Mode Decomposition (EMD) [5], a part of the Hilbert-Huang-Transformation (HHT), into intrinsic mode functions (IMF). Every single IMF represents one frequency contained in the signal. Subsequently, the IMFs are split into intervals related to the mechanical properties of the drive. Based on these, statistical features are calculated.

The fewer features are required for distinction, the more efficient is the decision making. A dimension reduction results in a better interpretability as well as in a reduced complexity of the information to be analysed. This leads to less learning effort for classification and a faster reaction time which is an important criterion for future implementations in industrial applications. Thus, the goal is to pick the smallest possible number of features available that allow a robust distinction between the individual (error) classes. The linear discriminant analysis (LDA) [6] is used for the definition of an optimised feature space. The generalised Rayleigh coefficient [7] computed using LDA is applied to choose suitable feature combinations among all possible combinations optimised with respect to compactness and separability of the classes. In a second step, the features are validated using LDA. Here, a multi-stage approach is applied for classification of the drive's characteristics. First, the drive is tested whether it is operating in a proper state. If this is not the case, the feature space is diagnostically evaluated with respect to possible error classes.

Section 3 shows the experimental results. For validating the feature choices, the described selection method is benchmarked against the Recursive Feature Elimination with Support Vector Machine (SVM-RFE) [8] and the Prediction Analysis for Microarrays (PAM) [9] by using the accuracy rate of the selected features as evaluation criterion. This paper concludes in Sect. 4 and provides an outlook.

2 Feature Extraction

In pattern recognition, signal processing and machine learning, the processing is rarely done on signal level. Rather, features are used to derive a decision since this approach is usually less computational expensive. In the following, we present our proposed method for finding an application-dependent optimal set from a given number of features.

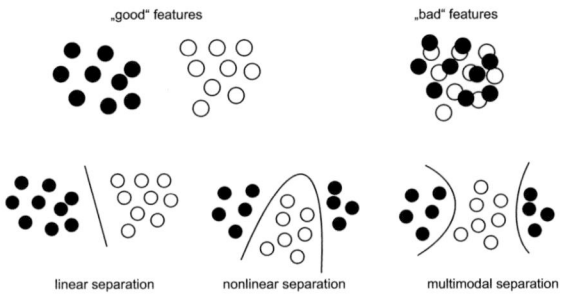

Figure 1: Feature evaluation and the possibilities of feature separation

2.1 What Are Good Features?

One of the most difficult tasks in signal processing is the generation of "good" features. There exists a huge number of possibilities to extract features from signals. The challenge in machine diagnosis is at first to find features representing the most typical physical characteristics of a technical system. Furthermore, the distance between feature clusters representing different oprating states should be as great as possible to facilitate classification. The top of Fig. 1 shows what can be understood by "good" and "bad" features; how feature clusters can be separated is shown on the bottom of the figure. At best, the aim should be to separate the cluster with a linear classification, but usually this is the exception in a real-world scenario. At this point, concepts that can separate the clusters in a nonlinear or multimodal manner are needed [10, 11].

To retain interpretability, it is useful that the number of features is limited to a few tens instead of using hundreds. This also reduces the computation time of the classification and can also improve the implementability in hardware [11].

2.2 Data Acquisition

The basis for data acquisition is a demonstrator developed in the publicly funded research project *AutASS* (Autonomous Drive Technology by Sensor Fusion for Intelligent, Simulation-based Production Facility Monitoring & Control) [12], being part of the German Federal Ministry for Economics and Technology's funding programme *AUTONOMIK* [3].

Various intact and defective components can be installed in the demonstrator, as well it can be operated under different load conditions. The investigated features are extracted from only the electric currents' signals. They are measured with a current probe and an oscilloscope on two phases denoted φ_l, with $l = 1, 2$. The range of measurement is 5 A with an accuracy of 1% at a sampling frequency of 100 kHz. More information about the measurement procedure and a detailed description of the demonstrator's mechanical part can be found in [13].

2.3 Empirical Mode Decomposition Feature Selection

The Empirical Mode Decomposition (EMD) is one part of the Hilbert-Huang transform and is the basis of the proposed feature extraction method. It was developed by N. E. Huang [5] to make the Hilbert transform applicable to non-linear and non-stationary processes. The method decomposes signals into its intrinsic frequency components, the so called intrinsic mode functions (IMF). Each IMF fulfills the criterion of being symmetric to the zero line and is narrow-banded, implying a bandwidth restriction. These properties guarantee that the Hilbert transform can offer a physically meaningful instantaneous frequency. The IMF decomposition procedure is referred to as sifting and is shown in Fig. 2. The procedure is carried out as follows:

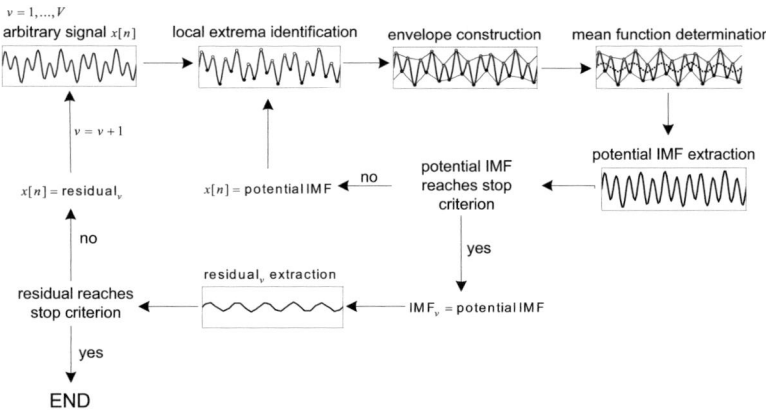

Figure 2: EMD algorithm

The local extrema of an arbitrary signal $x[n]$ are identified and connected by a linear spline function to provide the upper envelope $e_{max}(x[n])$, the connected minima build the lower envelope $e_{min}(x[n])$. Subtracting the mean function

$$m[n] = e_{\min}(x[n]) + \frac{e_{\max}(x[n]) - e_{\min}(x[n])}{2}$$

from the signal $x[n]$ yields the potential IMF

$$pc[n] = x[n] - m[n].$$

If $pc[n]$ does not reach the stop criterion s_c, then $pc[n] = x[n]$ and the sifting procedure starts again calculating the extrema. In case the stop criterion is reached, $pc[n]$ is the first IMF $c_v[n]$ with $v = 1, \ldots, V$. The residual

$$r_v[n] = x[n] - c_v[n]$$

is calculated by subtracting the IMF $c_v[n]$ from the original input signal $x[n]$. If $r_v[n]$ reaches its stop criterion s_r, the sifting process is completed, otherwise $x[n] = r_v[n]$ and the procedure starts again from the beginning. By this procedure, the iterative sifting process provides stepwise the highest local frequency components.

To avoid that the number of iterations exceeds a certain level, the stop criterion s_c is needed. The sifting process has the effect of smoothing amplitudes. Thus, if the number of iterations is too large, important information in the input signal may be blurred. We use the normalised quadratic difference of two consecutive steps in the sifting process as stop criterion s_c, as proposed by Huang [5]:

$$s_c = \left[\frac{\sum_{n=0}^{N-1} |x[n] - pc[n]|^2}{\sum_{n=0}^{N-1} x[n]^2} \right] < \alpha, \tag{1}$$

with $\alpha = 0.2$. Huang proposed a value between 0.2 and 0.3. Normally, the complete sifting procedure stops when the residual has no more information that can be extracted. Investigations revealed that the information contained in the first three IMFs and residuals are enough for our further examinations. This results in a small number of iterations and thus also a short computation time which is absolutely necessary in a real-world scenario.

As already mentioned, the IMFs and residuals obtained from the EMD algorithm form the basis of the feature selection procedure. Applied to a discrete time signal $x[n]$, the EMD algorithm provides the intrinsic signals $c_v[n]$ and $r_v[n]$ with $v = 1, \ldots, V$.

Each of these signals is divided into intervals I_j, with $j = 1, \ldots, J$, whose size corresponds to one ball bearing rotation. It is logical to assume that during one period of a ball bearing rotation a defect will be detectable as an anomaly in the current signal. Figure 3 visualises the approach to build sub-sequences.

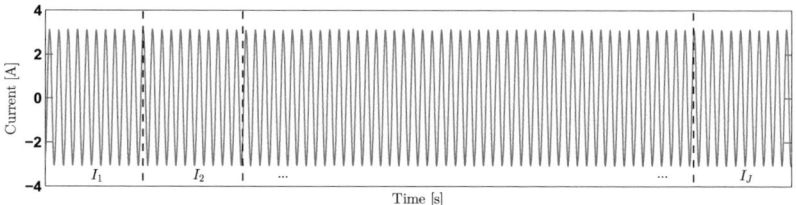

Figure 3: Interval formation

The IMFs $c_v[n]$ are partitioned in the sub-sequences $c_v[n]|_{I_j}$ and the residuals $r_v[n]$ in $r_v[n]|_{I_j}$. The utilised statistical features, as described in the following for an arbitrary sub-sequence $sq_v[n]$, are computed separately for each sub-sequence:

Empirical mean

$$\mu = \frac{1}{N} \sum\nolimits_{n=1}^{N} sq_v[n], \tag{2}$$

standard deviation

$$\sigma = \sqrt{\frac{1}{N} \sum_{n=1}^{N} (sq_v[n] - \mu)^2}, \tag{3}$$

skewness

$$C = \frac{\frac{1}{N} \sum_{n=1}^{N} (sq_v[n] - \mu)^3}{\sigma^3}, \tag{4}$$

excess

$$E = -3 + \frac{\frac{1}{N} \sum_{n=1}^{N} (sq_v[n] - \mu)^4}{\sigma^4}, \tag{5}$$

and the normalised error indicator

$$\xi = \frac{\frac{1}{N} \sum_{n=1}^{N} |sq_v[n]|}{\frac{1}{N} \sum_{n=1}^{N} |\tilde{sq}_1[n]|}. \tag{6}$$

The normalised error indicator ξ is a measure for the differentiation between the individual drive states. It relates the current signal $sq_v[n]$ to a previously learnt signal of an error-free state $\tilde{sq}_1[n]$.

The statistical features $f_{\text{stat}} := (\mu, \sigma, C, E, \xi)$ are referred to as $f_s := f_{\text{stat}}(s)$ with $s = 1, ..., S$, $S = 5$ in our case. For every sub-sequence $c_v|_{I_j}$ and $r_v|_{I_j}$ the features f_s are calculated and then merged for all I_j and both phases φ_l to the matrices

$$\mathbf{M}_{c_v} := (\mathbf{f}_1(c_1^{\varphi_1}|_{I_j})^\mathsf{T}, \mathbf{f}_1(c_1^{\varphi_2}|_{I_j})^\mathsf{T}, \cdots, \mathbf{f}_1(c_v^{\varphi_l}|_{I_j})^\mathsf{T}, \cdots, \mathbf{f}_S(c_v^{\varphi_l}|_{I_j})^\mathsf{T}),$$
$$\mathbf{M}_{r_v} := (\mathbf{f}_1(r_1^{\varphi_1}|_{I_j})^\mathsf{T}, \mathbf{f}_1(r_1^{\varphi_2}|_{I_j})^\mathsf{T}, \cdots, \mathbf{f}_1(r_v^{\varphi_l}|_{I_j})^\mathsf{T}, \cdots, \mathbf{f}_S(r_v^{\varphi_l}|_{I_j})^\mathsf{T}),$$
(7)

$$\mathbf{M} := [\mathbf{M}_{c_v}, \mathbf{M}_{r_v}]. \tag{8}$$

The feature vectors for an arbitrary current signal $x[n]$ are calculated with the help of the previously computed IMFs and residuals, resulting in $M = 2 \cdot L \cdot V \cdot S$ feature vectors. In order to make an efficient decision, a reduction of the dimension is necessary.

2.4 Feature Reduction

In this subsection, we present a novel feature selection method based on Linear Discriminant Analysis. Having M features available, a feature combination is to be selected that enables the separation of different drive states. Therefore, an analysis of all possible feature combinations is carried out. Obviously, the computational expense during signal classification increases with the number of selected features, hence the analysis of all combinations is incompatible with an appropriate computing time. Our method is a stepwise approach that uses the well-known Linear Discriminant Analysis [6] to distinguish between "good" and "bad" features (cf. Sect. 2.1). In the first step, two features are examined. If necessary, the number of features has to be increased.

2.4.1 Linear Discriminant Analysis

The Linear Discriminant Analysis (LDA) provides the distinction of class objects which are described by a certain number of features. Its aim is to estimate a linear combination of features

$$y = \mathbf{w}^\mathsf{T}\mathbf{m} \tag{9}$$

that separates two or more classes of objects. The weights $\mathbf{w}$ are calculated by maximising the discriminant criterion, also known as generalised Rayleigh quotient,

$$D(\mathbf{w}) = \frac{\mathbf{w}^\mathsf{T}\mathbf{B}\mathbf{w}}{\mathbf{w}^\mathsf{T}\mathbf{W}\mathbf{w}} \xrightarrow[\mathbf{w}]{} \max, \tag{10}$$

with $\mathbf{B}$ being the inter-class distance and $\mathbf{W}$ the intra-class distance.

In addition, a constant value w_0 is calculated which causes a scale displacement of the discriminant values so that the critical discriminative value is zero. This is achieved if the overall mean value of the discriminative values is zero. The constant w_0 is defined as:

$$w_0 = -\sum_{i=1}^{M} w_i \mu_i. \tag{11}$$

2.4.2 Feature Reduction Approach

The aim of the feature reduction approach is to find a minimal number of features that enables the differentiation of several drive states. Our proposed method is a heuristic procedure. In principle, it is possible to calculate the exact solution by complete enumeration, but the computation time would be too high. With regard to the application, it is important to determine whether the drive works in good condition or not.

The classes k_g with $g = 1, .., G$ are separated into two groups by reassigning new class labels to the existing classes, the "faultless" class $\mathcal{K}_0$ and the "faulty" class $\mathcal{K}_1$.

$$\begin{aligned} \mathcal{K}_0 &:= k_1, \\ \mathcal{K}_1 &:= k_2 \cup k_3 \cup ... \cup k_G. \end{aligned} \tag{12}$$

From the total of M features the discriminant functions of every combination of two features $(m_i, m_j)_{i \neq j}$ are calculated. For M features there exist $\mathfrak{M}_2 = \binom{M}{2}$ feature combinations, hence $\mathfrak{M}_2$ discriminant functions that have to be estimated. The class membership, forecast by the estimated discriminant function, is compared to the true class membership. The misclassification rate $e_{i,j}$ is used to determine a combination's rank η for choosing "good" features. The smaller $e_{i,j}$, the better is the separability between $\mathcal{K}_0$ and $\mathcal{K}_1$. Only feature tuples (m_i, m_j) with $e_{i,j} = 0$ are analysed further. If there is only one feature combination satisfying the condition $e_{i,j} = 0$, this will be chosen as best feature combination to classify the classes $\mathcal{K}_0$ and $\mathcal{K}_1$. In case there is more than one feature combination, they are ranked as follows:

For every feature pair (m_i, m_j) with $e_{i,j} = 0$ the class objects $o_{i,j}$ with the shortest distance to the discriminant point 0 are determined:

$$o_{i,j} = |\min(y_{i,j})|, \quad \tilde{o}_{i,j} = |\min(\tilde{y}_{i,j})|, \tag{13}$$

with $o_{i,j}, y_{i,j} \in \mathcal{K}_0$ and $\tilde{o}_{i,j}, \tilde{y}_{i,j} \in \mathcal{K}_1$. The distance between these objects is determined as

$$d_{i,j} = o_{i,j} + \tilde{o}_{i,j}. \tag{14}$$

The features (m_i, m_j) with the highest distance receive the highest ranking position

$$\max(d_{i,j}) \longrightarrow \eta = 1.$$

All other features are sorted in descending order. The feature combination with the highest ranking factor is selected as best combination $(m_{i_{\mathrm{opt}}}, m_{j_{\mathrm{opt}}})$.

If there is no feature pair with an optimally separating discriminant function $y_{i,j}$ the number of features is increased by one. The estimation of $y_{i,j}$ for $\mathfrak{M}_3 = \begin{pmatrix} M \\ k+1 \end{pmatrix}$ is carried out and the procedure is the same as described above.

In the next step, the next class is split from the rest. The remaining classes are composed as two classes

$$\begin{aligned} \mathcal{K}_2 &:= k_2, \\ \mathcal{K}_3 &:= k_3 \cup \cdots \cup k_G. \end{aligned} \tag{15}$$

If there are no more than two classes left to separate, the classes $\mathcal{K}_g$ and $\mathcal{K}_{g+1}$ contain only one class each and the last feature set is calculated.

3   Experimental Results

To validate the previously elaborated feature selection approach, it is applied to data obtained from the demonstrator described in Sect. 2.2. It was operated in the following drive states and the corresponding electric current signals were measured:

Class k_1 represents the faultless drive state. We have also performed measurements with a defective gear drive which are denote with k_2. Classes k_3 and k_4 are two different damages in the ball bearings. Each measured current signal consists of two phases.

By applying the EMD algorithm and the subsequent interval formation by the calculation of the statistic features f_i, the feature matrix $M^{I_j \times 60}$ is obtained. For the separation of $\mathcal{K}_0 := k_1$ and the faulty classes $\mathcal{K}_1 := k_2 \cup k_3 \cup k_3$ the feature combination $(\mu(r_1^{\varphi_1}|_{I_j}), \mu(c_3^{\varphi_1}|_{I_j}))$ is assessed best by our proposed method. From $\mathfrak{M}_2 = 1170$ feature combinations (m_i, m_j)

a total of 39 combinations with $e_{i,j} = 0$ exist. These are ranked by the highest distance $d_{i,j}$ between the classes $\mathcal{K}_0$ and $\mathcal{K}_1$. The maximum-normed distance is denoted as $\|d_{i,j}\|_{\max} = \frac{d_{i,j}}{\max(d_{i,j})}$. Table 1 presents the 10 highest rated feature combinations.

Table 1: 10 best features combinations to separate $\mathcal{K}_0$ and $\mathcal{K}_1$

η	(m_i, m_j)	$d_{i,j}$	$\|d_{i,j}\|_{\max}$
1	(m_7, m_{12})	3.4232	1
2	(m_8, m_{12})	3.4218	0.9996
3	(m_9, m_{12})	3.4199	0.9990
4	(m_7, m_{11})	3.4184	0.9986
5	(m_7, m_{10})	3.4175	0.9983
6	(m_8, m_{11})	3.4170	0.9982
7	(m_8, m_{10})	3.4162	0.9979
8	(m_9, m_{11})	3.4150	0.9976
9	(m_9, m_{10})	3.4142	0.9974
10	(m_7, m_{13})	2.8937	0.8453

The best feature combination for separating the "faultless" class k_1 and the "faulty" classes k_2, k_3 and k_4 is

$$(m_{i_{\mathrm{opt}}}, m_{j_{\mathrm{opt}}}) = (m_7, m_{12}) = (\mu(r_1^{\varphi_2}), \mu(c_3^{\varphi_2})).$$

As shown in Fig. 4, the individual objects $o_{i,j}$ of the "faultless" class k_1 and the individual objects $\hat{o}_{i,j}$ of the "faulty" classes k_2, k_3 and k_4 are separated. In Fig. 5, the feature combination $(m_{13}, m_{19}) = (\sigma(r_1^{\varphi_1}), \sigma(r_1^{\varphi_2}))$ with a worse normed distance of $\|d_{i,j}\|_{\max} = 0.26$ and the ranking position $\eta = 357$ is shown for comparison. A separation of the different classes is not possible.

In the first step, our method provides a good feature combination to separate the faultless class from the faulty classes. The feature combination that separates the faulty class k_2 from the defect ball bearing classes k_3 and k_4 is the following:

$$(m_8, m_{12}) = (\mu(r_2^{\varphi_2}), \mu(c_3^{\varphi_2})).$$

For separating the classes k_3 and k_4, the best result is the feature combination

$$(m_6, m_{60}) = (\mu(c_3^{\varphi_1}), \xi(c_3^{\varphi_2})).$$

The defined "good" feature set

$$(\mu(c_3^{\varphi_1}), \mu(r_1^{\varphi_2}), \mu(r_2^{\varphi_2}), \mu(c_3^{\varphi_2}), \xi(c_3^{\varphi_2})) \tag{16}$$

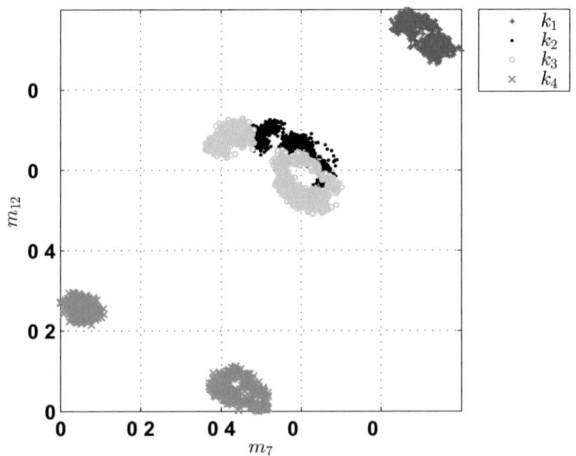

Figure 4: Best feature combination for separating the classes $\mathcal{K}_0$ ans $\mathcal{K}_1$

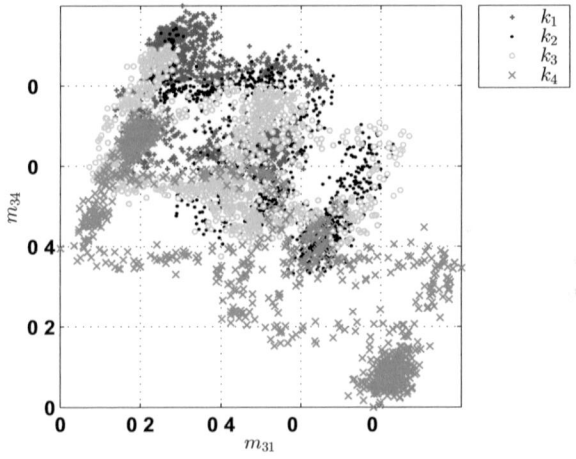

Figure 5: Bad feature combination for separating the classes $\mathcal{K}_0$ ans $\mathcal{K}_1$

and a subsequent multi-stage classification procedure enable the separation of all acquired different drive states. The previously described feature combination is determined without incorporating expert knowledge. If this knowledge was considered, a feature combination of three features would be enough to separate all classes.

The first step of our approach is the definition of the best feature pair (m_7, m_{12}) for separating the "faultless" class $\mathcal{K}_0$ and the "faulty" class $\mathcal{K}_1$. The visual inspection of the feature space $F(m_7, m_{12})$, shown in Fig. 4, offers the separability of the classes k_1, $k_2 \cup k_3$ and k_4. One can expect, that after adding a third feature separation of all classes is possible. A third feature to the defined feature pair (m_7, m_{12}) is selected heuristically. Only the classes k_2 and k_3 are considered,

$$
\begin{aligned}
\mathcal{K}_0 &:= k_2, \\
\mathcal{K}_1 &:= k_3,
\end{aligned}
\tag{17}
$$

and from the feature combinations (m_7, m_{12}, m_h) with $h \in M \setminus \{7, 12\}$ the feature set with $e_{i,j} = 0$ and $\eta = 1$ is selected. Feature m_{58} fulfils these conditions, so (m_7, m_{12}, m_{58}) is the best feature set to separate all classes. The three-dimensional feature space $F(m_7, m_{12}, m_{58})$ is shown in Fig. 6.

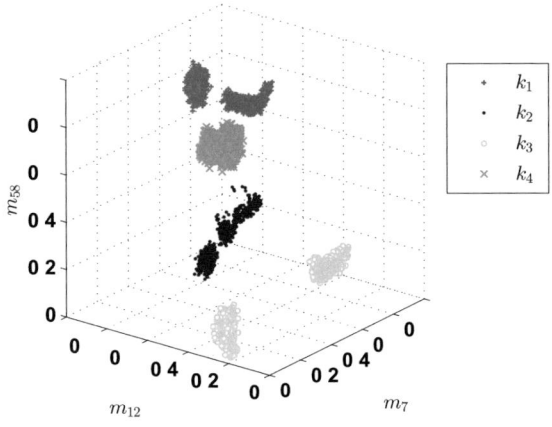

Figure 6: Best feature set with the involvement of expert knowledge

Table 2 compares the respective accuracies of the presented approach with the feature selection method (FSM) proposed in [8] and [9]. LDA* denotes our proposed method incorporating expert knowledge. The top three, five and ten features of the respective method are used to classify using a Support Vector Machine (SVM) with an ANOVA kernel which is able to fit complicated functions robustly [14]. The higher the accuracy, the better is the selected feature combination of the feature selection method.

The accuracies of PAM and SVM-RFE increase with the number of features. This is typical as more knowledge in the epistemic sense is available

Table 2: Comparison of different feature selection methods

FSM	features	classifier	accuracy
LDA*	3	SVM	99.98 %
LDA	5	SVM	99.98 %
PAM	3	SVM	81.55 %
PAM	5	SVM	95.15 %
PAM	10	SVM	99.07 %
SVM-RFE	3	SVM	94.00 %
SVM-RFE	5	SVM	99.98 %
SVM-RFE	10	SVM	99.98 %

about an object if more features are available to describe it. PAM achieves the best result of 99.07 % accuracy with ten features. Actually, the accuracy of the feature combinations defined by the method proposed in this paper is in the same range as the best result. The methods LDA and LDA* have an accuracy of 99.98 % with a maximum of five features. Considering the smallest number of features as criterion for choosing an FSM, LDA* outperforms the other tested methods with an accuracy of 99.98 % (compared to 81.55 % and 94.00 %, respectively).

4   Conclusion and Outlook

In this paper, we proposed a feature selection procedure based on Linear Discriminant Analysis. The aim behind this approach is to obtain a minimal set of features still enabling a separation between a number of different classes. Additionally, the reduced number of features implies faster computation and enables resource-limited hardware implementations for real-time signal processing applications. Also, incorporating only a small number of features retains the application's interpretability as a feature space of maximum three features can be visualised directly. Due to this, an expert can directly follow a decision system's answer.

The proposed method has been evaluated in the context of an electric drive diagnosis application. In this scope, the LDA feature selection approach is at least as good as the benchmarked feature selection methods. When regarding only a minimal number of features, LDA outperforms the other approaches in terms of classification accuracy. As a secondary result, one can see how important a sensible choice of features is. While some arbitrary combinations produce completely inseparable feature spaces, there are still combinations that can separate the classes even linearly such that no sophisticated classification concept (e. g. SVM) is needed.

The authors are aware of the fact that the findings are shown only in the context of one specific application. Based on the work elaborated here, further research towards generalisation of the proposed approach is intended to be carried out. Additionally, the findings shall be examined using classifier concepts different from SVM, such as Fuzzy Pattern Classifiers.

Acknowledgements   The authors like to thank Heike Reckmann and Kristijan Vukovic for their invaluable help. This work was partly supported and financed by the German Federal Ministry of Economics and Technology, Grant Number 01MA09006A.

References

[1] Geisberger, E. (Ed.): *AgendaCPS: Integrierte Forschungsagenda Cyber-Physical Systems.* acatech STUDIE. Berlin: Springer. ISBN 9783642290985. 2012.

[2] Dicks, A.; Bator, M.; Lohweg, V.; Faltinski, S.; Niggemann, O.: Cyber-Physical Systems im Maschinen- und Anlagenbau – ein Konzept für die Zukunft? In: *9. Workshop Cyber-Physical Systems - Enabling Multi-Nature Systems (CPMNS)* (Einwich, K., Ed.). Stuttgart: Fraunhofer Verlag. ISBN 9783839603987. 2012.

[3] Bundesministerium für Wirtschaft und Technologie: AUTONOMIK - Autonome und simulationsbasierte Systeme für den Mittelstand: Technologieprogramm des Bundesministeriums für Wirtschaft und Technologie. URL http://www.autonomik.de.

[4] Bundesministerium für Bildung und Forschung: Intelligente Technische Systeme OstWestfalen-Lippe (it's OWL): Spitzencluster des Bundesministeriums für Bildung und Forschung.   URL http://www.its-owl.de.

[5] Huang, N. E.; Shen, Z.; Long, S. R.; Wu, M. C.; Shih, H. H.; Zheng, Q.; Yen, N.-C.; Tung, C. C.; Liu, H. H.: The empirical mode decomposition and the Hilbert spectrum for nonlinear and non-stationary time series analysis. *Proceedings of the Royal Society A: Mathematical, Physical and Engineering Sciences* 454 (1998) 1971, S. 903–995.

[6] Kohn, W.: *Statistik: Datenanalyse und Wahrscheinlichkeitsrechnung*. Statistik und ihre Anwendungen. Berlin: Springer. ISBN 3540216774. 2005.

[7] Duda, R. O.; Hart, P. E.; Stork, D. G.: *Pattern classification*. New York: Wiley, 2 Aufl. ISBN 9780471703501. 2001.

[8] Schölkopf, B.; Smola, A. J.: *Learning with kernels: Support vector machines, regularization, optimization, and beyond*. Adaptive computation and machine learning. Cambridge: MIT Press. ISBN 0262194759. 2002.

[9] Tibshirani, R.: Diagnosis of multiple cancer types by shrunken centroids of gene expression. *Proceedings of the National Academy of Sciences* 99 (2002) 10, S. 6567–6572.

[10] Alpaydın, E.: *Maschinelles Lernen*. München: Oldenbourg. ISBN 9783486581140. 2008.

[11] Niemann, H.: *Klassifikation von Mustern*. Informatik-Lehrbuchreihe. Berlin: Springer. ISBN 0387126422. 1983.

[12] AutASS - Autonome Antriebstechnik durch Sensorfusion für die intelligente, simulationsbasierte Überwachung & Steuerung von Produktionsanlagen : BMWi-funded Research Project, Grant Number: 01MA09006A. URL http://www.autass.org.

[13] Lessmeier, C.; Piantsop Mbo'o, C.; Coenen, I.; Zimmer, D.; Hameyer, K.: Untersuchung von Bauteilschäden elektrischer Antriebsstränge im Belastungsprüfstand mittels Statorstromanalyse. In: *AKIDA 2012 - 9. Aachener Kolloquium für Instandhaltung, Diagnose und Anlagenüberwachung*, (Nienhaus, K., Ed.). Stolberg: Zillekens. 2012.

[14] Stitson, M.; Gammerman, A.; Vapnik, V.; Vovk, V.; Watkins, C.; Weston, J.: Support Vector regression with ANOVA decomposition kernels. In: *Advances in Kernel Methods: Support Vector Learning* (Schölkopf, B.; Burghes, C.; Smola, A., Eds.), S. 285–291. MIT Press. 1999.

On Description and Identification of Uncertainties in System Modeling with Fuzzy Logic

Salman Zaidi, Andreas Kroll, Hanns-Jakob Sommer

Fachgebiet Mess- und Regelungstechnik
Fachbereich Maschinenbau, Universität Kassel
Mönchebergstraße 7, 34125 Kassel
Tel. (0561) 804 2953, Fax (0561) 804 2847
E-Mail: {salman.zaidi, andreas.kroll, hans.sommer}@mrt.uni-kassel.de

1   Introduction

In modeling of real world physical systems, we typically make simplifications owing to limited physical insight, limited quantity and quality of available data, and/or limited model complexity for control-oriented modeling. In consequence, some system dynamics or external disturbances may remain unmodeled, causing some uncertainty on how close the model is to the "true system". If such a non-ideal dynamic model is used, it would be advantageous to have information on the uncertainty in the output besides a predicted or most likely value of the output. Dependent on the characteristics of the uncertainties, this information could be max/min boundaries of the output or statistical information on its spreading.

Conventional fuzzy systems [7] do not possess this capability, as they use type-1 fuzzy sets (T1 FSs) and deterministic rule bases. It has been shown in [1] that the traditional Type-1 Fuzzy Logic Systems (T1 FLSs), which use crisp T1 FSs, cannot handle high level of uncertainties appropriately. Here, by handling uncertainty, we mean to model and minimize the effect of it. In contrast, it has been shown that a type-2 FLS (T2 FLS) [8], which uses type-2 fuzzy sets (T2 FSs), can handle higher levels of uncertainties. Although the T2 FLS (due to the larger number of degrees of freedom than the T1 FLS for the same rule base) have been successfully applied to many applications and have demonstrated superior performance than its counterpart T1 FLS in the presence of large uncertainties [13] [14]; the interpretation, reliability and accuracy of their ability to provide an additional information (in the form of a type reduced set), which actually provides a measure of uncertainty description of the output, are rarely discussed in the literature. Due to the prohibitively high computational complexity of the general T2 FLSs (GT2 FLSs), they were not used in practice until the work of Mendel was presented [9]. Consequently, the interval T2 FLS (IT2 FLS), the Quasi Type-2 (QT2 FLS), the z-slices based GT2FLS, and the alpha-plane representation of GT2FLS have been proposed in the literature, which provided for tremendous reduction in computational complexity for implementing T2 FLS. As an alternative way to model uncertainty, the probabilistic fuzzy logic system (PFLS) has been proposed, which uses probabilistic fuzzy sets [3], in which an additional dimension is used to capture the probabilistic information. The output of the PFLS is a random variable with a certain probability distribution, and thus a measure of stochastic uncertainty.

This paper provides a survey of the literature to date, intended to offer a snapshot of the state of the art research in the area of uncertainties in fuzzy system modeling with type-2 and probabilistic fuzzy systems. In addition, an in-depth analysis, comparison of various techniques and critical assessment will be provided. The identification of an electro-mechanical throttle with friction [4] will be introduced as an illustrative example for such approaches. The motivation behind choosing it as the example is that the collected open-loop data shows that the output signal has some unpredictability due to the presence of uncertainties, mainly due to friction.

This paper is organized as follows. Section 2 starts with the review of some important representations of the T2 FSs in the literature. Section 3,4,5,6 and 7 deal with the GT2 FLS, IT2 FLS, Q-T2 FLS, z-slices or α-plane based T2 FLS, and PFLS, respectively. Comparisons of these FLS are given in section 8. An illustrative example is provided in section 9. Finally, a conclusion and outlook are presented in section 10.

2   Representations of Type-2 Fuzzy Sets (T2 FSs)

In this section, we will briefly present some important representations of T2 FSs that have been discussed in the literature to date.

2.1   Point Valued Representation of a T2 FS

This representation is considered as the starting point for understanding the T2 FS [1]. An example of a Gaussian T2 FS is given in Fig. 1.

Definition 1: A T2 FS, denoted as $\tilde{A}$, is characterized by a T2 MF $\mu_{\tilde{A}}(x, u)$, where $x \in X, u \in J_x \subseteq [0,1]$, and $0 \leq \mu_{\tilde{A}}(x, u) \leq 1$, i.e.,

$$\tilde{A} = \{((x, u), \mu_{\tilde{A}}(x, u)| \forall x \in X, \forall u \in J_x \subseteq [0,1])\}. \tag{1}$$

Definition 2: The union of all the primary memberships (J_x) is called foot print of uncertainty, i.e. ,

$$FOU(\tilde{A}) = \bigcup_{x \in X} J_x. \tag{2}$$

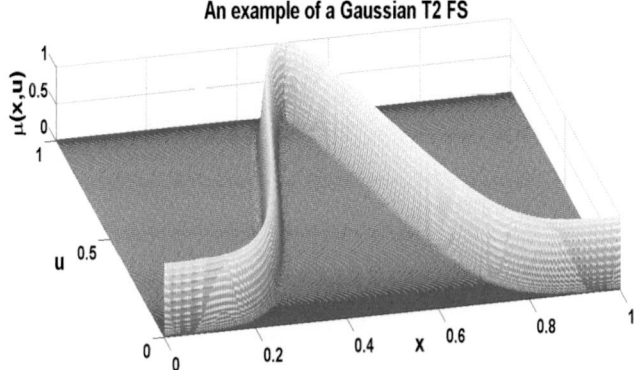

Fig. 1 A Gaussian T2 FS

It represents uncertainty in the primary memberships of a T2 FS. It is bounded above and below by the upper membership function (UMF) and the lower membership function (LMF), respectively.

Definition 3: An Interval T2 FS (IT2 FS) is a special type of T2 FS for which all the secondary grades $(\mu_{\tilde{A}}(x, u))$ are equal to unity, i.e. ,

$$\tilde{A} = \{((x, u), 1)| \ \forall \, x \in X, \forall \, u \in J_x \subseteq [0,1])\}. \tag{3}$$

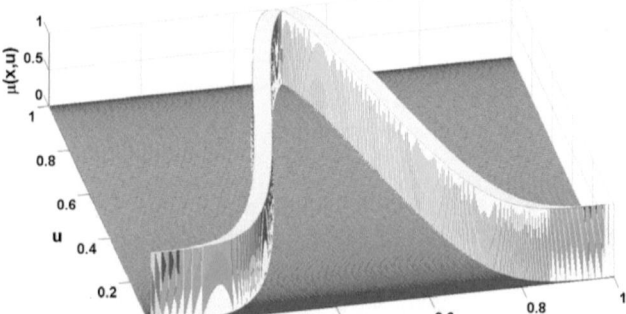

Fig. 2 An IT2 FS for the Gaussian T2 FS shown in Fig.1

An example of an IT2 FS is depicted in Fig. 2 for the T2 F2 shown in Fig.1. Since an IT2 FS has all the secondary grades equal to one, it can be omitted. Thus an IT2 can be completely characterized by its FOU only in 2-D.

2.2 Vertical Slice Representation of a T2 FS

This representation is very useful for computational purposes [10]. An example of a vertical slice is shown in Fig. 3(a) and Fig. 3(b) at $x = 0.3327$ for the T2 FS depicted in Fig. 1.

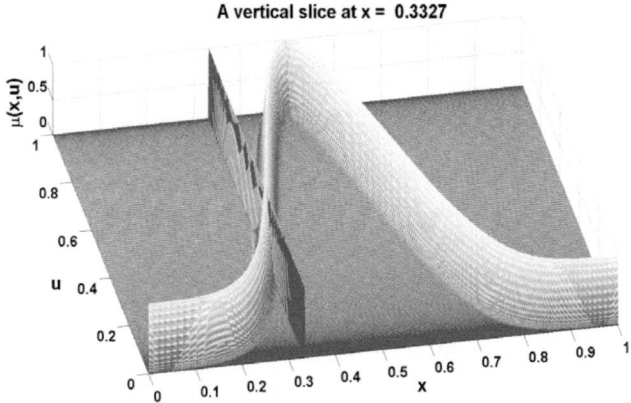

Fig. 3(a) A vertical slice in 3-D taken at x=0.3988 for Fig. 1

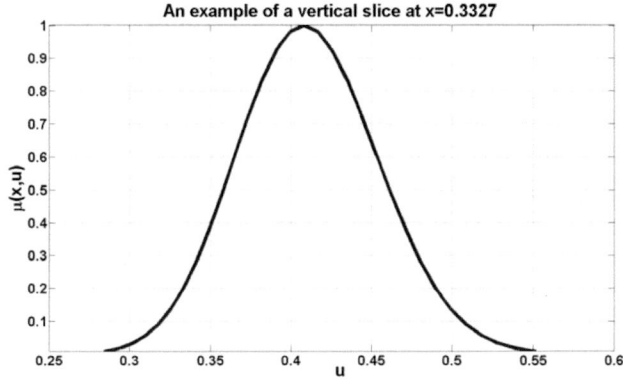

Fig. 3(b) The same vertical slice in 2-D

Definition 4: At $x = x'$, a 2-D plane whose axes are u and $\mu_{\tilde{A}}(x', u)$ is called a vertical slice or secondary membership function of $\mu_{\tilde{A}}(x', u)$, i.e. ,

$$\mu_{\tilde{A}}(x = x', u) \equiv \mu_{\tilde{A}}(x') = \int_{u \in J_{x'}} f_{x'}(u)/u, \quad J_{x'} \subseteq [0,1]. \quad (4)$$

In this type of representation, a T2 FS is represented as the union of the vertical slices over all admissible values of $x \in X$.

2.3 Wavy Slice Representation of a T2 FS

This representation is very useful for theoretical derivations; it is also known as Mendel-John Representation Theorem (RT) [10]. An example of a wavy slice (embedded T2 FS) for all the secondary grades equals to one (i.e. $\mu_{\tilde{A}}(x', u) = 1$) is shown in Fig. 4 for the T2 FS depicted in Fig. 1.

An example of an embedded T2 FS for Fig.1 with μ(x,u)=1

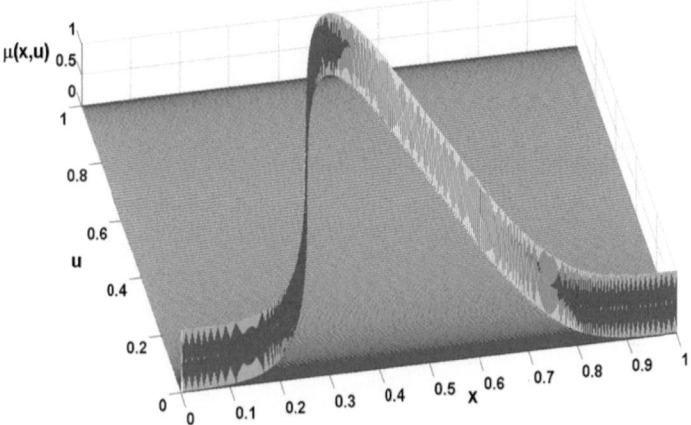

Fig. 4 Example of an embedded T2 FS for Fig. 1 with $\mu_{\tilde{A}}(x', u) = 1$

Definition 5: For each discrete universe of discourse X and U, an embedded type-2 fuzzy set $\tilde{A}_e$ has N elements, where $\tilde{A}_e$ contains exactly one element from $J_{x_1}, J_{x_2}, \dots, J_{x_N}$, namely $u_1, u_2, \dots, u_N$, each with its own associated membership grade, namely $f_{x_1}(u_1), f_{x_2}(u_2), \dots, f_{x_N}(u_N)$, i.e. ,

$$\tilde{A}_e(x) = \sum_{i=1}^{N} [f_{x_i}(u_i)/u_i]/x_i \quad u_i \in J_{x_i} \subseteq [0,1]. \quad (6)$$

In this type of representation, a T2 FS is described as the union of all the embedded T2 FS over all admissible values of $x \in X$, i.e.,

$$\tilde{A}(x) = \bigcup_{x \in X} \tilde{A}_e(x). \tag{7}$$

Note that, for a continuous T2 FS, there are infinite numbers of embedded T2 FS within. If we discretize x into N points, i.e. x_i, $1 \le i \le N$, and for each value of x_i we discretize the primary membership, u, into M_i points, then the total number of embedded T2 FS will be $\prod_{i=1}^{N} M_i$. Due to the astronomically large number of the embedded T2 FS, this representation is not recommended for computational purpose.

2.4   α-plane / z-slices Based Representation of a T2 FS

This type of representation is also called horizontal slice representation [12] [10]. An example of an α-plane / z-slices based representation with three α-level T2 FS / z-slices is shown in Fig. 5 for the T2 FS depicted in Fig. 1.

α-plane / z-slices based representation for the T2 FS shown in Fig. 1

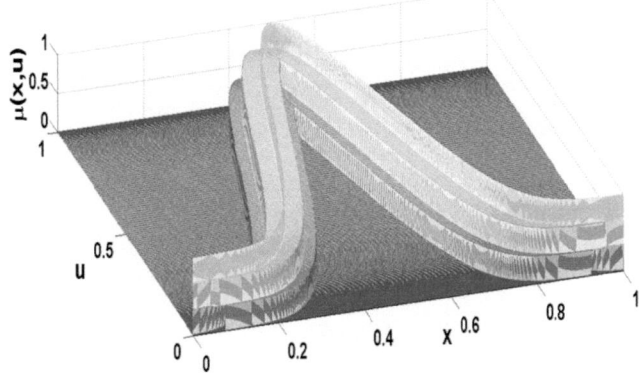

Fig. 5 Example of an α-plane/z-slices based representation of the T2 FS shown in Fig. 1

Definition 6: An α-plane for the general T2 FS $\tilde{A}$, which is denoted by $\tilde{A}_\alpha$, is the union of all primary memberships of $\tilde{A}$, whose secondary grades are greater than or equal to α ($0 \le \alpha \le 1$), i.e. ,

$$\tilde{A}_\alpha = \{(x, u), \mu_{\tilde{A}}(x, u) \ge \alpha \mid \forall x \in X, \forall u \in J_x \subseteq [0,1]\}. \tag{8}$$

Definition 8: An α-level T2 FS, $R_{\tilde{A}_\alpha}$, is defined as [15]:

$$R_{\tilde{A}_\alpha}(x, u) = \alpha / \tilde{A}_\alpha \qquad \forall x \in X, \forall u \in J_x. \tag{9}$$

It is an IT2 FS all of whose secondary membership function are equal to α (rather than 1 as would be the case for the usual IT2 FS).

e z-slice [2] is a horizontal slice of a general T2 FS, which is made at a le el $z = z_i$.   z-slice can be e pressed as:

$$\tilde{Z}_i = \int_{x \in X} \int_{u_i \in [l_i, r_i]} z_i / (x, u_i). \tag{10}$$

Note that a   l e is the α-plane raised to the le el $\alpha = z_i$ hence, a z-slice is the same as an α-le el T2 FS, $R_{\tilde{A}_\alpha}(x, u)$[15].

enera T pe 2 F   o i S ste   T2 F S

The bloc diagram of a   T2 F S is shown in the Fig. . It consists of fuzzifier, data base (fuzzy sets),   nowledge base (rules), inference mechanism, and output processor.   i e the ordinary F S (T1 F S), the T2 F S has the same IF T   N structure of rules.   nli e the T1 F S, the T2 F S has at least one   T2 FS, either in the antecedent or consequent part of the rule and an additional step in the output processing, called Type-eduction [1].

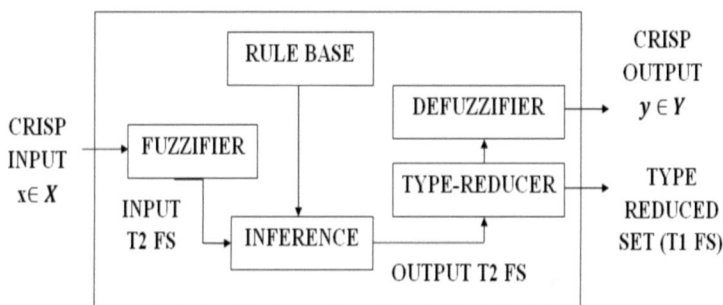

Fig.   loc diagram of   T2 F S

onsidering two   T2 FS $\tilde{A}$ and $\tilde{B}$ with membership grades $\mu_{\tilde{A}}(x) = \int_u f_x(u)/u$ and $\mu_{\tilde{B}}(x) = \int_w g_x(w)/w$, respecti ely. The common set theoretic operations on these sets are gi en as [1]:

$$\tilde{A} \cap \tilde{B} \Leftrightarrow \mu_{\tilde{A} \cap \tilde{B}} = \mu_{\tilde{A}}(x) \sqcap \mu_{\tilde{B}}(x) = \int_u \int_w (f_x(u) \star g_x(w))/u \star w), \tag{11}$$

$$\tilde{A} \cup \tilde{B} \Leftrightarrow \mu_{\tilde{A} \cup \tilde{B}} = \mu_{\tilde{A}}(x) \sqcup \mu_{\tilde{B}}(x) = \int_u \int_w (f_x(u) \star g_x(w))/u \vee w), \tag{12}$$

$$\bar{\tilde{A}} \Leftrightarrow \mu_{\bar{\tilde{A}}}(x) = \neg \mu_{\tilde{A}}(x) = \int_u f_x(u)/(1-u), \tag{1 }$$

where $\sqcap$ indicates the meet operation, $\sqcup$ indicates the   oin operation, $\vee$ represents the ma t-conorm operation, and $\star$ represents the t-norm operation.

Ne t, we will consider a amdani singleton T2 F S.

F   ifier

fuzzifier maps a crisp input to a   T2 FS. The process of T2 singleton fuzzification is illustrated in Fig. 7.   e say:

$$\tilde{A}_x \text{ is a } T2 \text{ fuzzy singleton if } \mu_{\tilde{A}_x}(x) = 1/1 \text{ for } x = x' \text{ and } \mu_{\tilde{A}_x}(x) = 1/0 \text{ for } x \neq x'.$$

T2 singelton fuzzification for x=0.5

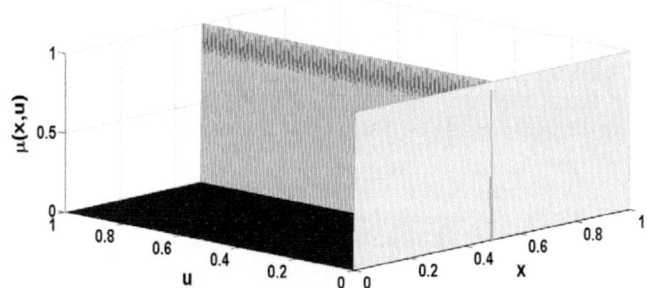

Fig. 7 Illustration of T2 singleton fuzzification

2   R es

The l-th rule in the   IS (ultiple Input Single utput)   amdani T2 F S has the form

$$R^l : \text{ If } x_1 \text{ is } \tilde{F}_1^l \text{ and } \dots x_p \text{ is } \tilde{F}_P^l \text{ then } y \text{ is } \tilde{G}^l \quad l = 1,2,\dots,M$$

where $x_1 \in X_1, \dots, x_P \in X_P$ represents the input or antecedent ariables y represents the output or consequent ariable $\tilde{F}_1^l$,   , $\tilde{F}_P^l$ are the   T2 FS for the antecedent   ariables $\tilde{G}^l$ represents the T2 FS for the consequent ariable and   is the total number of rules.

F   nferen e n ine

The consequent set $\mu_{\tilde{B}^l}(y)$ for the fired rule R^l is gi en by:

$$\mu_{\tilde{B}^l}(y) = \mu_{\tilde{G}^l}(y) \sqcap \left[\sqcap_{i=1}^p \mu_{\tilde{F}_i^l}(x_i)\right]. \tag{1 }$$

The final aggregated output $\mu_{\tilde{B}}(y)$ of all the rules is:

$$\mu_{\tilde{B}}(y) = \sqcup_{l=1}^M \mu_{\tilde{B}^l}(y). \tag{15}$$

T pe Re   tion

type reducer con erts a T2 FS into a T1 FS. This may be done by calculating centroids of all the wa y slices (or the ertical slices) of a   T2 FS. The centroid $(C_{\tilde{B}}(y))$ of the   T2 FS $(\tilde{B}(y))$, represented by the   F in eq. (15), in wa y slice representation is gi en by [22] :

$$C_{\tilde{B}}(y) = \int_{\forall u_1 \in J_{y_1}} \cdots \int_{\forall u_N \in J_{y_N}} \min\left(f_{y_1}(u_1), \dots, f_{y_N}(u_N)\right) / \frac{\sum_{i=1}^{N} y_i u_i}{\sum_{i=1}^{N} u_i}, \quad (1)$$

where $C_{\tilde{B}}(y)$ is the type-reduced (T) T1 FS and may be described by the T1 F $\mu_{C_{\tilde{B}}}(y)$.

ef   ifi ation

defuzzifier con erts a T   T1 FS into a crisp alue. ny method for defuzzification of T1 FS can be used for this purpose (centroid, bisector, largest of ma imum etc.), e.g. the centroid of a T   T1 FS in (1), after discretizing into α points, is gi en by:

$$y_{crisp}(x) = \frac{\sum_{k=1}^{\alpha} y_k \mu_{C_{\tilde{B}}}(y_k)}{\sum_{k=1}^{\alpha} \mu_{C_{\tilde{B}}}(y_k)}. \tag{17}$$

nter a T pe 2 F   o i S ste   T2 F S

The inter al type-2 fuzzy sets distribute the uncertainty e enly among all admissible primary membership. The computational comple ity greatly reduces ust by processing upper and lower membership functions.

The upper and lower firing le els of the rules are calculated separately for both   F and   F as follows:

$$\underline{f}^l(x') = \underline{\mu}_{\tilde{F}_1^l} \star \dots \star \underline{\mu}_{\tilde{F}_P^l} \quad \forall l \in \{1, 2, \dots, M\}, \tag{18}$$

$$\bar{f}^l(x') = \bar{\mu}_{\tilde{F}_1^l} \star \dots \star \bar{\mu}_{\tilde{F}_P^l} \quad \forall l \in \{1, 2, \dots, M\}, \tag{19}$$

where $\underline{f}^l(x')$, $\bar{f}^l(x')$, $\left\{\underline{\mu}_{\tilde{F}_i^l}\right\}_{\forall i \in \{1,2,\dots,P\}}$, $\left\{\bar{\mu}_{\tilde{F}_i^l}\right\}_{\forall i \in \{1,2,\dots,P\}}$, , , $\star$ denotes the lower firing le el, upper firing le el, lower   Fs, upper   Fs, number of rules, number of antecedents and t-norm , respecti ely.

The consequent set $\mu_{\tilde{B}^l}(y)$ for the fired rule R^l is in eq. (1) gi en by [17]:

$$\mu_{\tilde{B}^l}(y) = \int_{b^l \in \left[\underline{f}^l \star \underline{\mu}_{\tilde{G}^l}(y), \bar{f}^l \star \bar{\mu}_{\tilde{G}^l}(y)\right]} 1/b^l, \tag{20}$$

where $\underline{\mu}_{\tilde{G}^l}(y)$ and $\bar{\mu}_{\tilde{G}^l}(y)$ are the lower and upper membership grades of $\mu_{\tilde{G}^l}$ the output fuzzy set $\mu_{\tilde{B}}(y)$ is gi en by:

$$\mu_{\bar{B}}(y) = \int_{b\in}\left[\left[\underline{f}^1 \star \underline{\mu}_{\bar{G}^1}(y)\right]v...v\left[\underline{f}^N \star \underline{\mu}_{\bar{G}^N}(y)\right],\left[\overline{f}^1 \star \overline{\mu}_{\bar{G}^1}(y)\right]v...v\left[\overline{f}^N \star \overline{\mu}_{\bar{G}^N}(y)\right]\right]^{1/b}. \quad (21)$$

Type reduction is performed to combine the firing inter al and the corresponding rule consequent. The type-reduced set is an inter al set, and has the following structure:

$$Y_{TR} = [y_l, y_r], \quad (22)$$

where y_l and y_r can be written as:

$$y_l = \frac{\sum_{i=1}^{M} f_l^i y_l^i}{\sum_{i=1}^{M} f_l^i}, y_r = \frac{\sum_{i=1}^{M} f_r^i y_r^i}{\sum_{i=1}^{M} f_r^i}. \quad (2\ )$$

arne - endel (   ) [1] de eloped an iterati e algorithm for calculating y_l and y_r. For reducing the computational o erhead of the   algorithm and deri ing an analytical e pression, se eral alternati e type reducers ha e been proposed. The most popular among them include   the uncertainty bound (   ) method [18], The   u-Tan (T) method [2], The Nie-Tan (NT) method [2], The Du- ing (D) method [25], and the   egian- ele - endel (   ) [2].

asi T pe 2 F   o i S ste   T2 F S

T2 F S is a new architecture for a T2 F S and was proposed recently in [19].   The   T2 F S can be considered as the ne t logical step in the progression from T1 to IT2 to T2.   s   T2 F S does not in ol e any T2 calculations that ma es it much simpler than a general T2 F S. It can be constructed by connecting either two IT2 F S or one from each T1 and IT2 F S at the two e treme le els of α-plane (i.e. at α 0 and α 1 plane, see section .).   oth the F S can be designed simultaneously and they are coupled at the final o erall defuzzification stage.   triangular configuration of the   T2 F S is depicted in Fig. 8.

The final output of this triangular   -T2 is the centroid of the output triangle (Fig. 9) formed by the   ertices y_L, y_R, and y', i.e. [19]:

$$y(x) = \frac{1}{3}[y_L(x|\alpha = 0) + y_R(x|\alpha = 0) + y'(x|\alpha = 1)]. \quad (2\ )$$

here $y_L(x|\alpha = 0)$ and $y_R(x|\alpha = 0)$ are the left and right end points of the inter al output of the type-reducer of the IT2 F S, and $y'(x|\alpha = 1)$ is the crisp output of the defuzzifier of the T1 F S.

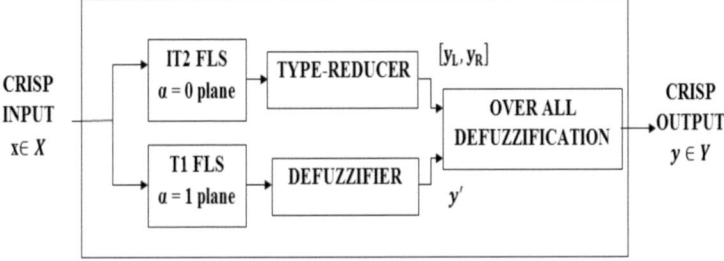

Fig. 8 Triangular -T2 F S

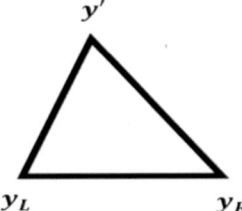

Fig. 9 utput triangle for o erall defuzzification stage

s i es α e e T2 FS ase T pe 2 F o i S ste

z-slice (α-le el T2 FS) based T2 F S is actually based upon z-slices (α-le el T2 FSs). z-slice (α-le el T2 FS) is equi alent to an inter al type-2 fuzzy set with the e ception that its membership grade in the third dimension is not fi ed to 1, but rather at some alue $z_i(\alpha_i)$, where $0 \le z_i(\alpha_i) \le 1$. The third dimension of a T2 FS is sliced (decomposed) into a finite number of z-slices (α le els) and each z-slice (α-le el T2 FS) can be processed li e an IT2 FS. This reduces a tremendous amount of computational comple ity associated with the T2 F S because, all the z-slices (α le els) can be manipulated in parallel, with all the calculations of IT2 F S. bloc diagram of a z-slices based T2 F S is shown in Fig. 10. The z-slices based T2 F S shown in Fig. 8 contains I numbers of z-slices. niform decomposition of the third dimension leads to the z-slices of equal heights, with corresponding alues z-le els at $z_i = i/I$. The output of each indi idual IT2 F S is a crisp alue (y_i) with an associated z-le el.

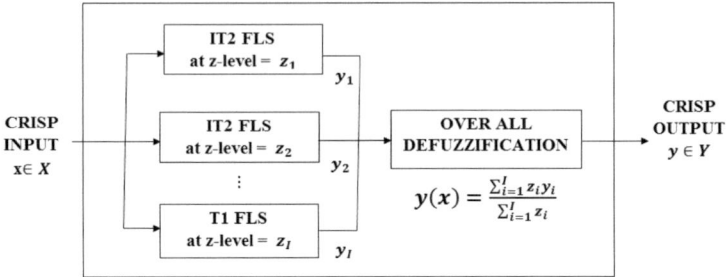

Fig. 10 z-slices based T2 F S

In centroid defuzzification, these outputs $(y_i's)$ are then a eraged (with corresponding weights z_i) at the o erall defuzzification stage to produce the final crisp output (y) of the z-slices based T2 F S. Note that if $I = 1$, then the resultant z-slices based T2 F S reduces to con entional IT2 F S. oreo er, the IT2 F S at the last z-le el (z_I) degenerates to T1 F S (see the last z-slice in Fig. 5).

ro a i isti F   o i S ste s   F S

F S is actually based on T2 F S, in which the second membership function of T2 FS is replaced by the probabilistic distribution function for describing the stochastic ariable [20].

e must distinguish here between T2 FS and FS the membership grade in T2 FS is a fuzzy ariable, while the membership grade in FS is a random ariable. ence we can treat a T2 FS as Fuzzy-Fuzzy Set and a FS as andom-Fuzzy Set. T2 F S as described in the pre ious section actually increases the fuzziness of the modeled system, and thus impro es the non-stochastic uncertainty handling capability of the F S howe er, it does not ha e the capability to handle stochastic uncertainties. n the other hand, a F S is potentially capable of handling both stochastic and non-stochastic uncertainties, because it combines fuzzy logic with probability theory.

e   : [20] For an input ariable $x \in X$ and its fuzzy membership grade, $u \in [0,1]$, the probability fuzzy set can be e pressed by a probability space (U_x, ρ, P) , where U_x is the set of all possible e ents $\{u \in [0,1]\}$, ρ is the σ-field (sigma-algebra or sigma-field). The probability P is defined on ρ. For all element e ents E_i s in U_x

$$P(E_i) \geq 0, P(\sum_i E_i) = \sum_i P(E_i), P(U_x) = 1, \qquad (25)$$

where E_i corresponds to an e ent that $u = u_i \subseteq [0,1]$, $u_i(1, \dots, S)$ is a certain alue of the fuzzy membership grade and $P(E_i)$ is the probability for the e ent E_i. S is the number of the element e ent in the $\{u \in [0,1]\}$.

FS $\tilde{A}$ can be e pressed as the union of sub-probability space as follows:

$$\tilde{A} \equiv \bigcup_{x \in X}(U_x, \rho, P). \tag{2 }$$

In a F S, the fuzzy membership grade u is a random ariable with a certain probabilistic distribution (DF) $Pr(x, u(x))$ as shown in Fig. 11.

An example of a PFS

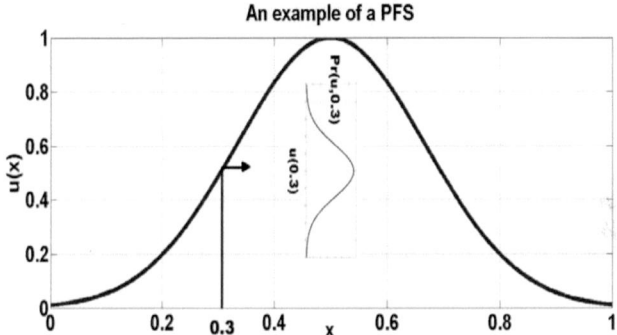

Fig. 11 The membership function of a FS

This DF can be obtained empirically by performing e periments on the real plant. ence the statistical stochastic information obtained from the data of the real plant can be embedded in F S, which ma es it distinguished from con entional T2 F S. This point will be highlighted in the illustrati e e ample in section 9. F S can be described by the following three steps:

ro a i isti F ifi ation

It con erts a crisp input x into probabilistic fuzzy grade $Pr(x, u(x))$ as shown in Fig. 7.

2 ro a i isti nferen e in FS

F S has the same rule structures as of T2 F S, e cept now the -D F contains probabilistic distribution function in the third dimension, instead of fuzzy membership function. The fuzzy information is processed with the amdani inference as follows [20]:

$$\mu_{\tilde{R}_j} = \mu_{\tilde{A}_{1,j}} \circ \mu_{\tilde{A}_{2,j}} \circ \dots \circ \mu_{\tilde{A}_{n,j}} \circ \mu_{\tilde{B}_j}. \tag{27}$$

ssuming the statistical independence between the e ents, the probabilistic information is processed with the ayesian inference method as follows [20]:

$$P\left(E_{\bar{R}_j}\right) = P\left(E_{\bar{A}_{1,j}}\right) \cdot P\left(E_{\bar{A}_{2,j}}\right) \cdots P\left(E_{\bar{A}_{n,j}}\right) \cdot P\left(E_{\bar{B}_j}\right). \tag{28}$$

ro a i isti ef ifi ation

i e T2 F S, defuzzification is carried out in two steps. In the first step the centroid output y_C is calculated with the inference set $\mu_{\bar{R}_j}$ as:

$$y_C = \frac{\sum_{j=1}^{\bar{J}} y_j \mu_{\bar{R}}(x, y_j)}{\sum_{j=1}^{\bar{J}} \mu_{\bar{R}}(x, y_j)}, \tag{29}$$

where $\mu_{\bar{R}} = Max(\mu_{\bar{R}_1}, \dots, \mu_{\bar{R}_j})$, $\bar{J}$ is the number of rules, y_j is the crisp consequent, y_C and $\mu_{\bar{R}}$ are the random ariables. In the second step, the e pected alue of y_C is calculated to obtain the crisp output as $y = E(y_C)$.

o parison of ifferent onfi rations of T2 F S

T1 F S has crisp membership grades which deteriorate its performance in the presence of uncertain Fs and large uncertainties. T2 F S has fuzzy membership grades which gi es it the ability to better model large uncertainties than the T1 F S. This ability of impro ed uncertainty modeling may be attributed to the F of the T2 F S, which actually represents uncertainty in the primary F of the T2 FS.

Due to the prohibiti ely high computational comple ity associated with the T2 F S, se eral of its ariant with much reduced and tractable computational comple ity ha e been proposed in the literature, e.g. IT2 F S, -T2 F S, z-slices based T2 F S and F S.

n IT2 FS is a special type of T2 FS which has an inter al T1 secondary F. It e enly distributes the uncertainty in the primary membership function (F) and thus represents ma imum uncertainty in the gi en F . -T2 F S can be constructed by connecting either two IT2 F S or one from each T1 and IT2 F S. T2 F S fuzzily distributes uncertainty in F from no uncertainty (T1 F S) to the ma imum uncertainty (IT2 F S) thus, the T2 F S has the ability to model uncertainty description accurately. z-slices (α-le el T2 FS) based T2 F S is an appro imation to the T2 F S, and it is formed by slicing the third dimension at specific z(α)-le els. It can be considered as the combination of T2 F S operating in parallel at each z(α)-le el. F S is a special type of T2 F S, in which the secondary F is a DF thus, it has the ability to incorporate stochastic information in the T2 F S. The inference mechanism in the F S processes both the fuzzy and probabilistic information from the FS. The output of the inference mechanism of F S is a DF of the output which pro ide a measure of stochastic uncertainty information associated with the output.

The output of inference mechanism in a T2 F S is a T2 FS, which is then typed-reduced to the T1 FS (T T1 FS). lthough the geometrical properties of this T T1 FS pro ide the uncertainty description associated with the output [1], the accuracy of this uncertainty information is rarely discussed in the literature. It has been shown in [27] that the T1 inter al output of the type-reducer in an IT2 F S o er estimates the actual uncertainty bounds of the output. The same author in [28] incorporated the e perimental input uncertainty from the sensors in the IT2 FS, in an attempt to impro e the uncertainty modeling capability of the IT2 F S.
 ncertainty in the output can then be inferred more accurately by the geometry of the T T1 FS. The efficient incorporation of uncertainties in T2 F Ss and F Ss and the interpretation of their meaning at the output is still the open research problem.

strati e   a p e

In this section, some descriptions about electro-mechanical throttle and stochastic uncertainty that arises when attempting to de elop an empirical model of such throttles based on input/output data from open loop will be gi en. n electro-mechanical throttle [ ] is mainly composed of a D ser o motor, a gearbo , a return spring, a potentiometric angle sensor and a throttle plate. The throttle is dri en by a D   ser o motor. The angle sensor pro ides for an output signal ranging between 0.5   and .5   for the position of the throttle plate ϕ. The electro-mechanical throttle is shown in Fig. 12.

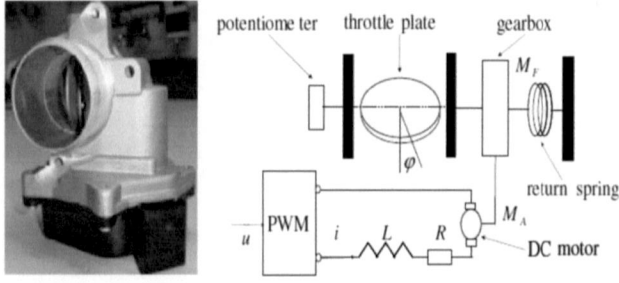

Fig. 12   lectro-mechanical throttle and its technology scheme [ ]

The rigorous modeling of the electro-mechanical throttle is considered as ery difficult due to the presence of friction, which is considered as a non-

linear comple   stochastic phenomenon with hysteresis.   test signal
(recommended by industrial practitioners) was applied to the throttle forty
times to chec   the reproducibility of the output. The input signal is shown
in Fig. 1 .

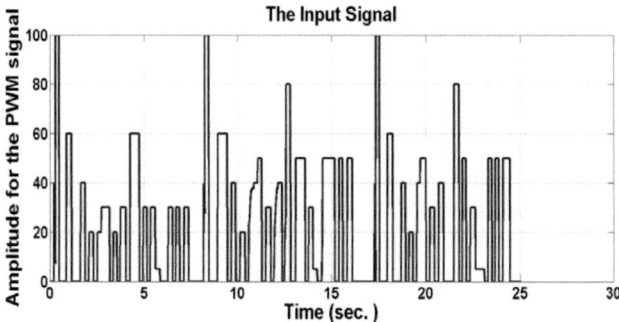

Fig. 1   The input signal

The input signal was applied for 25.0   seconds with a sampling period of
10 milliseconds, which produced 250   data items. Due to the natural
 ariation in the underlying system, each time a slightly different output
signal is obtained. The ma imum and minimum output signal for forty runs
of the e periment is shown in Fig. 1 .

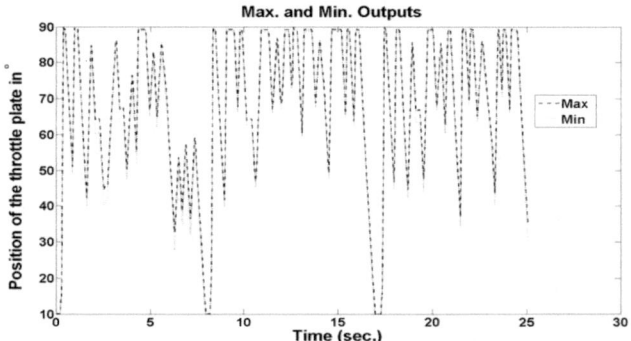

Fig. 1   a   and min output signals

The graph of the ma imum and minimum output for the same e periment,
which actually indicates the amount of uncertainty in the data (ma - min)
is shown in Fig. 15, which clearly indicates that the ma imum uncertainty
can reach about 7 degrees.

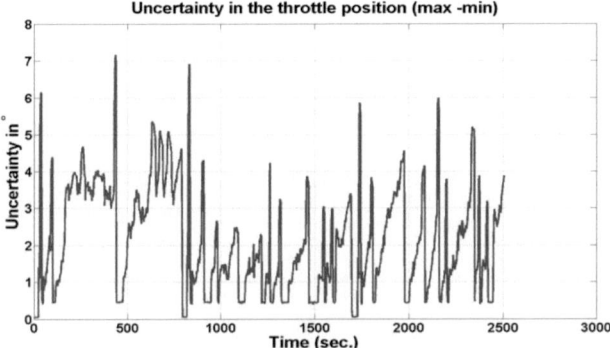

Fig. 15 The difference between ma imum and minimum output

If we use one of these datasets for training an F S, this inherent uncertainty must be ta en into consideration. If we assume that the uncertainty is e enly distributed between ma imum and minimum alues (i.e. a uniform distribution), the potential F S configuration can be IT2 F S and If we can further decompose this inter al into different le els and assume the same probability in each inter al than the potential configuration may be z-slices or α-plane based T2 F S howe er, if we now the distribution of alues between the gi en bounds, we might consider to use F S.

In order to get more statistical insight from the data, we performed bootstrapping to the original sample (0 obser ations) to create 1000 resamples (0 obser ations each). ean statistic was calculated for each resample and a histogram of means of all the resamples was drawn. For illustrati e purpose, the distribution of means for one of the output signal (i.e. 1 00th) is shown in Fig. 1 . The distribution loo s li e aussian to a fair e tent, which can be erified by comparing the probability density function (DF) generated by the ernel Density stimate (D) of the means (green cur e) and the equi alent aussian distribution (red cur e) of the resamples. The normality probability plot also gi es a good indication about the assumption of the normal distribution of the means (as points are ery close to the straight line) as shown in Fig. 17. oreo er, two hypotheses based testing Shapiro- il parametric hypothesis test of composite normality (S) and arque- era hypothesis test of composite normality ( ), indicates that they cannot re ect the null hypothesis that the gi en samples are generated from the normal distribution. The high p-alues (especially in the case of S) test is also a fair indicati e of our assumption. The alues of and S tests are indicated in Fig. 1 . The significance le el (alpha le el) was chosen as 0.05. ecall that, if the p-alue is less than the chosen significance le el, then the null hypothesis is re ected).

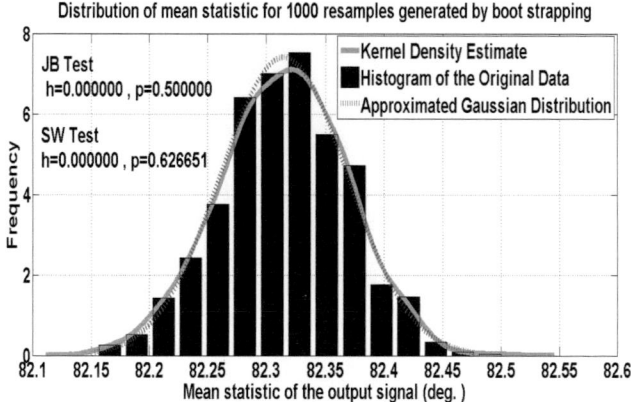

Fig. 1   istogram, appro imated D and aussian distribution, results of and S   test

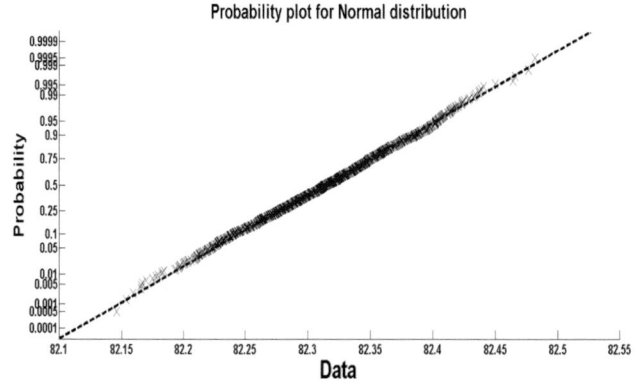

Fig. 17 The normality probability plot for the means of the resamples

ence the mean alues of the output signal in our e ample can be treated as a normally distributed random ariable with finite mean and ariance. hen constructing FS for these alues, their distribution should be reflected in the membership function. In this case, the membership function

can be e pressed as a FS and the resulting F S will be termed as   F S.
ecall that a function of a random ariable is also a random ariable, so in
this case the membership function will also be a random ariable. This will
be our sub ect for future research.

on   sion an   t oo

In this paper, we ha e described arious types of T2 F S.   e ha e seen
that besides impro ing the appro imation capability of the T1 F S, the IT2
F S also pro ide an inter al $[y_L, y_R]$ within which the output may lie. This
range of output ariable pro ides the measure of non-stochastic uncertainty
in IT2 F S.   lthough, T2 F Ss ha e demonstrated the impro ed non-
stochastic uncertainty handling capability, they do not ha e any mechanism
to incorporate stochastic uncertainty.   robabilistic F S, in which the
additional third dimension is used to incorporate the probabilistic
information, has the capability to incorporate stochastic information. The
output of their proposed   FS is described by a   DF of the output ariable
which can be attributed to the description of stochastic uncertainty in the
output. In the last section of this paper, we presented an illustrati e
e ample of an electro-mechanical throttle as a potential candidate for
modeling in terms of T2 F S and   F S.   systematic procedure to include
uncertainties description in fuzzy sets and to interpret their meaning
correctly at the output either in type reduced fuzzy sets or in the form of the
probability density function is an acti e research area and it will be
e plored in detail in future.

Referen es

[1]   . . endel,   e   le e   l   e
             e   e   , pper-Saddle i er: rentice- all, 2001.

[2]   . agner and   . agras, Toward   eneral Type-2 Fuzzy   ogic
       Systems   ased on zSlices,   e ,
          ol. 18, no. ,   ug. 2010, pp.   7- 0.

[ ]   . iu and .- . i,   probabilistic fuzzy logic systems: learning in
       the stochastic en ironment with incomplete dynamics,
                            e   e e   , San   ntonio,
       Te as,   S ,   ct. 2009, pp.   8 - 88.

[ ]   . en, . roll, and   . Sofs y,   n identification of piecewise-
       affine models for systems with friction and its application to electro-
       mechanical throttles,   e
          e   , r ssel, elgien, ul. 2012.

[5]   . . endel, Type-2 Fuzzy Sets and Systems: n   er iew,
                l   ell e   e   *e* ol. 2, no. 1, Feb. 2007,
pp. 20-29.

[ ]   . os o, Fuzzy systems as uni ersal appro imators,
                        e   ol.   , pp. 1 29 1   , 199 .

[7]   . . adeh, Fuzzy Sets   *l*, ol. 8, pp.   8- 5 ,
19 5.

[8]   . . adeh, The concept of a linguistic   ariable and its application
to appro imate reasoning,   *e   e* , ol.1, pp.119-2 9,
1975.

[9]   . . endel ,   omputing   ith   ords,   hen   ords   an   ean
Different Things to Different   eople   *e*   *l*
                                            l   , ochester, N ,
une 1999.

[10]   . . endel and .I. . ohn, Type-2 Fuzzy Sets   ade Simple,
                        e , ol. 10, no. 10, 2002.

[11]   . . endel, F. iu, and D. hai, α- lane   epresentation for Type-
2 Fuzzy Sets: Theory and   pplications,
                e , ol. 17, no. 5,   ct. 2009, pp. 1189-1207.

[12] F. iu,   n efficient centroid type reduction strategy for general
type-2 fuzzy logic system,   *l   ell e   e*   *e* ,
alter . arplus Summer   es.   rant   ep., 200 .

[1]   . astillo and   . elin,   *e*   *e*
        l   , erlin: Springer- erlag, 2008.

[1]   . agras,   hierarchical type-2 fuzzy logic control architecture for
autonomous mobile robots,   *e* ,
ol. 12, pp. 52   5 9, 200 .

[15]   . . endel,   omments on α- lane   epresentation for Type-2
Fuzzy Sets: Theory and   pplications,
        e , ol.18, no. 1, Feb. 2010, pp. 229-2 0.

[1] N.N. arni , . . endel,   perations on type-2 fuzzy sets,
        e   *e* , ol. 122, issue 2, Sep. 2001, pp.   27   8.

[17]   . iang and . . endel, Inter al Type-2 Fuzzy   ogic Systems:
Theory and Design,   *e* , ol. 8,
no. 5,   ct. 2000, pp. 5 5- 550.

[18]   . u, . . endel,   ncertainty   ounds and Their   se in the Design of Inter al Type-2 Fuzzy   ogic Systems,
                           e , ol. 10, no.5,   ct. 2002, pp. 22- 9.

[19]   . . endel, F. iu,   n New   uasi-Type-2 Fuzzy   ogic Systems
              e   *l*   *e e e*   *e*   , ong
       ong, un. 2008.

[20]   . iu and   .- . i,   robabilistic Fuzzy   ogic System: a tool to process stochastic and imprecise information,   , ug. 2009.

[21]   . iu   .- . i,   probabilistic fuzzy logic system for uncertainty modeling,   *e*   *l*   *e e e*   *e*
       e e , ol. , no., pp.   85 - 858,   ct. 2005.

[22] N. N. arni and . .   endel,   entroid of a type-2 fuzzy set,
            , ol. 1 2, no. 1- , pp. 195-220, Feb. 2001.

[2] D.   u and   . . Tan,   omputationally efficient type-reduction strategies for type-2 fuzzy logic controller, in   *l*
                        e , eno, N ,   ay 2005, pp. 95 -958.

[2]   . Nie, and   . . Tan, Towards an efficient type-reduction method for inter al type-2 fuzzy logic systems,   *l*
                        e , ong ong, une 2008, pp. 1 25-1 2.

[25]   . Du and   . ing, Deri ation and analysis of the analytical structures of the inter al type-2 fuzzy I and D controllers,
                        e , ol. 18, no. , pp. 802-81 , 2010.

[2]   . egian,   . ele , and . endel, Stability analysis of type-2 fuzzy systems, in   *l*   *e* , ong ong, une 2008, pp. 9 7-95 .

[27]   . inda,   . anic,   n the accuracy of input-output uncertainty modeling with inter al Type-2 Fuzzy   ogic Systems,
       e   *l*   *e e*   *e*   , une 2012, pp.1-7.

[28]   . inda,   . anic,   ncertainty modeling for inter al Type-2 Fuzzy   ogic Systems based on   sensor characteristics,
                      e   *e*   *e*   ,
       pril 2011, pp. 1- 7.

Estimating Edge Weights in Dynamic Graphs Based on Events

Pascal Held   **Christian Braune**   **Rudolf Kruse**

Otto-von-Guericke University of Magdeburg
Faculty of Computer Science
Department of Knowledge Processing and Language Engineering
Universitätsplatz 2, D-39106 Magdeburg
Tel.: +49 391 67 58718
Fax: +49 391 67 12018
E-Mail: {pheld,cbraune,kruse}@iws.cs.uni-magdeburg.de

Abstract

Dynamic graphs are ubiquitous in real world applications. They can be found, e.g. in biology, neuroscience, computer science, medicine, social networks, the World Wide Web. There is a great necessity and interest in analyzing these dynamic graphs efficiently. Typically, analysis methods from classical data mining and network theory have been studied separately in different fields of research. For dealing with complex networks in real world applications there is a need to perform interdisciplinary research by combining techniques of different fields. In this paper, we analyze dynamic graphs from the social science. For the representation of edge weights in a social network graph we propose a method to efficiently represent the strength of a relation between two entities based on events involving both entities. The Butterworth filter is used to describe the continuous relation that can otherwise only be represented by a series of discrete events.

1 Introduction

Complex dynamic networks are ubiquitous. They can be found, e.g. in biology [1], neuroscience [2], computer science [3], medicine [4], social networks [5], and the World Wide Web [6]. There is a great necessity and interest in analyzing these dynamic graphs efficiently as patterns inside of these structures might reveal knowledge about the underlying system. Classically, analysis methods from both network theory and knowledge discovery in databases have been studied separately in different fields of research. The analysis of complex networks as they occur in real world applications can be supported by combining techniques of these two fields [7, 8]. In this paper, we present a real-world problem of dynamic graphs from the point of social sciences. We propose a method to efficiently represent the strength of a relation between two entities based on events involving both entities.

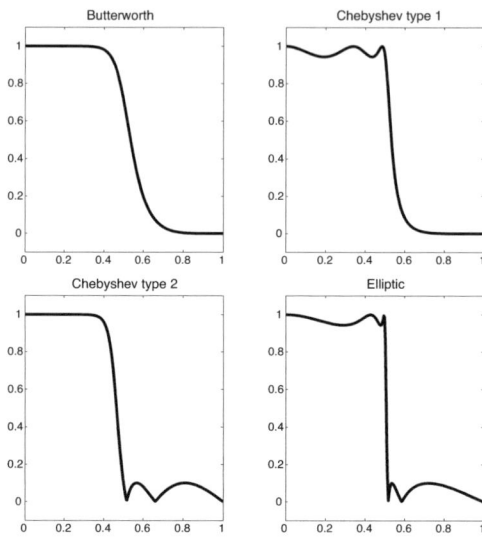

Figure 1: Rippling effects for different filter types

1.1 Butterworth Filtering

Representing the structure of a social network not only by the *friendship* relation (i.e. nodes represent persons, edges represent the relation), which results in a more or less static description of the graph, but also by adding weights to such edges where the weight reflects the amount of activity between the two corresponding nodes, requires a way to describe this activity. Event-based weighting of edges in a social graph could be accomplished by simply storing all the timestamps at which events between two nodes occurred. Obviously this approach would become unfeasible very soon due to the amount of memory required for such a procedure. An additional disadvantage of such an approach would be that, while we can make statements about the point in time when an event occurred. If possible at all, we can roughly estimate the current weight that should be assigned to an edge at a given point in time. Operations like a sliding average would be able to adapt to such a problem with the major drawback, that only a small time frame can be used to determine the current average due to memory restrictions — no further information about the past is available if only such a value is used.

Obviously using all the bins to calculate an interpolating polynom would suffice to give a continuous time representation of the data along with a very high precision. Yet is memory efficiency of such an approach vastly high if such information needs to be stored for each and every each in a (possibly even fully connected) graph. Beside this challenge, interpolating between each timebin is very sensitive to outliers. From electronic signal processing the Butterworth filter is a well-known variant of an infinite impulse response filter that produces an output signal as response to its input signal without causing the rippling effects in the number of frequencies removed from the signal (see Figure 1 other filters suffer from. The resulting signal that such a filter calculates can in some terms be interpreted as an approximation of the interpolating polynom, enveloping the originally discrete signal.

In general such a filter is defined by two sets of coefficients B and A. These sets depending on the selected passband frequency f. The filter's response y for a signal x at the bin n can be obtained by computing

$$y_n = \sum_{i=1}^{n_b} (b_i \cdot x_{n-(i-1)}) - \sum_{j=2}^{n_a} (a_j \cdot y_{n-(j-1)}), \text{ where}$$

$$\{b_1, \ldots, b_{n_b}\} = B \text{ and } \{a_1 = 1, a_2, \ldots, a_{n_a}\} = A.$$

This recursive representation makes it possible to avoid enumerating all signal values from negative to positive infinity.

Other parameters that either influence the shape of the resulting curve or the set of possible edges that are considered are:

- Step width: Length of time bin

- Grade: The grade of the filter determines the two sets B, A of coefficients responsible for the shape of the resulting filter response. The number of coefficients depends directly on the grade and describes how many past signal (and response) values are considered for the calculation.

2 Related Work

2.1 Social Network Analysis

Social network analysis has already been popular long before websites like Facebook, XING or Google+ — now commonly understood/known as social networks — were launched. In [9] a comprehensive approach of modeling social network data as (un)directed graphs has been proposed and has been widely accepted. Over the years a lot of research has been performed on e.g. cohesiveness of groups of members in social graphs [10] or segmentation of social networks [5]. In [11] or [12] web communities were targeted by the research and graph-based algorithms were used to distinguish between different groups. In [13] the authors analyzed mobile phone communication and used the sum of calls from each subscriber as weights in a graph representation. Social networks like Facebook have been the subject of analysis in [14] where a snapshot of the friendship relation for five American universities was analyzed by means of graph analysis tools. All these methods have in common that they use a static representation of the social graph underlying the respective social network.

Attempts have been made to infer information from dynamic graphs (e.g. in [15]) but they either restrict themselves to fairly simple questions like connectivity or to path finding problems in order to cope with the changing structure of the graph. Every binning leads to a loss of information, namely the exact time when an event has happened. Such approaches do not take into account the frequency with which events occur but rather lists their absolute number.

2.2 Butterworth Filter

The Butterworth filter [16] is one of the best-known infinite impulse response filters. One of its most interesting features is its flat frequency response, i.e. it does not generate rippling effects, when the signal strength changes. Interpreting the binned events of a social graph as a time- and strength-discretized signal the filter response of such a Butterworth filter should have the desired properties that events (dirac pulses) can be binned while keeping some information on the frequency.

In [17] the authors describe how the Butterworth filter can be used to reduce the computation time in online electroenzephalograms (EEG) while in [18] the Butterworth filter is reduced to describe trends in oscillating oceanographic data. This is particularly interesting because the number of messages sent in a social graph w.r.t. their time bins can also be seen as a oscillating (or at least fluctuating) signal that we want to represent by the filter output.

2.3 Enron Data Set

For the analysis and validation of our method we used the Enron data set[1]. The Enron mail corpus is a collection of email boxes from 150 employees of the Enron company. It contains the mail communication of these employees in a timeframe of about one year [19]. Like in every group of people there are subgroups (clusters) of people which are communicating together more often then with other employees. We removed both external contacts from the data (Enron employees sending mails to non-Enron employees) and all mail contacts with mailing lists. Duplicates (*firstname.lastname* vs. *firstnamelastname*) have been reduced to one single node and mails that were sent to several users at once were treated as separate events (such that a mail sent from A to B and C was considered as two identical mails that were sent from A to B and from A to C).

3 Methodology

As the Butterworth filter produces a continuous signal we want the filter response to be $^{\#msgs}/_l$ for a time step of length l to give a better generalization. This restriction and the fact that it produces an equal sum of values over a continuous time span directly lead to two adversing goals in finding an optimal frequency to describe the filter:

1. Minimize the difference between the discretely binned signal and the filter response.

2. Find a frequency $f \in (0, 1)$ that produces a continuous, smooth and locally linear approximation of the signal (i.e. has only a few local extrema).

While the number of extrema can be reduced by lowering the passband frequency (which at some point will result in a nearly constant response), the error can be reduced by increasing it. This interrelation is illustrated by Fig. 2, which shows the filter response for three different passband frequencies when applied to event data from the Enron data set (for simplicity, the data were treated as if belonging to a single edge). Of course the data should be split up into the real edges for any further analysis.

To evaluate the total complexity of the resulting model depending on the frequency we adapted Akaike and Bayesian Information Criterion (AIC /

---

[1]Obtained from http://www.cs.cmu.edu/~enron/.

BIC) [20, p. 110] to include the parameters we want to optimize on. For any given frequency f we can compute the mean squared error (MSE) for the resulting signal and count the number of extrema. The number n_e of extrema can be used as a measure for the complexity of the resulting curve by assuming we have to store this curve as a polynomial with a degree of $n_e + 1$.

Thus, the objective functions we need to minimize are

$$AIC(f) = 2k - 2 \cdot \ln(L) \quad \text{and} \quad BIC(f) = k \cdot \ln(n) - 2 \cdot \ln(L),$$

respectively, where k is the number of parameters and L is the likelihood of the model. Assuming the error in the model is standard normally distributed both functions can be simplified to [20, p. 110]

$$AIC(f) = 2k + n \cdot \ln(MSE) \quad \text{and} \quad BIC(f) = k \cdot \ln(n) + n \cdot \ln(MSE).$$

The MSE for a frequency f can be computed from the signal X with bins $x_1, \ldots, x_t, t = \|X\|$ and the produced (w.r.t. the frequency f) filter response $Y_f = (y_1, \ldots, y_t)$ as

$$MSE_f(X, Y_f) = \frac{1}{t} \sum_{i=1}^{t} (x_i - y_i)^2,$$

the number of parameters equals $n_e + 2$.

These functions can then be optimized using standard optimization techniques like simulated annealing [21] or gradient descent [22] techniques. According to the resulting shape of the curves for both objective functions (see Fig. 3) the optimal passband frequency for the depicted example data set lies near $f = 0.0075$, when limited to $(0, 0.2]$. Higher frequencies result in a filter response that does never fulfill the smoothness requirement although they might lead to lower values of the objective functions (see also Sect. 4).

For the purpose of storing event information in a coherent way across multiple edges in the interaction graph it is useful to only use one global frequency to apply the same filter on all edges. This removes the need to store the individual filter parameters, and results in only storing the last few signal and filter response values to be able to calculate the new filter response with the given, global parameter set.

Analyzing the distribution of optimal frequencies yields the curve from Figure 4. The optimal frequency found by the optimization algorithm employed is marked as dotted line and almost coincides with the lower marker.

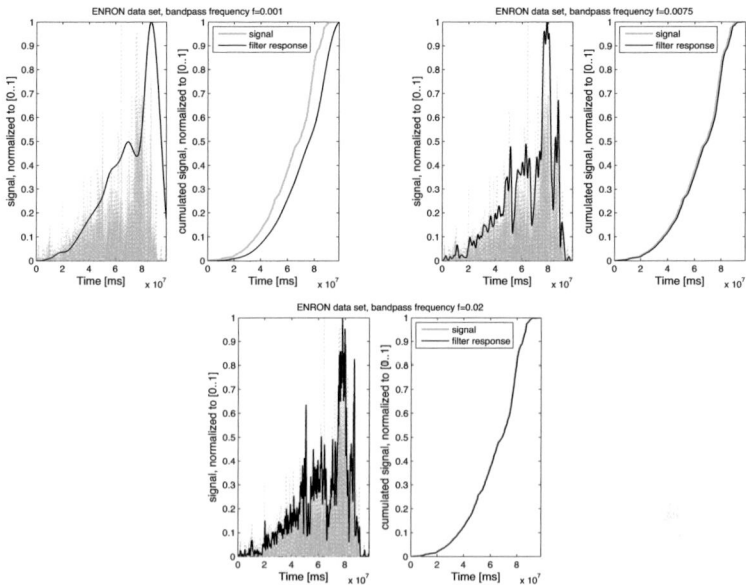

Figure 2: Filter response for different passband frequencies for Enron data set, time binning: 10'000 $^{ms}/_{bin}$.

The central marker gives the median of the distribution while the two outer markers indicate the points where the the curvature of the distribution goes toward zero. The frequencies falling between these outer markes roughly correspond to the frequencies which produce the minimal values for the AIC measure (see Figure 3) which makes this interval particularly interesting.

4 Evaluation/Results

4.1 Experimental Results

Naturally, when compared to a moving average filter, the MSE of our approach as compared to the original signal will be significantly higher (see Tbl. 1). As we never aimed at solely minimizing the error but also the complexity of the response signal, our method outperforms the moving average when using the BIC as optimization criterion. Though it may seem that the moving average performs better when considering AIC this is owed to this measure being biased toward models with very high complexity (i.e. very

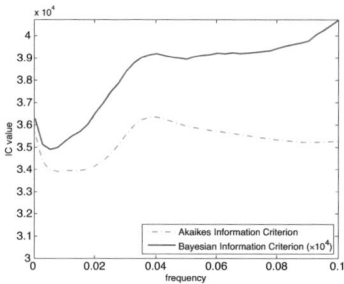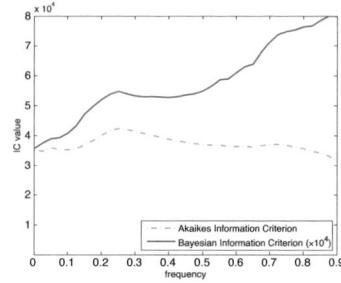

Figure 3: Left: AIC and BIC for the Enron data set, plotted against different passband frequencies (filter grade = 4). Right: Development of the two information criteria used over a larger interval. The interval $(0.9, 1]$ has been left out as the MSE heads towards zero in these cases which in turn leads to a term in AIC becoming negative.

low error). This effect can be seen on the right-hand side in Fig. 3. Here can be seen clearly, that the AIC has its true minimum for a frequency above 0.8. Hence we restricted optimization already to find an optimum only in the interval $(0, 0.2]$ where desirable (in terms of number of local extrema) results are achieved.

The comparison with other filters such as the Chebychev [23, p 36ff] or elliptical [23, p 44ff] may seem of interest here as well. Other filters tend to let frequencies pass that the Butterworth filter would not allow to pass. The optimal frequency derived for other filters will certainly differ from the one found by our method as the description because the set of parameters is langer for any of these filters while not changing the error measures very much. One of our goals was to increase the memory efficiency when storing edge weights so that the increased storage need for other filters is not justified by the at best slightly increased quality.

	Moving Average	Butterworth Filter
MSE	19.3163	33.3691
AIC	31068	33445
BIC	38814	34367

Table 1: Different evaluation measures to compare the moving average with the Butterworth Filter for the Enron data set.

As already described above, we observed during the evaluation of the error measures, that depending on the passband frequency the filter response shows some offset (see Fig. 5), which decreases with increasing frequency. We tried to find a best offset which could be applied to the filter response in order to reduce the overall error that occurs simply due to the offset.

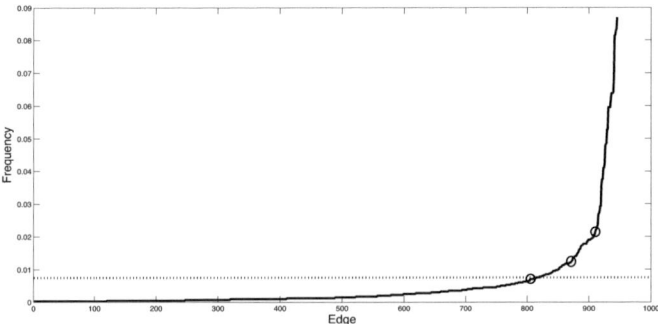

Figure 4: Distribution of optimal cutoff frequencies. Frequencies > 0.1 were dropped. The curvature of this distribution tends toward zero in the outer parts (outside the markers). The central marker gives the median of the distribution.

Plotting these offsets against the frequency they correspond to leads to Fig. 6.

Simple curve fitting yields that the optimal offset $o(f)$ can be calculated directly from the passband frequency used by the filter with the following formula: $o(f) = \left\lceil \frac{a}{f} + b \right\rceil$, where $a = 0.8347$ $[0.8341, 0.8352]$ and $b = 0.3388$ $[0.2085, 0.4691]$, (in brackets 95% confidence bounds). Actually the exponent for the factor f is not -1 but it is so close that we fixed it at -1 for simplicity. As we only have discrete bins, such a simplification seems reasonable as the following discretization of the result will obliterate most imprecisions. All of our experiments show that this formula seems to be independent from the given data set. That led us to the assumption to introduce this as a correction term into the objective function. This may be an important step for scenarios where the behavior of a user abruptly changes (increases or decreases). The filter will only adapt to this change after a certain amount of time. During adaption it will naturally deviate from the current process.

5   Conclusions

Applying a Butterworth filter can be used to describe event frequencies in event-based graphs as continuous signal as opposed to the inherent discrete nature of the signal. The resulting curve is continuous, smooth and without overfitting it gives a generally good approximation of the original

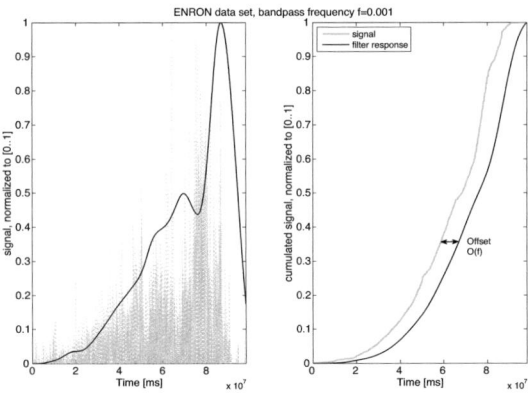

Figure 5: Offset between the true (left) and the response signal in the cumulated signal function (right).

signal. The filter itself can be described only by its coefficients and a few historical entries for each edge based on the grade of the filter, leading to an overall efficient memory usage. Still this approach leaves enough space for adjustments, e.g. by weighting the extrema or the MSE differently in the objective functions and thus leading to curves being either smoother or closer to the discrete signal. When changing the grade of the filter an even better approximation of the original curve is possible, decreasing the overall error at the cost of memory efficiency.

We investigated a complex network problem demanding hybrid analysis methods from both intelligent data analysis and network theory. We dealt with the analysis of dynamic graphs from social science. Firstly, we proposed a method to efficiently represent the strength of a relation between two entities based on events involving both entities. Using the Butterworth filter we were able to establish a continuous series of edge weights and thus graphs. Based on this data, the elements within the graph could be clustered. In Figure 7 such an clustering is proposed.

References

[1] Fischhoff, I. R.; Sundaresan, S. R.; Cordingley, J.; Larkin, H. M.; Sellier, M.; Rubenstein, D. I.: Social relationships and reproductive

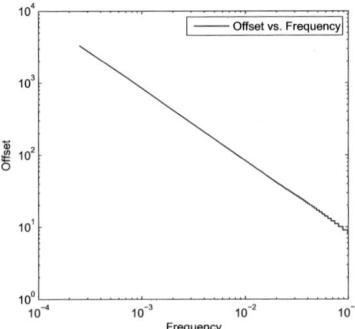

Figure 6: Optimal offset vs. passband frequency of Butterworth filter obtained by all experiments.

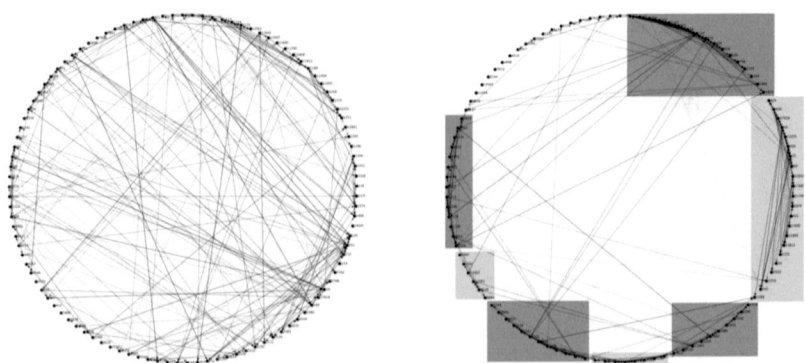

Figure 7: Snapshot of the Enron Data Set; left: unsorted; right: clustered and nodes sorted by clusters found

state influence leadership roles in movements of plains zebra, Equus burchellii. *Anim Behav* 73 (2007) 5, S. 825–831.

[2] Sporns, O.: *Networks of the Brain.* Cambridge, MA, USA: MIT Press. ISBN 978-0-262-01469-4. 2010.

[3] Faloutsos, M.; Faloutsos, P.; Faloutsos, C.: On power-law relationships of the Internet topology. In: *Proceedings of the conference on Applications, technologies, architectures, and protocols for computer communication*, SIGCOMM '99, S. 251–262. New York, NY, USA: ACM. ISBN 1-58113-135-6. 1999.

[4] Pereira-Leal, J. B.; Enright, A. J.; Ouzounis, C. A.: Detection of functional modules from protein interaction networks. *Proteins: Struct Funct Bioinf* 54 (2004) 1, S. 49–57.

[5] Kumar, R.; Novak, J.; Tomkins, A.: Structure and evolution of online social networks. In: *Proceedings of the 12th ACM SIGKDD international conference on Knowledge discovery and data mining*, KDD '06, S. 611–617. New York, NY, USA: ACM. ISBN 1-59593-339-5. 2006.

[6] Kleinberg, J. M.; Kumar, R.; Raghavan, P.; Rajagopalan, S.; Tomkins, A. S.: The web as a graph: measurements, models, and methods. In: *Proceedings of the 5th annual international conference on Computing and combinatorics*, COCOON'99, S. 1–17. Berlin, Heidelberg: Springer-Verlag. ISBN 3-540-66200-6. 1999.

[7] Zhang, J.: A Survey on Streaming Algorithms for Massive Graphs. In: *Managing and Mining Graph Data* (Aggrawal, C. C.; Wang, H., Hg.), Bd. 40 von *Advances in Database Systems*, S. 393–420. New York, NY, USA: Springer Science+Business Media, LLC. ISBN 978-1-4419-6044-3. 2010.

[8] Lahiri, M.; Berger-Wolf, T. Y.: Periodic subgraph mining in dynamic networks. *Knowl Inf Syst* 24 (2010), S. 467–497.

[9] Wassermann, S.; Faust, K.: *Social Network Analysis: Methods and Applications*, Bd. 8 von *Stuctural Analysis in the Social Sciences*. Cambridge, UK: Cambridge University Press. ISBN 0-521-38707-8. 1997.

[10] White, D. R.; Harary, F.: The Cohesiveness of Blocks In Social Networks: Node Connectivity and Conditional Density. *Sociol Methodol* 31 (2001) 1, S. 305–359.

[11] Dourisboure, Y.; Geraci, F.; Pellegrini, M.: Extraction and classification of dense communities in the web. In: *Proceedings of the 16th international conference on World Wide Web*, WWW '07, S. 461–470. New York, NY, USA: ACM. ISBN 978-1-59593-654-7. URL http://doi.acm.org/10.1145/1242572.1242635. 2007.

[12] Flake, G.; Lawrence, S.; Giles, C.; Coetzee, F.: Self-organization and identification of Web communities. *Computer* 35 (2002) 3, S. 66 –70.

[13] Blondel, V. D.; Guillaume, J.-L.; Lambiotte, R.; Lefebvre, E.: Fast unfolding of communities in large networks. *Journal of Statistical Mechanics: Theory and Experiment* 2008 (2008) 10, S. P10008. URL http://stacks.iop.org/1742-5468/2008/i=10/a=P10008.

[14] Traud, A.; Kelsic, E.; Mucha, P.; Porter, M.: Comparing community structure to characteristics in online collegiate social networks. *Arxiv preprint ArXiv:0809.0690* (2008).

[15] Alberts, D.; Cattaneo, G.; Italiano, G. F.: An empirical study of dynamic graph algorithms. *J Exp Algoritm* 2 (1997).

[16] Butterworth, S.: On the Theory of Filter Amplifiers. *Wireless Engineer* 7 (1930), S. 536–541.

[17] Alarcon, G.; Guy, C.; Binnie, C.: A simple algorithm for a digital three-pole Butterworth filter of arbitrary cut-off frequency: application to digital electroencephalography. *Journal of neuroscience methods* 104 (2000) 1, S. 35–44.

[18] Roberts, J.; Roberts, T.: Use of the Butterworth low-pass filter for oceanographic data. *Journal of Geophysical Research* 83 (1978) C11, S. 5510–5514.

[19] Klimt, B.; Yang, Y.: The Enron Corpus: A New Dataset for Email Classification Research. In: *Machine Learning: ECML 2004* (Boulicaut, J.-F.; Esposito, F.; Giannotti, F.; Pedreschi, D., Hg.), Bd. 3201 von *Lecture Notes in Computer Science*, S. 217–226. Springer Berlin / Heidelberg. ISBN 978-3-540-23105-9. 2004.

[20] Berthold, M. R.; Borgelt, C.; Höppner, F.; Klawonn, F.: *Guide to Intelligent Data Analysis: How to Intelligently Make Sense of Real Data*. Texts in Computer Science. Berlin: Springer-Verlag. 2010.

[21] Kirkpatrick, S.; Gelatt, C. D.; Vecchi, M. P.: Optimization by Simulated Annealing. *Science* 220 (1983) 4598, S. 671 –680.

[22] Snyman, J. A.: *Practical mathematical optimization: an introduction to basic optimization theory and classical and new gradient-based algorithms*, Bd. 97 von *Applied Optimization*. New York, NY, USA: Springer Science+Business Media, Inc. ISBN 978-0-387-24348-1. 2005.

[23] Wangenheim, L.: *Aktive Filter und Oszillatoren: Entwurf und Schaltungstechnik mit integrierten Bausteinen; mit 26 Tabellen*. Springer. ISBN 9783540717393. 2008.

Ensemble-Based Model Selection for Smart Metering Data

**Martina Friese, Oliver Flasch, Katya Vladislavleva,
Thomas Bartz-Beielstein, Olaf Mersmann, Boris Naujoks,
Jörg Stork, Martin Zaefferer**

Fakultät für Informatik und Ingenieurwissenschaften, FH Köln
Steinmüllerallee 1, 51643 Gummersbach
Tel.: +49 2261 8196-0
Fax: +49 2261 8196-15
E-Mail: {First Name}.{Last Name}@fh-koeln.de

1 Introduction

In times of accelerating climate change and rising energy costs, increasing energy efficiency becomes a high-priority goal for business and private households alike. Smart metering equipment records energy consumption data in regular intervals multiple times per hour, streaming this data to a central system, usually located at a local public utility company. Here, consumption data can be correlated and analyzed to detect anomalies such as unusual high consumption.

This paper describes results from an on-going project with GreenPocket GmbH (http://greenpocket.de), one of the leading players in smart metering and smart home in Germany. GreenPocket develops software solutions that preprocess smart metering data to give consumers insights into their consumption habits and provide them with accurate forecasts of their future energy consumption. Since the proprietary forecast models applied by GreenPocket are relatively simple, it is of great interest to compare them with more sophisticated modeling approaches, including symbolic regression (SR) and ensemble-based model selection.

We will present a sound experimental study, which is based on real-world data, to analyze the usability of the two approaches in a real-world setting. Research goals of this study will be presented in Section 2, while Section 3 describes data and experiments. The different prediction methods are introduced in Section 4 and Section 5 discusses the results. The paper concludes with a short outlook in Section 6.

2   Research Goals

The first goal of our study is to analyze benefits of ensemble-based approaches, i.e., approaches that evaluate several time-series models in parallel and allow an adaptation or even change of the current model based on new features and trends in the data. In theory, model adaptation improves the prediction accuracy. The second goal of our study is to analyze the performance of symbolic regression, a generic modeling approach, on the same real-world problem of electrical energy consumption forecasting. This application is based on genetic programming (GP) and not limited to time series forecasting.

This study will investigate the following research questions:

- **Q1** Can modern ensemble-based approaches, without further domain knowledge about the data used, compete with custom-built approaches in a real-world energy consumption time series prediction scenario?

- **Q2** Is symbolic regression, as a generic method, able to create time series prediction models as accurate as custom-built approaches in the same scenario?

3   Data and Experiments

To perform the investigations mentioned before, all approaches are trained on the same given data set and have to make a prediction for a given time interval. The experiments are run on energy consumption time series data supplied by GreenPocket. The data was recorded by two independent smart metering devices, installed at a commercial customer. Some data points are missing due to measurement or transmission issues, which is a common situation in real-world settings.

3.1   Training- and Test-Datasets

The data provided by GreenPocket are series of timestamp and meter reading pairs taken quarter hourly. Timestamps are given an ISO 8601 derived date/time format, meter readings are given in kilowatt hours (KWH). As the energy consumption time series data was recorded by two independent smart metering devices (`meter1` and `meter2`), each split into two time intervals (`series1` and `series2`) this results in four data sets.

We focus on the first time series data set, i.e., `meter1_series1`, which was split into a training and a test data set for our experiments. The training interval of this data set starts at `2010-12-06 23:15:00` and ends at `2011-03-06 00:00:00`, the test interval starts at `2011-03-06 00:15:00` and ends at `2011-04-04 21:45:00`. This amounts to a training data length of approximately 12 weeks and a test data length of 4 weeks. Figure 1 shows plots of this training data set. Note that there are

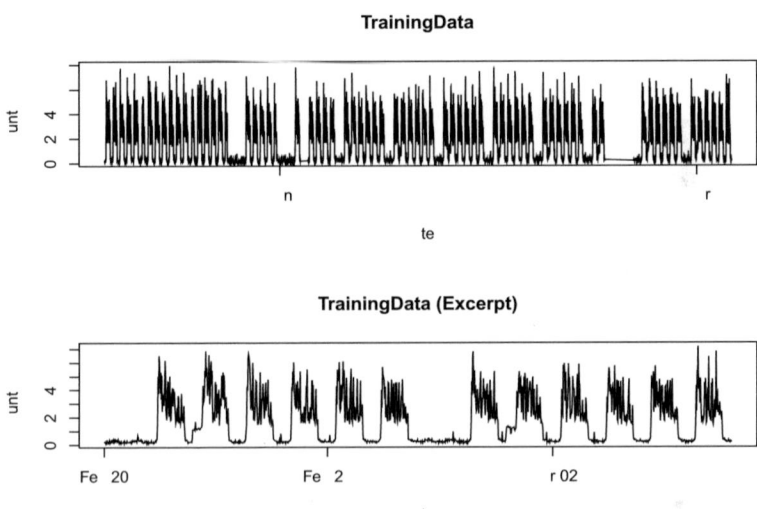

Figure 1: Plots of the training time series `meter1_series1`. Energy consumption meter readings (measured in KWH) were recorded every fifteen minutes. The upper plot shows the complete data range, the lower plot the last two weeks.

missing data points in the training data set. Visual inspection reveals daily periods, while weekly periods are detectable, but not as clearly defined.

3.2 Prediction Quality Rating

For these experiments each approach was fitted on the training data introduced above and had to deliver a quarter-hourly prediction time series for the 4 weeks of test data given above. To evaluate the quality of a predicted electrical energy consumption time series we consider three different error measures.

MAE   The *mean absolute error* (MAE) between the predicted time series $\hat{t}$ and the respective true energy consumption (test) time series t. Equation 1 defines the RMSE.

$$\text{MAE}(\hat{t}, t) := \frac{\sum_{i=1}^{n} |\hat{t}_i - t_i|}{n} \tag{1}$$

RMSE   The *root mean square error* (RMSE) between the predicted time series $\hat{t}$ and the respective true energy consumption (test) time series t. Equation 2 defines the RMSE.

$$\text{RMSE}(\hat{t}, t) := \sqrt{\frac{\sum_{i=1}^{n} (\hat{t}_i - t_i)^2}{n}} \tag{2}$$

RMSElog   The *root mean square error log* (RMSElog) is the RMSE between the logarithm of the predicted time series $\hat{t}$ and the logarithm of the respective true energy consumption (test) time series t:

$$\text{RMSElog}(\hat{t}, t) := \sqrt{\frac{\sum_{i=1}^{n} (\log(1 + \hat{t}_i) - \log(1 + t_i))^2}{n}}. \tag{3}$$

The reason we apply a logarithmic transformation to the time series is that energy consumption is always positive or zero and its distribution is highly skewed. The RMSE on the other hand is a symmetric loss function and therefore is best applicable if the error distribution is symmetric. By applying a log transformation we hope to obtain a less skewed distribution. We also postulate that this loss is closer to what is important in a practical application.

4   Methods

The ensemble-based methods that we focus on in this work are implemented in the R forecast package and include Exponential smoothing state space (ETS) models and automated Autoregressive Integrated Moving Average (ARIMA) modeling [1]. Using ensembles the software chooses a single model from the large model class, which is used for prediction. In addition, we study the performance of symbolic regression via GP as a general method not limited to univariate time series forecasting. For this we use Data Modeler, a commercial GP package based on Mathematica, as our implementation of symbolic regression [2].

4.1 Baseline (GreenPocket)

The baseline method provided by GreenPocket and applied in their production systems is an example of an extremely simple yet computationally highly efficient time series prediction method. The prediction is the average energy consumption of the last 14 days at the same time of day as the prediction. This model is even simpler than a moving average as it has a fixed time horizon (14 days) after which an observation has no influence on a prediction.

4.2 Ensemble-based Methods

Classical time series forecasting methods, including exponential smoothing state space models or ARIMA models, are widely and successfully applied to practical time series forecasting problems much like the one discussed in this work. Both ETS and ARIMA models can capture a wide variety of different data generating processes. Consequently it is the burden of the user to choose a set of parameters for the model such that it adequately fits the data. Because selecting an appropriate model structure for a given forecasting problem is essential for obtaining good results, this selection process is often considered difficult by users not trained in statistical time series analysis. Furthermore, manual model structure selection is a time-consuming and error prone task even for trained users.

To alleviate these difficulties and to enable automatic forecasting for time series data of unknown structure, ensemble-based methods have been developed that automate the model selection process. In this work, we study the accuracy of two state-of-the art methods for automatic time series forecasting: Automated ARIMA models and automated exponential smoothing state space models.

Both methods are limited to time series with small to medium-sized seasonal frequencies. The automated ARIMA implementation we use in this study is able to support seasonal period lengths of up to $m = 350$ time units, while in practice, memory constraints of our implementation will limit this value to about $m = 200$. Yet in theory, the number of parameters to be estimated during ARIMA model fitting does not depend on m, so any m should be possible. Similarly, the automated ETS implementation we use restricts seasonality to a maximum period of 24 time units. This limitation stems from the fact that there are $m - 1$ parameters to be estimated for the initial seasonal states. As model parameters have to be estimated for many models structures, the automated ETS algorithm becomes computationally infeasible for large m.

As mentioned in Section 3, our quarter-hourly training data (96 measurements per day) indicates daily as well as weekly periods, warranting a period length of $m = 672$ to capture the weekly periodicity in the data. Unfortunately, this puts this problem clearly out of reach of our current implementations of both automated ARIMA and automated ETS. As a simple workaround, we therefore applied the STL decomposition to seasonally adjust the data, only then applied automated ETS or automated ARIMA to forecast the adjusted data, and finally added the seasonal component back into the forecasts. STL is a procedure that decomposes a seasonal time series into trend, seasonal, and remainder components by a sequence of applications of the LOESS smoother [3]. We used the STL implementation from the R stats package [4].

Automated ARIMA Models   By using STL to seasonally adjust the input data, we are able to apply a non-seasonal ARIMA(p, d, q) process of the form

$$\phi(B)(1 - B)^d y_t = c + \theta(B)\epsilon_t. \tag{4}$$

Here, $\{\epsilon_t\}$ is a white noise process with mean zero and variance σ^2. B is the backshift operator, and $\phi(z)$ and $\theta(z)$ are polynomials of order p and q. For $c \neq 0$, the implied polynomial in the forecast function has order d. Automated ARIMA forecasting then consists of selecting appropriate values p, q and d, i.e. an appropriate model order. We do this using Akaike's Information Criterion (AIC).

$$\text{AIC} := -2\log(L) + 2(p + q + k), \tag{5}$$

where $k := 1$ if $c \neq 0$ and 0 otherwise. L is the likelihood of the model when fit to the differenced data $(1 - B)^d y_t$. As the likelihood of the full model for y_t is not actually defined and therefore AIC values for different levels of differencing are not comparable, d is chosen via unit-root tests based on a null hypothesis of no unit-root. ARIMA(p, d, q) models where d is selected based on successive KPSS unit-root tests are considered as models. The procedure successively tests higher order differences of the data for a unit root until a non-significant p value is observed.

As there are too many parameter combinations of p, q, and d for an exhaustive search for the model with globally best AIC, a step-wise algorithm is applied. In the first step, the four models ARIMA$(2, d, 2)$, ARIMA$(0, d, 0)$, ARIMA$(1, d, 0)$, and ARIMA$(0, d, 1)$ are fitted with $c \neq 0$ if $d \leq 1$ or with $c = 0$ otherwise. The model with the best AIC is designated as the *current* model. In the second step, variations of the current model are considered by varying the model parameters by ± 1 in an iterative process, respecting several constraints on the fitted models. When a model of better AIC is discovered, it becomes the new current model, until no variation of the current model with lower AIC is found. The then current model is used to produce forecasts. [1]

Automated ETS Models   As shown in [1], exponential smoothing methods are equivalent to optimal forecasts from innovations state space models. We thus consider the class of all innovations state space models as the pool for model selection in automated ETS modelling. To distinguish model structures, the notation ETS(error, trend, seasonality) is employed, where the error component can be either additive or multiplicative, the trend component can be either missing, additive, additive damped, multiplicative, or multiplicative damped, and the seasonality component can be either missing, additive, or multiplicative. Considering all combinations, there are 30 model structures. In our case, as our input data is not strictly positive and already seasonally adjusted, multiplicative error models are not applicable, and the seasonality component may be disabled (missing), reducing the pool to only 5 model structures.

All 30 (in our case only 5) innovations state space model structures share a general layout consisting of a state vector $\vec{x}_t := (l_t, b_t, s_t, s_{t-1}, \ldots, s_{t-m+1})'$ and the state space equations

$$y_t = w(\vec{x}_{t-1}) + r(\vec{x}_{t-1})\epsilon_t \tag{6}$$
$$\vec{x}_t = f(\vec{x}_{t-1}) + g(\vec{x}_{t-1})\epsilon_t. \tag{7}$$

In these equations, $\{\epsilon_t\}$ is a Gaussian white noise process with mean zero and variance σ^2, and $\mu_t = w(x_{t-1})$. In the model with additive errors, $r(x_{t-1}) = 1$ holds, so that $y_t = \mu_t + \epsilon_t$. To calculate point forecasts until horizon h, these equations can be iteratively applied for $t = n + 1, n + 2, \ldots, n + h$, while setting $\epsilon_{n+j} = 0$ for $j = 1, \ldots, h$.

Parameters for these innovations state space models are obtained by maximum likelihood estimation. The model structure most appropriate for the input data at hand can then be selected based on AIC, leading to the automated ETS forecasting algorithm of [1]:

1. Apply all model structures to forecast the input time series, choosing model parameters by maximum likelihood estimation.

2. Select the model with the best AIC.

3. Use this model to produce h point forecasts.

4.3 Data Modeler

In addition to GreenPocket's approach and our ensemble approach a state of the art modeling approach based on Genetic Programming (GP), namely Evolved Analytics' Data Modeler, will be included in our study as the third modeling tool. [5]

We would argue that the challenge of predicting one month of energy consumption based on three months worth of data is not a conventional problem for symbolic regression (SR) modeling with GP. Symbolic regression is a methodology for finding global relationships in data and for global approximation. SR via GP uses stochastic iterative search process (evolution) to evolve appropriate model forms using supplied set of input variables, functional primitives, and constants. Models are developed to achieve optimal trade-offs between prediction accuracy on provided input-response data and model complexity and numerical stability. SR is particularly useful for finding laconic expressions for smooth albeit high-dimensional response surfaces.

The main goal of applying ensemble-based symbolic regression to the non-smooth data was to see whether this flexible methodology is capable to appropriately identifying the time lags and combine them together into acceptable dynamic models. We used ensemble-based symbolic regression implemented in Data Modeler [2], because it is best suited for modeling very high dimensional data with a only small fraction of input variables significantly related to the response. Due to space limitations we only report the results of GP experiments which used variations of lagged consumption as input variables. While predicting energy consumption one day ahead did not pose real challenges for GP, achieving success for predictions one month ahead has hit a wall of decreased prediction accuracy on both training and test data. To predict four weeks ahead we were forced to set the considered time-lags considered to 28 days (2688 quarter intervals) and earlier.

In described experiments we used the quarter-hourly time lags between 28 and 35 days from the moment of prediction (672 time-lags, i.e. input variables), and we also constructed a reduced set of inputs of all quarter-hour intervals between 28 and 29 days ago, lags between exactly 28 and 35 days ago, and lags between 28 days and one quarter-hours and 35 days and one quarter-hour ago – 110 variables in total. The variables used in the experiment are:

d_{2688}–d_{2784}, d_{2880}, d_{2976}, d_{3072}, d_{3168}, d_{3264}, d_{3360}, d_{2785}, d_{2882}, d_{2979}, d_{3076}, d_{3173}, d_{3270}, d_{3367}, where $d_i(t) = c(t - i)$, for $c(t)$ being a quarter-hourly energy consumption at time moment t. Because of the large backshift we could only use 5093 records from the given training data (63%). All GP runs used a arithmetic operators and *square, minus, inverse* as functional primitives, random constants sampled from the interval $[-5, 5]$, and time-limited evolutions of 20 minutes each (for other default GP settings see [2]). In the first evolutions a consistent set of driving variables was discovered (see Figure 2). The top ten driving variables were further used for new runs in a reduced space with all other settings the same.

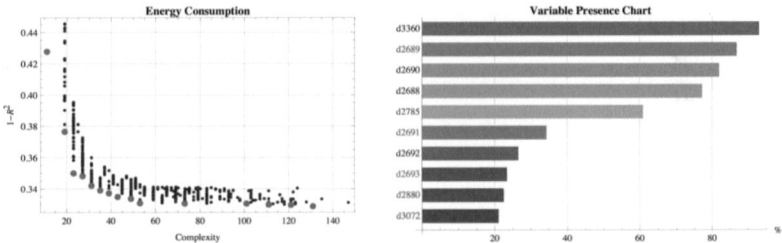

Figure 2: GP results of the first experiments: Selected Model Set and Driving Variables. Left plot presents the selected set of models plotted in the space of model complexity (sum of nodes of all subtrees corresponding to the parse-tree defining the model) and model accuracy ($1-R^2$). Variable presence in the right plot stands for the fraction of models in the selected set containing variable in question.

The runs in the second batch generated models of higher prediction accuracy and smaller complexity. From these models we selected an ensem-

ble of models using the SelectModelEnsemble. DataModeler defines final
model prediction at a certain point as an average of five predictions closest
to the median of predictions of ensemble models at this point. The model
closest to the median prediction on test data was the model from the knee
of the Pareto Front of the ensemble models:

$$t(i) = 8.94 - \frac{253.62}{28.15 + t(i - 2688) + t(i - 2689) + t(i - 2690) + t(i - 2785) + t(i - 3360)}.$$

Even without constant optimization the model alone produces the prediction error on the test set of RMSE $= 1.03$. This accuracy is comparable
with an accuracy of the RMSE $= 0.97$ of the golden batch week prediction
constructed by averaging available consumption per day of the week (from
Monday to Sunday) and predicting test data only using day of the week
and a quarter-hour time moments.

Our results indicate that ensemble-based symbolic regression while used
for constructing global approximation of high-dimensional data is capable of identifying appropriate time lags and creating small and very interpretable dynamic models in such a challenging problem like energy consumption.

5   Results and Discussion

The predicted energy consumption for all four models is shown in Figure 3.
From that figure it is easy to see that the GreenPocket prediction for each
day is the same which is explained by the fact that their model has no
covariates and only carries the average daily consumption profile of the
last 14 days of the training data forward. Consequently it fails to predict
the days of low consumption (Sundays) in the test data. Both the ETS as
well as the ARIMA prediction are dominated by the seasonal effect which
is estimated by the STL procedure. Therefore their predictions differ only
slightly. If we check the chosen ARIMA model, we see that it has, as
expected, no lag and the ETS model is a simple additive model without
any periodicity. The prediction from Data Modeler, the GP system in our
comparison, appears quite different. It has a lower intra-day variance and
mispredicts the consumption on "off" days by a small but noticeable offset.

It is unclear which of the three models is the "best". In practice there are
likely no measurable differences between the ARIMA and ETS model so

one would choose the model with the lower computational burden. This is confirmed by the three error measures depicted in Table 1.

According to those error measures, the predictions by Data Modeler are

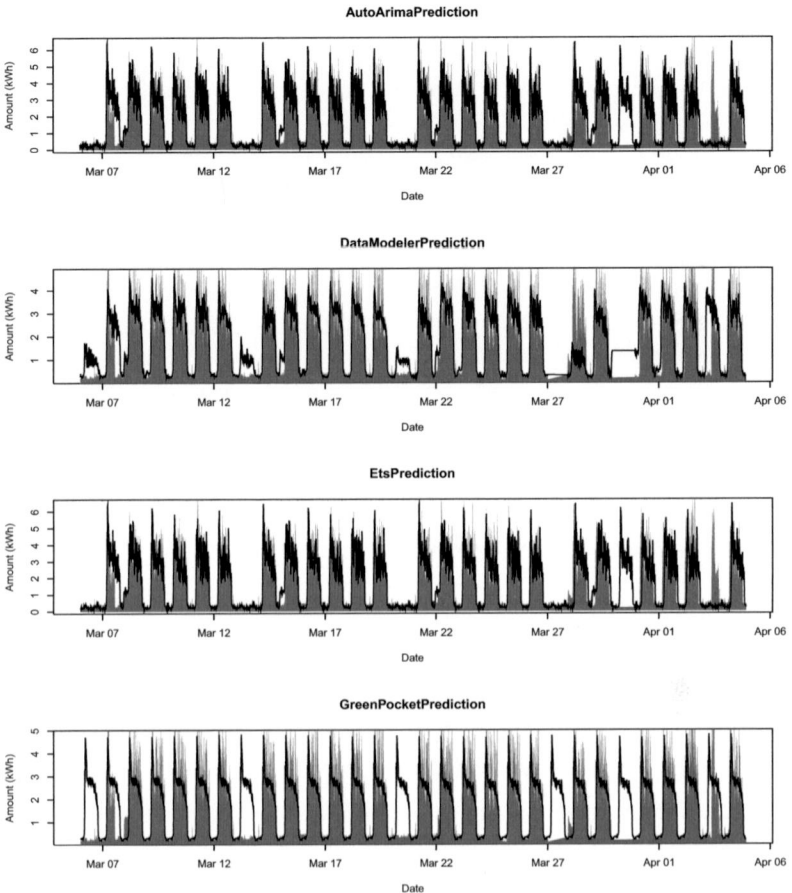

Figure 3: Time series plots of the test data range predictions generated by the methods studied in this paper. From top to bottom: Ensemble-based ARIMA (AutoArimaPrediction), symbolic regression (DataModelerPrediction), ensemble-based exponential smoothing (EtsPrediction), Green-Pocket baseline (GreenPocketPrediction). The true energy consumption time series is shown as a gray backdrop in each plot.

Method	RMSE	MAE	RMSElog
Automated ARIMA	1.157	0.710	0.352
Automated ETS	1.157	0.710	0.352
Data Modeler	**1.030**	**0.699**	**0.328**
GreenPocket	1.151	0.741	0.382

Table 1: Results of the different experiments. Error measure values were truncated to 3 decimal digits. Best error values are shown in bold font.

always slightly better, regardless of the error measure used. This is not all that surprising given that Data Modeler can choose its model from a much broader and richer class of models.

Overall it is entirely not clear which error measure is the most appropriate for this problem. All of the models discussed still have weaknesses which are not necessarily captured by the error measures used. In the future we want to investigate look into loss functions which model the actual business case—euros saved or spent based on the (mis)prediction of the model. This would require yet another time series, the energy prices per quarter hour, and its prediction to evaluate a joint model for a purchasing strategy.

6 Conclusions and Outlook

The two ensemble-based time-series prediction methods are easily applicable and are able to provide precise forecasts. Regarding research question **Q1** posed in Section 2 of this work, our experiments show that modern ensemble-based approaches, without further domain knowledge about the data used, are able to compete with custom-built approaches in our real-world energy consumption time series prediction scenario.

GP and symbolic regression in particular is a promising model generation strategy, because it can find structure as well as driving variables at the same time. Given such a model, the constants can then be adapted to fit different data from the same domain. It should also be applicable to other consumption problems. Regarding research question **Q2**, our results show that symbolic regression, as a generic method, is able to create time series prediction models that are as accurate as custom-built approaches, at least in our application scenario.

In future work we will investigate whether the models constructed for one particular customer can be used to predict energy consumption of other customers by merely re-fitting model parameters.

References

[1] Hyndman, R. J.; Khandakar, Y.: Automatic Time Series Forecasting. The forecast Package for R. *Journal of Statistical Software* 27 (2008) 3, S. 1–22. URL http://www.jstatsoft.org/v27/i03.

[2] LLC, E. A.: *DataModeler Release 8.0 Documentation.* Evolved Analytics LLC. URL www.evolved-analytics.com. 2011.

[3] Cleveland, R. B.; Cleveland, W. S.; McRae, J. E.; Terpenning, I.: STL: A Seasonal-Trend Decomposition Procedure Based on Loess. *Journal of Official Statistics* 6 (1990) 1, S. 3–33. URL http://www.jos.nu/Articles/abstract.asp?article=613.

[4] R Core Team: *R: A Language and Environment for Statistical Computing.* R Foundation for Statistical Computing, Vienna, Austria. URL http://www.R-project.org/. ISBN 3-900051-07-0. 2012.

[5] Kordon, A. K.; Smits, G.; Kotanchek, M. E.: Industrial evolutionary computing. In: *GECCO (Companion)* (Thierens, D., Hg.), S. 3297–3322. ACM. URL http://dl.acm.org/citation.cfm?doid=1274000.1274115. 2007.

Ein memetischer Algorithmus zur globalen Designoptimierung

Maren Urselmann und Sebastian Engell

Lehrstuhl für Systemdynamik und Prozessführung, TU Dortmund
Emil-Figge-Str. 70, 44227 Dortmund
Tel.: (0231) 755 5127
Fax: (0231) 755 5129
E-Mail: maren.urselmann@bci.tu-dortmund.de

Zusammenfassung

Designoptimierungsprobleme der chemischen Industrie zeichnen sich durch eine große Anzahl diskreter und kontinuierlicher Entscheidungsvariablen, komplexe nichtlineare, den Suchraum stark beschränkende Modelle, nichtlineare Kostenfunktionen und die Existenz vieler lokaler Minima aus. Der klassische Ansatz zur Lösung dieser Probleme ist die Verwendung von MINLP-Methoden, die auf einer sogenannten Superstrukturformulierung arbeiten, welche explizit alle Designalternativen repräsentiert. Strukturelle Entscheidungen, die anhand diskreter Variablen dargestellt werden, führen dabei zu einem substantiellen Rechenzeitanstieg. In früheren Arbeiten führten wir einen memetischen Algorithmus (MA) zur Lösung dieser Probleme ein, bestehend aus einer ES zur globalen Optimierung der Designvariablen und einem robusten MP-Löser. Durch Auftrennung der üblicherweise simultan durchgeführten Bestimmung der Zustandsvariablen und der Optimierung der Designvariablen und durch die Verwendung einer Repräsentation variabler Länge konnte der Suchraum des MA und die Anzahl diskreter Variablen deutlich reduziert werden. In diesem Beitrag wird die Leistungsfähigkeit zweier kommerziell erhältlicher Referenzalgorithmen und die des MA anhand der Ergebnisse für unterschiedlich komplexe Modellinstanzen eines Designproblems der chemischen Industrie analysiert, verglichen und im Hinblick auf das Potential der vorhandenen Ansätze zur Lösung echter Designprobleme höherer Komplexität untersucht.

1 Einleitung

Chemische Produktionsprozesse bestehen aus einem oder mehreren miteinander verschalteten Reaktoren, in denen Rohmaterialien zu Zwischen- oder Endprodukten reagieren, gefolgt von einer Aufbereitungsphase, in der die wertvollen Produkte von unerwünschten Nebenprodukten oder von verbrauchten Rohmaterialien getrennt werden. Die Kosten der Prozesse und ihr Einfluss auf die Umwelt hängen zu einem großen Teil von der Auswahl der chemischen Produktionsroute ab, die durch die Auswahl und

Verschaltung der Operationseinheiten und durch die Betriebsbedingungen der einzelnen Elemente bestimmt werden. Für die Pro tabilität eines Unternehmens ist das Design der von ihr betriebenen Produktionsprozesse von entscheidender Bedeutung. In der Forschung wurden systematische Methoden zur Optimierung von Anlagenkon gurationen und -parametern entwickelt, um den meist auf Heuristiken basierenden trial-and-error Prozess des Designs zu verbessern. Die Basis bildet dabei eine Beschreibung aller möglichen Verfahrens- und Verschaltungsalternativen durch eine sogenannte *Superstruktur*, die alle sinnvollen Möglichkeiten enthält. Aus der durch mathematische Modelle formulierten Superstruktur werden durch mathematische Optimierung die günstigsten Elemente und Verkopplungen ausgewählt und parametriert. Dies führt zu komplexen Optimierungsproblemen mit mehreren tausend Variablen, welche durch ebenso viele leichungen und Ungleichungen miteinander gekoppelt sind. Die zu optimierende Zielfunktion ist meist ein Modell zur Berechnung des auf das ahr umgerechneten ewinns. Aufgrund des hochgradig nichtlinearen Charakters der Modelle und der Existenz diskreter Variablen zur Modellierung struktureller Entscheidungen (z. B. dem Vorhandensein von Strömen oder Apparaten) sind diese Optimierungsprobleme numerisch schwer zu lösen. Insbesondere führt die Existenz diskreter Variablen beim Einsatz von üblicherweise verwendeten Methoden der gemischt ganzzahligen nichtlinearen Programmierung (MINLP) zu exponentiell wachsenden Rechenzeiten. Ein weiteres grundsätzliches Problem ist die Existenz vieler lokaler Optima, weil die verwendeten nichtlinearen Optimierungsverfahren in der Regel abhängig von der Initialisierung nur ein einzelnes lokales Optimum liefern.

In 1 und 2 führten wir einen memetischen Algorithmus (MA) zur globalen Optimierung eines rechenintensiven Designproblems der industriellen Praxis ein. Der MA kombiniert eine Evolutionsstrategie (ES) mit einem robusten MP-Löser. ährend Standardmethoden üblicherweise integrativ die Designentscheidungen und Betriebsparameter optimieren und die zum Design gehörenden Zustandsvariablen der Modelle bestimmen, ermöglicht die Verwendung eines MA die Trennung dieser Operationen, was die Dimension des Suchraums stark reduziert. Die ES übernimmt hierbei die globale Optimierung der Designentscheidungen, sodass der MA lokalen Optima entkommt. Der MP-Löser wird zur Behandlung der komplexen nicht-linearen Restriktionen eingesetzt und führt eine Verbesserung der Individuen der ES durch eine lokale Suche in kontinuierlichen Unterräumen durch. Die Verwendung einer Repräsentation variabler Länge innerhalb der ES erlaubt die Darstellung struktureller Entscheidungen mithilfe einer geringen Anzahl diskreter Variablen, wodurch der Suchraum des MA im

Vergleich zu den Standardmethoden zusätzlich reduziert wird. Das in 1 verwendete Fallbeispiel (das Design einer reaktiven Rekti kationskolonne zur Herstellung von MTBE) wurde in 2 um einen zusätzlichen optionalen Außenreaktor erweitert. Da komplexe Designprobleme in der Praxis meist mehrere Operationseinheiten enthalten und dadurch die Anzahl struktureller Entscheidungen steigt, wird in dieser Arbeit die Leistungsfähigkeit des MA und die zweier kommerziell erhältlicher Referenzalgorithmen mit Blick auf die röße der Problemvarianten näher betrachtet, um eine Aussage über deren Potential zur Optimierung komplexerer Designprobleme treffen zu können. Als Referenzalgorithmen dienen der Löser SBB in Kombination mit dem lokalen Löser CONOPT (SBB CONOPT) und eine Erweiterung dieser Kombination von Algorithmen durch eine Streusuche (SBB O NLP CONOPT). Eine detaillierte Beschreibung dieser Algorithmen ist in 3 zu nden.

2 Das Fallbeispiel

Das in dieser Arbeit betrachtete Fallbeispiel ist das optimale Design einer reaktiven Rektifikationskolonne (RRK) mit einem optionalen, externen Außenreaktor zur Herstellung des Antiklopfmittels Methyl tert-Butyl Ether (MTBE). Die genauen Details des hier verwendeten Beispiels können den Arbeiten [2] und [3] entnommen werden.

2.1 Designoptimierung reaktiver Rektifikationskolonnen

Reaktive Rektifikationskolonnen sind große zylindrische Anlagen, die Reaktion und Trennung chemischer Stoffe in einem einzigen Apparat integriert realisieren. In Teil a) der Abbildung 1 sind typische industrielle Rektifikationskolonnen (RKs) zu sehen, während Teil b) der Abbildung die schematische Struktur einer solchen Kolonne zeigt. RKs werden verwendet, um flüssige Mischungen aufzutrennen. Eine Kolonne besitzt am Boden einen Verdampfer, eine Anzahl von *Stufen* und einen Kondensator am Kopf der Kolonne. Die flüssige Mischung wird am *Sumpf* der Kolonne verdampft. Der entstehende Dampf steigt auf, passiert die Stufen und wird am Kopf kondensiert. Die Konzentration der Komponente mit dem niedrigsten Siedepunkt reichert sich in Richtung des Kopfes und die Konzentration der Komponente mit dem höchsten Siedepunkt in Richtung des Sumpfes der Kolonne an. Im Falle einer heterogenen reaktiven Rektifikationskolonne enthalten einige der Stufen Katalysator zur Aktivierung einer chemischen

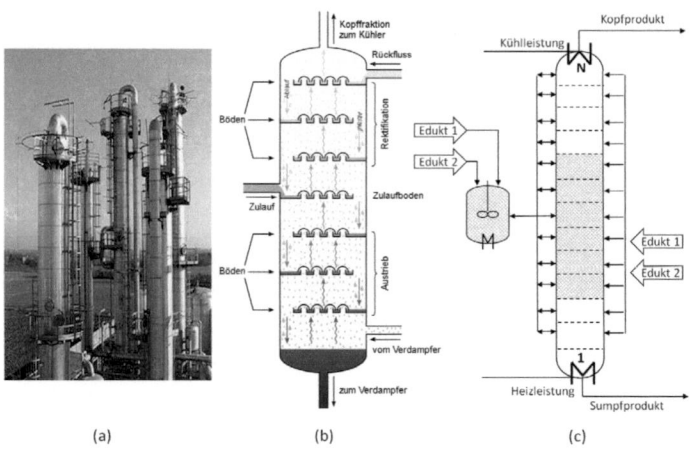

Bild 1 Typische industrielle Rektifikationskolonnen (a), schematische Struktur einer Rektifikationskolonne (b), Superstruktur einer reaktiven Rektifikationskolonne mit optionalem, externem Außenreaktor (c)

Reaktion. Die Rohmaterialien werden der Kolonne auf einigen ihrer Stufen (den u uf tufen) hinzugefügt. ur Steigerung der roduktivität einer solchen Anlage kann es sinnvoll sein, einen oder mehrere externe Reaktoren mit der Kolonne zu verschalten.

iel der Designoptimierung einer RK mit optionalem Außenreaktor ist, das bezüglich der annualisierten esamtkosten optimale Design aus allen möglichen Alternativen herauszufinden. Die zu treffenden Designentscheidungen betreffen die Kolonne, den Reaktor und die Austauschströme zwischen Kolonne und Reaktor. Das Design der Kolonne wird bestimmt durch die Stufenzahl, die Menge der unterschiedlichen Feeds und die des Katalysators auf eder Stufe der Kolonne, die Rückflussrate am Kopf und das Verhältnis der Verdampfungsrate zur roduktentnahme am Sumpf der Kolonne und durch die Anzahl und age der ulaufströme. Das Design des Reaktors *cstr* wird durch das Volumen, die Temperatur im Reaktor und die Menge der unterschiedlichen Feedströme in den Reaktor, sowie den Austauschströmen zwischen dem Reaktor und der Kolonne bestimmt. Bei den üblicherweise zur ösung dieser robleme verwendeten MI - Techniken ist die Definition einer Superstruktur notwendig. Teil c) von Abbildung 1 zeigt die schematische Superstruktur einer RRK mit zwei Eduktströmen und einem optionalen Außenreaktor. Die Superstruktur beinhaltet die maximal mögliche Stufenzahl, wobei einige dieser Stufen deaktiviert werden können, um die Darstellung kleinerer Kolonnen zu ermöglichen.

Es sind alle möglichen ulaufströme aller Edukte, alle möglichen Austauschströme in beide Richtungen als auch eine beliebige Menge an Katalysator auf eder Stufe der Kolonne enthalten. ur Berechnung des ährlichen esamtprofits eines speziellen Designs ist eine Simulation zur Bestimmung der ustandsvariablen (e en) erforderlich. Die Modellvariablen repräsentieren die Betriebsbedingungen innerhalb der Kolonne und dem Reaktor, z.b. den Druck oder die Dampfgeschwindigkeiten.

2.2 etra tete o ellvarianten

ur Beurteilung des otentials der unterschiedlichen Algorithmen werden Varianten des Fallbeispiels unterschiedlicher röße betrachtet die MTBE-Kolonne mit optionalem Außenreaktor (MTBE STR) und ohne (MTBE), eweils ohne und mit Beschränkungen der Anzahl der ulauf- bzw. der Austauschströme. Modelle mit strukturellen Beschränkungen werden durch das Kürzel $_F$ gekennzeichnet, d.h. MTBE $_F$ bzw. MTBE STR $_F$. Es werden vier Formulierungen der MTBE-Modelle mit fixiertem bzw. variablem Druck im Reaktor und mit fixierter bzw. variabler esamtmenge der Eduktströme betrachtet. In Tabelle 1 sind die nterschiede dieser vier Formulierungen zusammengefasst Ist die esamtmenge der Eduktströme

	Eduktmenge	Druck im Verdampfer
MTBE^{fix} bzw. MTBE STR^{fix}	fixiert	fixiert
MTBE^f bzw. MTBE STR^f	obere Schranke	fixiert
MTBE^p bzw. MTBE STR^p	fixiert	variabel
MTBE^{pf} bzw. MTBE STR^{pf}	obere Schranke	variabel

Tabelle 1 Varianten der Modellformulierungen

nicht fest vorgegeben, wird sie als obere Schranke für die Summe der ulaufvariablen modelliert. Die genauen Modellgleichungen, arameter und Details zu den Formulierungen können in [1] nachgeschlagen werden.

in memetis er lgorit mus ur Designoptimierung

Der MA ist eine Kombination aus einer Evolutionsstrategie (ES) und einer Methode der mathematischen rogrammierung, die auf dem reduzierten radientenverfahren basiert. Durch die Kombination der verschiedenen Methoden wird die Fähigkeit beider Algorithmenklassen zur Verbesserung des ptimierungsprozesses ausgenutzt. Die ES übernimmt die globale ptimierung der Designvariablen, die sowohl alle diskreten als auch

einige der kontinuierlichen Variablen umfassen. Die Simulation des ro-
zesses und die anschließende lokale Suche im Raum aller kontinuierlichen
Variablen übernimmt ein effizienter kontinuierlicher, mathematischer ö-
ser (T), der die vorliegenden robleme robust lösen kann. Die ES
generiert Designalternativen, die vom M   öser in eder eneration lokal
verbessert werden. Abbildung 2 zeigt die   rundstruktur des MA.

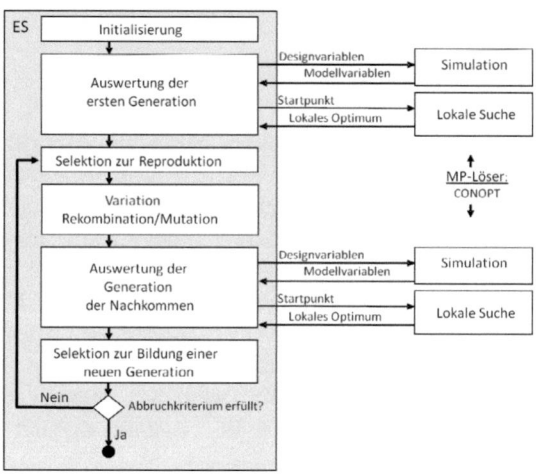

Bild 2   rundstruktur des memetischen Algorithmus zur   ösung von Designoptimie-
rungsproblemen

Der   ptimierungsprozess der ES startet mit einer zufälligen Initialisierung
der ersten   eneration unter Berücksichtigung der auf den Designvariablen
definierten   ebenbedingungen. ur Auswertung dieser Individuen werden
die Modellgleichungen gelöst. Im nächsten Schritt werden die diskreten
Variablen fixiert und die kontinuierlichen   nterprobleme lokal mithilfe
des Solvers   T gelöst. Das vom EA vorgeschlagene Kolonnende-
sign dient dabei als Startpunkt für die lokale Suche. Als Ergebnis liefert
der   ptimierungsprozess ein lokales   ptimum im Raum aller kontinuierlichen Variablen. Entsprechend dem Evolutionsmodell von   amarck werden
die   ene der Individuen durch die des korrespondierenden lokalen   pti-
mums ersetzt. Die   achkommen der aktuellen   eneration werden mithilfe problemspezifischer Variationsoperatoren generiert. Alle   achkommen
werden in derselben Art und   eise bewertet, wie die Individuen der ersten   eneration, wobei die   opulation der nächsten   eneration mittels der
(μ, κ, λ)-Selektion [ ] gebildet wird. Eine detaillierte Beschreibung der
Komponenten des MA ist in [3] und [2] zu finden.

.1 arianten es

eben der Repräsentation der Individuen variabler änger beinhaltet der
MA problemspezifische peratoren wie beispielsweise die Initialisierung,
Variationsoperatoren und Reparaturmethoden um die ulässigkeit bzgl.
der auf den Designvariablen definierten Restriktionen zu gewährleisten.
Es findet deshalb eine nterscheidung der MA-Realisierungen zur ptimierung des Fallbeispiels mit Außenreaktor (MA^{var}) und ohne (MA) statt.
wei Varianten des MA wurden getestet der Basisalgorithmus (MA bzw.
MA^{var}) ohne Beschränkungen der Anzahl der uläufe und Austauschströme und eine erweiterte Version (MA_F bzw. MA_F^{var}), in der die Anzahl der
 uläufe unauf maximal drei Ströme pro Edukt und drei Austauschströme
zwischen Reaktor und Kolonne beschränkt sind. Eine detaillierte Beschreibung der Varianten findet sich in [3].

nal se un erglei er u r ume

 m die eistungsfähigkeit der Algorithmen bei der ösung unterschiedlich großer robleminstanzen beurteilen zu können und Rückschlüsse auf
das otential zur ösung von Designproblemen höherer Komplexität ziehen zu können, wird zunächst die röße der Suchräume der Algorithmen
betrachtet. Dabei ist von besonderem Interesse, wie sich die röße der
Suchräume bei Einführung struktureller Beschränkungen bzw. bei der Erweiterung des roblems um eine zusätzliche perationseinheit verändert.

.1 nal se es u raums er Re eren algorit men

Im Falle der Referenzalgorithmen wird der Suchraum durch die Variablen
der Superstrukturmodelle gebildet. Strukturelle Entscheidungen werden
darin durch binäre Existenzvariablen abgebildet. . B. wird die Stufenzahl
durch eweils eine binäre Variable pro Stufe dargestellt, die die Existenz
dieser Stufe im betrachteten Design angibt. Im Falle der Modelle mit expliziter Beschränkung der Stufen- und Koppelstromanzahl wird eweils eine Existenzvariable für eden möglichen Strom benötigt. In Tabelle 2 sind
 eweils die Anzahl der diskreten, kontinuierlichen und die esamtzahl aller Variablen, sowie die Anzahl der im Modell enthaltenen Restriktionen
aufgelistet. usätzlich wird in Klammern die Anzahl der echten Freiheitsgrade, d. h. der Designvariablen angegeben.

	disk. Var.	kont. Var.	Var. gesamt	Restriktionen
MTBE	( )	.13 (1)	1 2 (23)	. 3
MTBE $_F$	1 (1)	.13 (1)	312 (3)	. 2
MTBE STR	( )	1 .31 (3)	1 3 2 (3)	1 . 2
MTBE STR $_F$	2 (2)	1 .31 (3)	1 12 ( )	1 .

Tabelle 2   röße der Superstrukturmodelle

Die ahlen in Tabelle 2 zeigen, dass die explizite Betrachtung struktureller Beschränkungen die Anzahl diskreter Variablen bei Betrachtung einer perationseinheit um das dreifache, bei Betrachtung zweier perationseinheiten um das fünffache ansteigen lässt, während die Anzahl kontinuierlicher Variablen gleich bleibt. Die Anzahl der Restriktionen erhöht sich dabei geringfügig. Durch die Hinzunahme einer zweiten perationseinheit im Design steigt die Anzahl diskreter Variablen nicht, wenn keine strukturellen Beschränkungen berücksichtigt werden (hier bedingt durch eine geschickte Modellierung der Existenz des Reaktors, die durch das Volumen des Reaktors implizit definiert wird). Im Falle expliziter Beschränkungen ist ein Anstieg der Anzahl diskreter Variablen von etwa   zu verzeichnen. Die Anzahl der kontinuierlichen Variablen und der Restriktionen steigt bei Hinzunahme einer perationseinheit um etwa 13 an.

.2   nal se es u raums es

 ährend in der Superstrukturformulierung immer auch nichtexistierende Strukturen mit den zugehörigen Variablen betrachtet werden, werden im MA durch die Verwendung einer Repräsentation variabler änge ausschließlich vorhandene Strukturen abgebildet. . B. wird die Stufenzahl durch eine einzige ganzzahlige Variable abgebildet. Dasselbe gilt für die Anzahl und die age der ulauf- und Koppelströme in den Varianten mit expliziten strukturellen Beschränkungen. In Tabelle 3 ist die Anzahl diskreter, kontinuierlicher und die esamtzahl der Variablen des Suchraums des MA aufgelistet.

Die ahlen der Tabelle 3 zeigen, dass die Betrachtung expliziter Beschränkungen zu einem Anstieg um das fünf- bis neunfache der Anzahl diskreter Variablen führt, während die Anzahl kontinuierlicher Variablen gleich bleibt. Aufgrund der Fixierung der diskreten Variablen vor der anschließenden lokalen ptimierung mit dem M - öser ändert sich auch die röße der kontinuierlichen nterprobleme nicht. ird eine zweite perationseinheit im Design betrachtet, erhöht sich die Anzahl diskreter Variablen

	disk. Var.	kont. Var.	Var. gesamt
MA	1	3 -1	31-1 1
MA $_F$	-	3 -1	3 -1
MA^{var}	2	-3	2-3 2
MA$^{\text{var}}_F$	-1	-3	-31

Tabelle 3   röße des Suchraums der MA-Varianten

nur leicht (um das 1,2- bis zweifache), dafür steigt aber die Anzahl der kontinuierlichen Variablen um   . Die Anzahl der Restriktionen im kontinuierlichen   nterproblem steigt bei Hinzunahme einer   perationseinheit um ca. 2   an.

.   erglei   er u   r ume

Durch die im MA separat von der Bestimmung der   ustandsvariablen durchgeführte   ptimierung der Designvariablen reduziert sich der Suchraum auf die echten Freiheitsgrade des   roblems, d. h. der Raum der kontinuierlichen Variablen wird um   ,1   (Modell ohne Reaktor) bzw. um   ,1   (mit Reaktor) reduziert. Die Verwendung einer Repräsentation variabler   änge im MA bewirkt eine zusätzliche Reduktion der diskreten Variablen um   - und der kontinuierlichen Variablen um   bis 3,3   , eweils abhängig vom verwendeten Modell. Insgesamt reduziert sich damit der Suchraum des MA auf   , bis 3   der   röße des Suchraums der Referenzalgorithmen.   usätzlich sind die vom MA zu lösenden kontinuierlichen   nterprobleme im Vergleich zu denen der Referenzalgorithmen kleiner.   ährend im MA alle diskreten Variablen vor der lokalen Suche fixiert werden, wird innerhalb der Referenzalorithmen ein Teil dieser Variablen relaxiert und als kontinuierliche Variablen mit optimiert.

nal se un   erglei   er   ptimierungsergebnisse

Der MA und die Referenzalgorithmen wurden auf einem   mit 3,   Hz und 2   B RAM zur   ptimierung der beschriebenen Modellinstanzen eingesetzt. Mit dem MA wurden 3 , mit SBB   T aufgrund des deutlich höheren Rechenaufwandes 1   Testläufe durchgeführt. Die im Median erreichten Ergebnisse dieser   äufe werden mit dem deterministischen   auf von SBB   T verglichen. Mit allen Algorithmen wurde zunächst ein   arametertuning durchgeführt [3]. Für den MA führten bei den Varianten ohne strukturelle Beschränkungen die   arameter $(\mu, \lambda, \kappa) =$

$(5, 10, 5)$, bei den Varianten mit Beschränkungen $(\mu, \lambda, \kappa) = (5, 20, 5)$ zu den besten Ergebnissen. Als Abbruchkriterium wurde ein imit von 2 bzw. -Stunden für den MA (ohne bzw. mit Reaktor), als Abbruchkriterium für SBB ein imit von 1 . Knoten vorgegeben.

.1 rgebnisse von

In Tabelle sind die von SBB   T erzielten Ergebnisse aufgelistet. eben dem rofit der besten bekannten ösung der eweiligen roblemin-stanz in E R pro ahr und dem der besten gefundenen ösung gibt die ösungsgüte den Abstand den beiden ösungen an. usätzlich sind die zum Auffinden dieser ösung benötigte und die esamtoptimierungszeit, die Erfolgs uote mit der die beste bekannte ösung gefunden wurde und die Anzahl der während der ptimierung gefundenen guten ösungen, mit einem rofit von höchstens , unter dem der besten bekannten ösung angegeben. SBB   T konnte in den meisten Fällen ösungen finden,

	beste bek. sg.	beste gef. sg.	sg. güte [ ]	eit [min]	eit gesamt	E	gu-ter sg.
MTBE^{fix}	. 2	. 21	- ,1	, 3	,		3
MTBE^f	1 3.	1 . 2	- ,	,	,2		2
MTBE^p	. 3	2. 32	- ,	,12	,		1
MTBE^{pf}	1 . 3	urzelknoten unzulässig					
MTBE$^{fix}_F$	. 2	.	- ,1	1 1,	21, 3		
MTBE^f_F	1 3.	2.1	-1,1	,31	, 1		
MTBE^p_F	.31	1. 2	- ,	,	, 3		
MTBE$^{pf}_F$	1 .32	1 .1	- , 2	1 ,	112,		
MTBE STR^{fix}	1 1 . 2	1 1 . 1	- , 3	12,	12,		
MTBE STR^f	1 .1	1 3 . 3	-3,	,1	,1		
MTBE STR^p	1 23.11	1 11.2	-1,2	,12	,2		
MTBE STR^{pf}	1 . 11	1 .	- , 2	,1	11,		1
MTBE STR$^{fix}_F$	1 1 . 2	1.2	- ,	, 2	2, 2		
MTBE STR^f_F	1 .1	1 .	- ,	1 , 3	1 , 2		
MTBE STR^p_F	1 23.11	.	- ,	33, 1	2, 3		
MTBE STR$^{pf}_F$	1 .	. 1	- ,1	1 , 3	1 ,22		

Tabelle   ptimierungsergebnisse von SBB   T

deren rofit weniger als 1 unter dem der besten bekannten ösung liegt, wobei die eiten zum Auffinden dieser ösungen im Falle der Modellin-stanzen ohne strukturelle Beschränkungen im Bereich von wenigen Mi-nuten liegt (-12 min). Bei den komplexeren Modellinstanzen mit Reaktor

und Betrachtung struktureller Beschränkungen hingegen fällt die ösungsgüte deutlich ab (teilweise - Abstand zur besten bekannten ösung). In
einem Fall konnte SBB T den urzelknoten nicht zulässig lösen
und brach die ptimierung ohne Ergebnis ab. Die beste bekannte ösung
wurde von SBB T in keinem Fall gefunden. Durch die Relaxie-
rung der ganzzahligen Variablen werden von diesem Algorithmus nur wenige echte Designalternativen generiert, weshalb die Anzahl gefundener
guter ösungen gering ist (in allen Fällen).

Bei Hinzunahme struktureller Beschränkungen, gleichbedeutend mit einer
Erhöhung der Anzahl diskreter Variablen um den Faktor 3 bzw. (siehe Kapitel .1) ist zu beobachten, dass die benötigten Rechenzeiten stark
(zwischen min und 1 , Std) schwanken. Die Betrachtung einer zweiten
perationseinheit, d.h. einer Erhöhung der Anzahl kontinuierlicher Variablen um 13 und im Fall der Modellinstanzen mit strukturellen Beschränkungen auch einer Erhöhung der Anzahl diskreter Variablen um , führt
ebenfalls dazu, dass die Rechenzeiten stark schwanken. In diesen Fällen
gilt das leiche auch für die ualität der gefundenen ösungen. Für die
komplexeste Modellinstanz mit Reaktor und strukturellen Beschränkungen konnte SBB T in drei von vier Fällen die strukturell besseren
ösungen mit Außenreaktor nicht finden.

.2   rgebnisse von

In Tabelle sind die vom erweiterten Referenzalgorithmus SBB -
T erzielten Ergebnisse aufgelistet. Hier ist eweils die im Median
beste gefundene ösung, die im Median benötigte eit zum Auffinden der
besten ösung und die im Median gefundene Anzahl guter ösungen in
den entsprechenden Spalten angegeben. Der lokale öser T wurde in edem Knoten drei mal aufgerufen. Durch die Erweiterung um eine
Streusuche konnte in der Fälle die üte der besten gefundenen ö-
sung im Vergleich zu den Ergebnissen von SBB T geringfügig verbessert werden. In keinem Fall wurde die beste bekannte ösung gefunden.
In Fällen waren die ösungen schlechter als die von SBB T. Bei
zusätzlich durchgeführten Testläufen mit mehr als drei T-Aufrufen
pro Knoten konnte die ualität der ösungen und die Erfolgs uote deutlich verbessert werden, die Rechenzeiten steigen dabei edoch substantiell
an. Mit drei T-Aufrufen schwanken die zum Auffinden der besten
ösungen benötigten Rechenzeiten zwischen Stunden und Tagen. Trotz
Anwendung der Multistartheuristik konnte auch SBB T
in einem Fall den urzelknoten nicht zulässig lösen, so dass die ptimie-

	beste bek. sg.	beste gef. sg.	sg. güte [ ]	eit [min]	eit gesamt	E	gu- ter sg.
MTBE^{fix}	. 2	. 3	- ,1	2 3,2	2 ,		3
MTBE^{f}	1 3.	1 1.	- ,2	2 , 2	2 ,		2
MTBE^{p}	. 3	3.3 3	- ,	23 ,	23 ,1		1
MTBE^{pf}	1 . 3	urzelknoten unzulässig					
MTBE$^{fix}_F$	. 2	3 .11	-2,	1 .3 2	11. 3		1
MTBE$^{f}_F$	1 3.	1 2.	- ,	. 2	3.		3
MTBE$^{p}_F$	.31	1.	- ,	1. 32	. 2		1
MTBE$^{pf}_F$	1 .32	1 .3	- ,2	3.3	.3		
MTBE STR^{fix}	1 1 . 2	1 1 . 1	- , 3	32 ,	32,		
MTBE STR^{f}	1 .1	1 . 2	-1,	3 ,	, 2		
MTBE STR^{p}	1 23.11	1 1 .212	- ,	1 ,	23 ,		1
MTBE STR^{pf}	1 . 11	1 . 11	,	23 , 2	2 ,2		2
MTBE STR$^{fix}_F$	1 1 . 2	.	-1 ,2	3 ,	.		
MTBE STR$^{f}_F$	1 .1	1 .	- , 2	.1	1 .1		1
MTBE STR$^{p}_F$	1 23.11	.11	- ,	3.1 3	.		
MTBE STR$^{pf}_F$	1 .	1 .	- , 2	3. 3	.22		1

Tabelle   ptimierungsergebnisse von SBB   T

rung ohne Ergebnis abgebrochen wurde. Die üte der im Median besten gefundenen ösungen ist in allen Fällen gut (weniger als 2 Abstand zur besten bekannten ösung), außer bei zwei Formulierungen des MTBE-Modells mit Reaktor und Beschränkungen. In diesen Fällen konnte trotz einer Rechenzeit von bzw. 1 Tagen nur eine ösung mit einem um 1 bzw. , schlechteren rofit als dem der besten bekannten ösung gefunden werden. Auch die Anzahl der ösungen, deren rofit höchstens um , schlechter als der rofit der besten bekannten ösung ist geringfügig höher als bei SBB   T, liegt edoch durchgehend im einstelligen Bereich. In vier von 1 Fällen wurde keine solche ösung gefunden. Bei Anwendung des Algorithmus SBB   T konnte der Anteil der ösungen, die den besten bekannten ösungen strukturell ähneln deutlich erhöht werden bei der ptimierung des Modells mit Reaktor wurde nur in zwei von acht Fällen die strukturell bessere ösung mit Reaktor nicht gefunden.

Bei einer Hinzunahme struktureller Beschränkungen (d.h. einer Erhöhung der Anzahl diskreter Variablen um den Faktor 3 bzw. (siehe Kapitel .1)), steigt die benötigte Rechenzeit deutlich (bis zu 2 -fach) an. Bei Hinzunahme einer zweiten perationseinheit sind sowohl die Rechenzeiten als auch die ualität der ösungen teilweise besser und teilweise schlechter im Vergleich zur ptimierung mit nur einer perationseinheit und unterliegen starken Schwankungen.

.   rgebnisse es

In Tabelle   sind die Ergebnisse der Testläufe mit dem MA aufgelistet.   ie im vorangehenden Kapitel beschrieben wurde auch hier für einige   erte der Median angegeben. Der MA konnte in allen Fällen   ösungen finden,

	beste bek. sg.	beste gef. sg.	sg. güte [ ]	eit [min]	eit gesamt	E	gu- ter sg.
MTBE^{fix}	. 2	. 2	,	,	12 ,	1	3
MTBE^{f}	1 3.	1 3.	,	3 , 1	12 ,	1	33
MTBE^{p}	. 3	. 3	,	,	12 ,	1	3
MTBE^{pf}	1 . 3	1 . 3	,	,	12 ,	1	32
MTBE$^{fix}_{F}$	. 2	.	- ,	,	12 ,	2	
MTBE$^{f}_{F}$	1 3.	1 2. 3	- , 2	,	12 ,	3	12
MTBE$^{p}_{F}$	.31	.1	- ,	1 1,1	12 ,	2	
MTBE$^{pf}_{F}$	1 .32	1 .32	,	,13	12 ,		1
MTBE STR^{fix}	1 1 . 2	1 1 .	- , 2	21 ,	2 ,	2	2
MTBE STR^{f}	1 .1	1 .1	,	233,	2 ,		23
MTBE STR^{p}	1 23.11	1 22.	- , 3	23 ,3	2 ,	2	31
MTBE STR^{pf}	1 . 11	1 .	,	223,2	2 ,	1	12
MTBE STR$^{fix}_{F}$	1 1 . 2	1 1 .1	- ,	23 ,	2, 2		2
MTBE STR$^{f}_{F}$	1 .1	1 .1	,	231, 1	1 , 2		
MTBE STR$^{p}_{F}$	1 23.11	1 22.	- ,2	23 ,1	2, 3		1
MTBE STR$^{pf}_{F}$	1 .	1 . 3	- , 3	21 ,1	1 ,22		31

Tabelle   ptimierungsergebnisse des MA

deren rofit um höchstens ,2   schlechter ist als der der besten bekannten ösung. Außer bei der   ptimierung der komplexesten Modellinstanz mit Reaktor und strukturellen Beschränkungen liegt die Erfolgs uote des Auffindens der besten bekannten ösung bei 2 -1   . usätzliche Testläufe haben gezeigt, dass durch eine Erhöhung der   esamtrechenzeit, die Erfolgs uote deutlich verbessert werden kann. Die   eiten, die im Median zum Auffinden der besten   ösung benötigt wurden, sind bei allen vier Formulierungen der betrachteten Modelle ähnlich und steigen mit komplexer werdenden Modellformulierungen moderat an. Im Median wurden innerhalb eines   ptimierungslaufes zwischen 12 und 1   ösungen gefunden, deren rofit höchstens um ,   schlechter ist als der der besten bekannten ösung.

 hne Betrachtung struktureller Beschränkungen wurde innerhalb von 3 - min (ohne externen Reaktor) bzw. von 21 -23 min (mit Reaktor) eine

sehr gute ösung gefunden. Bei Hinzunahme von Beschränkungen, gleichbedeutend mit einem Anstieg der Anzahl diskreter Variablen um das fünf-
bis neunfache (siehe Kapitel .2) erhöht sich diese eit etwa um den Faktor 2 (ohne Reaktor) bzw. bleiben die eiten in etwa gleich (mit Reaktor).
Die Erfolgs uote mit der die beste bekannte ösung gefunden wird nimmt
deutlich ab, wobei die ösungsgüte durchgehend sehr gut bleibt. Bei Betrachtung einer zweiten perationseinheit (d.h. einem Anstieg der diskreten Variablen um das zweifache und einer zwei- bis zehnfachen Anzahl
kontinuierlicher Variablen im Suchraum (siehe Kapitel .2)), steigen die
 eiten ebenfalls an (um das 3- bis -fache ohne Beschränkungen), interes-
santer eise ist der Anstieg bei Betrachtung struktureller Beschränkungen
weniger groß (um das 2, -fache). Die Erfolgs uote wird deutlich schlechter bei Betrachtung mehrerer perationseinheiten, was durch Vorgabe län-
gerer esamtzeiten bei der ptimierung verbessert werden kann.In allen
Fällen ähnelt die Struktur der besten vom MA gefundenen ösung der der
besten bekannten ösung.

. erglei er rgebnisse

Die in den vorangegangenen Kapiteln präsentierten Ergebnisse zeigen, dass
der MA gegenüber den Referenzalgorithmen bei der ptimierung des betrachteten Fallbeispiels deutliche Vorteile besitzt. Die ösungsgüte des MA
ist in allen Fällen besser als die der Referenzalgorithmen und der MA ist
der einzige Algorithmus, der die besten bekannten ösungen finden konnte. ährend die Rechenzeiten und die ösungs ualität der Referenzalgorithmen deutlich schwanken und ihr Verhalten bei komplexer werdendem
 roblem kaum vorhersagbar ist (Rechenzeiten von bis zu Tagen, in Ein-
zelfällen Abbrüche der ptimierung ohne Ergebnis bzw. ösungen mit einer um 1 schlechteren ualität als die beste bekannte ösung, Angabe
von ösungen deren Struktur sich stark von der der besten bekannten ö-
sung unterscheidet), sind die Ergebnisse des MA durchgehend konstant
und berechenbar. Bei Hinzunahme struktureller Beschränkungen und oder
einer zweiten perationseinheit steigt sowohl die Anzahl diskreter als auch
die Anzahl kontinuierlicher Variablen im Suchraum des MA stärker an, als
die Anzahl der Variablen im Suchraum der Referenzalgorithmen. Trotzdem steigt die zum Auffinden der besten ösung benötigte Rechenzeit
im MA nur moderat, während die ösungs ualität durchgehend sehr gut
bleibt. Die ualität und die eistung der Referenzalgorithmen unterliegt
hingegen mit zunehmender Komplexität immer stärkeren Schwankungen.

usammen assung

Das Konzept eines memetischen Algorithmus wurde erfolgreich zur ö-
sung eines rechenintensiven Designproblems aus der chemischen Industrie
in unterschiedlich komplexen Modellformulierungen angewandt. Durch
die Verwendung eines MA mit einer Repräsentation variabler änge konnte der Suchraum auf weniger als 3 der röße des Suchraums der Referenzalgorithmen reduziert werden. Eine Analyse und ein Vergleich der
Ergebnisse der getesteten Algorithmen zeigte, dass die eistungsfähigkeit
der Referenzalgorithmen mit zunehmend komplexer werdendem Fallbeispiel starken Schwankungen unterliegt und die Rechenzeiten bereits bei
zwei perationseinheiten mit Betrachtung struktureller Beschränkungen
nicht mehr akzeptabel sind. udem konnten meist nur lokale ösungen
gefunden werden, deren Struktur sich stark von der besten bekannten ö-
sung der Modellinstanzen unterschied. Der memetische Algorithmus zeigte auch bei Hinzunahme struktureller Beschränkungen und einer zusätzlichen perationseinheit ein robustes Verhalten. Die Rechenzeit stieg dabei
nur moderat an bei sehr guter ualität der ösungen, welche strukturell
der besten bekannten in allen getesteten Fällen stark ähnelte. Dies zeigt
das enorme otential dieses Konzeptes auch zur ösung von Designproblemen höherer Komplexität. udem generierte der MA im Verlauf eder
 ptimierung eine zweistellige Anzahl unterschiedlicher, guter Designalternativen, die in nachfolgenden Schritten berücksichtigt werden können.

iteratur

[1]   rselmann, M., Barkmann, S., Sand, . und Engell, S.   *pt m   t n
       e   e n f e t e   t   t n   umn u n   memet
       t m*. omputers hemical Engineering 3 ( ), S.   - . 2 11.

[2]   rselmann, M. und Engell, S.   *eet pt m   t n   ememt
       t m* . In   S   (istikopoulos, E.   ., eorgiadis,
       M.   . and Kokossis, A.   ., Hg.), S. 231 23 . 2 11.

[3]   rselmann, M., Barkmann, S., Sand, . und Engell, S.   *emet
       t m f   pt m   t n n   em   e S nt e
       em* . IEEE Transactions on Evolutionary omputation - Special Is-
       sue on Advances in Memetic omputation 1 , S.   - 3. 2 11.

[ ]   Beyer, H. . und Schwefel, H. .   *ut n St te e   mp e en
       e nt u t n*. atural omputing An International ournal 1(1),
       S. 3 2. 2 2.

Hazard Analysis on Data Streams

Ammar Shaker, Eyke Hüllermeier

Department of Mathematics and Computer Science
University of Marburg, Germany
{shaker, eyke}@mathematik.uni-marburg.de

Abstract

This paper presents a method for hazard rate analysis on data streams. Hazard analysis is an established statistical method for the study of "events" or, more specifically, questions regarding the temporal distribution of the occurrence of events. To make this method applicable in the setting of data streams, we propose an adaptive variant of a model that is closely related to the well-known Cox proportional hazard model. Adopting a sliding window, our approach continuously updates the model parameters based on the event data in the current time window. As a case study, we apply our method to the analysis of earthquake data.

1 Introduction

The idea of adaptive learning in dynamic environments has recently received increasing attention (Gaber et al., 2005; Gama and Gaber, 2007). Roughly speaking, the goal is to design systems that learn incrementally, and maybe even in real-time, on a continuous stream of data, and which are able to properly adapt itself to changes of environmental conditions or properties of the data-generating process. Systems with these properties have been developed for different machine learning and data mining problems, such as clustering (Aggarwal et al., 2003), classification (Hulten et al., 2001), and frequent pattern mining (Cormode and Muthukrishnan, 2003).

In this paper, we study another data analysis method in the context of data streams, namely *hazard rate analysis* (HRA). To the best of our knowledge, HRA has not yet been considered in the stream setting so far, despite the wide applicability of the method. In fact, hazard rate analysis is also known as survival analysis in medicine, reliability analysis in engineering, duration analysis in economics, and event history analysis in sociology. Roughly speaking, HRA deals with the analysis of "events" or, more specifically, questions regarding the temporal distribution of the occurrence of events. The basic mathematical tool used for this purpose is the *hazard function*, which models the propensity of the occurrence of an event as a function of time (marginal probability of an event conditional to no event so far).

To make hazard rate analysis applicable in the setting of data streams, we develop an adaptive (online) variant of a model that is closely related to the well-known proportional hazard model proposed by Cox (Cox and Oakes, 1984). In this model, the hazard rate may depend on one or more covariates associated with a statistical entity. More specifically, in the proportional hazard model, the effect of an increase of a covariate by one unit is multiplicative with respect to the hazard rate.

We adopt a sliding window approach, which is a common technique in data stream analysis. In order to estimate the influence of the covariates, we assume the hazard rate to be constant on the current window. The estimate then depends on the frequency and temporal distribution of events falling inside the window, and sliding the window calls for adapting the estimate in an incremental (and as efficient as possible) manner. As an interesting application, we use our method for studying the occurrence of significant earthquakes during the last decade.

2 Survival Analysis

Survival analysis is a statistical method for modeling and analyzing the temporal distribution of events in the course of time or, more specifically, the duration before the occurrence of an event; the notion of an "event" is completely generic and may indicate, for example, the failure of an electrical device. The term "survival analysis" originates from applications in medicine, in which an event is the death of a patient and the *survival time* the time period $s = t_{event} - t_{start}$ between the beginning of the study and this event.

Thus, the basic statistical entities in survival analysis are subjects, typically described in terms of feature vectors $\boldsymbol{x} \in \mathbb{R}^n$, together with their survival time s. The goal, then, is to model the dependency of s on $\boldsymbol{x}$. However, the survival time s is normally not observed for all subjects. Indeed, the problem of *censoring* plays an important role in survival analysis and occurs in different facets. In particular, it may happen that some of the subjects are still under observation when the study ends at time t_{end}; in other words, these subjects have survived till the end of the study. They are censored or, more specifically, *right censored*, since $t_{event} > t_{end}$ has not been observed for them. Another reason for a censoring could be that a subject leaves the study, not since the event of interest occurred, but simply for other reasons (for example, a patient in a breast cancer study may die from a car accident).

2.1 Survival Function and Hazard Rate

Suppose the time for an event to occur is modeled as a real-valued random variable T with probability density function $f(\cdot)$. Moreover, denote the cumulative distribution function by $F(\cdot)$, i.e.,

$$F(t) = \mathbf{P}\{T \le t\} = \int_0^t f(x)\,dx$$

is the probability of an event to occur before the time t. The survival function $S(\cdot)$ is then defined as

$$S(t) = \mathbf{P}\{T > t\} = 1 - F(t) = \int_t^\infty f(x)\,dx \ . \tag{1}$$

Since $S(t)$ is the probability that the event did not occur until time t, it can be used to model the probability of an event that is right censored. The hazard function or hazard rate $h(\cdot)$ is defined as follows:

$$h(t) = \lim_{dt \to 0} \frac{\mathbf{P}\{t < T \le t + dt \mid T > t\}}{dt} = \frac{f(t)}{S(t)} \tag{2}$$

Roughly speaking, $h(t)$ is the conditional probability that the event will occur within a small time interval after t, given that it has not occurred until t. More specifically, $h(t)$ is the limit of this probability when the length of the time interval tends to 0. Mathematically, it is hence a kind of density (and not a probability) function, which means that it may thoroughly assume values larger than 1. Note that the density $f(\cdot)$ can be recovered from the hazard rate and the survival function:

$$f(t) = h(t) \cdot S(t) \ .$$

2.2 Modeling the Hazard Function

Since a statistical entity is not always a person, we shall subsequently use the more neutral term "instance" instead of "subject". Suppose such an instance to be described in terms of a feature vector

$$\boldsymbol{x} = (x_1, \ldots, x_n)^\top \in \mathbb{R}^n,$$

where x_i is the i-th property of the instance. Assuming the hazard rate for this instance to depend not only on time but also on the properties (features) x_i, it can be written as $h = h(\boldsymbol{x}, t)$. Often, the hazard rate is even assumed to be constant over time, in which case it only depends on $\boldsymbol{x}$ but not on t. In this case, we shall also denote it by $\lambda = \lambda(\boldsymbol{x})$.

In the Cox proportional hazard model (Cox and Oakes, 1984), the hazard rate is modeled as a log-linear function of the features x_i:

$$\lambda(\boldsymbol{x}) = \beta_0 \cdot \exp\left(\boldsymbol{x}^\top \beta\right) = \beta_0 \cdot \exp\left(\sum_{i=1}^{n} \beta_i \cdot x_i\right) \tag{3}$$

In this context, the x_i are also called *covariates*. As can be seen, according to the above model, the effect of an increase of a covariate by one unit is multiplicative with respect to the hazard rate; or, stated differently, the hazard rate is proportional to each covariate: Increasing x_i by one unit increases $\lambda(\boldsymbol{x})$ by a factor of $\exp(\beta_i)$.

3 Hazard Analysis on Data Streams

We are interested in *recurrent events*, that is, events that can occur repeatedly (for the same instance $\boldsymbol{x}$) in the course of time. More specifically, we are interested in the time duration between the occurrence of two events. For a fixed instance $\boldsymbol{x}$, suppose the hazard rate $\lambda = \lambda(\boldsymbol{x})$ to be constant, and let $t_1 < t_2 < \ldots < t_k$ denote the time points at which an event has been observed; moreover, let $a = t_0 < t_1$ and $b = t_{k+1} > t_k$ denote the start and the end of the observation interval $[a, b]$. The probability of the observation sequence $\mathcal{T}(\boldsymbol{x}) = \{t_i\}_{i=1}^{k}$ is then given by

$$\mathbf{P}(\mathcal{T}(\boldsymbol{x})) = \left(\prod_{i=1}^{k} f(t_{i-1}, t_i) \right) \cdot S(t_k, t_{k+1}) \tag{4}$$

$$= \lambda(\boldsymbol{x})^k \cdot \prod_{i=1}^{k+1} \exp\left(- \lambda(\boldsymbol{x})(t_i - t_{i-1}) \right)$$

where

$$f(t', t) = h(t) \cdot S(t', t) = \lambda(\boldsymbol{x}) \cdot \exp\left(- \lambda(\boldsymbol{x})(t - t') \right)$$

is the probability that an event occurs at time t if the observation starts at time t'.

3.1 Left Censoring

More generally, suppose that the observation of the first event started at an unobserved time t prior to the start of the observation window at time t_0; this is a situation of *left censoring* that we are facing in our sliding window approach to be detailed below. The probability to observe the duration from t_0 to t_1 is then given by the *conditional* probability of the event at time t_1 given survival until t_0, i.e.,

$$\frac{f(t, t_1)}{S(t, t_0)} = \frac{\lambda(\boldsymbol{x}) \cdot \exp\left(- \lambda(\boldsymbol{x})(t_1 - t) \right)}{\exp\left(- \lambda(\boldsymbol{x})(t_0 - t) \right)} = \lambda(\boldsymbol{x}) \cdot \exp\left(- \lambda(\boldsymbol{x})(t_1 - t_0) \right) .$$

Thus, we eventually obtain the same expression (4). Roughly speaking, this is due to the fact that a process with a constant hazard rate is "memoryless".

3.2 Parallel Event Sequences

In our setting, we assume to observe a sequence of recurrent events $\mathcal{T}(\boldsymbol{x}) = \{t_i\}_{i=1}^{k}$ not only for a single instance $\boldsymbol{x}$ but for a fixed set of J instances $\{\boldsymbol{x}_1, \ldots, \boldsymbol{x}_J\}$, with $\boldsymbol{x}_j = (x_1^j, \ldots, x_n^j)^\top$. Thus, the data relevant to a time window $[a, b]$ is given in the form of J parallel event sequences

$$\mathcal{D} = \left(\mathcal{T}(\boldsymbol{x}_1), \ldots, \mathcal{T}(\boldsymbol{x}_J) \right) = \left(\{t_i^1\}_{i=1}^{k_1}, \ldots, \{t_i^J\}_{i=1}^{k_J} \right) ,$$

where k_j is the number of events for $\boldsymbol{x}_j$ and $\{t_i^j\}_{i=1}^{k_j}$ the corresponding time points. Assuming independence, the probability of $\mathcal{D}$ is

$$\mathbf{P}(\mathcal{D}) = \prod_{j=1}^{J} \mathbf{P}(\mathcal{T}(\boldsymbol{x}_j)) = \prod_{j=1}^{J} \left[\lambda(\boldsymbol{x}_j)^{k_j} \cdot \prod_{i=1}^{k_j+1} \exp\left(- \lambda(\boldsymbol{x}_j) \left(t_i^j - t_{i-1}^j \right) \right) \right],$$

and the logarithm of this probability is

$$\log \left(\prod_{j=1}^{J} \mathbf{P}(\mathcal{T}(\boldsymbol{x}_j)) \right) = \sum_{j=1}^{J} \left[k_j \log\left(\lambda(\boldsymbol{x}_j) \right) - \sum_{i=1}^{k_j+1} \lambda(\boldsymbol{x}_j) \left(t_i^j - t_{i-1}^j \right) \right].$$

For the model (3), this expression yields the following log-likelihood function for the parameter vector β:

$$\ell(\beta) = \sum_{j=1}^{J} \left[k_j \log(\beta_0) + k_j \left(\sum_{i=1}^{n} \beta_i x_i^j \right) - \sum_{i=1}^{k_j+1} \beta_0 \exp\left(\sum_{i=1}^{n} \beta_i x_i^j \right) \left(t_i^j - t_{i-1}^j \right) \right].$$

3.3 Adaptive Estimation

Parameter estimation on a time window $[a, b]$ can now be done by means of maximum likelihood (ML) estimation, i.e., by finding the maximizer

$$\beta^* = (\beta_0^*, \beta_1^*, \ldots, \beta_n^*) = \arg\max \ell(\beta) \ .$$

Since there is no analytical expression for β^*, the estimator needs to be found by means of numerical optimization procedures; for this purpose, we simply make use of a gradient ascent method, which turns out to work rather well.

In the streaming setting, we slide a time window $[a, b]$ of fixed length along the time axis. More specifically, the window is repeatedly moved in discrete steps by replacing $[a, b]$ with $[a + \Delta, b + \Delta]$. A movement of that kind will of course also change the parallel event sequences associated with the current time window and, therefore, necessitate a re-estimation of the parameter vector β. Again, this is accomplished by means of our gradient-based method, taking the current solution β^* as an initial solution. Since the new ML estimate is normally close to the old one, only a few adaptation steps are needed in general.

4 Case Study: Earthquake Analysis

As a first case study and proof of principle, we apply our streaming version of HRA to the analysis of earthquake data. The data is collected from the USGS[1] (United States Geological Survey), specifically form the catalog of NEIC[2] (National Earthquake Information Center) whose mission is to quickly discover the most recent destructive earthquakes in terms of location and magnitude and to broadcast this information to international agencies and scientist.

---

[1] http://www.usgs.gov/
[2] http://earthquake.usgs.gov/regional/neic/

4.1 Data Generation

The earthquakes were collected in the time period between 1st Jan 2000 and the end of 27th Mar 2012. Since entries in the USGS/NEIC catalog can be added or modified at any time, we stick to the data in the catalog at the time of exportation, namely 12th Apr 2012. The online catalog of USGS/NEIC retains only significant earthquakes with a magnitude bigger than 2.5, though very few micro-earthquakes (with a magnitude less than 1) could be found (and even a few earthquakes with missing magnitude). In total, we collected 319,884 earthquakes around the whole globe.

Every earthquake is identified by its geographic coordinate, the exact time of occurrence (up to the second), and the magnitude and depth. Figure 1(a) shows a picture of the collected earthquakes, plotted as dots at the place of their rounded geographic location.

Recall that, in our setting introduced in Section 3, we assume to observe event sequences for a fixed set of instances. In order to define these instances, we discretize the globe both in terms of longitude and latitude, and associate one instance with each intersection point. More specifically, with $\phi \in \{-90, -89, \ldots, 90\}$ for longitude and $\eta \in \{-180, -179, \ldots, 180\}$ for latitude, we end up with $181 \times 361 = 65,341$ instances in total. The regions thus produced are obviously not equal in size: Since latitudes are not parallel like longitudes, areas near the equator are smaller than those closer to the poles.

Furthermore, recall that each instance is described in terms of features (covariates) x_i, which, according to (3), have a proportional effect on the hazard rate. In order to account for possibly nonlinear dependencies between spatial coordinates and risk of earthquake, we define these features in terms of a fuzzy partition. More specifically, we discretize both longitude and latitude by means of triangular fuzzy sets as shown in Figure 1(c). A two-dimensional (fuzzy) discretization of the globe is defined in terms of the Cartesian product of these two one-dimensional discretizations, using the minimum operator for fuzzy set intersection. The features of an instance x associated with coordinates (ϕ, η) are then simply given by the membership degrees in all these two-dimensional fuzzy sets, i.e., the features are of the form

$$x_{i,j} = \min\Big(A_i(\phi), B_j(\eta)\Big) ,$$

where A_i is one of the 11 fuzzy sets for longitude and B_j one of the 10 fuzzy sets for latitude; thus, each instance is described by 110 features in total.

4.2 Results

Given the data produced in this way and after sorting all earthquakes by their time of occurrence, we are able to apply our method as outlined in Section 3. We set the length of the time window to 180 days and the shift parameter Δ to 30 days.

The results we obtain in terms of time-dependent estimates of the parameters $\beta_{i,j}$, each of which is associated with a spatial (fuzzy) region $A_i \times B_j$, appear to be quite plausible. In fact, several interesting observations could be made for data from the last decade. For example, as can be seen in Figure 2(a), the occurrence of Sichuan's earthquake in April 2008 comes with a significant increase in the coefficients of the fuzzy sets covering that area: the red line increase steeply a few weeks before the shock, which caused about 80,0000 causalities.

The same can be noticed in subfigure (b) before Tohoku's earthquake in March 2011, whose location was (38.32°N,142.36°E). The coefficient of the green line increases by a factor of 4 till few hours before the earthquake, indicating an increased hazard rate for the (fuzzy) area around $(\phi, \eta) = (120, 120)$. Another interesting observation is the increasing estimated hazard in the epicenter of both earthquakes, as shown in Figure 3.

5 Conclusion

In this paper, we introduced an adaptive approach to hazard rate analysis in changing environments. To this end, we adopted a sliding window approach and proposed an adaptive (online) variant of a model that is closely related to the well-known Cox proportional hazard model. In this approach, maximum likelihood estimation of the model parameters is performed repeatedly, adapting the estimates whenever the time window has been shifted.

As a first proof of principle, we used our method for studying the occurrence of significant earthquakes during the last decade. Here, an event is an earthquake, and a statistical entity is a two-dimensional region on the globe characterized by its spatial coordinates; more specifically, we make use of fuzzy discretization techniques in order to capture the influence of the spatial location on the hazard rate in a flexible way. The results we obtain are plausible and agree with expectation. For a region such as Tohoku in Japan, one can observe a significant increase in the hazard rate prior to the disastrous earthquake in 2011. Similar observations can be made for other significant earthquakes such as Sichuan's in 2008 and Sumatra's in 2009.

References

Aggarwal, C. C., Han, J., Wang, J., and Yu, P. S. (2003). A framework for clustering evolving data streams. In *Proceedings of 29th International Conference on Very Large Data Bases*, Berlin, Germany. Morgan Kaufmann.

Cormode, G. and Muthukrishnan, S. (2003). What's hot and what's not: Tracking most frequent items dynamically. In *ACM Symposium on Principles of Database Systems (PODS)*, San Diego, California. ACM.

Cox, D. R. and Oakes, D. (1984). *Analysis of Survival Data*. Chapman & Hall, London.

Gaber, M. M., Zaslavsky, A., and Krishnaswamy, S. (2005). Mining data streams: A review. *ACM SIGMOD Record*, 34(1).

Gama, J. and Gaber, M. M. (2007). *Learning from Data Streams*. Springer-Verlag, Berlin, New York.

Hulten, G., Spencer, L., and Domingos, P. (2001). Mining time-changing data streams. In *Proceedings of the 7th ACM SIGKDD International Conference on Knowledge Discovery and Data Mining*, pages 97 – 106, San Francisco, CA, USA. ACM.

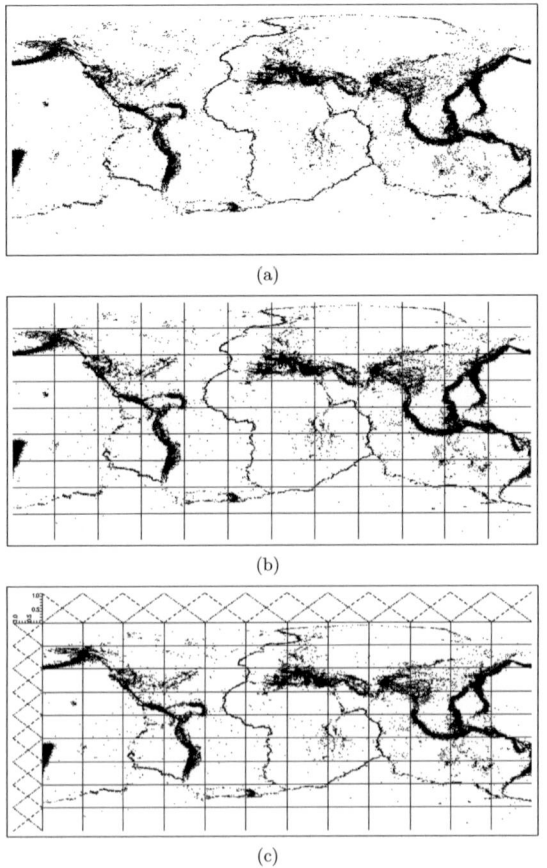

Figure 1: The collected dataset of earthquakes, plotted by their geographic coordinates. The data contains earthquakes between the 1st Jan 2000 till the end of 27th Mar 2012. (a) earthquakes only; (b) with latitude and longitude lines added; (c) fuzzy partitions on the two coordinates.

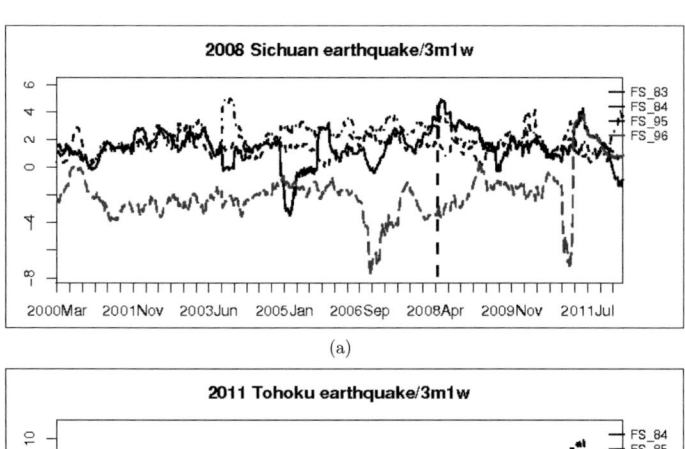

Figure 2: Coefficients of features for those areas with significant earthquakes in 2008 and 2011.

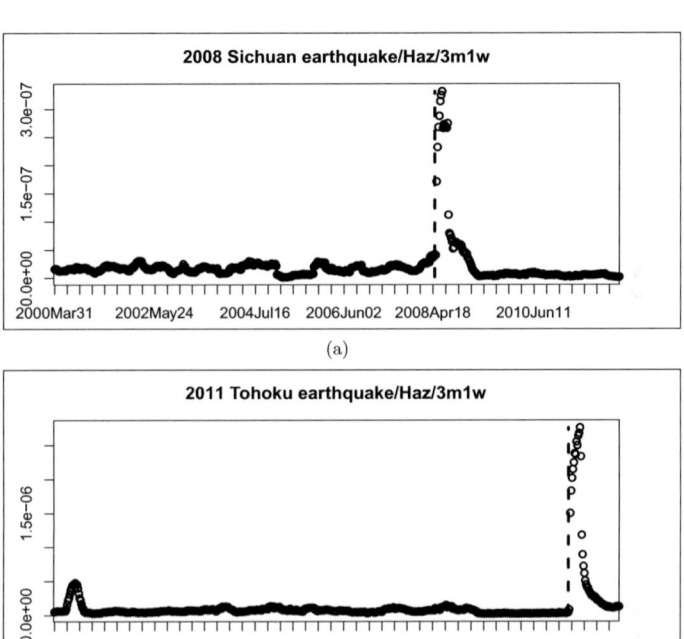

Figure 3: The hazard values for those areas with significant earthquakes in 2008 and 2011.

Partially Supervised Gesture Recognition

Narges S. Milani[1], Denijel Sakic[2], Arne Grumpe[1], Christian Wöhler[1], Gernot Fink[2]

[1]Image Analysis Group
TU Dortmund University
Otto-Hahn-Str. 4
D-44227 Dortmund

[2]Lehrstuhl Informatik XII
TU Dortmund University
Otto-Hahn-Str. 16
D-44227 Dortmund

1   Introduction

Gestures provide an intuitive framework for interaction between humans and cognitive systems. This kind of interaction requires a reliable recognition of user-performed gestures by the system. Because of the variable nature of gestures performed by different individuals, it is desirable that the system is able to learn from a limited initial set of manually labeled samples performed by a small number of persons and to extend its knowledge based on gestures performed by additional persons previously unknown to the system, where it is preferable to minimize the manual labeling effort.

Recognizing gestures includes the capture of the temporal trajectories of human body-parts, extraction of the gesture-specific characteristics and the distinction of various gestures using these heuristic characteristics. The novelty of the work presented in this study is in the development of a learning framework by means of diverse ensembles of classifiers [1] which addresses the problem of gesture recognition by classifying fixed-length trajectory segments, as opposed to the variable-length trajectory problems usually solved by applying hidden Markov models (HMMs) [2] or dynamic Bayesian networks [3]. Similar ensemble systems have been developed in recent works such as [4] with the distinction of using multi-camera framework for 3D data capture, while in the current work the gesture motions are captured using the Microsoft Kinect sensor to directly generate 3D trajectory information. This sensor is an active 3D vision system capable of determining and tracking objects and human body joints in its field of view. The low price and relatively high measurement accuracy of this sensor has made it one of the most researched-on sensors in the field of computer vision recently.

The use of ensemble of multiple classifiers has been shown to improve recognition performance in a wide range of pattern recognition problems

[5, 1]. Some popular ensemble creation methods like boosting and bagging combine the same type of classifiers with different subsets or representations of the training data, resulting in a high performance ensemble [6]. In the present work the diversity of the ensemble is achieved by using different normalization and dimensionality reduction methods for the training data. For the final decision of the ensemble two different methods are used and their performances are compared.

In the following section, an overview of the basics of a learning algorithm and the ensemble forming and the decision making criteria is presented. In Section 3 a brief introduction to the Kinect sensor and the employed database is discussed. Section 4 explains the experimental setup and finally in Section 5 the results are presented and explained.

2 Classification Basics

The basic principle of a classification system is to classify each input vector into predefined classes. In this section an overview of the classifiers employed in Section 4 of this study is provided.

2.1 Polynomial Classifier

A polynomial classifier (PC) determines the probability of a given feature vector to belong to a certain class. The classifier decision function is a polynomial of degree d consisting of the weighted sum of all monomial terms with total degrees in the range $0, ..., d$ of the elements of the original data vector $\vec{v}$, and is given by:

$$\vec{d}_{PC}(\vec{v}) = W^T . \vec{x}(\vec{v})$$

where $x(\vec{v}) = \{v_1, ..., v_m, ..., v_1 v_m, ..., v_1^d, ..., v_m^d\}$ is the polynomial structure list and W^T is a coefficient matrix. The sum of the elements of d_{PC} always corresponds to 1. A detailed description of the polynomial classifier can be found in [7].

2.2 Multilayer Perceptron

Neural networks provide a (generally nonlinear) mapping from the space of input features into the decision space. They are composed of layers of neurons, and the mapping function is learned from training data. The multilayer perceptron is a neural network with feed-forward connections consisting of an input layer, in the general case several hidden layers, and one layer encoding the network output. The number of input neurons corresponds to the number of features used for classification. The number of neurons in the output layer coincides with the number of classes in the classification problem, thus providing a decision value for each class. The connection between two consecutive neurons is weighted, and for each neuron of a specific layer connections exist with all neurons from the previous layer. The activation of a neuron is given by its (mostly nonlinear) activation function, whose argument corresponds to the sum of its inputs multiplied by the weights of the corresponding connections minus a scalar offset (threshold) value [6].

The MLP in this work has a single hidden layer and the activation function for the neurons in this layer is the hyperbolic tangent function while the output layer neurons are activated by a linear function. Training an MLP for classification means calculating all the weights and thresholds of the neurons such that the desired neuron in the output layer displays the maximum activation value for each input feature vector of the corresponding class. For a more detailed description on such algorithms refer to [6, 8].

2.3 Partially-supervised Learning

Partially-supervised learning or self-learning (as mentioned in [9]) is an iterative process of learning from a small set of labeled data and a much larger set of unlabeled data. The objective is to use or determine a minimum number of human-labeled data in order to train a reliable algorithm. Accordingly, in semi-supervised learning (SSL) the system is trained with a small set of labeled data (here called the "training set"), and going through the unlabeled data pool (called the "learning set") in an iterative manner, the samples that can be classified reliably by the system are selected. These samples are evaluated by testing on another set of labeled data (called the "test set") and then added to the training samples with their estimated class labels, enabling the system to re-train on a larger dataset [10].

In contrast, an active learning (AL) system, after being trained on the same labeled dataset, selects the samples containing the highest amount of information about the classification problem from the set of unlabeled samples, which, once labeled by the human expert, would increase the classification performance. The labeled samples are similarly added to the training set, which is then used to re-train the AL system [11].

2.4 Ensemble

A combination of multiple diverse classifiers provides independent and possibly more accurate views about the classification problem at hand. The advantage of using ensembles of classifiers has been presented in the literature [1]. The possibility to combine several independent class assignments for the same input results in often more reliable classification systems compared to single classifiers. This is especially important for semi-supervised learning systems, since adding a misclassified sample to the training set would affect the success rate of the system.

The ensemble consists of base classifiers including neural networks and polynomial classifiers, each of which determines an individual class assignment. The overall decision is then aggregated by a majority vote or by a weighted sum based on the confidence band values of the classifiers [9, 4].

2.5   Confidence-based Inference

The most important step in partially supervised learning is the sample selection for re-training the model. One of the approaches for active selection of the training data is the use of confidence bands as an evaluation measure [9].

In definition, a confidence interval encompassing a model or function estimating a value by regression is the area in which the probability for the true model to reside is $1-\alpha$. The value 0.05 is commonly used for α, meaning that the true model is enclosed in the interval with a probability of 95% [12]. For an evaluation process the extent of the bands in the data space can be used.

There are several approaches to calculate confidences. We depict the algorithm by Martos et al. [13] which requires the covariance matrix of the parameters. In theory it is possible to calculate the confidence band for every classifier which allows for a calculation of the Jacobian matrix containing the partial derivatives of the residuals of the model function with respect to the model parameters. For a PC we have $J_{PC} = [x(\vec{v}_1) \, x(\vec{v}_2) \ldots x(\vec{v}_M)]^T$, where M is the number of elements in the polynomial structure list $x(\vec{v})$. From this we can calculate the matrix K corresponding to the Jacobian matrix weighted by the uncertainty of the mislabeled data (either by the human expert or the learning system). This matrix is utilized to compute the covariance matrix according to

$$K = \frac{J_{PC}}{\sigma_i}$$

$$C = (K^T K)^{-1}$$

To compute confidence band values, the Jacobian vector $\vec{g}$ of the model function $\vec{g} = \partial \vec{d}_{PC}/\partial \omega$ is also required, where ω denotes the elements of the model parameter matrix W. For an arbitrary sample $w = x(\vec{v}_i)$, the confidence interval is proportional to $\sigma_i \sqrt{c(w)}$ with $c(w) = \vec{g}^T C \vec{g}$.

Since the uncertainty of the specific label σ_i is not known, identical uncertainties for all labels are assumed in [9], which simplifies the confidence band calculation in the sense of independence on an estimate of σ. The so-called "normalized confidence" [9] value then becomes

$$\sigma_{C,norm}(w) = \sqrt{c(w)}$$

The confidence values are computed for all samples at each iteration of the learning process and can be used as a selection criterion.

3 Data Acquisition and Database formation

The developed of a partially supervised learning system is used for gesture recognition in an intuitive framework for human-machine-interaction. One of the challenges of the learning algorithm described above is the need for 3D trajectory information collection. This is solved by the use of the Microsoft Kinect sensor which is capable of tracking the body joints in real-time. In this study, a total of 10 distinctive gesture classes were introduced to a group of 18 individuals, who have been asked to perform the gestures in front of a Kinect system. These gestures include the classes proposed in [14]: (1) up, (2) down, (3) come here, (4) go away, (5) stop, (6) point, (7) circle, (8) wave horizontally, and (9) wave vertically plus (10) idle as an additional class. Based on the Microsoft software development kit [2], a software has been implemented to record the 3D trajectories of the head and both hands of the person. Specific feature extraction techniques similar to those proposed in [14] are used to form a database for the subsequent classification application. In the following sections a brief introduction of the Kinect sensor together with the steps regarding database creation is presented.

3.1 Kinect Sensor

The Microsoft Kinect sensor comprises an RGB camera, an near-infrared laser projection unit, and a near-infrared camera. The sensor is able to generate 3D data by a triangulation process based on the projection of structured light, as described by the inventors [15]. Hence, three kinds of online outputs can be accessed using the sensor: the RGB image of the scene in front of the sensor, the depth map consisting of the 3D coordinates of each image point, and the 3D coordinates of the joints of the human body in case a human body is detected in the field of view. To access these data in an online manner, we have developed a software based on the Microsoft Kinect for Windows SDK, which is available at http://www.microsoft.com/en-us/kinectforwindows.

3.2 Gesture Database

A database of 3D trajectories of various gestures has been created prior to the learning phase. After the initial data recording, the gestures are concatenated and labeled. The "idle" gesture (standing still with respect to the camera with both hands relaxed) is used as a reference for detecting the beginning and ending of gestures.

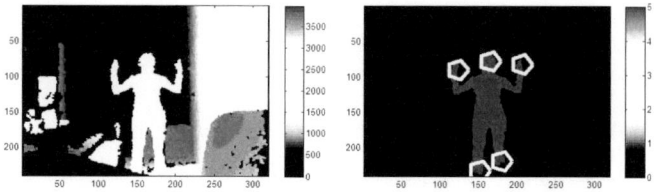

Figure 1: Left: Depth map of the Microsoft Kinect field of view. Right: Hands, head, and feet of the detected human in the field of view, marked with pentagons.

The features used in this work have been adopted from [14]. These features require information about the position of the person's head and both hands as well as the height for trajectory normalization. It is desired that the gestures are independent of the orientation and the position of the person relative to the sensor. To address this problem, "delta features" are introduced denoting the relative change from the previous window. From these, a total of 90 features can be calculated for each window of frame sequences, including hand trajectory, normalized trajectory, velocity in different directions, curvature, orientation and vicinity (which is described as the general shape of a feature window). Both 3D features and 2D features obtained by projection of the 3D data into a so-called "action plane" are extracted. For more detailed explanation of the features refer to [14]. Different from [14], the action plane is not inferred from the hand position information as that would require completion of the gesture before computation of the features. Instead, the plane used to generate the 2D features corresponds to a vertical plane inclined by 45° with respect to the direction into which the person is oriented. The orientation of the person is assumed to be known (in our scenario all persons are directed towards the sensor). Our trajectory database is available online at http://www.bv.e-technik.tu-dortmund.de.

4   Experimental Setup

As mentioned earlier, a total of 18 individuals participated in performing the gestures and a total of 2119 gestures have been recorded, as can be seen in Table 1 along with the number of samples in each gesture class.

Feature extraction is carried out by a sliding window approach (window size = 5, shift = 1) similar to [4]. For the number of subsequent resampled points (frames) comprehensive tests have been carried out. The initial results suggested that the choice is closely related to the dimension chosen for the dimensionality reduction technique. Results of a grid search on the problem concluded on the selection of resampling window size 4 with shift 1 and dimension 25.

To ensure the heterogeneity of the ensemble, different representations of the features (i.e. normalization methods) as well as various dimensionality reduction techniques are combined with each classifier type. For normalization we tried three methods including min-max rescaling, softmax scaling and Z-score normalization. Softmax scaling is a nonlinear method which compresses the data exponentially in the [0,1] interval.

As for dimensionality reduction, PCA [6, 7, 8], LDA [6], and ICA [16] followed by LDA methods were subject to testing. The degree of the polynomial classifier was set to 1, 2 and 3 since the higher degrees cannot be implemented on a normal desktop computer because of the large size of the weight matrix. The polynomial classifier is additionally favorable in this work because of its short training time and robust behavior regarding partially mislabeled data.

The MLP classifier used here has one single hidden layer, where the number of hidden neurons is automatically determined ensuring that the number of training samples and the dimensionality of the data are at least five times and two times larger than the number of network parameters, respectively.

Gesture name	Total gestures	Total samples
Up	201	4393
Down	204	3971
Come here	222	4179
Go away	225	3985
Stop	202	3733
Point	201	3544
Circle	202	5028
Wave	202	5149
Vertical wave	204	5566
Idle	256	3830
Sum	2119	43378

Table 1 : Total number of gestures and samples per class in the database

4.1 Ensemble Creation Setup

In the context of ensemble learning, a common assumption is that combining heterogeneous classifiers within the ensemble which do not mislabel the same individual samples leads to an increase in recognition performance [1]. Comprehensive tests have been carried out in this regard on a total of 36 system architectures, as defined by the different approaches to normalization and dimensionality reduction described above. The systems were trained on a fraction of the training set and were tested on an independent test set. The experiment was repeated for 5% to 30% of the training set (with 5% increments) (cf. Tables 2 and 3). The success rate of the classifiers trained on only a fraction of the data is equally important as the diversity of the ensemble.

There are several approaches to aggregating the outputs of the individual classifiers. Assume that each of the L base classifiers generates a class assignment y_L and a decision value vector $d_L = (d_{L1}, d_{L2}, ..., d_{LN})$ for a given sample, where $\sum_{i=1}^{N} d_{Li} = 1$. For majority voting, the class assignment is considered confident enough to be adopted if the sum of the decision values of all base classifiers is higher than a threshold. The second approach is to compute a sum of the decision values weighted by the renormalized confidence values. The ensemble decision value for the i-th class is determined based on the decision value $d_{i,k}$ and the renormalized confidence values $\sigma_{i,k}$ of the i-th class and the k-th base classifier such that $d_{ens,i} = \sum_k (d_{i,k}/\sigma_{i,k})$.

5   Results

The problem of gesture recognition is tackled by starting with a two-class problem and adding one class at a time. The classes are chosen based on the initial confusion matrix, such that one has a better than average and the other has a worse than average recognition rate. For the consecutive tests the classes are added based on the same concept while at each problem it has been tried that the system trained with the initial training data can achieve a recognition rate of 70%. Base classifiers are chosen based on the conditions described earlier and the results of Tables 2 and 3. Finally, classifiers number 11, 18 and 36 are chosen to form the ensemble.

In the semi-supervised learning scenario using a 6-fold cross-validation scheme, 3 persons are randomly chosen for the training and 3 for the testing set, leaving 12 randomly chosen persons for the learning set. The system is trained with 7% of the training data (for the 2 class problem) and 15% of the training data (for more than 2 classes), and the rest of the samples of the training persons are added to the learning set. At each iteration of the algorithm a label is assigned to each of the samples in the unlabeled learning set, and a sample is be added to the training set if all the following criteria are fulfilled:

1. All three base classifiers agree on the assigned label.
2. The maximum decision value of all three classifiers is higher than a threshold θ_1.
3. The difference between the two highest decision values of the three classifiers is larger than a threshold θ_2.
4. The normalized confidence values of all three classifiers do not exceed a threshold θ_3.

#	Type	Degree	Normalization	Dim Red	5% (≈ 1655 samples)	10% (≈ 3278 samples)	15% (≈ 4673 samples)	20% (≈ 6464 samples)	25% (≈ 8255 samples)	30% (≈ 9993 samples)
1	PC	1	Z-score	PCAglobal	46.11±3.19	44.97±3.18	46.92±2.48	47.19±2.84	45.06±3.21	45.70±3.79
2	PC	1	Softmax scaling	PCAglobal	47.15±3.45	45.50±3.23	47.94±2.66	48.14±2.59	45.41±3.10	45.86±3.79
3	PC	1	Min-max rescaling	PCAglobal	47.21±4.18	45.23±3.51	48.26±3.58	49.06±2.87	45.84±3.42	46.65±4.10
4	PC	1	Z-score	LDA	48.51±2.61	49.94±2.55	54.02±2.96	53.55±3.13	51.21±3.19	51.35±4.28
5	PC	1	Softmax scaling	LDA	51.86±3.42	50.61±3.51	53.40±2.94	53.93±2.32	51.21±3.83	51.49±3.60
6	PC	1	Min-max rescaling	LDA	48.39±4.07	48.21±3.96	52.20±3.35	52.45±3.33	49.55±3.59	49.55±4.25
7	PC	1	Z-score	ICAUNDLDA	55.42±3.65	57.71±3.51	61.63±3.37	62.63±2.96	60.00±3.49	60.82±4.35
8	PC	1	Softmax scaling	ICAUNDLDA	53.92±3.28	56.97±3.30	61.79±3.37	61.88±2.35	59.64±3.95	60.56±4.21
9	PC	1	Min-max rescaling	ICAUNDLDA	55.92±2.90	57.95±3.90	62.81±3.55	63.56±2.21	62.13±3.97	62.76±4.61
10	PC	2	Z-score	PCAglobal	63.98±2.99	64.81±3.80	67.22±2.64	69.95±2.35	66.80±3.21	68.46±3.15
11	PC	**2**	**Softmax scaling**	**PCAglobal**	**65.14±3.17**	**65.49±4.23**	**68.03±3.15**	**70.33±2.61**	**67.33±3.65**	**68.99±3.47**
12	PC	2	Min-max rescaling	PCAglobal	61.65±3.17	62.74±3.83	64.64±3.04	67.12±2.12	64.34±3.34	66.43±3.18
13	PC	2	Z-score	LDA	60.93±3.03	63.97±3.65	66.65±2.71	67.82±2.37	65.08±3.10	66.99±4.72
14	PC	2	Softmax scaling	LDA	63.13±2.82	64.00±3.66	66.38±3.10	68.27±2.86	65.48±3.70	66.64±3.89
15	PC	2	Min-max rescaling	LDA	57.23±2.98	59.57±4.32	63.83±2.81	65.07±2.85	62.74±3.23	63.43±4.47
16	PC	2	Z-score	ICAUNDLDA	59.16±2.70	64.67±3.60	68.65±2.46	69.75±2.79	69.52±2.89	70.53±2.83
17	PC	2	Softmax scaling	ICAUNDLDA	56.67±2.00	63.18±2.70	67.85±2.24	69.73±1.89	68.59±3.29	69.76±2.21
18	PC	**2**	**Min-max rescaling**	**ICAUNDLDA**	**57.58±2.60**	**65.51±3.06**	**68.85±2.60**	**70.43±2.63**	**70.14±2.87**	**71.51±2.69**
19	PC	3	Z-score	PCAglobal	8.85±1.87	14.58±5.45	49.80±3.61	64.63±3.77	67.29±4.02	71.34±3.33
20	PC	3	Softmax scaling	PCAglobal	9.40±1.61	16.38±6.16	53.48±3.56	67.60±3.30	68.72±3.99	72.62±3.46
21	PC	3	Min-max rescaling	PCAglobal	10.06±1.02	14.21±4.89	47.11±3.90	62.20±3.12	64.76±4.12	68.82±3.09
22	PC	3	Z-score	LDA	9.95±1.06	14.70±5.37	47.87±4.57	61.28±3.44	64.88±4.20	69.65±3.39
23	PC	3	Softmax scaling	LDA	9.53±1.94	15.63±6.21	50.63±3.53	63.30±2.89	67.03±4.07	70.07±3.03
24	PC	3	Min-max rescaling	LDA	10.00±1.67	14.05±3.83	45.52±4.05	58.43±4.01	62.37±3.69	65.49±3.67
25	PC	3	Z-score	ICAUNDLDA	10.68±1.70	13.26±4.34	44.47±3.79	56.28±4.06	62.44±4.35	67.63±2.23
26	PC	3	Softmax scaling	ICAUNDLDA	7.33±1.01	11.70±4.39	43.36±3.72	56.95±2.80	61.72±4.03	66.57±2.10
27	PC	3	Min-max rescaling	ICAUNDLDA	9.17±1.84	13.24±4.57	45.34±3.41	57.20±3.70	63.30±3.09	68.05±2.03

Table 2 : Recognition rates of supervised learning for the polynomial classifiers (PC) with different configurations. The experiment is repeated 10 times on a 6-fold cross validation scheme for each configuration. The finally selected classifiers for the ensemble are denoted by bold characters (number 11 and 18).

#	Type	Normalization	Dim Red	5% (≈ 1608 samples)	10% (≈ 3345 samples)	15% (≈ 4813 samples)	20% (≈ 6479 samples)	25% (≈ 8046 samples)	30% (≈ 9900 samples)
28	MLP	Z-score	PCAglobal	45.70±3.28	58.46±3.71	65.31±3.15	67.01±3.48	68.41±2.98	71.53±4.55
29	MLP	Softmax scaling	PCAglobal	44.67±1.99	58.81±2.85	65.56±3.34	67.15±3.28	68.98±2.82	72.76±4.56
30	MLP	Min-max rescaling	PCAglobal	43.44±2.54	59.03±3.05	64.06±3.10	66.25±3.59	66.81±3.07	69.92±5.24
31	MLP	Z-score	LDA	46.48±4.21	61.23±2.44	66.88±2.52	68.13±2.64	69.15±2.76	71.91±2.99
32	MLP	Softmax scaling	LDA	52.34±3.48	57.44±4.31	58.11±4.04	59.39±3.47	57.16±3.81	59.12±3.67
33	MLP	Min-max rescaling	LDA	44.43±3.30	59.49±2.37	63.00±2.90	65.30±3.49	65.88±3.57	68.95±4.07
34	MLP	Z-score	ICAUNDLDA	43.51±4.44	60.60±3.34	70.58±2.79	71.71±1.99	69.90±3.73	72.89±3.17
35	MLP	Softmax scaling	ICAUNDLDA	41.90±2.94	61.36±2.11	69.87±2.87	71.13±1.96	69.79±3.23	72.01±3.05
36	**MLP**	**Min-max rescaling**	**ICAUNDLDA**	**42.00±3.88**	**63.88±3.02**	**71.11±2.46**	**72.52±1.99**	**70.60±3.67**	**72.91±3.86**

Table 3 : Recognition rates of supervised learning for the Multilayer Perceptron (MLP) with different configurations. The experiment is repeated 10 times on a 6-fold cross validation scheme for each configuration. The finally selected classifiers for the ensemble are denoted by bold characters (number 36).

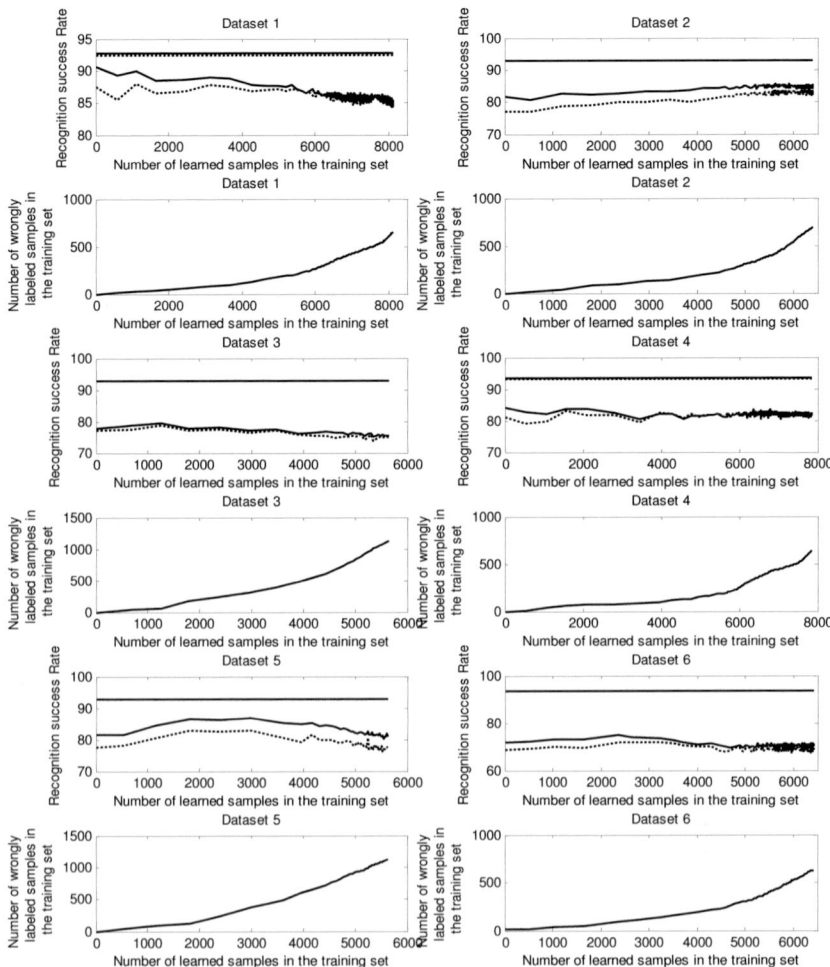

Figure 2 : Results of the two-class gesture classification problem (classes "come here" and "circle"). Each data set represents one of the cross-validation folds. In the recognition rate diagrams, the full and the dotted curves represent the ensemble results using majority voting and weighting by renormalized confidence, respectively. The horizontal line denotes the recognition rate achieved by supervised learning on the same test set.

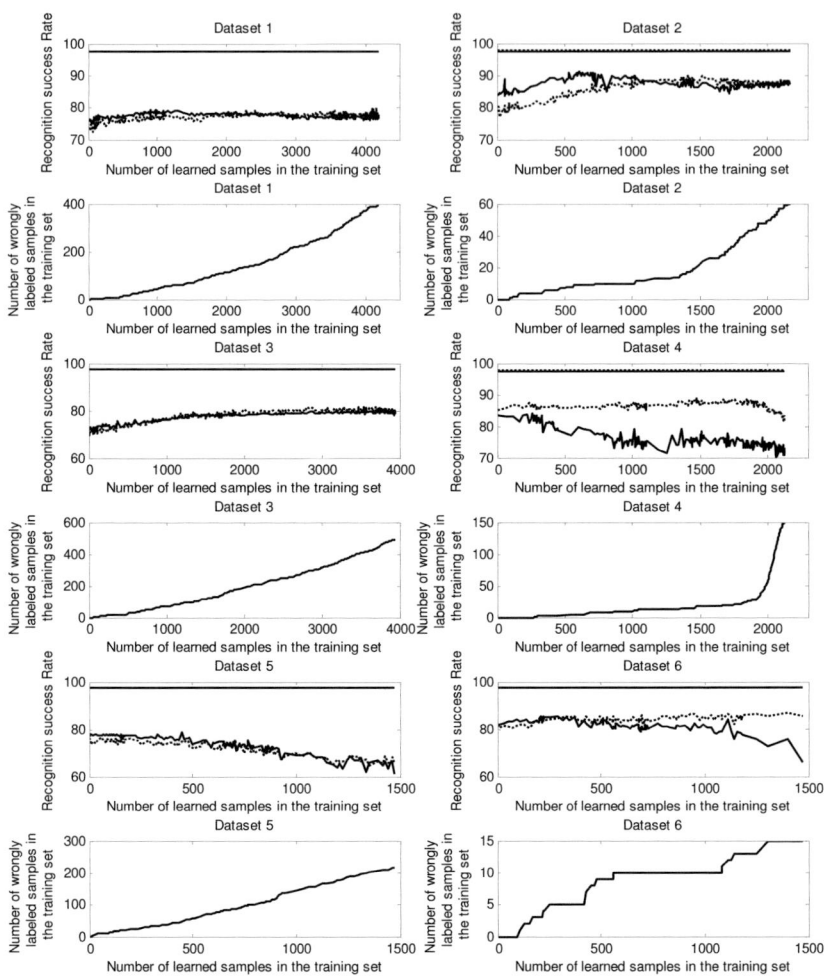

Figure 3 : Results of the three-class gesture classification problem (classes "come here", "circle", and "wave"). Each data set represents one of the cross-validation folds. In the recognition rate diagrams, the full and the dotted curves represent the ensemble results using majority voting and weighting by renormalized confidence, respectively. The horizontal line denotes the recognition rate achieved by supervised learning on the same test set.

For testing, dynamic thresholding has been applied: The initial values for the thresholds are selected as $\theta_1 = 0.7, \theta_2 = 0.1$ and $\theta_3 = 0.9$, and the ensemble starts to learn as long as no more unlabeled samples are selected. At this point the thresholds θ_1 and θ_3 are increased by 2%, respectively.

The increase of θ_1 aims at reducing the number of wrongly labeled data in the training set, requiring a higher decision value for the respective samples which have a higher confidence band value with respect to the previously learned samples. The value of θ_2 remains unchanged.

The results (Figures 2 and 3) show that the recognition rate of the semi-supervised learning algorithm is highly dependent on the persons performing the gestures in the initial training set. In some of the cross-validation data sets, the recognition rate increases with the number of additional learned samples in the training set, while in other folds the recognition rate is affected by the wrongly labeled samples. The other factor determining the fate of semi-supervised learning is the initial recognition rate. In our experiments it has proven hard to improve an initial recognition rate of over 80%. Through dynamic thresholding, after learning all possible unlabeled samples with higher confidences, the system is able to continue the learning process by including samples with a relatively longer distance to the true classification model. These samples are not necessarily the most informative samples to learn and therefore may or may not have a significant effect on the increase of the recognition rate. In other words, the effects of the wrongly labeled samples learned during the first phases of the semi-supervised process may be compensated by the increase of correctly labeled samples in the consecutive phases, leading to an overall increase of the recognition rate during semi-supervised learning.

6   Conclusion

In this study we have examined the problem of semi-supervised ensemble learning of gestures acquired with a Microsoft Kinect sensor. Starting with a small initial number of gestures performed by only three persons, the gesture recognition system adapts itself to new, previously unknown persons by applying a semi-supervised learning approach. Here, the achievable recognition rate on the test set depends on the individual persons who performed the gestures in the initial training set.

Future work will involve an investigation of the suitability of using an active learning algorithm together with semi-supervised learning or the development of a measure to identify the wrongly labeled samples in the training set. Additionally, developing a method to stop the learning process in order to prevent over-training will be beneficial.

7   Literatur

[1] L. Rokach, Pattern Classification using Ensemble Methods, World Scientific, 2010.

[2] S. Mitra and T. Acharya, "Gesture recognition: A survey," *IEEE transactions on Systems, Man and Cybernetics, Part C,* vol. 37, no. 3, pp. 311-324, 2007.

[3] H. Suk, B. Sin and S. Lee, "Hand gesture recognition based on dynamic bayesian network framework," *Pattern Recognition*, vol. 43, no. 9, p. 3059–3072, 2010.

[4] J. Schumacher, D. Sakic, A. Grumpe, G. A. Fink and C. Wöhler, "Active Learning of Ensemble Classifiers for Gesture Recognition," in *Proceedings of DAGM-OAGM Pattern Recognition Symposium*, Graz, Austria, 2012.

[5] L. Kuncheva, Combining Pattern Classifiers: methods and algorithms, Wiley, 2004.

[6] S. Marsland, Machine Learning: An Algorithmic Perspective, Chapman & Hall/CRC Machine Learning & Pattern Recognition Series. CRC Press, 2009.

[7] J. Schürmann, Pattern Classification: A Unified View of Statistical and Neural Approaches, John Wiley & Sons, Inc., 1996.

[8] C. M. Bishop, Pattern Recognition and Machine Learning, Cambridge, UK: Springer, 2006.

[9] M. Hillebrand, C. Wöhler, L. Krüger, U. Kreßel and F. Kummert, "Self-learning with Confidence Bands," in *Proceedings 20 Workshop Computational Intelligence*, Dortmund, Germany, 2010.

[10] X. Zhu and A. B. Goldberg, Introduction to Semi-Supervised Learning, Morgan & Claypool, 2009.

[11] Y. Freund, H. Seung, E. Shamir and N. Tishby, "Selective sampling using the query," *Machine Learning*, vol. 28, pp. 133-168, 1997.

[12] O. J. Kardaun, Classical Methods of Statistics, Springer, 2005.

[13] A. Martos, L. Krüger and C. Wöhler, "Towards Real Time Camera Self Calibration: Significance and Active Selection," in *Proceedings of the 4th International Symposium on 3D Data Processing, Visualization and Transmission*, Paris, France, 2010.

[14] J. Richarz and G. A. Fink, "Visual Recognition of 3D Emblematic Gestures in an HMM Framework," *Journal of Ambient Intelligence and Smart Environments*, vol. 3, no. 3, pp. 193-211, 2011.

[15] B. Freedman, A. Shpunt, M. Machline and Y. Arieli, "Depth mapping using projected patterns". US Patent 2010/0118123 A1, 13 May 2010.

[16] M. Lennon, G. Mercier, M. Mouchot and L. Hubert-Moy, "Independent Component Analysis as a tool for the dimensionality reduction," in *IEEE International Geoscience and Remote Sensing Symp.*, Sydney, Australia, 2001.

Eine Übersicht moderner Evolutionsstrategien und empirische Analyse ihrer Effizienz

Thomas Bäck[1,2], Christophe Foussette[1], Peter Krause[1]

[1]divis intelligent solutions GmbH
Joseph-von-Fraunhofer-Str. 20
D-44227 Dortmund
E-Mail: {baeck, foussette, krause}@divis-gmbh.de

[2]Universität Leiden
Leiden Institute of Advanced Computer Science
Niels Bohrweg 1
NL-2333 CA Leiden

1 Übersicht

In der Entwicklung der Evolutionsstrategien (ES) kann zwischen einer Phase vor und nach der Einführung der Derandomisierung - also der Nutzung gemäß der Mutationsverteilung tatsächlich realisierter Mutationsvektoren - unterschieden werden. Die sog. CMA-ES stellt 1996 den Ausgangspunkt für eine umfangreiche Entwicklungslinie von Variationen dieses Verfahrens dar. Diese hier modernen Evolutionsstrategien genannten Entwicklungen werden im Rahmen dieses Beitrages hinsichtlich ihrer algorithmischen Besonderheit, ihrer Weiterentwicklungen, und ihrer taxonomischen Einordnung für die wesentlichen Varianten sowie den Zeitraum 1996 - 2011 übersichtsartig dargestellt und verglichen. Insbesondere umfasst diese Darstellung die Varianten

- (μ_w, λ)-CMA-ES

- LR-CMA-ES mit den Weiterentwicklungen IPOP-CMA-ES und SPO-CMA-ES,

- (1+1)-Cholesky-CMA-ES, Active-CMA-ES, und deren Kombination (1+1)-Active-CMA-ES,

- (μ, λ)-CMSA-ES,

- sep-CMA-ES,

- lmm-CMA-ES mit deren Weiterentwicklungen nlmm-CMA-ES und p-sep-lmm-CMA-ES,

- sowie eigenständige Entwicklungen wie z.B. die NES, eNES und xNES und die $(\mu_w, \lambda_{iid} + \lambda_m)$-CMA-ES.

Der empirische Vergleich einer Auswahl dieser Verfahren, untereinander sowie mit den älteren ES-Verfahren (1+1)-ES, (μ, λ)-MSC-ES, DR1, DR2 und DR2 wird anhand des Black-Box Optimization Benchmarks (BBOB 10.2) durchgeführt und zielt insbesondere darauf ab, die Effizienz dieser Verfahren für eine geringe Anzahl von Funktionsauswertungen ($25n$, $50n$ und $100n$, wobei n die Dimension der Zielfunktion ist) zu bestimmen. Die Zahl der Auswertungen ist hierbei deutlich geringer als in den in der Literatur üblichen Untersuchungen, was dadurch motiviert ist, dass bei Anwendungen in der industriellen Praxis häufig die Zielfunktion durch Simulationsmodelle mit hohen Rechenzeiten repräsentiert ist und daher nur sehr wenige Zielfunktionsauswertungen möglich sind. Der Vergleich wird anhand des Effizienzmaßes FCE (*fixed cost error*) für $n \in \{2, 5, 10, 20, 40, 100\}$ für die 24 BBOB-Testfunktionen durchgeführt, und die Verfahrensbewertung erfolgt mit Hilfe der Methode der aggregierten Rangfolgen. Die Untersuchung zeigt, dass je nach der Anzahl der erlaubten Funktionsauswertungen signifikante Unterschiede zwischen den einzelnen Verfahren zu beobachten sind. Diese Unterschiede werden anhand von entsprechenden Übersichtsgraphiken dargestellt und diskutiert.

2 Übersicht moderner ES

Die hier behandelten ES-Verfahren suchen das globale Optimum f^* einer Funktionen $f : \mathbb{R}^n \to \mathbb{R}$. Hierzu wird von einer ES, nachdem ein oder mehrere Suchpunkte initialisiert wurden, eine Evolutionsschleife durchlaufen. In ihr werden neue Suchpunkte, genannt Nachkommen, aus den alten Suchpunkten, den Eltern oder Vorfahren, erzeugt (Rekombination) und zufällig variiert (Mutation). Nach Bewertung der neuen Suchpunkte (Evaluierung) werden die Eltern für die nächste Schleifeniteration ausgewählt (Selektion). Das Verhalten einer ES wird durch Parameter gesteuert, exogene Parameter sind vom Benutzer einzustellende Größen und endogene Parameter werden von der ES innerhalb der Evolutionsschleife angepasst. Eine Besonderheit von ES ist, dass die endogenen Parameter ähnlich zu den Suchpunkten eine Evolution durchlaufen, indem sie durch Rekombination, Mutation und Selektion angepasst werden (siehe [1] für die

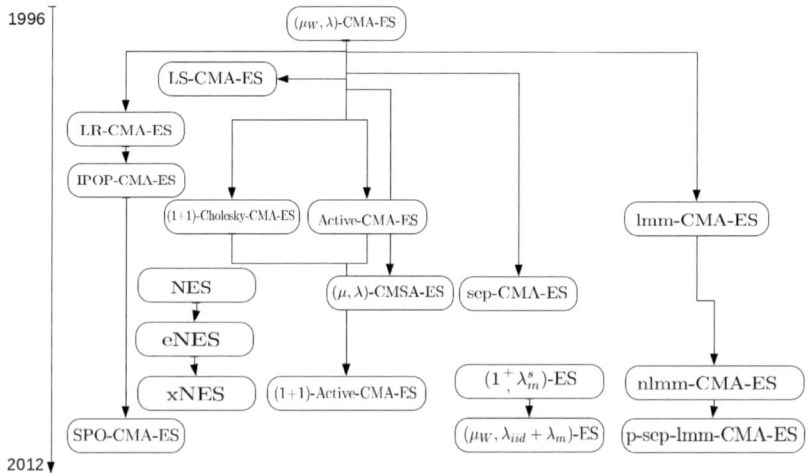

Abbildung 1: Enwicklungen moderner ES

Basisvarianten der ES). Für die zufällige Variation innerhalb der Mutation kommen fast auschließlich multivariat normalverteilte Zufallsvektoren $z \sim N(u, C) \in \mathbb{R}^n$ zum Einsatz. Die multivariate Normalverteilung $N(u, C)$ wird durch den Erwartungswert u und die Kovarianzmatrix C parametrisiert. Eine solche Verteilung ermöglicht isotrope Mutationen, wenn C die Identitätsmatrix ist, anisotrope Mutationen für eine beliebige Diagonalmatrix C und korrelierte Mutationen für den Fall, dass C Nebendiagonalelemente enthält und positiv definit ist. In Abbildung 1 sind Entwicklungsstränge moderner ES zusammenfassend dargestellt, sie werden in den folgenden Abschnitten beschrieben.

2.1 CMA-ES

Die sog. CMA-ES ist die Basis der modernen ES Entwicklung. Zum einen ist sie das erste ES-Verfahren, dass derandomisiert eine vollständige Kovarianzmatrix anpassen kann, d.h. mit korrelierten Mutationen arbeiten kann. Zum anderen wird sie bis heute in vielen Veröffentlichungen ([2] [3] [4] [5] [6] [7] [8] [9]) als Stand der Technik angesehen. Die Derandomisierung kann durch die folgenden Ziele konkretisiert werden: Die Wahrscheinlichkeit, den gleichen Mutationsschritt zu erzeugen, soll erhöht werden. Die Änderungsrate der Strategieparameter soll direkt gesteuert werden. Schließlich sollen bei zufälliger Selektion die Strategieparameter unverändert bleiben. Die mit [10] eingeführte CMA-ES erreicht diese Ziele mit Hilfe zweier Techniken, der Kovarianzmatrixanpassung (*covariance matrix adaptation*, CMA) und der sogenannten kumulativen Schrittweitenanpassung (*cumulative step-size adaptation*, CSA) zur Anpassung einer globalen Schrittweite. Die Beschreibung der CMA-ES in [10] fokussiert auf diese beiden Techniken und die Rekombination bei der Verwendung von $\mu > 1$ wird nicht behandelt. In diesem Abschnitt wird die CMA-ES als (μ_W, λ)-CMA-ES mit gewichteter intermediärer Rekombination wie in [11] und [12] beschrieben[1]. Ein Nachkomme $\mathbf{x}'$ wird aus dem Elter $\mathbf{x}$ durch $\mathbf{x}' = \mathbf{x} + \sigma \mathbf{B}\mathbf{D}\mathbf{z}$ mit $\mathbf{z} = N(\mathbf{0}, \mathbf{I})$ erzeugt. Die Matrix $\mathbf{B}$ und die Diagonalmatrix $\mathbf{D}$ sind das Ergebnis einer Eigenzerlegung der Kovarianzmatrix $\mathbf{C} = \mathbf{B}\mathbf{D}\mathbf{D}\mathbf{B}^T$ und $\sigma \in \mathbb{R}$ die globale Schrittweite. Nachdem auf diese Weise λ Nachkommen erzeugt und evaluiert worden sind, werden die μ besten selektiert und für die gewichtete intermediäre Rekombination verwendet. Die gewichtete intermediäre Rekombination ist eine Verallgemeinerung der klassischen intermediären Rekombination durch Mittelwertbildung. Es werden μ Gewichte $w_1 \geq w_2 \geq \ldots \geq w_\mu$ mit $\sum_{i=1}^{\mu} w_i = 1$ verwendet, um einen gewichteten Mittelwert für den neuen Elter $\langle \mathbf{x} \rangle = \sum_{i=1}^{\mu} w_i \mathbf{x}_{i:\lambda}$ und den besten Mutationsschritt $\langle \mathbf{y} \rangle = \sum_{i=1}^{\mu} w_i \mathbf{B}\mathbf{D}\mathbf{z}_{i:\lambda}$ zu berechnen. Für die Formulierung der Anpassung der Startegieparameter wird die sogenannte varianz-effektive Selektionsmasse (*variance effective selection mass*) $\mu_{eff} = \left(\sum_{i=1}^{\mu} w_i^2 \right)^{-1}$ benötigt. Die (μ_W, λ)-CMA-ES benutzt zwei sogenannte Evolutionspfade $\mathbf{p}_c$ für die Anpassung der Kovarianzmatrix und $\mathbf{p}_\sigma$ für die globale Schrittweitenanpassung. Die Aktualisierung der Evolutionspfade erfolgt durch $\mathbf{p}'_c = (1 - c_c)\mathbf{p}_c + h_\sigma \sqrt{c_c(2 - c_c)\mu_{eff}} \langle \mathbf{y} \rangle$ und $\mathbf{p}'_\sigma = (1 - c_\sigma)\mathbf{p}_\sigma + \sqrt{c_\sigma(2 - c_\sigma)\mu_{eff}} \cdot \mathbf{B}\mathbf{D}^{-1}\mathbf{B}^T \langle \mathbf{y} \rangle$. In der Aktualisierung von $\mathbf{p}_c$ wird die Funktion h_σ verwendet, falls $\frac{\|\mathbf{p}_\sigma\|}{\sqrt{1-(1-c_\sigma)^{2(t+1)}}} < \left(\frac{7}{5} + \frac{2}{n+1} \right) E(\|N(\mathbf{0}, \mathbf{I})\|)$ ist $h_\sigma = 1$, ansonsten $h_\sigma = 0$. Die Funktion h_σ verhindert eine Aktualisierung von $\mathbf{p}_c$ mit den Informationen der aktuellen Generation t, wenn $\|\mathbf{p}_c\|$ zu groß ist. $E(\|N(\mathbf{0}, \mathbf{I})\|)$ ist der Erwartungswert der Länge eines multivariat normalverteilten Vektors der Dimension n, der mit Hilfe der Gammafunktion[2] berechnet und durch $E(\|N(\mathbf{0}, \mathbf{I})\|) = \sqrt{2}\Gamma(\frac{n+1}{2})/\Gamma(\frac{n}{2}) \approx \sqrt{n} \left(1 - \frac{1}{4n} + \frac{1}{21n^2} \right)$ angenähert wird. Die Kovarianzmatrix wird durch $\mathbf{C}' = (1 - c_l - c_\mu)\mathbf{C} + c_l(\mathbf{p}_c\mathbf{p}_c^T + \delta(h_\sigma)\mathbf{C}) + c_\mu \sum_{i=1}^{\mu} w_i \mathbf{y}_{i:\lambda}\mathbf{y}_{i:\lambda}^T$ angepasst[3]. Der erste Summand ist der Beitrag der alten Kovarianzmatrix. Der zweite wird *rank-one-update* genannt und verarbeitet die im Evolutionspfad $\mathbf{p}_c$ akkumulierten

---

[1] Der Vorschlag, gewichtete Rekombination für die CMA-ES einzuführen, wird in [12] als persönliche Kommunikation mit Ingo Rechenberg im Jahr 1998 referenziert.

[2] Aus [13]: $\Gamma(n) = \int_0^\infty x^{n-1} \exp(-x)\, dx$

[3] $x_{i:m}$ ist die im ES Bereich übliche Notation für den indizierten Zugriff auf eine sortierte Menge $S = \{x_1, \ldots, x_m\}$. $x_{i:m}$ ist $x \in S$ mit Rang i.

Informationen. Der dritte Summand, das *rank-μ-update*, wurde mit der Erweiterung der CMA-ES für Populationen mit $\mu > 1$ [14] eingeführt. Die globale Schrittweite σ wird mit $\sigma' = \sigma \cdot \exp\left(\frac{c_\sigma}{d_\sigma}\left(\frac{\|\mathbf{p}_\sigma\|}{E(\|N(\mathbf{0},\mathbf{I})\|)} - 1\right)\right)$ aktualisiert. Für die exogenen Strategieparameter der (μ_W, λ)-CMA-ES sind in [11] folgende Standardeinstellungen abhängig von der Dimensionalität n angegeben:

$$\lambda = 4 + \lfloor 3\ln n \rfloor \qquad\qquad\qquad \mu = \lfloor \tfrac{\lambda}{2} \rfloor$$

$$w_i = \frac{\ln\left(\frac{\lambda+1}{2}\right) - \ln i}{\sum_{j=1}^{\mu} \ln\left(\frac{\lambda+1}{2}\right) - \ln j} \ \text{für } i \in \{1, \dots, \mu\} \qquad c_\sigma = \frac{\mu_{eff}+2}{n+\mu_{eff}+5}$$

$$d_\sigma = 1 + 2\max\left(0, \sqrt{\frac{\mu_{eff}-1}{n+1}}\right) + c_\sigma \qquad c_c = \frac{4+\mu_{eff}/n}{n+4+2\mu_{eff}/n}$$

$$c_c = \frac{4+\mu_{eff}/n}{n+4+2\mu_{eff}/n} \qquad\qquad c_1 = \frac{2}{\left(n+\frac{13}{10}\right)^2 + \mu_{eff}}$$

$$c_\mu = \min\left(1 - c_1, \alpha_\mu \frac{\mu_{eff}-2+1/\mu_{eff}}{(n+2)^2 + \alpha_\mu \mu_{eff}/2}\right) \ \text{mit } \alpha_\mu = 2$$

2.2 Restartheuristiken

2.2.1 LR-CMA-ES

Die LR-CMA-ES [15] (*local restart*) führt fünf Abbruchkriterien für die (μ_W, λ)-CMA-ES ein, um die Stagnation des Optimierungsprozesses zu entdecken. Tritt eine Stagnation auf, wird ein neuer Lauf der (μ_W, λ)-CMA-ES gestartet. Da die (μ_W, λ)-CMA-ES wie im Original den Suchpunkt und die Strategieparameter erneut initialisiert, sind die einzelnen Läufe unabhängig voneinander. Für die Definition erfolgt in Abhängigkeit der beiden Toleranzwerte $T_x = \sigma 10^{-12}$ und $T_f = 10^{-12}$. Das erste Kriterium ist *equalfunvalhist* und ist erfüllt, wenn die besten Funktionswerte $f(\mathbf{x}_{1:\lambda})$ der letzten $\lceil 10 + 30n/\lambda \rceil$ Generationen gleich sind oder wenn die Differenz zwischen Maximum und Minimum dieser Funktionswerte vereinigt mit den Funktionswerten der aktuellen Generation kleiner als T_x ist. Das Kriterium*TolX* ist gegeben, wenn der Vektor $\mathbf{v} = \sigma \mathbf{p}_c$ in allen Komponenten kleiner als T_x ist: $v_i < T_x$ für $\forall i \in \{1, \dots, n\}$. Das nächste Kriterium *noeffectaxis* berücksichtigt Änderungen bezüglich der durch C induzierten Hauptachsen. Diese sind durch die Eigenvektoren $\mathbf{u}_i$ und Eigenwerte γ_i mit $i \in \{1, \dots, n\}$ von C gegeben und normalisiert in den Spalten der Matrix B und den Hauptdiagonalelementen von D zu finden. Das Kriterium überprüft nicht alle Hauptachsen, sondern betrachtet in einer Generation die Achse $i = t \bmod n$. Es ist erfüllt, wenn $\frac{\sigma}{10}\sqrt{\gamma_i}\mathbf{u}_i = 0$. Bei *noeffectcoord* werden Änderungen bezüglich der Koordinatenachsen untersucht. Das Kriterium ist erfüllt, wenn $\frac{\sigma}{5} C_{i,i} = 0$ für $\forall i \in \{1, \ldots, n\}$. Schließlich wird mit *conditioncov* überprüft, ob die Kondition der Matrix $\text{cond}(\mathbf{C}) = \frac{\max(\{\gamma_1, \ldots, \gamma_n\})}{\min(\{\gamma_1, \ldots, \gamma_n\})}$ größer als 10^{14} ist.

2.2.2 IPOP-CMA-ES

Die IPOP-CMA-ES [16] ist eine weitere Restartheuristik für die (μ_W, λ)-CMA-ES, die erstmals exogene Parameter bei einem Neustart verändert. Wenn ein Lauf der (μ_W, λ)-CMA-ES aufgrund der lokalen Abbruchkriterien, identisch zu denen der LR-CMA-ES, beendet wurde, wird beim folgenden Lauf die Populationsgröße um einen Faktor η erhöht. Motiviert ist dieses Vorgehen durch die empirische Untersuchung der (μ_W, λ)-CMA-ES auf multimodalen Testfunktionen mit verschiedenen Populationsgrößen [17]. Es wurde beobachtet, dass die Fähigkeit, das globale Optimum einer multimodale Funktion zu finden, mit ansteigender Populationsgröße besser wird. Bei Verwendung von nicht ganzzahligen Werten für η müssen die neue Anzahl von Eltern μ und Nachkommen λ entsprechend gerundet werden. Für den Faktor η wird als sinnvoller Bereich das Intervall $\left[\frac{3}{2}, 5\right]$ angegeben und $\eta = 2$ als Standardeinstellung empfohlen.

2.2.3 SPO-CMA-ES

Die SPO-CMA-ES [18] ist eine Restart-Variante für die (μ_W, λ)-CMA-ES und stellt eine Verallgemeinerung der IPOP-CMA-ES. Sie wendet *sequential parameter optimization* (SPO) [19] an, um die exogenen Parameter einer ES zu optimieren. Es werden Techniken der Versuchsplanung und des *design and analysis of computer experiments* (DACE) verwendet[4]. Als zu optimierende exogene Paramenter wurden die Anzahl der Nachkommen λ, die initiale Schrittweite σ_{init} und der sogenannte Selektionsdruck (*selection pressure*) λ/μ mit den Bereichen $\{\lambda_{def}, \ldots, 1000\}$, $[1, 5]$ und $[1.5, 2.5]$ identifiziert[5]. Zunächst wird mittels *latin hypercube sampling* (LHS) ein initialer Versuchsplan (*design*) für die exogenen Parameter aufgestellt. Im nächsten Schritt werden Läufe mit diesen Parametern durchgeführt und die Ergebnisse in der Menge Y gespeichert. Diese Phase des Algorithmus wird die *exploration phase* genannt. Die nächste Phase ist die sogenannte *exploitation phase* und wird solange durchgeführt, bis das Budget an

---

[4]Literaturhinweise zu diesen Themen sowie zu Kriging Modellen sind [18] zu entnehmen.

[5]Für λ_{def} gilt die Standardeinstellung der (μ_W, λ)-CMA-ES mit $\lambda_{def} = 4 + \lfloor 3 \log n \rfloor$.

Funktionsauswertungen aufgebraucht ist. Die Methode aggregateRuns berechnet für jeden Lauf in Y ein Performanzmaß. Mit dem Performanzmaß aus jedem Lauf als Ausgangsgröße und den Punkten des Versuchsplans als Eingangsgrößen wird ein Kriging Modell $\mathcal{M}$ erstellt. Die Optimierung von $\mathcal{M}$ bestimmt einen neuen Designpunkt d. Ein neuer Lauf mit den Einstellungen aus d wird gestartet und sein Ergebnis Y hinzugefügt. Bevor die Schleife erneut ausgeführt wird, wird der Designpunkt d dem Versuchsplan D hinzugefügt. In [18] werden keine Standardeinstellungen für N_{init} sowie für die Aufteilung der Funktionsauswertungen zwischen den beiden Phasen angegeben. Sie können durch den Anwender problemabhängig gewählt werden. Für verrauschte Funktionen können auch mehrere Läufe für einen Designpunkt d durchgeführt werden.

2.3 Aktive Kovarianzmatrixanpassung und Cholesky-Updates

2.3.1 Active-CMA-ES

Die (μ_W, λ)-CMA-ES verwendet gewichtete Rekombination, wobei die μ besten Nachkommen zu einem neuen Suchpunkt rekombiniert werden. In [20] wurde gezeigt, dass eine ES in ihrem Konvergenzverhalten beschleunigt werden kann, wenn die schlechtesten Nachkommen mit negativen Gewichten in die Rekombination einbezogen werden. Die Active-CMA-ES [21] greift diese Idee[6] auf. Sie wird allerdings nicht auf die Rekombination des Suchpunktes angewendet[7], sondern ausschließlich beim Anpassen der Kovarianzmatrix realisiert. Die Erweiterung gegenüber der (μ_W, λ)-CMA-ES besteht hauptsächlich in einer neuen Kovarianzmatrixanpassung: $\mathbf{C'} = \mathbf{C} \leftarrow (1 - c_c)\mathbf{C} + c_c \mathbf{p}_c \mathbf{p}_c^T + \beta \mathbf{Z}$ mit $\mathbf{Z} = \mathbf{BD} \left(\frac{1}{\mu} \cdot \right.$ $\left. \sum_{k=1}^{\mu} \mathbf{z}_{k:\lambda} \mathbf{z}_{k:\lambda}^T - \frac{1}{\mu} \sum_{k=\lambda-\mu+1}^{\lambda} \mathbf{z}_{k:\lambda} \mathbf{z}_{k:\lambda}^T \right) (\mathbf{BD})^T$. Weiterhin wurde der exogene Parameter c_c angepasst, für ihn gilt nun $c_c = \frac{2}{(n+\sqrt{2})^2}$. Der Parameter β wurde in einer empirischen Untersuchung bestimmt, die detailliert in [22] beschrieben ist. Mit $\beta = \frac{4\mu-2}{(n+12)^2+4\mu}$ wurde ein Kompromiss zwischen den gegenläufigen Zielen gefunden, einerseits eine hohe Konvergenzgeschwindigkeit zu erreichen und andererseits zu gewährleisten, dass $\mathbf{C}$ positiv definit bleibt, um so die ES möglichst robust werden zu lassen. Die

---

[6]Das namensgebende *active* kann so verstanden werden, dass die besonders schlechten Nachkommen eine aktive Rolle spielen, normalerweise werden diese Individuen nach der Selektion nicht mehr berücksichtigt.

[7]In [21] wird dies mit dem Hinweis auf numerische Instabilitäten bei gewissen Fitnessfunktionen verworfen.

Standardeinstellungen für exogene Strategieparameter sind mit Ausnahme von c_c und β identisch zu denen der (μ_W, λ)-CMA-ES.

2.3.2 (1+1)-Cholesky-CMA-ES

Die (1+1)-Cholesky-CMA-ES [23] führt eine Methode zum impliziten Anpassen der Kovarianzmatrix $\mathbf{C}$ ein, die ohne eine Eigenzerlegung von $\mathbf{C}$ auskommt und somit die Rechenzeit innerhalb einer Generation von $O(n^3)$ auf $O(n^2)$ senkt. Grundlage der Methode ist die Cholesky-Zerlegung der Kovarianzmatrix $\mathbf{C} = \mathbf{A}\mathbf{A}^T$ und der folgende Satz zum Aktualisieren von Cholesky-Faktoren.

2.1 Satz. *Sei $\mathbf{C} \in \mathbb{R}^{n \times n}$ eine symmetrische positiv definite Matrix mit Cholesky-Zerlegung $\mathbf{C} = \mathbf{A}\mathbf{A}^T$. Weiterhin, sei $\mathbf{C}' = \alpha\mathbf{C} + \beta\mathbf{v}\mathbf{v}^T$ eine Aktualisierung von $\mathbf{C}$ mit $\mathbf{v}, \mathbf{z} \in \mathbb{R}^n$, $\mathbf{v} = \mathbf{A}\mathbf{z}$ und $\alpha, \beta \in \mathbb{R}^+$. Dann ist der aktualiserte Cholesky-Faktor $\mathbf{A}'$ von $\mathbf{C}'$ durch $\mathbf{A}' = \sqrt{\alpha}\mathbf{A} + \frac{\sqrt{\alpha}}{\|\mathbf{z}\|^2} \left(\sqrt{1 + \frac{\alpha}{\beta}\|\mathbf{z}\|^2} - 1 \right) (\mathbf{A}\mathbf{z})\, \mathbf{z}^T$ gegeben.*

Der Nachkomme $\mathbf{x}'$ wird aus dem Elter $\mathbf{x}$ gemäß $\mathbf{x}' = \mathbf{x} + \sigma\mathbf{A}\mathbf{z}$ mit $\mathbf{z} = N(\mathbf{0}, \mathbf{I})$ erzeugt. Nach obigem Satz wird der Cholesky-Faktor $\mathbf{A}$ unter Verwendung der Konstante c_a mit $\mathbf{A}' = c_a\mathbf{A} + \frac{c_a}{\|\mathbf{z}\|^2} \left(\sqrt{1 + \frac{(1-c_a^2)\|\mathbf{z}\|^2}{c_a^2}} - 1 \right) \mathbf{A}\mathbf{z}\mathbf{z}^T$ angepasst, falls die nachfolgend beschriebene Größe $\bar{p}_s$ kleiner als der Schwellwert p_t ist. Die Anpassung der globalen Schrittweite δ wird ähnlich zur 1/5 Erfolgsregel der (1+1)-ES [24] [25] durchgeführt. Wird der Nachkomme besser evaluiert als der Elter, ist $\lambda_s = 1$, ansonsten wird $\lambda_s = 0$ gesetzt. Diese Erfolgsindikatoren werden mit Hilfe einer Lernrate c_p in $\bar{p}_s = (1 - c_p)\bar{p}_s + c_p\lambda_s$ über Generationen hinweg Anhand dieser Größe und einem Zielwert p_s^t für die Erfolgswahrscheinlichkeit wird das Update der globalen Schrittweite σ zu $\sigma' = \sigma \cdot \exp\left(\frac{1}{d}\left(\bar{p}_s - \frac{p_s^t}{1-p_s^t}(1 - \bar{p}_s) \right) \right)$. Die Standardeinstellungen für die exogenen Strategieparameter sind $p_s^t = \frac{2}{11}$, $p_t = \frac{11}{25}$, $c_a = \sqrt{1 - \frac{2}{n^2+6}}$, $c_p = \frac{1}{12}$ und $d = 1 + \frac{1}{n}$.

2.3.3 (1+1)-Active-CMA-ES

Die (1+1)-Active-CMA-ES [26] erweitert die (1+1)-Cholesky-CMA-ES mit der bei der Active-CMA-ES realisierten Idee, die Informationen nicht erfolgreicher Nachkommen zur Anpassung der Kovarianzmatrix heranzuziehen. Die (1+1)-Active-CMA-ES arbeitet mit dem Cholesky-Faktor $\mathbf{A}$ und seinem Inversen $\mathbf{A}_{inv} = \mathbf{A}^{-1}$, anstatt eine explizite Kovarianzmatrix $\mathbf{C} = \mathbf{A}\mathbf{A}^T$ zu verwenden. Mit Satz 2.1 wurde gezeigt, wie $\mathbf{A}$ zu aktualisieren ist. Die Verwendung von $\mathbf{A}_{inv}$ macht eine Erweiterung dieses Satzes notwendig, die hier ohne Beweis aus [26] aufgeführt ist:

2.2 Satz. *Sei $\mathbf{C} \in \mathbb{R}^{n \times n}$ eine symmetrische postiv definite Matrix mit Cholesky-Zerlegung $\mathbf{C} = \mathbf{A}\mathbf{A}^T$, und sei $\mathbf{C}' = \alpha \mathbf{C} + \beta \mathbf{v}\mathbf{v}^T$ eine Aktualisierung von $\mathbf{C}$ mit $\mathbf{v} \in \mathbb{R}^n \setminus \{\mathbf{0}\}$, $\alpha \in \mathbb{R}^+$ und $\beta \in \mathbb{R}$. Sei $\mathbf{w} = \mathbf{A}^{-1}\mathbf{v}$ unter der Bedingung $\alpha + \beta\|\mathbf{w}\|^2 > 0$ und $\mathbf{C}' = \mathbf{A}'\mathbf{A}'^T$ die Cholesky-Zerlegung der aktualisierten Matrix $\mathbf{C}'$. Dann gilt für den Cholsky-Faktor $\mathbf{A}'$ und sein Inverses $\mathbf{A}'^{-1}$: $\mathbf{A}' = \sqrt{\alpha}\mathbf{A} + \frac{\alpha}{\|\mathbf{w}\|^2}\left(\sqrt{1 + \frac{\beta}{\alpha}\|\mathbf{w}\|^2} - 1\right)\mathbf{A}\mathbf{w}\mathbf{w}^T$ und*

$$\mathbf{A}'^{-1} = \frac{1}{\sqrt{\alpha}}\mathbf{A}^{-1} - \frac{1}{\sqrt{\alpha}\|\mathbf{w}\|^2}\left(1 - \frac{1}{\sqrt{1 + \beta\|\mathbf{w}\|^2/\alpha}}\right)\mathbf{w}\mathbf{w}^T\mathbf{A}^{-1}.$$

Ein Nachkomme $\mathbf{x}'$ wird aus dem Elter $\mathbf{x}$ durch $\mathbf{x}' = \mathbf{x} + \sigma\mathbf{A}\mathbf{z}$ mit $\mathbf{z} = N(\mathbf{0}, \mathbf{I})$ erzeugt. Wie bei der (1+1)-Cholesky-CMA-ES wird die Erfolgsrate, der Anteil erfolgreicher Mutationen, in einem Wert p_s gespeichert und mit der Lernrate c_p durch $p'_s = (1 - c_p)p_s + c_p$ falls $f(\mathbf{x}') \leq f(\mathbf{x})$ oder $p'_s = (1 - c_p)p_s$ falls $f(\mathbf{x}') > f(\mathbf{x})$ aktualisiert. Mit der Erfolgsrate p_s, einer Dämpfungskonstante $d \in \mathbb{R}^+$ und der Zielerfolgsrate p_t wird die globale Schrittweite σ durch $\sigma' = \sigma \cdot \exp\left(\frac{1}{d}\frac{p_s - p_t}{1 - p_t}\right)$ gemäß der 1/5-Erfolgsregel angepasst. Ist der Nachkomme besser als sein Vorfahre, wird ein positives Cholesky-Update durchgeführt. Bei der (1+1)-Cholesky-CMA-ES wurde hierzu der Mutationsschritt $\mathbf{z}$ herangezogen. Die (1+1)-Active-CMA-ES verwendet einen Suchpfad $\mathbf{s}$, der die erfolgreichen Mutationsschritte mit einer Lernrate c akkumuliert und mit $\mathbf{s}' = (1 - c)\mathbf{s} + \sqrt{c(2 - c)}\mathbf{A}\mathbf{z}$ aktualisiert wird. Mit der Konstante $c_c^+ > 0$ und dem Vektor $\mathbf{w} = \mathbf{A}_{inv}\mathbf{s}$ kann nun das positive Update der Matrizen $\mathbf{A}$ und $\mathbf{A}_{inv}$ gemäß Satz 2.2 formuliert werden:

$$\mathbf{A}' = a\mathbf{A} + b(\mathbf{A}\mathbf{w})\mathbf{w}^T \text{ und}$$

$$\mathbf{A}'_{inv} = \frac{1}{a}\mathbf{A}'_{inv} - \frac{b}{a^2 + ab\|\mathbf{w}\|^2}\mathbf{w}(\mathbf{w}^T\mathbf{A}_{inv}) \text{ mit}$$

$$a = \sqrt{1 - c_c^+} \text{ und}$$

$$b = \frac{\sqrt{1 - c_c^+}}{\|\mathbf{w}\|^2}\left(\sqrt{1 + \frac{c_c^+}{1 - c_c^+}\|\mathbf{w}\|^2} - 1\right)$$

In der (1+1)-Active-CMA-ES werden die $\lambda - \mu$ schlechtesten Individuen für das negative Update der Kovarianzmatrix herangezogen und definieren so die „besonders schlechten" Individuen. Bei der hier vorliegenden (1+1)-Strategie, bei der also nur ein Nachkommen erzeugt wird, kann diese Definition nicht angewendet werden. Die (1+1)-Active-CMA-ES speichert daher vergangene Funktionsauswertungen und definiert ein Individuum, dessen Funktionswert schlechter als der seines k-ten Vorfahren ist, als „besonders schlecht". Ist ein Nachkomme „besonders schlecht", wird ein negatives Update gemäß Gleichungen **??** und **??** mit geänderten Koeffizienten a und b durchgeführt. Im Gegensatz zum positiven Update wird der Vektor $\mathbf{z}$ anstelle des Suchpfades $\mathbf{s}$ verwendet:

$$a = \sqrt{1 + c_c^-}$$

$$b = \frac{\sqrt{1 - c_c^-}}{\|\mathbf{z}\|^2}\left(\sqrt{1 + \frac{c_c^-}{1 - c_c^-}\|\mathbf{z}\|^2} - 1\right)$$

Für die Konstante c_c^- muss $1 - \frac{c_c^-}{1+c_c^-}\|\mathbf{z}\|^2 > 0$ gelten, da ansonsten die Kovarianzmatrix nicht mehr positiv definit bleiben würde. Weiterhin kann instabiles Verhalten auftreten, wenn der linke Ausdruck der Ungleichung nur knapp größer als Null ist. Aus diesem Grund wird in dem Fall, dass die linke Seite der Ungleichung kleiner als $\frac{1}{2}$ ist, die Konstante c_c^- mit $1/(2\|\mathbf{z}\|^2)$ nach oben beschränkt. Die Standardeinstellungen für die exogenen Parameter sind $d = 1 + n/2$, $c = 2/(n + 2)$, $c_p = 1/12$, $p_t = 2/11$, $c_c^+ = \frac{2}{n^2+6}$, $k = 5$ und $c_c^- = \frac{2}{5(n^{8/5}+1)}$.

2.4 Mirroring

2.4.1 $(1\overset{+}{,}\lambda_m^s)$-ES

Die $(1\overset{+}{,}\lambda_m^s)$-ES [27] führt die zwei Konzepte *mirrored sampling* und *sequential selection* ein. Diese zwei unabhängigen Konzepte verändern die Vorgehensweise bei der Erzeugung der Nachkommen und ihrer Selektion und stellen somit keine vollständige ES dar. Das Konzept des *mirrored sampling* kann sowohl auf eine $(1 + \lambda)$-ES als auch auf eine $(1, \lambda)$-ES angewendet werden. Die Anwendung der *sequential selction* ist nur bei Plus-Strategien möglich. Dies erklärt das $^+$ in der Notation, der Exponent s bzw. der Index m für die Anzahl der Nachkommen λ symbolisieren die Konzepte *sequential selection* bzw. *mirrored sampling*. Die Idee des *mirrored sampling* besteht darin, einen Teil der Nachkommen derandomisiert zu erzeugen. So kann mit einem zufällig erzeugten Mutationsschritt $\mathbf{z}$ nicht nur der Nachkomme $x + z$ generiert werden, sondern zusätzlich der Nachkomme $x - z$ erzeugt werden. Die Nachkommen sind symmetrisch[8] bezogen auf den Punkt x und somit abhängig voneinander. Es wird erwähnt, dass das *mirrored sampling* das Verfahren *Evolutionary Gradient Search* [28] robuster machen und für bessere Konvergenzraten auf dem Kugelmodell sorgen kann. Es werden theoretische Konvergenzraten für verschiende Varianten der $(1 \overset{+}{,} \lambda_m^s)$-ES hergeleitet, für diese Ergebnisse sei auf [27] verwiesen. Das Konzept der *sequential selection* kann zur Vermeidung von Funktionsauswertungen dienen. Es wird auf eine $(1 + \lambda)$-ES angewendet. Anstatt erst alle λ Nachkommen zu erzeugen und dann für sie den Fitnesswert zu berechnen, werden die Schritte Mutation und Evaluierung sequentiell für einzelne Individuen durchgeführt. Sobald ein Nachkomme besser als sein Vorfahre ist, kann er als neuer Suchpunkt verwendet werden und die übrigen Nachkommen müssen nicht mehr evaluiert werden. Somit können bis zu $\lambda - 1$ Funktionsauswertungen pro Generation gespart werden. Die beiden Konzepte lassen sich sowohl unabhängig voneinander einsetzen als auch kombiniert.

2.4.2 $(\mu/\mu_W, \lambda_{iid} + \lambda_m)$-ES

Die $(\mu/\mu_W, \lambda_{iid} + \lambda_m)$-ES [29] ist eine Erweiterung der Idee des *mirrored sampling* für $\mu > 1$. Die Anzahl der Nachkommen wird hier als Summe der zufällig erzeugten Nachkommen λ_{iid} und der gespiegelten Nachkommen λ_m notiert[9] und es gilt $\lambda_m \leq \lambda_{iid}$. Die Verwendung von *mirrored sampling* mit gewichteter Rekombination und kumulativer Schrittweitenanpassung führt zu einem *bias* bezüglich der Schrittweite. Die Schrittweite wird stärker verringert, als dies gewünscht ist, und kann somit für vorzeitige Konvergenz des Algorithmus sorgen. Um dieses Problem zu vermeiden, wird das Konzept der *pairwise selection* eingeführt. Die Idee ist, bei der Rekombination niemals ein zufällig erzeugtes Nachkommen und das durch seine Spiegelung erzeugte Nachkommen gleichzeitig zu benutzen. Entweder wird das zufällig erzeugte oder seine gespiegelte Version verwendet. Für $(\mu/\mu_W, \lambda_{iid} + \lambda_m)$-ES gibt es zwei Varianten für den Prozess des Spiegelns. Zum einen ist dies das *random mirroring*, notiert durch $(\mu/\mu_W, \lambda_{iid} + \lambda_m^{rand})$-ES, bei dem aus den λ_{iid} Nachkommen λ_m zufällig für die Spiegelung ausgewählt werden. Zum anderen wird das *selective mirroring* mit der Notation $(\mu/\mu_W, \lambda_{iid} + \lambda_m^{sel})$-ES eingeführt. Bei dieser Variante werden die λ_{iid} Nachkommen zunächst bezüglich ihrer Fitness

---

[8]Statt symmetrisch wird dies auch durch das namensgebende gespiegelt (*mirrored*) bezeichnet.

[9]Die Abkürzung *iid* steht für unabhängig und identisch verteilt (*independent and identically distributed*).

sortiert und die λ_m schlechtesten Nachkommen werden gespiegelt. Die Idee dahinter ist, dass in einer konvexen Umgebung die Spiegelung eines guten Nachkommen nicht zu einer Verbesserung führen kann und es daher sinnvoller ist, zunächst die schlechtesten Nachkommen zu spiegeln. Nach [29] sind schlechte Nachkommen einer (μ_W, λ)-ES häufig durch zu große Mutationsschritte entstanden und so führt das *selective mirroring* seinerseits wieder zu langen Mutationsschritten. Diesem unerwünschten *bias* wird durch die Methode *resample length* begegnet. Hierzu wird die Länge des gespiegelten Mutationsschritt anhand eines neu gezogenen Mutationsschritts z' verändert. So wird die gespiegelte Version x_m des Nachkommen $x = \langle x \rangle + \sigma z$ durch $x_m = \langle x \rangle - \sigma \frac{\|z'\|}{\|z\|} z$ erzeugt. Wie bei der $(1 \overset{+}{,} \lambda_m^s)$-ES wurden in [29] theoretische Konvergenzraten für das Kugelmodell hergeleitet, auf die hier nicht näher eingegangen wird. Es sei allerdings erwähnt, dass das Verhältnis $r = \lambda_m / \lambda_{iid}$ auf dem Kugelmodell für einen Wert von $r \approx 0.1886$ eine optimale Konvergenzrate bewirkt.

2.5 Kovarianzmatrixlernen

2.5.1 LS-CMA-ES

Die LS-CMA-ES [2] ist eine $(1, \lambda)$-ES und realisiert die Idee, die Kovarianzmatrix C anhand der invertierten Hessematrix H^{-1} anzupassen. Die Hessematrix selbst wird durch die Lösung eines *least-squares*-Problems geschätzt. Mit Satz 5 in [30] wurde gezeigt, dass man hierfür mindestens $m \geq \frac{1}{2}\left(n^2 + 3n + 4\right)$ viele Tupel $(x, f(x))$ benötigt. Im Verlauf des Algorithmus werden daher bei der Evaluierung alle Tupel $(x, f(x))$ in einem Archiv A gespeichert. Dem *least-squares*-Problem liegt die Taylorreihenentwicklung $f(x) \approx f(\tilde{x}) + (x - \tilde{x})^T \nabla f(\tilde{x}) + \frac{1}{2}(x - \tilde{x})^T \nabla^2 f(\tilde{x})(x - \tilde{x})$ einer (differenzierbaren) Fitnessfunktion bis zum zweiten Glied zugrunde und ist als folgendes Minimierungsproblem formuliert: $\min_{g \in \mathbb{R}^n, H \in \mathbb{R}^{n \times n}}$ $\sum_{k=1}^{m}\left(f(x_k) - f(x_0) - (x_k - x_0)^T g - \frac{1}{2}(x_k - x_0)^T H(x_k - x_0)\right)^2$. Als Ergebnis erhält man die Schätzer $\hat{g}$ für den Gradienten und $\hat{H}$ für die Hessematrix. Da die Taylorreihenentwicklung bis zum zweiten Glied nur eine Approximation der wahren Fitnesslandschaft um x_0 darstellt, ist man an einem Fehlermaß $Q(\hat{g}, \hat{H})$ der Schätzung interessiert, anhand dessen entschieden wird, ob $\hat{H}^{-1}$ zum Anpassen der Kovarianzmatrix verwendet werden soll. Als Fehlermaß wird $Q(\hat{g}, \hat{H}) = \frac{1}{m}\sum_{k=1}^{m}\left(f(x_k) - f(x_0)\right)$ $-(x_k - x_0)^T \hat{g} - \frac{1}{2}(x_k - x_0)^T \hat{H}(x_k - x_0) \overline{f(x_k)} - f(x_0) - (x_k - x_0)^T \hat{g}\right)^2$ verwendet. Da die Lösung des Minimierungsproblem und die Invertierung von $\hat{\mathbf{H}}$ durch numerische Methoden mit einer Rechenzeit von $O(n^6)$ zu Buche schlägt, ist eine Durchführung in jeder Generation insbesondere für große n nicht praktikabel. Die LS-CMA-ES arbeitet daher in zwei verschiedenen Modi, LS und CMA, um die Kovarianzmatrix anzupassen. Im Modus LS wird eine Approximation von $\mathbf{H}$ nur alle n_{upd} Generationen durchgeführt[10]. Liegt der Fehler Q unterhalb des geforderten Schwellwertes Q_t, wird die Kovarianzmatrix $\mathbf{C} = \frac{1}{2}\hat{\mathbf{H}}^{-1}$ verwendet. Bis zu einer neuen Aktualisierung nach n_{upd} Generationen bleibt $\mathbf{C}$ unverändert. Ist der Fehler größer als Q_t wechselt die LS-CMA-ES in den Modus CMA. Die Erzeugung der Nachkommen aus dem Elter $\langle\mathbf{x}\rangle$ erfolgt mit $\mathbf{x}_i = \langle\mathbf{x}\rangle + \sigma d_i N(\mathbf{0}, \mathbf{C})$ mit $d_i = \exp(\tau N(0,1))$ und $i \in \{1, \ldots, \lambda\}$. Neben der Kovarianzmatrix $\mathbf{C}$ wird eine globale Schrittweite σ verwendet, die durch mutative Selbstanpassung aktualisiert wird. Sei b der Index des besten Nachkommen, dann wird die globale Schrittweite durch $\sigma' = \sigma \cdot d_b$ verändert. Das Anpassen der Kovarianzmatrix $\mathbf{C}$ erfolgt gemäß einem *rank-one-update* mit Hilfe eines Evolutionspfads $\mathbf{p}_c$ als $\mathbf{C}' = (1 - c_{cov})\mathbf{C} + c_{cov}\mathbf{p}_c(\mathbf{p}_c)^T$. Der Evolutionspfad $\mathbf{p}_c$ wird auch im Modus LS mit $\mathbf{p}'_c = (1 - c_c)\mathbf{p}_c + \frac{\sqrt{(c_c(2-c_c))}}{\sigma}(\mathbf{x}_b - \langle\mathbf{x}\rangle)$ aktualisiert, damit beim Wechsel in den Modus CMA $\mathbf{C}$ mit aktuellen Informationen angepasst wird. Für die exogenen Strategieparameter gelten folgende Standardeinstellungen: $\lambda = 10$, $\tau = \frac{1}{\sqrt{n}}$, $n_{upd} = 100$, $Q_t = 10^{-3}$, $c_c = \frac{4}{n+4}$ und $c_{cov} = \frac{2}{(n+\sqrt{2})^2}$.

2.6 Vereinfachungen

2.6.1 (μ,λ)-CMSA-ES

Die (μ,λ)-CMSA-ES [4], ausführlicher auch $(\mu/\mu_I, \lambda)$-CMA-σ-SA-ES genannt, führt die Selbstanpassung für die globale Schrittweite σ, wie bei der (μ, λ)-MSC-ES, wieder ein. Motiviert ist diese ES dadurch, dass mit Wiedereinführung der Selbstanpassung die Anzahl der exogenen Strategieparameter reduziert wird und somit eine Vereinfachung der (μ_W, λ)-CMA-ES darstellt, für die fünf exogene Parameter eingestellt werden müssen. Die Nachkommen $\mathbf{x}_i$ und ihre Schrittweiten σ_i mit $i \in \{1, \ldots, \lambda\}$ werden aus dem Elter $\mathbf{x}$, der globalen Schrittweite σ und den Matrizen $\mathbf{B}$ und $\mathbf{D}$,

---

[10]Mit der zusätzlichen Bedingung, dass A mindestens $m = n^2$ Tupel enthält.

aus der Eigenzerlegung der Kovarianzmatrix **C**, wie folgt erzeugt:

$$\sigma_i = \sigma \cdot \exp\left(\tau N(0,1)\right)$$
$$\mathbf{s}_i = \mathbf{BD}N(\mathbf{0},\mathbf{I})$$
$$\mathbf{z}_i = \sigma_i \cdot \mathbf{s}_i$$
$$\mathbf{x}_i = \mathbf{x} + \mathbf{z}_i$$

Die Rekombination erfolgt mit gleichen Gewichten $1/\mu$ und ist somit auf reine Mittelwertbildung zurückgeführt. Sie wird für die Vektoren $\mathbf{z}_{i:\lambda}$, $\mathbf{s}_{i:\lambda}$ und die Schrittweiten $\sigma_{i:\lambda}$ über $i \in \{1, \ldots, \mu\}$ durchgeführt und resultiert in den Vektoren $\langle \mathbf{z} \rangle$, $\langle \mathbf{s} \rangle$ und der neuen globalen Schrittweite σ. Der neue Elter $\mathbf{x}'$ ist dann durch $\mathbf{x}' = \mathbf{x} + \langle \mathbf{z} \rangle$ gegeben. Der Vektor $\langle \mathbf{s} \rangle$ wird für das Anpassen der Kovarianzmatrix **C** benötigt. Unter Verwendung der Lernrate τ_C wird **C** durch $\mathbf{C}' = \left(1 - \frac{1}{\tau_C}\right)\mathbf{C} + \frac{1}{\tau_C}\langle \mathbf{s} \rangle \langle \mathbf{s} \rangle^T$ aktualisiert. Die Standardeinstellung für die exogenen Strategieparameter sind $\mu = \max\left(\lfloor \frac{n}{10} \rfloor, 2\right)$, $\lambda = 4\mu$, $\tau = \frac{1}{\sqrt{2n}}$, $\tau_C = 1 + \frac{n(n+1)}{2\mu}$.

2.6.2 sep-CMA-ES

Die sep-CMA-ES [31] ist eine Variante der (μ_W, λ)-CMA-ES, die die Platzerfordernis und Rechenzeit auf $O(n)$ senkt. Dies wird erreicht, indem statt einer beliebigen Kovarianzmatrix eine Diagonalmatrix **D** verwendet wird. Somit ist diese ES nicht mehr in der Lage, korrelierte Mutationen zu erzeugen, dafür wird allerdings die rechenintensive Eigenzerlegung der Kovarianzmatrix **C** gespart. **D** kann aus **C** durch Wurzelziehen der n Hauptdiagonalelementen berechnet werden. Das Anpassen der Kovarianzmatrix geschieht mit $\mathbf{C}' = (1 - c_{cov})\mathbf{C} + \frac{1}{\mu_{eff}}c_{cov}\mathbf{p}_c(\mathbf{p}_c)^T + c_{cov}\left(1 - \frac{1}{\mu_{eff}}\right)\sum_{i=1}^{\mu}w_i\mathbf{D}\mathbf{z}_{i:\lambda}(\mathbf{D}\mathbf{z}_{i:\lambda})^T$. Durch das Senken der Komplexität der Kovarianzmatrix kann die Lernrate c_{cov} erhöht werden, um den Anpassungsvorgang zu beschleunigen. Für sie gilt $c_{cov} = \frac{n+2}{3}\left(\frac{1}{\mu_{eff}}\frac{2}{(n+\sqrt{2})^2}\right.$ $+(1 - \frac{1}{\mu_{eff}})\min\left(1, \frac{2\mu_{eff}-1}{(n+2)^2+\mu_{eff}}\right)\right)$. Die übrigen exogenen Parameter haben die gleiche Standardeinstellung wie die der (μ_w, λ)-CMA-ES.

2.7 Natural Gradient

Die xNES und ihre Vorgänger NES und eNES passen die Mutationsparameter auf eine von den bisher beschriebenen Methoden verschiedene

Weise an. Es wird ein natürlicher Gradient formuliert, der im Raum der Mutationsparameter in Richtung besserer Fitness führt. In Abschnitt 4.4 in [5] werden die Zusammenhänge und Ähnlichkeiten der Anpassungsmechanismen zwischen der (μ_W, λ)-CMA-ES und der xNES beschrieben.

Der Algorithmus xNES (*exponential natural evolution strategies*) [5] ist eine $(1, \lambda)$-ES, die anhand des natürlichen Gradienten (*natural gradient*, siehe [32]) die endogenen Strategieparameter anpasst. Die Idee wurde erstmals mit der NES (*natural evolution strategies*) [33] umgesetzt und mit der eNES (*efficient natural evolution strategies*)[11] [9] weiterentwickelt. Im Folgenden sind die Ideen der xNES in Kürze ohne Rechenschritte und ohne detaillierte Beschreibung der verwendeten Konzepte, wie zum Beispiel das der *Fisher information matrix*, wiedergegeben. Dies würde im Rahmen dieser Arbeit zu weit gehen und kann im Originalartikel [5] und seinen Referenzen nachgelesen werden. Auch diese Familie von ES bedient sich der multivariaten Normalverteilung $N(\langle \mathbf{x} \rangle, \mathbf{C})$, um korrelierte Nachkommen des aktuellen Suchpunktes $\langle \mathbf{x} \rangle$ zu generieren. Wie bei der $(1 + 1)$-Cholesky-CMA-ES wird nicht die explizite Kovarianzmatrix $\mathbf{C}$ verwendet, sondern auf einen Cholesky-Faktor $\mathbf{A}$ mit $\mathbf{C} = \mathbf{A}\mathbf{A}^T$ zurückgegriffen. Der aktuelle Suchpunkt und die Kovarianzmatrix ergeben zusammengefasst in der Variable $\theta = (\langle \mathbf{x} \rangle, \mathbf{C})$ die anzupassenden Größen der xNES. Abhängig vom aktuellen Suchpunkt und dem Cholesky-Faktor $\mathbf{A}$ wird die Dichte der Normalverteilung $N(\langle \mathbf{x} \rangle, \mathbf{C})$ zu: $p(\mathbf{x}|\theta) = \frac{1}{(\sqrt{2\pi})^n} \cdot$

$\exp\left(-\frac{1}{2} \left\| \mathbf{A}^{-1} \cdot (\mathbf{x} - \langle \mathbf{x} \rangle) \right\|^2\right)$. Für die Verteilung θ folgt damit für den Erwartungswert der Fitness $J(\theta) = E(f(\mathbf{x})|\theta) = \int f(\mathbf{x})p(\mathbf{x}|\theta)d\mathbf{x}$. Der Gradient der erwarteten Fitness $\nabla_\theta J(\theta)$ wird mit Hilfe des *log-likelihood trick* als $\nabla_\theta J(\theta) = \int (f(\mathbf{x}) \nabla \log(p(\mathbf{x}|\theta))) p(\mathbf{x}|\theta)d\mathbf{x}$ berechnet und kann als Monte Carlo Schätzung durch $\nabla_\theta J(\theta) \approx \frac{1}{\lambda} \sum_{i=1}^{\lambda} f(\mathbf{x}_i) \nabla \log(p(\mathbf{x}|\theta))$ anhand der Nachkommen $\mathbf{x}_i$ mit $i \in \{1, \ldots, \lambda\}$ approximiert werden. Für die Berechnung des Terms $\nabla \log(p(\mathbf{x}|\theta))$ wird in [5] auf [34] verwiesen. Zusammen mit der *Fisher information matrix* (FIM) $\mathbf{F} \in \mathbb{R}^{N \times N}$ mit $N = n + n(n + 1)/2$ ergibt sich für den natürlichen Gradienten $G = \mathbf{F}^{-1}\nabla_\theta J(\theta)$. Die Verwendung von G ist dadurch motiviert, dass er invariant bezüglich linearen Transformationen ist, und so in einem korrelierten Suchraum wie in einem isotropen konvergiert. Ein Mangel der Vorgängerversion NES ist, dass die explizite Berechnung der FIM bzw. ihre Invertierung eine Rechenzeit von $O(n^6)$ benötigt, was für hohe Dimensionen nicht praktikabel ist. Die xNES kommt ohne explizite Berechnung der FIM aus. Basierend auf einer sogenannten exponentiellen Parametrisierung (*ex-*

---

[11]In [5] wird die eNES als *exact natural evolution strategies* bezeichnet.

ponential parameterization siehe Abschnitt 4.1 in [5]) wird eine Transformation des ursprünglich zu aktualisierenden θ in natürliche Koordinaten (*natural coordinates* siehe Abschnitt 4.2 in [5]) vorgenommen. Ein Nachkomme $\mathbf{x}$ wird aus dem Elter $\langle \mathbf{x} \rangle$ mit Schrittweite δ und Cholesky-Faktor $\mathbf{B}$ durch $\mathbf{x} = \langle \mathbf{x} \rangle + \delta \mathbf{B} \mathbf{z}$ mit $\mathbf{z} = N(\mathbf{0}, \mathbf{I})$ erzeugt. Ähnlich zur gewichteten Rekombination werden bei der xNES sogenannte Nutzwerte (*utility*) verwendet. Diese Vorgehensweise wird in der xNES mit *fitness shaping* bezeichnet. Abhängig von Rang i bezüglich des Fitnesswertes wird der Nutzwert als $u_i = \frac{\max\left(0, \log\left(\frac{\mu}{2}+1\right) - \log(i)\right)}{\sum_{j=1}^{\mu} \max\left(0, \log\left(\frac{\mu}{2}+1\right) - \log(i)\right)} - \frac{1}{\lambda}$ berechnet. Mit den oben formulierten Mutationsschritten $\mathbf{z}_i$ ist der Gradient für die Kovarianzmatrix durch $\mathbf{G}_M = \frac{1}{2} \sum_{i=1}^{\lambda} u_i \left(\mathbf{z}_i \mathbf{z}_i^T - \mathbf{I}\right)$ und der Gradient für den aktuellen Suchpunkt durch $\mathbf{G}_\delta = \sum_{i=1}^{\lambda} u_i \mathbf{z}_i$ gegeben. Die Berechnung der Gradienten beruht auf allen λ Nachkommen, d.h., eine Selektion im klassischen Sinne findet nicht statt. Anhand dieser Gradienten und den Lernraten η_x, η_σ und η_B werden der neue Suchpunkt $\langle \mathbf{x} \rangle' = \langle \mathbf{x} \rangle + \eta_x \cdot \mathbf{G}_\delta$, die neue Schrittweite $\sigma' = \sigma \cdot \exp\left(\frac{\eta_\sigma}{2n} \cdot \text{tr}\left(\sum_{i=1}^{\lambda} u_i \cdot \left(\mathbf{z}_i \mathbf{z}_i^T - \mathbf{I}\right)\right)\right)$ und der neue Cholesky-Faktor $\mathbf{B}' = \mathbf{B} \cdot \exp\left(\frac{\eta_B}{2} \cdot \mathbf{G}_M\right)$ berechnet[12]. Die Exponentialfunktion für eine Matrix $\mathbf{A}$ ist in [5] durch $\exp(\mathbf{A}) = \sum_{n=0}^{\infty} \frac{\mathbf{A}^n}{n!}$ definiert. Für die exogenen Strategieparameter sind die Standardeinstellungen mit $\lambda = 4 + \lfloor 3 \log(n) \rfloor$, $\eta_x = 1$ und $\eta_\sigma = \eta_B = \frac{3}{5} \cdot \frac{3 + \log(n)}{n\sqrt{n}}$ angegeben.

2.8 Metamodellierung

Die Nutzung von Metamodellen innerhalb von ES-Verfahren ist ein sehr weites Feld. Zusammengefasst werden Verfahren des maschinellen Lernens (siehe [35] oder [36]) angewendet, um aus bisher evaluierten Nachkommen ein Modell für die Fitnessfunktion zu berechnen. Echte Evaluierungen können dann durch eine Vorhersage eines Modells simuliert und so eingespart werden. Das Konzept des *meta-modeling* und darauf beruhende ES ist ein sehr weites Feld und wird daher nur in diesem Abschnitt kurz behandelt. Ein Problem beim *meta-modeling* ist, dass man abschätzen muss, ob die Vorhersagen des Modells eine ausreichende Qualität haben. Ein aus dem maschinellen Lernen übliche Herangehensweise sind die sogenannten Kreuzvalidierungen. So verwendet [37] zum Beispiel *leave-one-out*, um die Qualität der Modellvorhersagen zu bewerten. Kreuzvalidierung ist allerdings sehr rechenintensiv, so dass die lmm-CMA-ES [38], nlmm-CMA-ES [39] und p-sep-lmm-CMA-ES [3], als beispielhafte *meta-*

---

[12]tr (*trace*) ist die Spur einer Matrix, d.h. das Produkt ihrer Hauptdiagonalelemente.

modeling ES[13], hierzu einen anderen Weg einschlagen. Sie basieren auf der (μ_W, λ)-CMA-ES und benötigen aufgrund der gewichteten Rekombination keine exakten Fitnesswerte, sondern eine Vorhersage der Rangfolge der Nachkommen. Hierfür wurde eine sogenannte *approximate ranking procedure* mit der lmm-CMA-ES eingeführt, die allerdings nicht die erwünschte Ersparnis von Funktionsauswertungen erreichte. Mit der nlmm-CMA-ES wurde diese Prozedur durch eine weniger restriktive Bewertung der Modellqualität weiterentwickelt. Die p-sep-lmm-CMS-ES stellt eine Spezialisierung für separierbare Funktionen dar.

3 Empirische Analyse

3.1 Planung und Durchführung

Die empirische Analyse vergleicht 14 ES-Verfahren untereinander bezüglich ihrer Effizienz bei wenigen Funktionsauswertungen. Die Auswahl der 14 Verfahren besteht aus fünf älteren Algorithmen, der (1+1)-ES [24] [25], der (μ, λ)-MSC-ES [40] und den drei Verfahren DR1 [41], DR2 [42], DR3 [43], sowie neun modernen ES. Aufgrund der geringen Anzahl von Funktionsauswertungen wird auf eine Untersuchung der Restartheuristiken und Metamodellierungsverfahren verzichtet. Die folgenden modernen ES sind Teil der empirischen Analyse: (μ_W, λ)-CMA-ES, LS-CMA-ES, (1+1)-Cholesky-CMA-ES, Active-CMA-ES, (μ, λ)-CMSA-ES, sep-CMA-ES, (1+1)-Active-CMA-ES, $(1, 4_m^s)$-CMA-ES und xNES. Zur Durchführung der Versuche wird das BBOB 10.2 [44] Framework mit Octave [45] verwendet. Tabelle 1 listet die verwendete Software für die einzelnen Verfahren auf. Für die meisten ES wurde eine eigene Implementierung erstellt. Über die Umsetzung des Pseudocodes des entsprechenden Verfahrens hinaus, sind die eigenen Implementierungen in der Lage, den Suchraum auf eine Hyperrechteck zu beschränken, Werte an den Grenzen des Suchraums zu reflektieren[14] und die Optimierung bei einer bestimmten Anzahl von Funktionauswertungen oder einem erreichten Zielwert[15] Δf^* abzubrechen.

Für jedes Verfahren werden auf allen 24 BBOB Testfunktionen für die

---

[13]lmm, nlmm und p-sep-lmm sind Abkürzungen für *local meta model*, *new local meta model* und *partially separable local meta model*.

[14]Für einen Wert $x \in \mathbb{R}$ ist sein transformierter Wert x' bzgl. der unteren Schranke l und der oberen Schranke u gegeben durch $x' = l + (u - l)\frac{2}{\pi} \sin^{-1}(|\sin\left(\frac{\pi(x-l)}{2(u-l)}\right)|)$.

[15]Δf^* ist die Differenz zwischen dem bisher besten, gefundenen Funktionswert und dem globalen Optimum f^*.

ES	Implementierung
(1+1)-ES	eigene Implementierung
(μ, λ)-MSC-ES	eigene Implementierung
DR1	eigene Implementierung
DR2	eigene Implementierung
DR3	eigene Implementierung
(μ_W, λ)-CMA-ES	`cmaes.m` Version 3.55beta von N. Hansen
LS-CMA-ES	eigene Implementierung
(1+1)-Cholesky-CMA-ES	eigene Implementierung
Active-CMA-ES	`cmaes.m` Version 3.55beta von N. Hansen
(μ, λ)-CMSA-ES	eigene Implementierung
sep-CMA-ES	eigene Implementierung
(1+1)-Active-CMA-ES	eigene Implementierung
$(1, 4_m^s)$-CMA-ES	von A. Auger modifizierte `cmaes.m` Version 3.41beta
xNES	`xnes.m` von Y. Sun

Tabelle 1: Software für ES-Algorithmen

Dimensionen $n \in \{2, 5, 10, 20, 40, 100\}$ jeweils 100 Läufe durchgeführt. Für die maximale Anzahl der Funktionsauswertungen für einen Lauf wird $500 \cdot n$ für $n \leq 20$ und 10^4 für die Dimensionen $n = 40$ und $n = 100$ gewählt. BBOB stellt zur Auswertung der Läufe Skripte zur Verfügung, die für ein Verfahren die *expected runtime* (ERT) angeben (s. Anhang D.3 in [44]). Der Vorteil des Effizienzmaßes ERT ist die Möglichkeit quantitativer Vergleiche. Allerdings müssen für die Anwendung bei wenigen Funktionsauswertungen geeignete Zielwerte für Δf^* gefunden werden. Das Effizienzmaß *fixed cost error* (FCE) arbeitet hingegen mit einer festen Anzahl von Funktionauswertungen und besteht im erreichten Δf^*. Die Δf^* verschiedener Verfahren sind zwar nicht sinnvoll quantitativ vergleichbar, erlauben aber einen qualitativen Vergleich. So werden die FCE der 14 getesteten Verfahren für eine Testfunktion mit Hilfe nichtparametrischer statistischer Testverfahren auf signifikante Unterschiede untersucht. Für einen *p-value* < 0.05 wird der Unterschied als signifikant betrachtet und das bessere Verfahren erhält einen Sieg bzw. einen Punkt. Anhand der erreichten Punkte werden die Verfahren in eine Rangfolge eingeordnet. [46] beschreibt zwei verschiedene Optimierungszenarien, für die jeweils Verfahren mit guter *peak performance* bzw. guter *average performance* geeignet sind. Das sind Verfahren, die eine gute maximale Performanz bei hoher Varianz bzw. eine gute durchschnittliche Performanz mit niedriger Varianz haben. Die Rangfolgen werden bzgl. der *average performance* auf allen 100 Läufen gebildet, für die Rangfolgen bzgl. der *peak performance* wird aus 5 Läufen der beste ausgewählt, so dass in diesem Fall 20 FCE Werte für die Signifikanztests zur Verfügung stehen.

3.2 Diskussion der Ergebnisse

Die nun folgenden Abbildungen zeigen aggregierte Rangfolgen für vier Funktionsklassen und den drei Zielkosten $C_t = \alpha \cdot n$ mit $\alpha \in \{25, 50, 100\}$ (maximale Anzahl Funktionsauswertungen) für die *average performance* und *peak performance*. Die Funktionsklassen leiten sich aus den Eigenschaften der Testfunktionen ab, und es werden die Unterscheidungen unimodal oder multimodal und separierbar oder nicht separierbar getroffen. Jede Rangfolge ist in einem Diagramm für alle Dimensionen dargestellt. Anstelle des konkreten Rangs repräsentiert die y-Achse dieser Diagramme die Anzahl der Siege bzw. Punkte einer ES geteilt durch die Anzahl der Testfunktionen. Die Normierung der Punkte wurde gewählt, um die Diagramme verschiedener Funktionsklassen vergleichbar zu machen. Bei 14 getesteten Algorithmen kann eine ES pro Funktion maximal 13 Punkte erhalten. Durch die Normierung bleibt 13 das Maximum unabhängig von der Anzahl der Testfunktionen in einer Klasse. Diese Darstellung hat gegenüber der Angabe von Rängen den Vorteil, dass man sehen kann wie deutlich sich eine ES von anderen abhebt. Die aggregierten Rangfolgen über alle 24 Testfunktionen sind in Tabelle 2 angegeben.

Selbst bei nur $25 \cdot n$ Funktionsauswertungen sind signifikante Unterschiede bzgl. der Effizienz von ES-Verfahren zu beobachten. Anhand der Rangfolgen in den Abbildungen 7, 5 und 3 für die *peak performance* ist allerdings festzustellen, dass für nicht separierbare multimodale Funktionen, also besonders schwer zu optimierende, bei Dimension $n = 2$ nicht besonders viele signifikante Unterschiede zu beobachten sind. Für $C_t = 25 \cdot n$ gilt dies auch für die nicht separierbar unimodalen Funktionen. Eine mögliche Erklärung hierfür ist, dass die Varianz des Abstandes vom initialen Suchpunkt zum Optimum mit steigender Dimension abnimmt[16], oder anders ausgedrückt, die Varianz ist für niedrige Dimensionen, hier $n = 2$, besonders groß. Die aggregierte Rangfolge in Tabelle 2 über alle Funktionen macht die Active-CMA-ES als eindeutigen Gewinner aus, sowohl für die *peak performance* als auch für die *average performance*. Dies bestätigt die in [21] beschriebene Effizienz der Active-CMA-ES auch für Läufe

---

[16]In [47] wird auf Seite 70 für den Abstand zweier zufällig gemäß Gleichverteilung gewählter Punkte in einem Hyperkubus eine Normalverteilung $N(\sqrt{n}, 1/\sqrt{2})$ angegeben und ausgesagt, dass die Streuung $1/\sqrt{2}$ gegenüber dem Erwartungswert $\sqrt{n}$ bei wachsendem n zurücktritt.

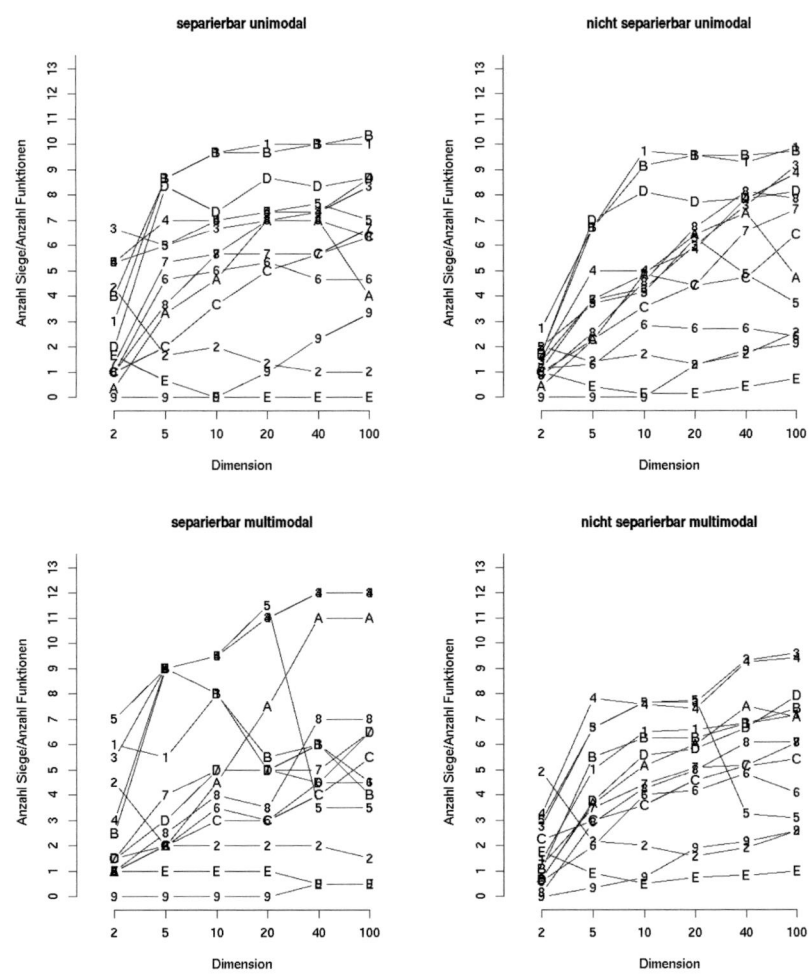

Abbildung 2: Rangfolgen für *average performance* und $25 \cdot n$ Funktionsauswertungen. 1: (1+1)-ES, 2: (μ, λ)-MSC-ES, 3: (μ_W, λ)-CMA-ES, 4: Active-CMA-ES, 5: $(1, 4_m^s)$-CMA-ES, 6: xNES, 7: DR1, 8: DR2, 9: DR3, A: (μ, λ)-CMSA-ES, B: (1+1)-Cholesky-CMA-ES, C: LS-CMA-ES, D: (1+1)-Active-CMA-ES, E: sep-CMA-ES.

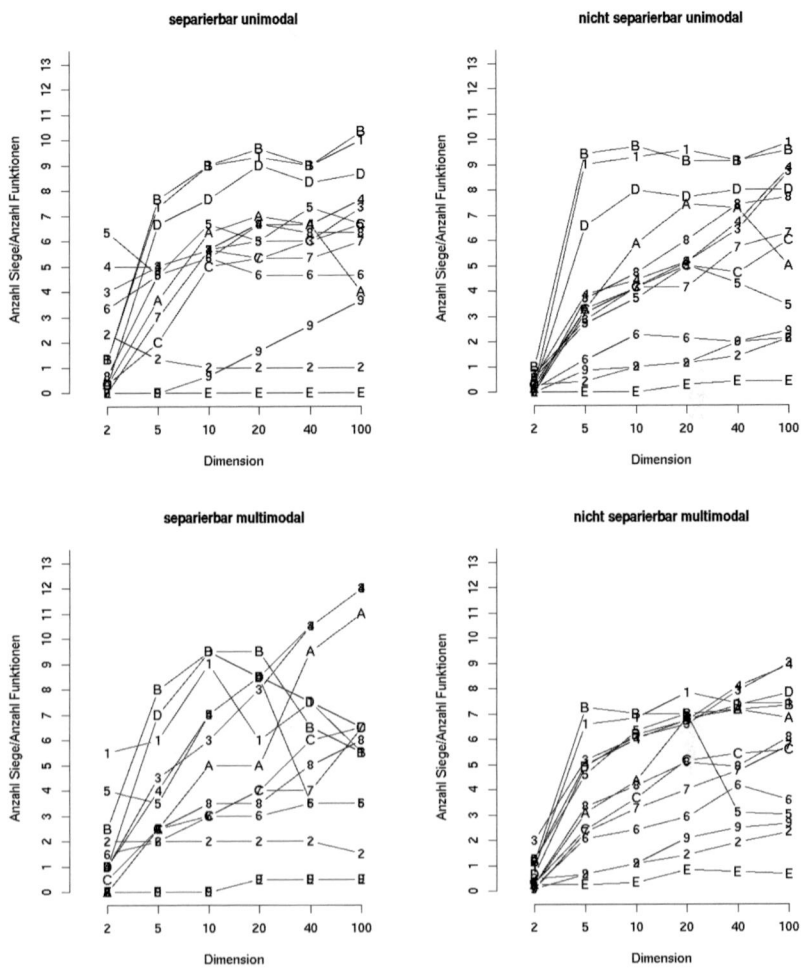

Abbildung 3: Rangfolgen für *peak performance* und $25 \cdot n$ Funktionsauswertungen. 1: (1+1)-ES, 2: (μ, λ)-MSC-ES, 3: (μ_W, λ)-CMA-ES, 4: Active-CMA-ES, 5: $(1, 4_m^s)$-CMA-ES, 6: xNES, 7: DR1, 8: DR2, 9: DR3, A: (μ, λ)-CMSA-ES, B: (1+1)-Cholesky-CMA-ES, C: LS-CMA-ES, D: (1+1)-Active-CMA-ES, E: sep-CMA-ES.

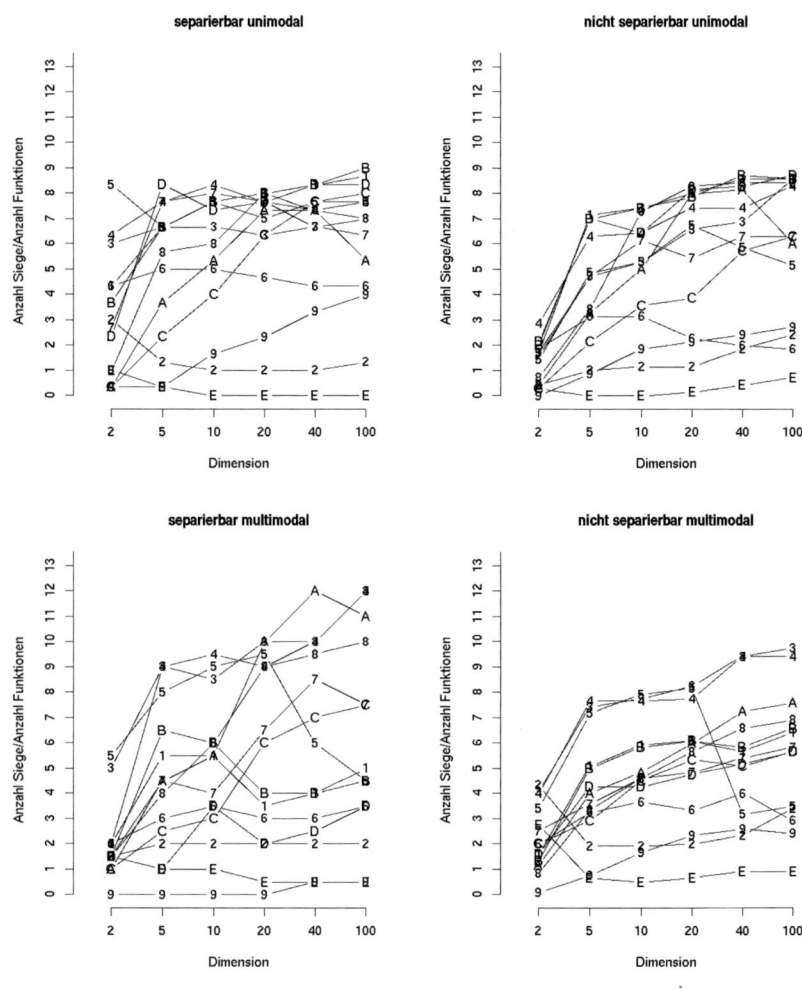

Abbildung 4: Rangfolgen für *average performance* und $50 \cdot n$ Funktionsauswertungen. 1: (1+1)-ES, 2: (μ, λ)-MSC-ES, 3: (μ_W, λ)-CMA-ES, 4: Active-CMA-ES, 5: $(1, 4_m^s)$-CMA-ES, 6: xNES, 7: DR1, 8: DR2, 9: DR3, A: (μ, λ)-CMSA-ES, B: (1+1)-Cholesky-CMA-ES, C: LS-CMA-ES, D: (1+1)-Active-CMA-ES, E: sep-CMA-ES.

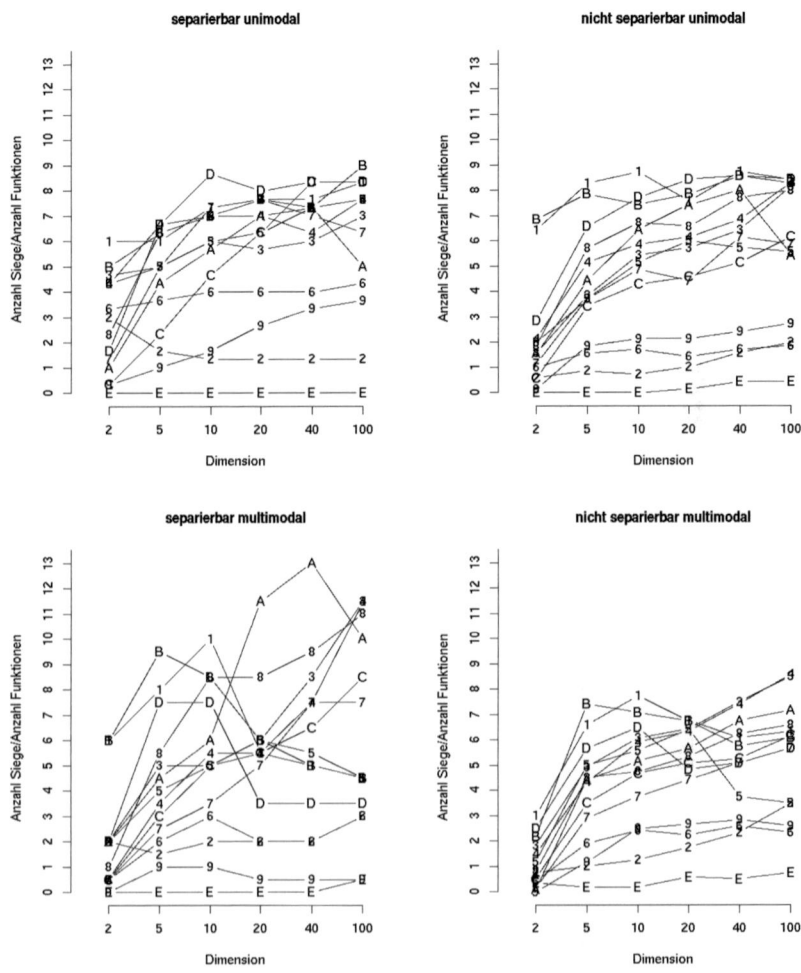

Abbildung 5: Rangfolgen für *peak performance* und $50 \cdot n$ Funktionsauswertungen. 1: (1+1)-ES, 2: (μ, λ)-MSC-ES, 3: (μ_W, λ)-CMA-ES, 4: Active-CMA-ES, 5: $(1, 4^s_m)$-CMA-ES, 6: xNES, 7: DR1, 8: DR2, 9: DR3, A: (μ, λ)-CMSA-ES, B: (1+1)-Cholesky-CMA-ES, C: LS-CMA-ES, D: (1+1)-Active-CMA-ES, E: sep-CMA-ES.

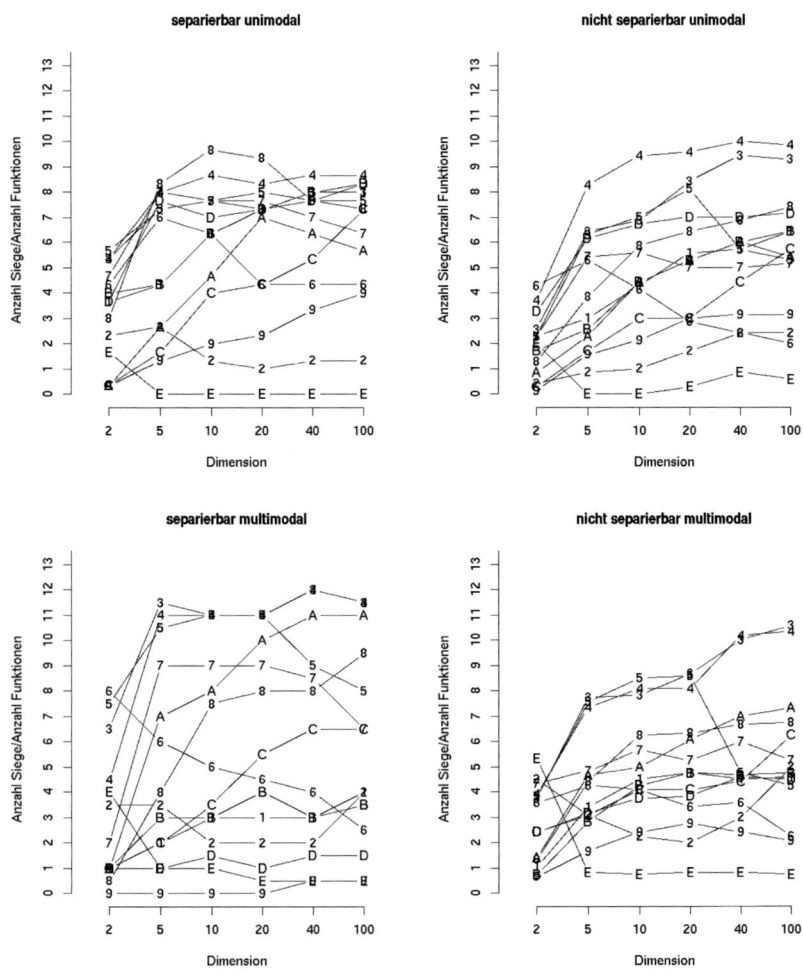

Abbildung 6: Rangfolgen für *average performance* und $100 \cdot n$ Funktionsauswertungen.
1: (1+1)-ES, 2: (μ, λ)-MSC-ES, 3: (μ_W, λ)-CMA-ES, 4: Active-CMA-ES, 5: $(1, 4_m^s)$-CMA-ES, 6: xNES, 7: DR1, 8: DR2, 9: DR3, A: (μ, λ)-CMSA-ES, B: (1+1)-Cholesky-CMA-ES, C: LS-CMA-ES, D: (1+1)-Active-CMA-ES, E: sep-CMA-ES.

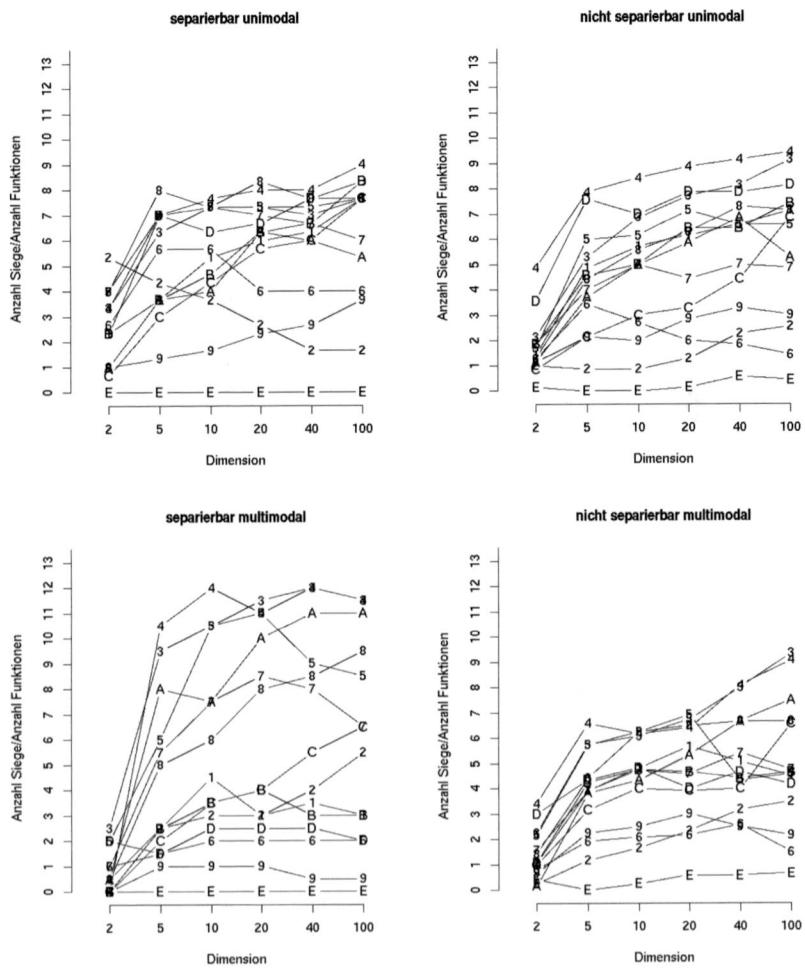

Abbildung 7: Rangfolgen für *peak performance* und $100 \cdot n$ Funktionsauswertungen. 1: (1+1)-ES, 2: (μ, λ)-MSC-ES, 3: (μ_W, λ)-CMA-ES, 4: Active-CMA-ES, 5: $(1, 4_m^s)$-CMA-ES, 6: xNES, 7: DR1, 8: DR2, 9: DR3, A: (μ, λ)-CMSA-ES, B: (1+1)-Cholesky-CMA-ES, C: LS-CMA-ES, D: (1+1)-Active-CMA-ES, E: sep-CMA-ES.

ES	$n=2$		$n=5$		$n=10$		$n=20$		$n=40$		$n=100$	
	p	a	p	a	p	a	p	a	p	a	p	a
(1+1)-ES	8	9	9	9	7	8	6	7	8	9	9	7
(μ,λ)-MSC-ES	10	7	13	11	13	13	13	13	11	13	11	11
DR1	5	6	6	4	6	5	9	6	7	5	10	9
DR2	6	10	5	6	4	4	4	4	3	3	3	3
DR3	12	14	12	13	12	12	11	12	12	12	12	12
(μ_W,λ)-CMA-ES	3	4	2	2	2	3	2	2	2	2	2	2
LS-CMA-ES	11	12	11	11	10	11	10	10	10	10	5	5
(1+1)-Cholesky-CMA-ES	7	10	7	10	9	9	7	7	9	8	7	6
Active-CMA-ES	1	2	1	1	1	1	1	1	1	1	1	1
(μ,λ)-CMSA-ES	13	13	7	8	8	6	5	5	4	3	4	4
sep-CMA-ES	14	5	14	14	14	14	14	14	14	14	14	14
(1+1)-Active-CMA-ES	2	8	4	7	5	7	7	9	5	7	8	7
$(1,4^s_m)$-CMA-ES	4	3	2	3	3	2	3	3	6	6	6	10
xNES	9	1	10	5	11	9	12	11	13	11	13	13

Tabelle 2: Aggregierte Rangfolgen über alle 24 Testfunktionen mit Zielkosten $100 \cdot n$ für die Dimensionen $n \in \{2, 5, 10, 20, 40, 100\}$. Die Spalten p zeigen die Rangfolge für die *peak performance* und die Spalten a stellen die Rangfolge für die *average performance* dar. Rang 1 ist das beste, Rang 14 das schlechteste ES-Verfahren.

mit wenigen Funktionsauswertungen. Ein eindeutiger zweiter Platz geht an die (μ_W, λ)-CMA-ES. Ebenso kann die sep-CMA-ES als die eindeutig schlechteste der getesteten ES eingestuft werden.

Es existieren Verfahren, die zwar bei vielen Funkionsauswertungen schlechter, aber bei wenigen Funktionsauswertungen besser als ihre Konkurrenten abschneiden. So kann man in den Abbildungen 7 und 6 für $C_t = 100 \cdot n$ sehen, dass die oberen Plätze fast immer an die Active-CMA-ES oder die (μ_W, λ)-CMA-ES gehen. Bei weniger Funktionsauswertungen von $25 \cdot n$ oder $50 \cdot n$ belegen verschiedene (1+1)-Strategien[17] die oberen Plätze, insbesondere bei den unimodalen Funktionen. Beim Auswertungsansatz *best-of-5* belegt bei niedrigen Dimensionen die (1+1)-Cholesky-CMA-ES oder die (1+1)-ES bei multimodalen Funktionen manchmal sogar den ersten Platz. Das die CMA-ES Varianten erst bei $100 \cdot n$ Funktionsauswertungen aufholen, kann durch die benötigte Zeit zum Anpassen der Kovarianzmatrix erklärt werden.

Die $(1, 4^s_m)$-CMA-ES belegt in niedrigen Dimensionen mit die oberen Plätze, fällt für $n \geq 40$ in ihrem Rang ab. Dies kann dadurch erklärt werden, dass $\lambda = 4$ für höhere Dimensionen eine zu niedrige Wahl ist, da für die

---

[17]Im einzelnen sind dies die (1+1)-ES, die (1+1)-Cholesky-CMA-ES und die (1+1)-Active-CMA-ES.

CMA-ES eine Populationsgröße von $\lambda = 4 + \lfloor 3 \log(n) \rfloor$ empfohlen wird. Für höhere Dimensionen wird der Rang der (μ, λ)-CMSA-ES besser, bei separierbaren multimodalen Funktionen belegt sie sogar dreimal den ersten Platz. Das Abschneiden des Algorithmus DR2 ist auch erwähnenswert. Er belegt meist gute Plätze direkt hinter den Varianten der CMA-ES, obwohl er über seine lokalen Schrittweiten nur anisotrope Mutationen verwendet. Somit stellt die DR2, zumindest bei wenigen Funktionsauswertungen, die bessere Alternative zur sep-CMA-ES dar, wenn man eine ES mit geringer Rechenzeit für sehr hohe Dimensionen einsetzen möchte.

4 Zusammenfassung

Diese Arbeit beschäftigt sich mit modernen Evolutionsstrategien (ES). Motiviert durch Anwendungsfälle, in denen nur ein sehr begrenztes Budget an Zielfunktionsauswertungen zur Verfügung steht, wird eine empirische Analyse zur Effizienz der modernen ES durchgeführt. Gewöhnlich werden ES durch Läufe mit vielen Funktionsauswertungen empirisch auf ihre Effizienz anhand standardisierter Testfunktionen untersucht. In diesen Untersuchungen wird ein Auswertungsansatz gewählt, der sich nicht besonders für die in dieser Arbeit betrachteten Anwendungsfälle eignet. Wie in Abschnitt 3 beschrieben, wurde ein Testverfahren entwickelt, das anhand eines Effizienzmaßes signifikante qualitative Unterschiede zwischen einzelnen Verfahren ermittelt und so die zu untersuchenden ES in Rangfolgen bezüglich der Effizienz einordnen kann. Die mit dieser Arbeit durchgeführte empirische Untersuchung zeigt, dass schon bei sehr wenigen Funktionsauswertungen signifikante Unterschiede zwischen den einzelnen Verfahren bezüglich ihrer Effizienz zu beobachten sind. So stellt sich die Active-CMA-ES als die allgemein beste Variante der modernen ES heraus, wenn $100n$ Funktionsauswertungen für die Dimension n zur Verfügung stehen. Für noch kleinere Funktionsauswertungsbudgets von $50n$ und $25n$ erweisen sich zudem verschiedene Varianten der (1+1)-ES, insbesonders auf unimodalen Testfunktionen, als besonders gut.

Eine Beobachtung bei der empirischen Analyse war, dass im Zweidimensionalen die Anzahl der signifikanten Unterschiede zwischen den Algorithmen, verglichen mit höheren Dimensionen, sehr niedrig ausfiel. Dies wurde mit einer höheren Varianz der Abstände zwischen initialem Suchpunkt und dem Optimum begründet. Für niedrige Dimensionen könnte daher eine sorgfältigere Planung der Experimente hilfreich sein. Einerseits könnte mehr Läufe durchgeführt werden, andererseits könnte eine testspezifische

Initialisierung des Suchpunktes entwickelt werden, die die zuvor erwähnte Varianz verringert.

Literatur

[1] Bäck, T.: *Evolutionary Algorithms in Theory and Practice.* USA: Oxford University Press. 1996.

[2] Auger, A.; Schoenauer, M.; Vanhaecke, N.: LS-CMA-ES: a Second-order algorithm for Covariance Matrix Adaptation. In: *Proceedings of the 8th International Conference on Parallel Problem Solving from Nature (PPSN VIII)* (Yao, X.; et al., Hg.), S. 182–191. Berlin und Heidelberg: Springer. 2004.

[3] Bouzarkouna, Z.; Auger, A.; Ding, D.-Y.: Local-Meta-Model CMA-ES for Partially Separable Functions. In: *Genetic and Evolutionary Computation Conference (GECCO)* (et al., N. K., Hg.), S. 869–876. New York (NY): ACM. 2011.

[4] Beyer, H.-G.; Sendhoff, B.: Covariance Matrix Adaptation Revisited – The CMSA Evolution Strategy –. In: *Proceedings of the 10th International Conference on Parallel Problem Solving from Nature (PPSN X)* (Rudolph, G.; et al., Hg.), S. 123–132. Berlin und Heidelberg: Springer. 2008.

[5] Glasmachers, T.; Schaul, T.; Sun, Y.; Wierstra, D.; Schmidhuber, J.: Exponential Natural Evolution Strategies. In: *Proceedings of the 12th annual conference on Genetic and evolutionary computation* (Pelikan, M.; Branken, J., Hg.). New York (NY): ACM. 2010.

[6] Hansen, N.; Auger, A.; Ros, R.; Finck, S.; Posik, P.: Comparing Results of 31 Algorithms from the Black-Box Optimization Benchmarking BBOB-2009. In: *Proceedings of the Genetic and Evolutionary Computation Conference, GECCO 2010, Companion Material* (Pelikan, M.; J., B., Hg.), S. 1689–1696. New York (NY): ACM. 2010.

[7] Rudolph, G.: Evolutionary Strategies. In: *Handbook of Natural Computing* (Rozenberg, G.; Back, T.; Kok, J., Hg.). Berlin und Heidelberg: Springer. 2012.

[8] Shir, O.: *Niching in Derandomized Evolution Strategies and its Applications in Quantum Control.* Dissertation, University of Leiden, The Netherlands, Leiden. 1995.

[9] Sun, Y.; Wierstra, D.; Schaul, T.; Schmidhuber, J.: Efficient natural evolution strategies. In: *Proceedings of the 11th Annual conference on Genetic and evolutionary computation* (Rothlauf, F.; et al., Hg.), GECCO '09, S. 539–546. New York (NY): ACM. ISBN 978-1-60558-325-9. 2009.

[10] Hansen, N.; Ostermeier, A.: Adapting Arbitrary Normal Mutation Distributions in Evolution Strategies: the Covariance Matrix Adaptation. In: *Proceedings of the 1996 IEEE International Conference on Evolutionary Computation (ICEC '96)* (Davidor, Y.; et al., Hg.), S. 312–317. Piscataway (NJ): IEEE Press. 1996.

[11] Hansen, N.: The CMA Evolution Strategy: A Tutorial. Continuously updated technical report, available via `http://www.lri.fr/ hansen/cmatutorial.pdf`, March 12, 2011.

[12] Hansen, N.; Ostermeier, A.: Completely Derandomized Self-Adaptation in Evolution Strategies. *Evolutionary Computation* 9 (2001) 2, S. 159–195. MIT Press, Cambridge (MA).

[13] Bronstein, I.; Semendjajew, K.; Musiol, G.; Muehlig, H.: *Taschenbuch der Mathematik*. Frankfurt am Main: Harri Deutsch, 7. Aufl. ISBN 9783817120079. 2008.

[14] Müller, S.; Hansen, N.; Koumoutsakos, P.: Increasing the Serial and the Parallel Performance of the CMA-Evolution Strategy with Large Populations. In: *Seventh International Conference on Parallel Problem Solving from Nature PPSN VII, Proceedings* (Merelo, J.; et al., Hg.), S. 422–431. Berlin: Springer. 2002.

[15] Auger, A.; Hansen, N.: Performance evaluation of an advanced local search evolutionary algorithm. In: *Proceedings of the IEEE Congress on Evolutionary Computation (CEC 2005)* (McKay, B.; et al., Hg.), Bd. 2, S. 1777–1784. Piscataway (NJ): IEEE Press. 2005.

[16] Auger, A.; Hansen, N.: A Restart CMA Evolution Strategy With Increasing Population Size. In: *Proceedings of the 2005 IEEE Congress on Evolutionary Computation (CEC 2005)* (McKay, B.; et al., Hg.), Bd. 2, S. 1769–1776. Piscataway (NJ): IEEE Press. 2005.

[17] Hansen, N.; Kern, S.: Evaluating the CMA Evolution Strategy on Multimodal Test Functions. In: *Parallel Problem Solving from Nature*

PPSN VIII (Yao, X.; et al., Hg.), Bd. 3242 von *LNCS*, S. 282–291. Springer. 2004.

[18] Wessing, S.; Preuss, M.; Rudolph, G.: When parameter tuning actually is parameter control. In: *Proceedings of the 13th annual conference on Genetic and evolutionary computation* (Krasnogor, N.; et al., Hg.), GECCO '11, S. 821–828. New York (NY): ACM. 2011.

[19] Bartz-Beielstein, T.; Lasarczyk, C.; Preuss, M.: Sequential parameter optimization. In: *Proceedings of the IEEE Congress on Evolutionary Computation (CEC 2005)* (McKay, B.; et al., Hg.), S. 773–780. Piscataway (NJ): IEEE. 2005.

[20] Rudolph, G.: *Convergence Properties of Evolutionary Algorithms*. Hamburg: Kovač. 1997.

[21] Jastrebski, G.; Arnold, D.: Improving evolution strategies through active covariance matrix adaptation. In: *Proceedings of the 2006 IEEE Congress on Evolutionary Computation (CEC 2006)* (Yen, G.; et al., Hg.), S. 2814–2821. Piscataway (NJ): IEEE. 2006.

[22] Jastrebski, G. A.: *Improving evolution strategies through active covariance matrix adaptation.* Master's thesis, Faculty of Computer Science, Dalhousie University. 2005.

[23] Igel, C.; Suttorp, T.; Hansen, N.: A computational efficient covariance matrix update and a (1+1)-CMA for evolution strategies. In: *Proceedings of the 8th annual conference on genetic and evolutionary computation (GECCO)* (Keijzer, M.; et al., Hg.), S. 453–460. New York (NY): ACM. 2006.

[24] Schwefel, H.-P.: *Kybernetische Evolution als Strategie der experimentellen Forschung in der Strömungstechnik.* Diplomarbeit, Technische Universität Berlin, Hermann Föttinger–Institut für Strömungstechnik. 1964.

[25] Rechenberg, I.: *Evolutionsstrategie: Optimierung technischer Systeme nach Prinzipien der biologischen Evolution.* Stuttgart: Frommann-Holzboog. 1973.

[26] Arnold, D. V.; Hansen, N.: Active Covariance Matrix Adaptation for the (1+1)-CMA-ES. In: *Proceedings of the 12th annual conference on Genetic and evolutionary computation* (Pelikan, M.; Branken, J., Hg.), S. 385–392. New York (NY): ACM. 2010.

[27] Brockhoff, D.; Auger, A.; Hansen, N.; Arnold, D. V.; Hohm, T.: Mirrored Sampling and Sequential Selection for Evolution Strategies. In: *Conference on Parallel Problem Solving from Nature (PPSN XI)* (Schaefer, R.; et al., Hg.), S. 11–21. Springer. 2010.

[28] Arnold, D.; Salomon, R.: Evolutionary gradient search revisited. *IEEE Transactions on Evolutionary Computation* 11 (2007) 4, S. 480–495. IEEE Press, Piscataway (NJ).

[29] Auger, A.; Brockhoff, D.; Hansen, N.: Mirrored sampling in evolution strategies with weighted recombination. In: *Proceedings of the 13th Annual Genetic and Evolutionary Computation Conference* (Krasnogor, N.; Lanzi, P. L., Hg.), S. 861–868. New York (NY): ACM. 2011.

[30] Rudolph, G.: On correlated mutations in evolution strategies. In: *Proceedings of the 2nd International Conference on Parallel Problem Solving from Nature (PPSN II)* (Männer, R.; Manderick, B., Hg.), S. 105–114. Amsterdam: Elsevier. 1992.

[31] Ros, R.; Hansen, N.: A Simple Modification in CMA-ES Achieving Linear Time and Space Complexity. In: *Proceedings of the 10th international conference on Parallel Problem Solving from Nature: PPSN X* (Rudolph, G.; et al., Hg.), S. 296–305. Berlin, Heidelberg: Springer-Verlag. 2008.

[32] Amari, S.-I.: Natural gradient works efficiently in learning. *Neural Computation* 10 (1998) 2, S. 251–276. MIT Press, Cambridge (MA).

[33] Wierstra, D.; Schaul, T.; Peters, J.; Schmidhuber, J.: Natural Evolution Strategies. In: *IEEE Congress on Evolutionary Computation*, S. 3381–3387. IEEE Press, Piscataway (NJ). 2008.

[34] Sun, Y.; Wierstra, D.; Schaul, T.; Schmidhuber, J.: Stochastic search using the natural gradient. In: *Proceedings of the 26th Annual International Conference on Machine Learning* (Pohoreckyj Danyluk, A.; et al., Hg.), ICML '09, S. 1161–1168. New York (NY): ACM. 2009.

[35] Mitchell, T. M.: *Machine Learning*. New York: McGraw-Hill. ISBN 978-0-07-042807-2. 1997.

[36] Hastie, T.; Tibshirani, R.; Friedman, J.: *The Elements of Statistical Learning: Data Mining, Inference, and Prediction*. Springer Series in Statistics. Berlin und Heidelberg: Springer. ISBN 9780387848570. 2009.

[37] Li, R.: *Mixed-integer evolution strategies for parameter optimization and their applications to medical image analysis*. Dissertation, Leiden Institute of Advanced Computer Science (LIACS), Faculty of Science, Leiden University. 2009.

[38] Kern, S.; Hansen, N.; Koumoutsakos, P.: Local Meta-Models for Optimization Using Evolution Strategies. In: *Ninth International Conference on Parallel Problem Solving from Nature PPSN IX Proceedings* (Runarsson, T.; et al., Hg.), S. 939–948. Berlin: Springer. 2006.

[39] Bouzarkouna, Z.; Auger, A.; Ding, D.-Y.: Investigating the Local-Meta-Model CMA-ES for Large Population Sizes. In: *Proceedings of the 3rd European event on Bioinspired algorithms for continuous parameter optimisation (EvoNUM 2010)* (Di Chio, C.; et al., Hg.). Berlin und Heidelberg: Springer. 2010.

[40] Schwefel, H.-P.: *Numerical Optimization of Computer Models*. Chichester: Wiley. ISBN 0-471-09988-0. 1981.

[41] Ostermeier, A.; Gawelczyk, A.; Hansen, N.: A Derandomized Approach to Self Adaptation of Evolution Strategies. *Evolutionary Computation* 2 (1994) 4, S. 369–380. MIT Press, Cambridge (MA).

[42] Ostermeier, A.; Gawelczyk, A.; Hansen, N.: Step-Size Adaptation Based on Non-Local Use of Selection Information. In: *Proceedings of the 3rd International Conference on Parallel Problem Solving from Nature (PPSN III)* (Davidor, Y.; et al., Hg.), S. 189–198. Berlin and Heidelberg: Springer. 1994.

[43] Hansen, N.; Ostermeier, A.; Gawelczyk, A.: On the Adaptation of Arbitrary Normal Mutation Distributions in Evolution Strategies: The Generating Set Adaptation. In: *Proceedings of the 6th International Conference on Genetic Algorithms (ICGA 6)* (Eshelman, L., Hg.), S. 57–64. San Fransisco (CA): Morgan Kaufmann. 1995.

[44] Hansen, N.; Auger, A.; Finck, S.; Ros, R.: Real-Parameter Black-Box Optimization Benchmarking 2010: Experimental Setup. Research Report RR-7215, INRIA. 2010.

[45] Eaton, J. W.: *GNU Octave Manual*. Network Theory Limited. ISBN 0-9541617-2-6. 2002.

[46] Eiben, A. E.; Jelasity, M.: A critical note on experimental research methodology in EC. In: *Proceedings of the 2002 Congress on Evolu-*

tionary Computation (CEC2002) (Eberhart, R.; et al., Hg.), S. 582–587. Piscataway (NJ): IEEE. 2002.

[47] Rechenberg, I.: *Evolutionsstrategie '94.* Stuttgart: Frommann-Holzboog. 1994.

Optimierung komplexer Systeme durch Identifikation inhärenter Teilprobleme und Fusion ihrer Lösungen

Christoph Krimpmann, Jan Braun, Frank Hoffmann, Torsten Bertram

Lehrstuhl für Regelungssystemtechnik, Technische Universität Dortmund
Otto-Hahn-Str. 4, 44221 Dortmund
Tel.: (0231) 755-2745
Fax: (0231) 755-2752
E-Mail: christoph.krimpmann@tu-dortmund.de

1 Einführung

Eine Voraussetzung für den industriellen Einsatz von Wegeventilen ist ein optimiertes Regelverhalten des Reglers der Ventile. Ein Ansatz zur Optimierung des Reglers ist die evolutionäre Optimierung, jedoch ergeben sich aufgrund der hohen Anzahl der verkoppelten Parameter und der Vielzahl an Gütekriterien Probleme beim Auffinden von Lösungen, die den Präferenzen des Anwenders entsprechen. Ein weiteres Problem ist eine mangelnde Generalisierbarkeit des Vorgehens aufgrund von in die Optimierung eingebrachtem Vorwissen.

In dieser Arbeit wird der, in der Industrie manuell durchgeführte Auslegungsprozess eines Reglers für Wegeventile in Hinblick auf inhärente Teilschritte untersucht. Es wird ein Ansatz vorgestellt, der den manuellen Auslegungsprozess analysiert und Teilschritte identifiziert, die auf bekannte Art und Weise miteinander verkoppelt sind. Durch sequenzielle Bearbeitung der Teilschritte und Kombination der gefundenen Ergebnisse wird die Lösung des Auslegungsprozesses bestimmt. Dieser Ansatz wird zur Abbildung des manuell durchgeführten Auslegungsprozesses des Ventil-Reglers genutzt, bei dem die Bearbeitung der einzelnen Teilschritte durch evolutionäre Optimierungen realisiert werden. Es werden iterativ acht evolutionäre Optimierungen von Sprungantworten der Ventile durchgeführt. Zur Bewertung der Leistungsfähigkeit des vorgestellten Ansatzes dienen evolutionäre Optimierungen mit monolithisch definierten Optimierungsproblemen.

Optimierungsaufgabe

Wegeventile werden in der Hydraulik genutzt, um den Fluss eines Arbeitsmediums zu kontrollieren. Durch Auslenkung des Ventil-Kolbens kann in Abhängigkeit vom Differenzdruck zwischen den Anschlüssen das Durchussvolumen des Mediums durch das Ventil eingestellt werden. Zur Lageregelung des Ventilkolbens wird ein nichtlinearer Regler, der ähnlich einem PID-Regler aufgebaut ist, genutzt (siehe Bild 1).

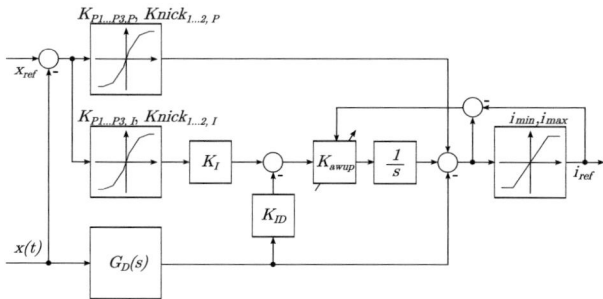

Bild 1: Blockschaltbild des Lagereglers.

Sowohl der Proportional- als auch der Integral-Anteil des Reglers haben nichtlineare Verstärkungs-Kennlinien. Diese sind stückweise durch Geraden definiert und verfügen über je acht beschreibende Parameter. Im Differentialanteil wird die Geschwindigkeit und Beschleunigung des Kolbens gewichtet auf die Stellgröe zurückgeführt. Insgesamt bietet der Regler 24 veränderbare Parameter.

Zur Bewertung des Regelverhaltens werden Hardware-in-the-Loop-Experimente durchgeführt, bei denen dem Regler eine Führungsfunktion der Kolbenposition vorgegeben wird. Diese Führungsfunktionen, die aus einer Sequenz von Sprüngen bestehen, werden im Folgenden als Stimulus bezeichnet. Die Bewertung eines Reglers erfolgt während der Optimierung anhand folgender Bewertungskriterien:

- Integralkriterium der zeitgewichteten, quadratischen Regel äche (Integral of Squared Time weighted Error, $ISTE$) 1 :
  Bei diesem Kriterium wird das uadrat der zeitgewichteten Differenz zwischen Führungsgröe und Regelgröe gebildet.

- maximales berschwingen (Maximum Overshoot, MO):
  Das Kriterium des maximalen berschwingens gibt an, um wie viel

Prozent der Führungsgrößensprung durch die Regelgröße maximal überschritten wird.

- Anstiegszeit (Rise Time, T_r):
  Das Kriterium der Anstiegszeit beschreibt die Zeitdauer zwischen dem Führungsgrößensprung und erstmaligem Erreichen von 95% der Führungsgröße durch die Regelgröße.

- Ausregelzeit (Settling Time, T_s):
  Die Ausregelzeit ist die Zeitdauer zwischen Führungsgrößensprung und letztmaliger Abweichung der Regelgröße von der Führungsgröße.

- Welligkeit (Roughness, R):
  Wird in einer multikriteriellen Optimierung die Sprungantwort des Ventils ausschließlich anhand der zuvor genannten Kriterien bewertet, werden Lösungen gefunden, die sehr geringe Anstiegszeiten und minimales Überschwingen besitzen. Die nähere Betrachtung der Sprungantworten zeigt jedoch bei einigen Lösungen ein Verhalten, bei dem die Regelgröße kurz vor Erreichen der Führungsgröße zurück schwingt und sich dann langsam an die Führungsgröße annähert. Durch die in der Optimierung stattfindende Minimierung der Bewertungskriterien werden Lösungen gefunden, die das System sehr stark beschleunigen, um möglichst geringe Anstiegszeiten zu erreichen, jedoch durch ein vorzeitiges Rückschwingen der Regelgröße das System so stark bremsen, dass es nur noch sehr langsam ausregelt. Das sehr langsame Ausregeln führt aufgrund der geringen Geschwindigkeiten zu minimalem Überschwingen. Das Rückschwingen ist für ein optimiertes Regelverhalten jedoch inakzeptabel. Ein Ansatz zur Reduktion des Verhaltens ist die gezielte Minimierung des Rückschwingens. Das Welligkeits-Kriterium integriert das Quadrat der Beschleunigung der Regelgröße. Starke Beschleunigungen werden durch dieses Kriterium stärker bewertet, als Signalverläufe mit geringeren Beschleunigungen. Somit können Sprungantworten mit schwingendem Verhalten im Anstieg explizit bewertet werden.

Durch das stark nichtlineare Verhalten des Ventils und des Reglers variieren die Ergebnisse bei Sprüngen abhängig von deren Amplitude und Flanke. Gleichzeitig variieren die Ansprüche an das Folgeverhalten für unterschiedliche Sprunghöhen. Während beispielsweise bei kleinen Sprüngen ein leichtes Überschwingen akzeptabel ist, ist bei großen Sprüngen ein kriechendes Verhalten erwünscht. Dies macht eine differenzierte Betrachtung der Sprunghöhen notwendig. Ein simples Bewerten verschiedener Sprunghöhen mit separaten Kriterien führt aber schnell zu einer nicht mehr optimierbaren Anzahl von Kriterien. In vorherigen Ansätzen (siehe 2, 3, 4) wurden die Kriterien der verschiedenen Sprunghöhen gewichtet summiert. Wenngleich dies gut für bekannte Gewichtungsvektoren funktioniert, ergeben sich Schwierigkeiten bei anderen Ventil-Varianten und -Grö en, da das empirische Ermitteln geeigneter Gewichte zu viel Zeit in Anspruch nimmt. Der hier dargestellte Ansatz bietet ein Konzept, das inspiriert durch den manuellen Auslegungsprozess einen exibleren Optimierungsprozess, der weniger a-priori Wissen erfordert, ermöglicht.

ro essanalyse

Eine erfolgreiche Zerlegung der Optimierung in mehrere weniger komplexe Einzelschritte erfordert Systemwissen sowohl über die Separierbarkeit einzelner Aspekte, über die Reihenfolge in der diese Teilprobleme gelöst werden können, als auch die Fusion der Einzellösungen in diesem Prozess. Bei der Ventilregler-Optimierung besteht der Vorteil dass derartiges Systemwissen vorhanden ist. Bei der derzeitigen Optimierung der Regler von Hand wird das hochdimensionale Optimierungsproblem bereits in Teilschritten angegangen. Dieser Ansatz wird analysiert und das gewonnene Prozesswissen nachfolgend in einen weitgehend automatisierten Optimierungsprozess überführt.

Die händische Auslegung eines Reglers für Hydraulikventile ist ein zeitaufwändiger und komplexer Vorgang, der in der Praxis von einem Prozessexperten durchgeführt wird. Wurde bereits in der Vergangenheit ein Regler gleicher Struktur für ein bauähnliches Ventil ausgelegt, nutzt der Prozessexperte die Parameter des alten Reglers als initiale Konfiguration des neuen Optimierungsvorgangs. Solche Parametersätze weisen typischerweise bereits ein ausreichendes Folgeverhalten sowie eine gute Systemstabilisierung auf, um bereits das Verhalten des Regelkreises auf sprungförmige Anregungen zu betrachten. Sind bisher keine Regler für bauähnliche Ventile vorhanden, müssen zunächst Reglerparameter gefunden werden, die ein stabilisierendes Regelverhalten zeigen. Die primäre Einstellmethode des Reglers ist die iterative Variation einzelner Parameter. Hierzu wählt der Prozessexperte einen Parameter aus und betrachtet die Auswirkung einer Parametervariation auf das Verhalten des Systems. Durch wiederholtes Variieren des Parameters wird nun das Regelverhalten optimiert, bis sich durch Variation des Parameters in beide Richtungen eine

Verschlechterung zeigt. Ist der gewählte Parameter optimiert, wird ein anderer Parameter gewählt und dieser verändert. Nach der Einstellung eines stabilisierenden Regelverhaltens erfolgt die händische Optimierung der Sprungantworten. Zu Anfang wählt der Prozessexperte eine Sprunghöhe $x_{ref} = +100\,\%$. Anschließend beginnt er durch sukzessive Variation einzelner Parameter das gewünschte Regelverhalten einzustellen. Dieser Prozess beruht sehr stark auf Erfahrungswerten. Diese Erfahrungswerte beschreiben zum einen als gut angenommene Parameterbereiche, wie auch das Verhältnis von einzelnen Parametern zueinander. Somit sucht der Prozessexperte in diesen als gut angenommenen Parameterbereichen durch iterative Selektion und Variation der Parameter nach einem Parametersatz mit gutem Regelverhalten. Nun wird die Sprunghöhe x_{ref} negiert oder reduziert. Bei reduzierter Sprunghöhe stellen sich aufgrund der Systemnichtlinearitäten andere Anforderungen in Bezug auf maximales Überschwingen und die Anstiegszeit an das Ventil. So ist im Mittel- und Kleinsignalbereich ($x_{ref} < 50\,\%$) ein leichtes Überschwingen akzeptiert, das mit sinkendem Führungsgrößensprung ansteigt. Das Überschwingen ist vom Prozessexperten akzeptiert, um so eine ausreichend hohe Systemdynamik und Robustheit gegen Störungen zu erzielen. Aufgrund der nichtlinearen Eigenschaften des Ventils weist der Regler nicht nur in Abhängigkeit der unterschiedlichen Signalflanken unterschiedliche Regelverhalten auf, sondern auch zwischen Sprüngen gleicher Höhe in unterschiedlichen Sprungrichtungen. Zeigt sich ein unterschiedliches Regelverhalten zwischen Sprüngen mit positiven und negativen Führungsgrößen, muss der Parametersatz weiter geändert werden. Der Prozessexperte versucht, die unterschiedlichen Regelverhalten zwischen den Sprungrichtungen anzugleichen. Ist dies erfolgt, kann ein kleinerer Signalbereich durch Veränderung von x_{ref} betrachtet werden. Nach Optimierung kleinerer Sprunghöhen erfolgt immer eine Kontrolle der vorhergehenden größeren Signalbereiche und bei Verschlechterung eine Nachoptimierung. Dies wird durchgeführt, bis für alle Sprunghöhen und Richtungen eine zufriedenstellende Regelgüte erreicht ist.

Evolutionäre Optimierung

Nach der Analyse des manuellen Vorgehens gilt es, diese erfolgreiche Optimierungsstrategie mittels Evolutionärer Algorithmen weitestgehend zu automatisieren. Die entwickelte Strategie der iterativen Optimierung ist in Bild 2 verdeutlicht.

Der erste inhärente Teilschritt des manuellen Auslegungsprozesses ist die Stabilisierung des Reglers. Es zeigt sich, dass eine zufällige Initialisierung der Parameter durch die evolutionäre Optimierung eine hinreichende Anzahl an Individuen erzeugt, die ein stabilisierendes Regelverhalten aufweisen. Ist schon vor der Optimierung ein Parametersatz mit stabilisierenden Eigenschaften bekannt, kann direkt auf Basis dieser Lösung initialisiert werden. Die nächsten Schritte des manuellen Auslegungsprozesses sind die Optimierungen von Sprungantworten kleiner werdender Grö e. Aufgrund der iterativen Struktur lassen sich diese Teilschritte gut durch einzelne Optimierungen nachbilden. Diese optimieren jeweils Sprungantworten einer Höhe x_{ref}. Es werden acht Sprunghöhen festgelegt, die getrennt voneinander (siehe Tabelle 1) optimiert werden.

Tabelle 1: Sprunghöhen der Teilschritte bezogen auf die ulllage.

Teilschritt	1	2	3	4	5		7	
Sprunghöhe x_{ref}	100 %	−100 %	50 %	−50 %	25 %	−25 %	10 %	±10 %

Die Optimierung der Sprunghöhen erfolgt in der durch Tabelle 1 gegebenen Reihenfolge. Um die in den vorangegangenen Optimierungen gefundenen Lösungen nicht zu verschlechtern, werden ab dem zweiten Teilschritt zwei Experimente durchgeführt. Im ersten Experiment wird die Sprungantwort für die zu optimierende Sprunghöhe ermittelt, das zweite Experiment erfasst die Sprungantworten für die bereits optimierten Sprunghöhen aus den vorigen Optimierungen. Somit ergeben sich beispielhaft für den fünften Teilschritt die in Bild 3 dargestellten Stimuli.

Es findet also ein iterativer Prozess statt, in dem jede Optimierung eine neue Sprunghöhe behandeln muss, während die bisher erreichte Güte in den vorhergehenden Sprunghöhen erhalten wird. Die Bewertung der Stimuli erfolgt anhand der in Abschnitt 2 vorgestellten Kriterien. Hierzu wird jeder Sprung einzeln bewertet und anschlie end der gewichtete Mittelwert der Kriterien gebildet, um das gesamte Regelverhalten während des Stimulus zu bewerten. Wie in Bild 3(b) zu erkennen ist, wird das Regelverhalten im zweiten Experiment mit den vorhergehend optimierten Sprunghöhen getestet. Um nun eine Vergleichbarkeit der Kriterienwerte der unterschiedlichen Sprunghöhen zu schaffen, wird eine Gewichtung der Werte vorgenommen. Die 50 %-Sprünge werden doppelt so stark bewertet, wie die ersten vier Sprünge, da diese nur halb so hoch sind. Somit werden 25 %-Sprünge vierfach und 10 %-Sprünge zehnfach gewichtet, wenn der 100 %-Sprung als Referenz genutzt wird. Werden wie in Bild 3(a) dargestellt nur Sprünge gleicher Höhe durchgeführt, wird keine Gewichtung vorgenommen. Zur Bewertung der Lösungen werden insgesamt sieben Kri-

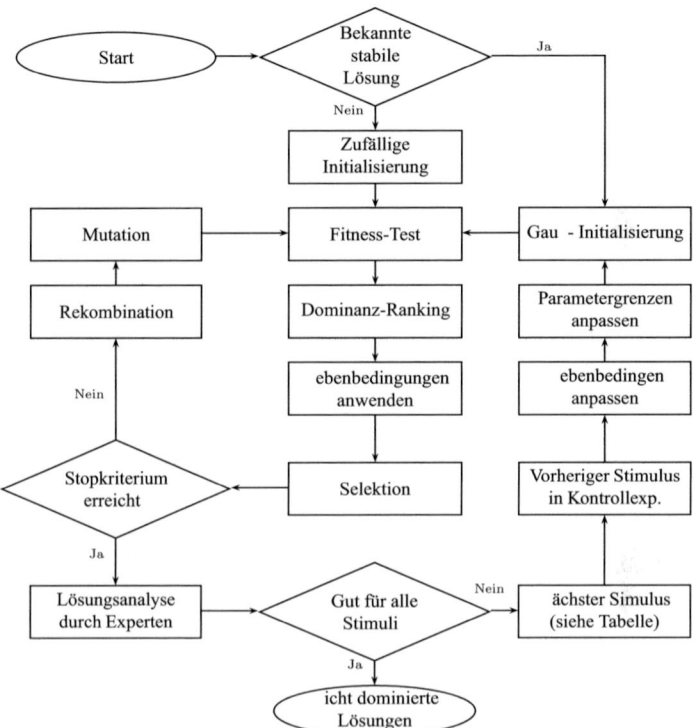

Bild 2: Ablauf des iterativen Optimierungsprozesses.

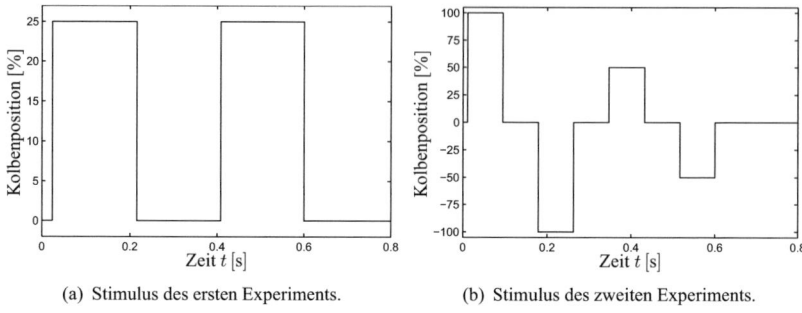

(a) Stimulus des ersten Experiments.   (b) Stimulus des zweiten Experiments.

Bild 3: Stimuli des fünften Teilschritts.

terien gewählt. Das erste Experiment wird mit den Kriterien $ISTE$, T_r, MO, T_s und R bewertet. Zur Validierung und den Erhalt bereits optimierter Sprunghöhen werden im zweiten Experiment die Kriterien $T_{r,val}$ und MO_{val} verwendet.

Nach jeder Optimierung findet ein Eingriff des Nutzers statt. Der Nutzer hat in diesen Phasen mehrere Aufgaben. Am Wichtigsten ist die Bewertung und Auswahl der derzeit erzielten Lösungen. Individuen, die den Nutzerpräferenzen entsprechen, dienen als Start-Individuen der nächsten Optimierungen. Der Ansatz, Präferenzen des Nutzers in den Optimierungsprozess zu integrieren, hat sich schon in vorangegangen Arbeiten als Notwendig erwiesen, da sich einige Aspekte der Nutzerpräferenz nicht einfach als numerische Gütekriterien abbilden lassen [4, 5]. Durch die Inspektion der Sprungantworten wird die Optimierung in die Bereiche des hochdimensionalen Kriterienraums gelenkt, die von praktischem Interesse sind. Bei Bedarf ist ein Anpassen der Nebenbedingungen möglich. Zum Einen werden grobe Minimalanforderungen an die nächste zu optimierende Sprunghöhe gesetzt, die wie in Abschnitt 2 erläutert nicht einheitlich sind. Zum anderen werden Nebenbedingungen an die Kriterien, die den Erhalt der bisher erzielten Güte sicherstellen, so angepasst, dass sie von den gewählten Startindividuen für die folgende Optimierung gerade noch erfüllt werden. Ein Verlust der Güte in bisherigen Experimenten zugunsten von Verbesserungen in der neuen Sprunghöhe kann somit ausgeschlossen werden, da Individuen, die die Nebenbedingungen verletzen, nicht im EA selektiert werden. Dieses Vorgehen vermeidet somit weitestgehend a-priori Annahmen, da diese Nebenbedingungen mit dem Wissen um die bisher erzielten Güten erfolgen.

Die ualität der Lösungen ist stark abhängig von den vor Beginn der Optimierung gewählten Parametergrenzen. Werden die Grenzen zu eng gewählt, besteht keine Möglichkeit mehr, in die evolutionäre Optimierung korrigierend einzugreifen, um sie anzupassen. Zu gro gewählte Parametergrenzen verursachen anderseits eine schlechte Konvergenz des Algorithmus. Speziell bei der Optimierung von eglern für neu entwickelte beziehungsweise modifizierte Ventile ist die ualifizierte Angabe guter Parametergrenzen schwierig. Vor Beginn der folgenden Optimierung wird die Lage der Startindividuen im Parameterraum kontrolliert. Liegen die Lösungen an ändern der zulässigen Parameterbereiche kann dies auf falsch gesetzte Grenzen hinweisen. Der Experte nimmt gegebenenfalls die notwendigen Korrekturen vor.

Zur Bearbeitung der Teilschritte wird der bewährte evolutionärer multikriterielle Algorithmus NSGA-II [ ] verwendet. Die Parameter der Optimierungsprobleme sind reellwertig kodiert, weshalb für diesen Algorithmus pseudobinäre Mutations- und ekombinationsvarianten verwendet werden, wie sie in [ ] und [ ] erläutert sind. Es wird eine Populationsgrö e von 5 Individuen der Eltern und Nachkommen gewählt, die maximale Grö e der Elite-Population ist auf Individuen festgelegt. Die Initialisierung der Individuen erfolgt für den ersten Teilschritt, wenn keine Startindividuen bekannt sind, zufällig gleichverteilt zwischen den gewählten Parametergrenzen. Bei den Optimierungen der nachfolgenden Teilschritte werden die Startindividuen genutzt und die Population mit Individuen aufgefüllt, deren Parameter normalverteilt um die der Startindividuen gesampelt werden. Es wird eine Standardabweichung von $\sigma_j = \frac{P_{j,max} - P_{j,min}}{6}$ verwendet, wobei $P_{j,max}$ und $P_{j,min}$ die Grenzen des j-ten Parameters sind. Nach dem Samplen wird überprüft, ob die zufällig erzeugten Parameter innerhalb des zulässigen Parameterbereichs liegen und gegebenenfalls wiederholt gesampelt.

Zu allen Kriterien können Nebenbedingungen definiert werden, Schwellwerte, die mindestens erreicht werden sollen. Dies wird speziell für die Kriterien $T_{r,val}$ und MO_{val} genutzt. Nach der itnessbewertung und dem dominanzbasierten anking werden alle Kriterienwerte auf Verletzung der Nebenbedingungen kontrolliert und die Anzahl der Verstö e jedes Individuums ermittelt. Individuen mit der gleichen Anzahl von Nebenbedingungsverstö en werden zu Gruppen zusammengefasst. Bevorzugt selektiert werden Individuen ohne Verstö e. Bei nicht hinreichender Anzahl werden nacheinander auch die Individuen der höheren Gruppen akzeptiert. Innerhalb der Gruppen dient weiter der anking-Wert zur Auswahl. Wenn

weder die Nebenbedinungsvertö e noch der   ang die Individuen diskrimi-
nieren, kommt die im NSGA-II übliche *Crowding Distance Selection* zum
Einsatz.

5 Optimierungsergebnisse

m die Leistungsfähigkeit des neu vorgeschlagenen, iterativen Optimierungsprozesses zu bewerten, werden dreizehn geeignete Individuen aus
dem achten Teilschritt des iterativen Optimierungsprozesses mit Lösungen
für zwei monolithisch definierte Optimierungsprobleme verglichen. Die
Bearbeitung der Optimierungsprobleme erfolgt ebenfalls mit dem evolutionären Algorithmus NSGA-II für 5   Generationen. Das erste Optimierungsproblem hat die gleichen Parametergrenzen, wie der Teilschritt   des
iterativen Prozesses und in der Optimierung werden die Kriterien $ISTE$,
T_r, MO, T_s und R minimiert. Die zweite   eferenzoptimierung basiert
auf einer als erprobt angesehen Problemdefinition. Es werden die Kriterien $ISTE$, T_r und das   berschwingen für Klein-, Mittel- und Gro si-
gnalsprünge in den separaten Kriterien $MO_{KS,MS,GS}$ minimiert. Aus den
Mengen der nicht dominierten Lösungen werden durch präferenzbasierte
Auswahlen fünf Lösungen des ersten monolithisch definierten Optimierungsproblems sowie sechs Lösungen der zweiten Vergleichsoptimierung
gewählt.   ür alle Lösungen werden einheitliche Tests durchgeführt, um das
egelverhalten vergleichen zu können.

5.1 Auswertung im Kriterienraum

Im   olgenden wird die Lage der gefundenen Lösungen im Kriterienraum
betrachtet. Der   aum wird durch die Kriterien T_r, MO, T_s und R aufgespannt (siehe Abschnitt 2). Zur Vergleichbarkeit wird der Stimulus verwendet, der auch bei der monolithischen Optimierung zum Einsatz kommt.
Demzufolge ist die iterative Optimierung hier im Nachteil, da der   efe-
renzstimulus ein ungesehenes Experiment für die Lösungen ist, während
die   eferenzläufe auf diesem Stimulus optimiert wurden.

Der Kriterienraum ist in Abbildung 4 dargestellt. Die umkreisten Lösungen A, B und C werden im nachfolgenden Kapitel in Detail anal siert. Im
Kriterium T_r haben sieben Individuen des iterativen Prozesses einen kleineren Wert, als die Lösungen der Vergleichsoptimierungen und erreichen
einen minimalen Wert von $T_r = 0{,}0122\,\text{s}$. Die minimal erzielten Werte der

anderen Optimierungen liegen bei $T_r \approx 0,022\,\mathrm{s}$. Tendenziell sind die Lösungen des ersten monolithisch definierten Optimierungsproblems besser, als die Lösungen des zweiten Problems, da alle Lösungen des ersten Optimierungsproblems im T_r-Kriterium besser sind, als die zwei schlechtesten Lösungen der zweiten Vergleichsoptimierung. Das Minimum im berschwingen wird von einem Individuum der ersten Vergleichsoptimierung mit einem Wert von $MO = 0,159$ erzielt. Es ist zu erkennen, dass alle Lösungen dieser eferenzoptimierung im Vergleich zu den anderen Lösungen sehr gute Werte erzielen. Das ist darauf zurückzuführen, dass die Lösungen dieser Vergleichsoptimierung bei einigen Sprüngen einen statischen egelfehler behalten und somit nie die ührungsgrö e erreichen. Daher wird für einzelne Sprünge ein MO-Wert von Null erreicht. Durch die gewichtete Mittelung der Werte von ausgeregelten und unausgeregelten Sprüngen ergeben sich für die Lösungen der ersten Vergleichsoptimierung meist geringere Kriterienwerte, als für die restlichen Individuen, die in der Lage sind, alle Sprünge auszuregeln. Im Kriterium R haben die Lösungen des zweiten Optimierungsproblems tendenziell schlechtere Werte, als die anderen Lösungen, da in der Optimierung die Minimierung der Beschleunigungen nicht stattfindet. Aufgrund des trägen egelverhaltens haben die Lösungen der ersten Vergleichsoptimierung hier die geringsten Kriterienwerte.

Aus dem Vergleich der Lösungen erkennt man, dass der neu vorgestellte iterative Ansatz den andern Optimierungen überlegene Lösungen in den Kriterien T_r und T_s findet. Aufgrund der zu stark minimierten Beschleunigung in der ersten Vergleichsoptimierung haben deren Lösungen in den Kriterien MO und R die geringsten Werte. Die Lösungen der zweiten Vergleichsoptimierung sind nicht in der Lage, die Werte der anderen Optimierungen zu erreichen, da sie zu stark überschwingen und die Sprünge zu lange Anstiegszeiten haben.

5. erg ei ausgew ter n i i uen

 ür die nachfolgenden Vergleiche wird aus jeder Menge an Lösungsindividuen das Individuum ausgewählt, das den Präferenzen des Experten am besten entspricht. Individuum A entstammt der Menge, resultierend aus dem iterativen Optimierungsprozess, Individuum B aus der Menge der Lösungen des ersten monolithisch definierten Optimierungsproblems, C entstammt dem zweiten monolithisch definierten Optimierungsproblem. Die Individuen A, B und C sind durch eine mkreisung in Bild 4 gekennzeichnet. Der in Bild 5 dargestellte Stimulus ist für A ein ungesehenes

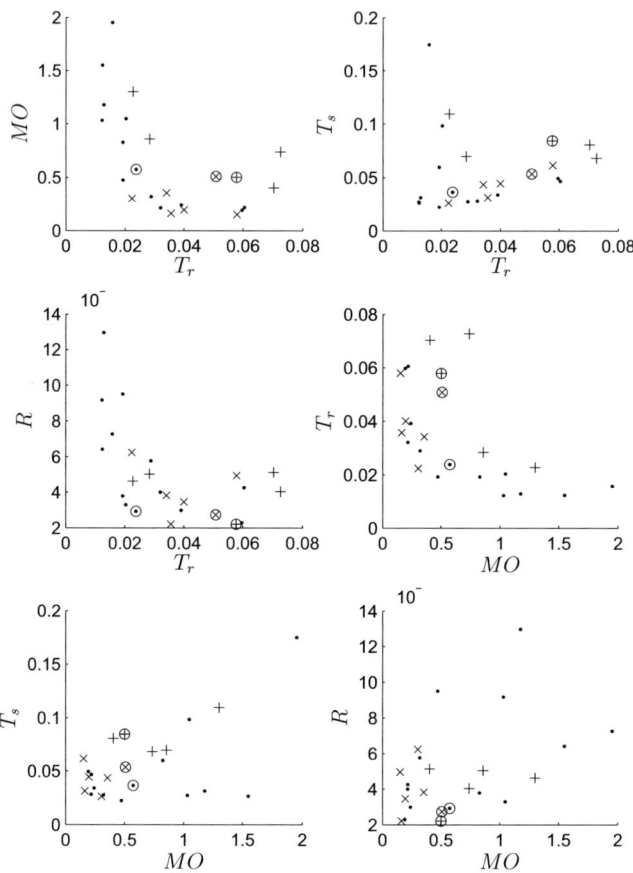

Bild 4: reduzierter Kriterienraum der Lösungsindividuen.

•: Lösung resultierend aus iterativem Optimierungsprozess,

×: Lösung des ersten monolithisch definierten Optimierungsproblems,

+: Lösung des zweiten monolithisch definierten Optimierungsproblems,

○: ausgewählte Individuen (siehe nachfolgenden Abschnitt).

Experiment, die anderen Lösungen wurden zuvor mit diesem Stimulus optimiert. Demzufolge sind die Lösungen der monolithisch definierten Optimierungsprobleme hier im Vorteil.

Die Lösung aus dem zweiten monolithisch definierten Optimierungsproblem zeigt ein sehr aggressives Regelverhalten (siehe Bild 5(g)), charakterisiert durch sehr geringe Anstiegszeiten. Jedoch verursacht das aggressive Regelverhalten ein starkes Schwingen der Regelgröße bei negativen Flanken des Stimulus. Bei größeren Sprüngen im negativen Stellbereich zeigt sich zudem noch ein vorzeitiges Rückschwingen der Regelgröße, das in Bild 5(i) zu erkennen ist. Bei den gezeigten Sprüngen ist ein einmaliges Überschwingen akzeptabel, jedoch kein vorzeitiges Rückschwingen, das in ein Einschwingen übergeht. Sehr kleine Sprünge werden jedoch, wie in der Detailansicht 5(h) dargestellt, mit einem noch akzeptablen Verhalten ausgeregelt. Ein praktischer Einsatz dieser Lösung ist aufgrund des zu starken Überschwingens und des vorzeitigen Rückschwingens ausgeschlossen.

Der direkte Gegensatz hierzu ist die Lösung des ersten monolithisch definierten Optimierungsproblems. Die Sprungantworten sind langsamer, als bei den anderen Individuen, jedoch schwingt die Lösung weder bei Großsignalsprüngen noch bei kleinen Sprüngen über (siehe Abbildungen 5(d) und 5(e)). Bei Kleinstsignalsprüngen zeigt sich aber ein kleines Überschwingen und Einkriechen der Regelgröße (siehe Bild 5(f)). Dieses Individuum ist aufgrund seiner Trägheit für einen praktischen Einsatz ebenfalls unbrauchbar.

Die Lösung des iterativen Optimierungsprozesses ist geringfügig langsamer, als die Lösung des zweiten monolithisch definierten Optimierungsproblem, zeigt aber kaum Überschwingen und ein unmittelbares Ausregeln der Sprünge. Lösung A zeigt sehr geringe Anstiegszeiten und nur bei Kleinsignalsprüngen ein leichtes Überschwingen (siehe Abbildungen 5(b) und 5(c)). Beim $-20\,\%$-Sprung (siehe Bild 5(h)) zeigt sich noch ein Überschwingen von $MO \approx 30\,\%$, jedoch liegt für alle anderen Sprünge das Überschwingen im akzeptablen Bereich.

Vergleicht man die Sprungantworten der Lösungen A, B und C, ist festzustellen, dass Lösung A ein besseres Regelverhalten auf einen zuvor ungesehenen Stimulus zeigt, als die Lösungen B und C mit dem Stimulus, für den sie optimiert wurden. Lösung C regelt Kleinsignalsprünge nur mit einem Nachschwingen aus (siehe Bild 5(h)), B kriecht langsam an die Führungsgröße heran, während A die Position nach einem einmaligen Überschwingen akzeptabler Höhe direkt ausregelt. Vergleicht man die Sprungantworten der Lösung A des unbekannten Stimulus, mit denen der Stimuli aus den jeweiligen Optimierungen, so lassen sich keine nennenswerten Unterschie-

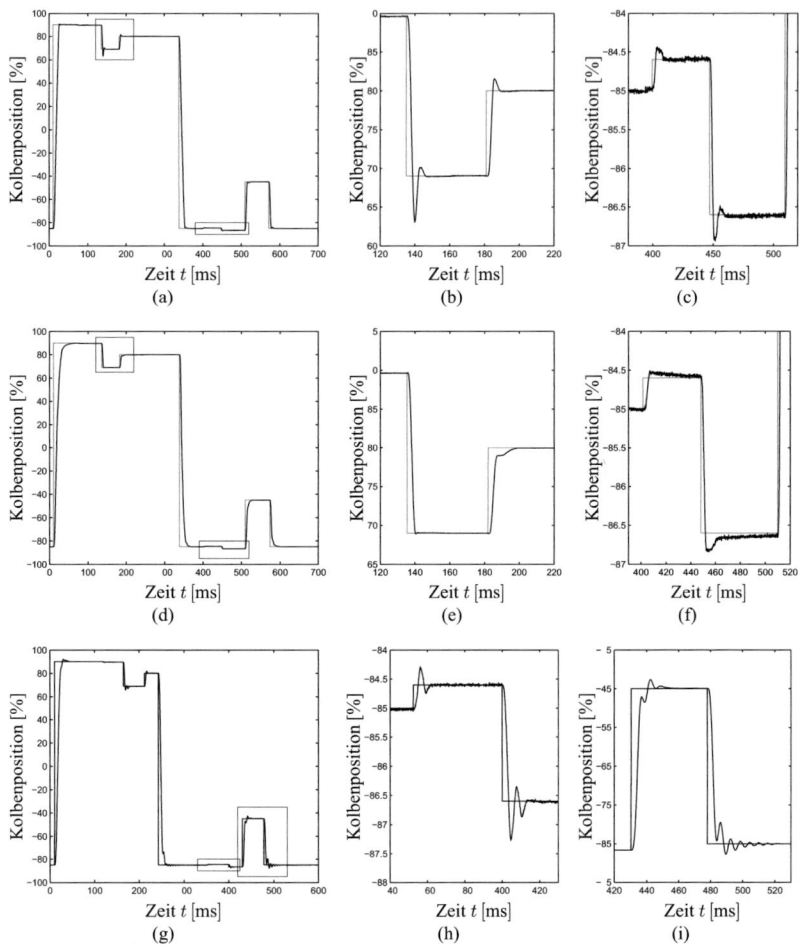

Bild 5: Sprungantworten der ausgewählten Individuen mit interessanten Detailansichten. Aus technischen Gründen sind die Zeitpunkte der Sprünge leicht unterschiedlich.

Erste Zeile: Individuum A, präferierte Lösung aus dem iterativen Optimierungsprozess.

Zweite Zeile: Individuum B, präferierte Lösung aus dem ersten monolithisch definierten Optimierungsproblems.

Dritte Zeile: Individuum C, präferierte Lösung dem zweiten monolithisch definierten Optimierungsproblem.

de im egelverhalten erkennen. Daraus lässt sich eine gute Generalisierbarkeit der Lösungen für unterschiedliche Stimuli erkennen. Die charakte-
ristischen Eigenschaften der optimierten Sprungantworten bezüglich ber-
und ückschwingen sowie Anstiegs- beziehungsweise Ausregelzeiten lassen sich somit auch in Sprungantworten anderer Stimuli wiederfinden.

Der Vergleich der Individuen zeigt, dass die unterschiedlichen Optimierungen zu stark unterschiedlichen Lösungen führen. Die monolithisch definierten Optimierungsprobleme haben zwar den Vorteil, dass lediglich eine Optimierung ohne nterbrechungen durchgeführt werden muss, um in
kurzer Zeit eine Menge an nicht dominierten Lösungen zu erhalten. Diese Lösungen zeigen jedoch nach den Präferenzen des Prozessexperten ein
ungeeignetes egelverhalten. Der neue Ansatz ist allerdings in der Lage,
Lösungen zu generieren, die in vielen Bereichen den Präferenzen des Prozessexperten entsprechen. Ein Nachteil des Ansatzes ist aber der benötigte
Zeitraum, der um ein Vielfaches grö er ist, als bei den anderen Optimierungen. ier besteht jedoch noch Potential für eine Beschleunigung des
Verfahrens durch mformulierung einiger Teilschritte und einer verkürz-
ten Optimierung derer. Zusammenfassen lässt sich sagen, dass der neu vorgestellte Ansatz bessere Lösungen findet, als monolithisch definierte Optimierungen und somit für die Optimierung von Ventilreglern zu empfehlen
ist. Die gefundenen Lösungen erfüllen annähernd die Anforderungen des
Prozessexperten, sind jedoch mit dem aktuell gewählten Vorgehen noch
nicht so gut, dass sie für einen praktischen Einsatz geeignet wären.

usammen assung un Ausb i

In diesem Beitrag wurde der manuelle Auslegungsprozess eines Lagereglers für Wegeventile anal siert, um ihn in, auf bekannte Weise verkoppelte
Teilschritten zu separieren. Es hat sich gezeigt, dass sich für den Auslegungsprozess mehrere inhärente Teilschritte identifizieren lassen, die eine
Stabilisierung des egelverhaltens und eine Optimierung von Sprungantworten mit sukzessive geringerer öhe und wechselnder Sprungrichtung
verwenden.
Weiterhin wird ein neues Konzept vorgestellt, das durch getrenntes Lösen
inhärenter Teilschritte des manuellen Auslegungsprozesses eine Optimierung des S stems vornimmt, das im Auslegungsprozess betrachtet wird.
Der Vorteil, einzelne Teilschritte getrennt zu bearbeiten besteht darin, dass
den einzelnen Teilschritten weniger komplexe Gewichtungen und somit

weniger a-priori Wissen zugrunde liegen, als in einem monolithisch definierten Optimierungsproblem. Die reduzierte Komplexität ermöglicht es dem zur Bearbeitung der Teilschritte verwendeten Algorithmus, effizienter Ergebnisse zu finden und vereinfacht es dem Anwender, aus einer Menge von Ergebnissen eine präferenzbasierte Auswahl zu treffen. Die geschickte usion der Ergebnisse aller Teilschritte ergibt in Summe die Gesamtlösung des, dem Auslegungsprozess zugrunde liegenden Optimierungsproblems.

Der neu vorgestellte iterative Ansatz zur Optimierung komplexer S steme wurde zur Abbildung des manuellen Auslegungsprozesses eines Lagereglers genutzt. In acht Teilschritten werden getrennt voneinander die Sprungantworten des Ventils für unterschiedliche Sprunghöhen von einem evolutionären Algorithmus optimiert. Aus der Menge an Lösungen der jeweiligen Optimierung eines Teilschritts werden Individuen ausgewählt, die als Startindividuen für den nachfolgenden Teilschritt dienen. Ebenso werden die Parametergrenzen und andbedingungen in Abhängigkeit der gefundenen Lösungen angepasst.

Zur Bestimmung der Leistungsfähigkeit des vorgestellten Ansatzes dienen Vergleichsoptimierungen, in denen Lösungen für monolithisch definierte, multikriterielle Optimierungsprobleme durch evolutionäre Optimierungen gesucht werden. Es zeigt sich, dass das egelverhalten, das die Lösungen des neu vorgestellten Ansatzes aufweisen, dem Verhalten der Lösungen der monolithisch definierten Optimierungsprobleme stark überlegen ist und somit der neue Ansatz zur Optimierung von Ventilreglern zu empfehlen ist. Ein Vergleich der gefundenen Lösungen mit eferenzlösungen bestätigt die Leistungsfähigkeit des neuen Ansatzes, jedoch zeigen die Lösungen des Ansatzes noch egelverhalten, das weiteres Verbesserungspotenzial bieten.

In Zukunft ist zu überprüfen, ob die gewählten Teilschritte ausreichend sind, beziehungsweise umformuliert werden können, um Lösungen zu finden, die noch stärker den Präferenzen des Prozessexperten entsprechen. Ein Ziel ist es, die Geschwindigkeiten des Ventils zu erhöhen, ohne markante bergänge im egelverhalten zu verursachen, das berschwingen der Sprungantworten, im Besonderen bei Sprüngen $|x_{ref}| \leq 25\,\%$, zu reduzieren und die nabhängigkeit der Sprungantworten von der ichtung des Sprungs zu erhöhen. Man muss überprüfen, ob die gewählten Kriterien ausreichend in der Lage sind, die Eigenschaften des egelverhaltens zu bewerten. Ebenso ist zu überlegen, ob die Wahl der Parametergrenzen und Nebenbedingungen bei den Vergleichsoptimierungen verbessert werden kann. So ist ein monolithisch definiertes Optimierungsproblem zu formulieren, das die Erkenntnisse des iterativen Ansatzes nutzt, in dem zum Beispiel die ermittelten Parametergrenzen des letzten Teilschritts, anstatt die des ersten Teilschritts, wie es im ersten monolithisch definierten Optimierungsproblem geschehen ist, verwendet werden.

Eine weitere Verbesserungsmöglichkeit besteht in der Entwicklung einer automatisierten, beziehungsweise unterstützten Auswahl von Lösungsindividuen während des Auslegungsprozesses. Zurzeit besteht die Möglichkeit, potenzielle Lösungen zu übersehen. Es ist denkbar, dass dem Anwender bereits eine vorausgewählte Menge an Lösungen vorgeschlagen werden, aus denen er dann eine präferenzbasierte Auswahl trifft und aus der automatisch die Konfiguration des nachfolgenden Teilschritts bestimmt wird.

nabhängig von den angeregten Erweiterungen der Teilschritte und der benötigten nterstützung durch die Toolbox ist zu testen, ob der vorgeschlagene Ansatz für Ventile anderen T ps ualitativ ähnlich Lösungen findet und ob eine allgemeine Beschleunigung des gesamten Ablaufes möglich ist. Im Vergleich zum manuellen Auslegungsprozess wird derzeit eine albierung des Aufwandes erreicht. Dies ist jedoch noch nicht vergleichbar mit dem Lösen eines monolithisch definierten Optimierungsproblems durch eine einzige evolutionäre Optimierung

iteratur

[ ]   olger Lutz, W. W.: *asc en c der egel ngstec ni   it nd Si lin* . rankfurt, M.: arri Deutsch. 2 .

[2] Krettek, . Schauten, D. ., . Bertram, T.: Evolutionar ardware-in-the-Loop Otpimization of a ontroller for ascaded draulic Valves. In: S nternational Con erence on d anced ntelligent ec atronics   , S. . 2 .

[3] Krettek, . offmann, . Bertram, T.: Evolutionar Multiobjective ardware-in-the-Loop Optimization of an draulic Valve ontroller. t nternational l id ower Con erence   Dresden 2 (2   ), S. 525 53 .

[4] Krettek, . Braun, . offmann, . Bertram, T. Ewald, T. Schubert, .-G. Lausch, .: Interactive evolutionar multiobjective optimization for h draulic valve controller parameters. In: d anced ntelligent ec atronics   S nternational Con erence on, S.   . 2 .2 .

[5] Krettek, . Braun, . offmann, . Bertram, T.: Preference modeling and model management for interactive multi-objective evolutiona-

r optimization. In: *roceedings o t e t international con erence on n or ation rocessing and anage ent o ncertaint in nowledge ased s ste s*. Springer-Verlag. 2 .

[ ] Deb, K. Pratap, A. Agarwal, S. Me arivan, T.: A fast and elitist multiobjective genetic algorithm: NSGA-II. *ransactions on ol tionar Co tation* (2 2), S. 2 .

[ ] Agrawal, . B. Deb, K.: Simulated Binar rossover for ontinuous Search Space. 5.

[ ] Deb, K. Agrawal, S.: A niched-penalt approach for constraint handling in genetic algorithms. In: *nternational Con erence on rti cal e ral etwor s and enetic lgorit s*, S. 235 243. .

Aut matis e enerierung n i perati ns etten mitte s genetis er r grammierung

. Ka reut . Kr ne . nei er

Institut für omputer Science, Vision und omputational Intelligence,
achhochschule Südwestfalen, rauenstuhlweg 3 , 5 44 Iserlohn
Tel. (23) 5 - 4 ax (23) 5 -2
E-Mail: Krone, MSchneider fh-swf.de
oman.T.Kalkreuth stud.fh-swf.de

1 in eitung

Durch den wachsenden Einsatz von bildgebenden Verfahren in medizinischen und industriellen Bereichen ist der Einsatz der digitalen Bildverarbeitung nicht mehr wegzudenken. Die daraus entstehende hohe Dichte an Bildmaterial muss oft aufgearbeitet werden. Dies betrifft vorwiegend die Verbesserung der Bild ualität sowie die Extraktion bestimmter Informationen, welche im ohzustand nicht erkennbar sind. Der Einsatz geschieht beispielsweise bei medizinischen Diagnoseverfahren (z.B. omputertomographie, öntgen oder Magnetresonanztomographie) oder bei industriellen Bildverfahren (z.B. automatische Endkontrolle). Die Verarbeitung der Bilder kann während des jeweiligen Prozesses oder im Nachhinein geschehen. Dies geschieht über sogenannte Bildoperationen. Diese dienen zur Bildverbesserung sowie der Erkennung von mrissen und Strukturen von Objekten. Die Erkennung von Strukturen wird auch als Kantendetektion bezeichnet. Dieses Verfahren ist für eine Objekterkennung wie sie oft gebraucht wird, in vielen ällen unabdingbar. Meistens müssen Bilder auf welche eine Kantendetektion angewendet wird, durch vorgehende Operationen aufbereitet werden. ierbei entstehen Anordnungen von Operationen, welche eine Bildoperationskette definieren. In den meisten ällen entstehen solche Ketten durch die Anwendung verschiedener Operationen in herkömmlichen Bildbearbeitungs-programmen. ür den Benutzer ist die entstandene Kette zu meist nicht genau einsehbar und kann nicht auf eine grö ere Ansammlung von Bildern angewendet werden. Ein Verfahren, welches die Kette an Operationen rekonstruieren kann wäre für Anwendungen in der Medizin und Industrie von gro em Nutzen. Zu Anfang muss dabei eine vorher festgelegte Auswahl an Operationen vorhanden sein. Diese müssen so ausgewählt werden, dass sie das Anwendungsgebiet des zu bearbeitenden Bildes am besten treffen. Durch die Anwendung verschiedener Operationen auf ein Bild entsteht ein hoher echenaufwand der sich selbst bei sehr schnell arbeitenden S stemen bemerkbar macht. Das Ausprobieren von möglichen Kombinationen ist äu erst ineffizient. Daher ist der Einsatz eines Optimierungs- und Suchverfahren notwendig. Die genetische Programmierung eignet sich in der Bildverarbeitung als sehr gut durchführbares Verfahren, zur Optimierung der gegebenen Problemstellung. Die genetische Programmierung arbeitet mit einem evolutionären Algorithmus, welcher die Grundprinzipien der biologischen Evolution zur Optimierung anwendet. Die Kombination aus Bildverarbeitung und evolutionären Algorithmen wird unter dem Begriff evolutionäre Bildverarbeitung zusammengefasst. Abbildung . zeigt die entstandene Problemstellung. Als Bekannte liegen ein unbearbeitetes Bild (links) und bearbeitetes Bild (rechts) vor. Die Kette an Operationen, welche vom linken zum rechten Bild führt, ist unbekannt.

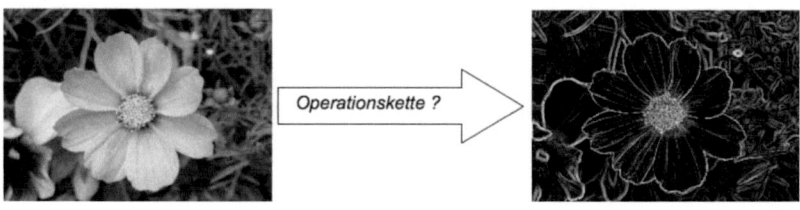

ro le stell ng

rbetra tung

Vor der eigentlichen msetzung wurde über eine Vorbetrachtung die Problemstellung genauer anal siert und Vorbereitungen getroffen. Dies betraf vorwiegend die Anpassung der genetischen Programmierung auf die Problemstellung.

.1 Ana se er r b emste ung

Die Problemstellung besteht im Auffinden einer Kombination aus iltern, welche zwischen einem Start und Ergebnisbild stehen. Die Problemstellung gibt keinen Aufschluss darüber, welche ilter eingesetzt wurden beziehungsweise aus welchem Bildverarbeitungsbereich diese stammen. Die ilter können lediglich eine entsprechende Auswahl an häufig verwendeten iltern der industriellen sowie medizinischen Bildverarbeitung darstellen. Die Bilder werden durch die Anwendung der ilter in ihrer Breite und öhe nicht verändert, so dass ein Bildvergleich zwischen Start- und Endbild problemlos erfolgen kann. Die maximale Länge der ilterkette wird anfangs bei fünf iltern festgelegt. Eine spätere Anhebung auf sieben ilter kann zusätzlich in Betracht gezogen werden.

m die genetische Programmierung als Optimierungsverfahren einzusetzen, müssen die Gegebenheiten der Problemstellung entsprechend auf die genetische Programmierung angepasst werden. Dies betrifft in erster Linie die Anpassung der Individuen und dessen genetische Anpassungen, welche im Sinne der genetischen Programmierung durchgeführt werden. Ein weiterer wichtiger Aspekt bei der Nutzung der genetischen Programmierung ist die Bewertung eines Individuums. edem Individuum werden ähigkeiten zugewiesen, welche es eindeutig bestimmt. Bezogen auf die Lösung der Problemstellung entwickelt jedes Individuum eine gewisse Stärke, welche auch als itness bezeichnet wird. ür die Ermittlung der itness eines Individuums muss eine entsprechende itnessfunktion auf die Problemstellung angepasst werden.

. **Anpassung n enen un n i i uen**

Die Anpassung verschiedener Individuen ist für den Einsatz der genetischen Programmierung ein hinreichendes Kriterium. Die Informationen, die man aus einer ilterkette gewinnen kann, müssen entsprechend auf ein Individuum abgebildet werden. Ein ilter kann dabei ein Gen repräsentieren. Die genaue eihenfolge der ilter, welche die Kette beinhaltet, ist ein Merkmal, welche die Eindeutigkeit ermöglicht. Somit kann die eihenfolge einer Kette auf das hromosom eines Individuums übertragen werden. edem Individuum kann damit eine unktion zugewiesen werden, in welcher es die eihenfolge entsprechend seiner Gene abarbeitet. In Abbildung 2. ist ein hromosom dargestellt, welches sich aus drei iltern zusammensetzt. edem Individuum steht das Startbild der Problemstellung zur Verfügung. Aus seiner unktion ergibt sich dann entsprechendes Ergebnisbild mit dessen ilfe die itness ermittelt werden kann. Die Grö e eines Individuums kann dabei von eins bis hin zur maximal festgelegten Grö e variieren. Ein mehrfaches Vorkommen eines ilters in den Genen ist möglich. Dies sollte aber nur optional gewählt werden können, da eine mehrfache Anwendung bestimmter ilter das Bild zu dunkel werden lässt und damit zum Verlust von Information beiträgt. Durch die Erzeugung vieler Individuen kann die Ansammlung in einer Population zusammengefasst werden.

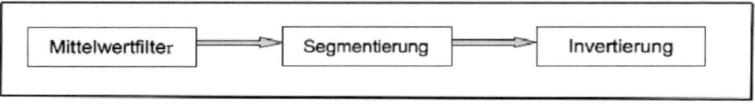

| Mittelwertfilter | Segmentierung | Invertierung |

C ro oso a s iltern enen it nge

. enetis e Anpassung

m Teilergebnisse weiterzuentwickeln und fortzuführen sind genetische Anpassungen notwendig. Den erzeugten Individuen wird das echt der ortpflanzung zugesprochen , damit sie ihre Gene weitergeben können. Die ekombination bestimmter Individuen erzeugt damit die passende olgegeneration, in welcher die passenden Gene für die Problemstellung enthalten sind.

Im Vorfeld müssen zwei Elternteile vorhanden sein. ür die ekombination zweier Individuen bietet sich ein sogenannter One-Point- rossover an. Bei diesem rossover wird mit ilfe eines Kreuzungspunktes die älfte der Vatergene sowie die älfte der Muttergene auf ein neues Individuum übertragen. Vor der ekombination muss zunächst die Länge des Kind - chromosoms (Länge des Kindes) festgelegt werden. Dies geschieht über die Längen der hromosomen von Vater und Mutter (2.2).

$$Länge_{Kind} = \begin{cases} Länge_{Mutter} & , falls \; Länge_{Mutter} = Länge_{Vater} \\ \frac{Länge_{Vater} + Länge_{Mutter}}{2} , falls \; Länge_{Mutter} \neq Länge_{Vater} \end{cases} \quad (2.2)$$

Die Anwendung eines *ne oint Crosso er* auf zwei Elternteile lässt zwei Kinder (sog. Genome) entstehen. Da aber nur ein Kind aus der ekombination entstehen soll, wird aus den beiden Genomen per Zufall das Kind bestimmt. Abbildung 2.2 zeigt die Anwendung des rossover auf die hromosomen von Vater und Mutter. Die beiden Genome ergeben sich dabei entsprechend aus den älften der jeweiligen Elterngene. Die Genomen unterscheiden sich in der Kombination der beiden älften. Bei Genom wurde die erste älfte vom Vater und die zweite älfte der Mutter gewählt. Bei Genom 2 entsprechend in anderer eihenfolge.

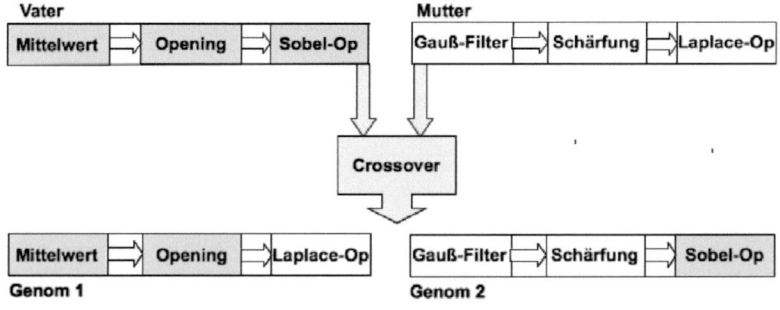

e o ination

Neben der ekombination geschieht durch die Mutation eine weitere genetische Anpassung. Mithilfe der Mutation kann die Vielfalt innerhalb der Population erhalten und erhöht werden. Die Mutation geschieht durch das Ersetzen eines ilters innerhalb der Kette gegen einen zufällig gewählten ilter. Die Mutation wird nach der ekombination durchgeführt und nur auf einen Teil Population angewandt. Mithilfe einer Zufallsvariable wird eine gewisse Anzahl an Kindindividuen nach der ekombination durch die Mutation verändert. Abbildung 2.3 zeigt die Anwendung der Mutation auf ein hromosom.

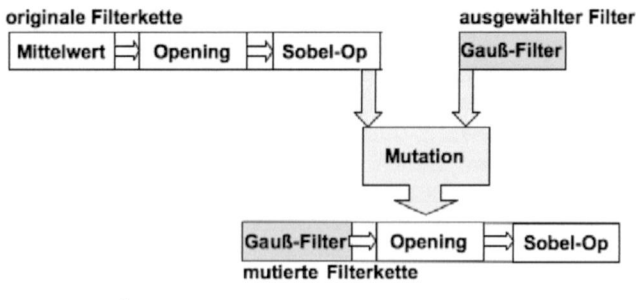

tation

.   **ewertung un   e e ti n**

Die itness beschreibt das Ma   an Anpassung eines Individuums, welches es in Bezug auf die Problemstellung entwickelt. Durch die Anwendung der ähigkeiten des Individuums auf die Problemstellung entsteht ein Ergebnis. Das Ergebnis eines einzelnen Individuums wird unter den vorher festgelegten Kriterien, welche das gewünschte Endergebnis erfüllen soll bewertet. Die itness kann beispielsweise die Distanz zwischen gewünschtem Endergebnis und dem aktuellen Ergebnis des Individuums sein. Die Distanz, welche sich zwischen Ergebnisbild und dem Endbild ergibt, kann als itness gewählt werden. Die einfachste Bewertungsmethode für einen Bildvergleich ist die sogenannte Pixeldistanz. ierbei werden beide Bilder (A und B) zeilenweisen Pixel für Pixel durchlaufen und jeweils die beiden aktuellen Pixel mit einander verglichen. Gibt es eine Abweichung so wird der Betrag der beiden Pixel aufsummiert (2.3). Die Summe wird daraufhin durch die Anzahl der Pixel geteilt (2.4) um das Verhältnis zwischen Abweichungssumme und Bildgrö e zu ermitteln. Durch diese Berechnung erhält man die prozentuelle Abweichung. Eine Normalisierung (2.5) erfolgt mit $\frac{1}{256}$, wobei 25 die Anzahl der Grauwerte repräsentiert. Durch die Normalisierung erhält man Werte zwischen und . Diese werden letztlich als itness für das Individuum gewählt.

$$D_{Summe} = \sum_{j=1}^{height} \sum_{i=1}^{width} |(A[j,i] - B[j,i])| \qquad (2.3)$$

$$D_{Prozent} = \frac{D_{Summe}}{(width * height)} \qquad (2.4)$$

$$D_{Norm} = \frac{D_{Prozent}}{256} \qquad (2.5)$$

Die Bewertung bildet die Grundlage für die Selektion. Die Selektion ist eine Methode der genetischen Programmierung zur Ermittlung und Auswahl der Individuen, welche für die ekombination am besten geeignet sind. m möglichst gute Eltern für die ekombination zu finden müssen bei der Selektion gut angepasste Individuen gefunden werden. Diese werden wie schon beschrieben, durch ihre itness repräsentiert. Das geeignetste Verfahren hierzu stellt die sogenannte Turnierselektion dar. Diese lässt Individuen in Turnierrunden gegeneinander antreten und ermittelt so das beste Individuum aus der Auswahl. ber dieses Verfahren kann eine gezielte ortführung entsprechender Gene erfolgen. Turniergrö e, sowie die Anzahl der unden können entsprechend den genetischen Parametern (z.B. Populationsgrö e) angepasst werden.

.5 uti n rer A g rit mus

Eine genetische Anpassung im ahmen von ekombination und Mutation mit nur einem Durchlauf würde die Problemstellung nicht lösen können. Eine iterative Vorgehensweise ist daher unabdingbar. Der evolutionäre Algorithmus wendet innerhalb der vorher festgelegten Anzahl an Iterationen die entsprechenden Anpassungen auf die Population an. Vor dem Start des Algorithmus wird eine Anfangspopulation erzeugt, welche

die erste Generation bildet. Mit jeder Iteration wird über die
ekombination eine neue Generation gebildet. Vor jedem Durchlauf wird
geprüft ob das Abbruchkriterium erfüllt ist. Der evolutionäre Algorithmus
muss auf die Problemstellung bezogen, nicht besonders angepasst werden.
Der normale Ablauf bestehend aus Bewertung   Selektion   Anpassung
kann übernommen werden. Abbildung 3.   zeigt den   Ablaufplan des
evolutionären Algorithmus.

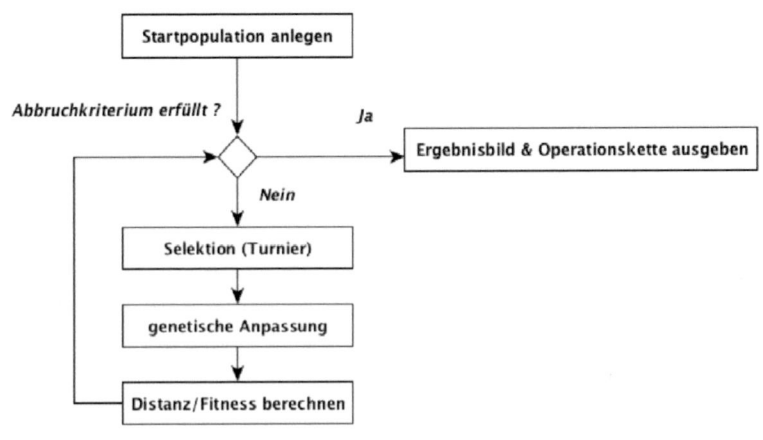

rogra   a la   lan   e ol tion rer lgorit   s

ra tis e mset ung

Die praktische   msetzung erfolgte in   ava mit der Erstellung eines
Protot pen. Alle   erforderlichen   Mittel   der   Bildverarbeitung   und
genetischen Programmierung wurden dazu ohne   ückgriff auf   rameworks
implementiert. Der Protot p bildete die Basis für die spätere Bearbeitung
von Testfällen. Die wichtigsten Teile der praktischen   msetzung sollen in
diesem Kapitel beschrieben werden.

.1 i perati nen

Die Implementierung von Bildoperationen umfasste altungsoperationen, Punktoperationen und morphologische Operationen. Mithilfe der altung konnten wichtige Operationen zur Bildverbesserung und Kantendetektion umgesetzt werden. Als wichtigste Punktoperation wurde die Segmentierung umgesetzt. Diese ist bei der Anwendung von Kantendetektoren sehr wichtig und wird bei der Verarbeitung von Grauwertbildern häufig angewandt. Während der msetzung musste eine Möglichkeit gefunden werden, den Schwellwert automatisch zu bestimmen. äufig wird dazu der mittlere Grauwert eines Bildes verwendet. Die Trennung von Vorder- und intergrund ist dabei aber oft nicht optimal. Es wurde deshalb ein statistisches Verfahren implementiert. Das Verfahren von Otsu [3] verwendet zur Schwellwertbildung statistische ilfsmittel um den Schwellwert besser anzupassen. Zur weiteren Bildverbesserung wurden letztlich noch morphologische Operationen [4] (wie z.B. Opening oder losing) implementiert. m Bildoperationen auf Gene abzubilden wird diesen ein Index zugewiesen. Die Tabelle 3. zeigt eine Auswahl an wichtigen Operationen mit deren Index. Es wurden insgesamt 5 Operationen verwendet.

a elle   ic tige   erationen it nde

So el   erator
a lace   ilter
ittelwert ilter
a   ilter
Seg entier ng
.
.

. r eugung n n i i uen

Die Erzeugung verschiedener Individuen für eine Anfangspopulation ist für die weitere Implementierung sehr wichtig. Die Individuen müssen sehr vielfältig sein. Die Vielfältigkeit ergibt sich aus der Länge der hromosomen und den verschiedenen Kombinationen aus der Auswahl an Operationen, welche zur Verfügung stehen. Ein Gen wird dabei durch den Index einer Bildoperation repräsentiert. Das Vorkommen von gleichen Individuen muss vermieden werden, da sonst die Vielfältigkeit eingeschränkt wird. Als Parameter sind bei der Erzeugung die maximale Anzahl an Genen und die Anzahl der ilter entsprechend zu wählen. ber eine Zufallsvariable wird die Länge der hromosomen festgelegt. Bei der Erzeugung des ersten Individuums liegt diese bei . Nach jeder Erzeugung wird per Zufall entschieden ob die Länge erhöht wird, bis die Maximallänge erreicht ist. Mithilfe des Zufalls kann man auf diese Weise gut verteilte Populationen erstellen. Tabelle 3.2 zeigt die Erzeugung einiger Individuen mit entsprechender Erhöhung der Länge des jeweiligen hromosoms. Population und Individuen werden in entsprechenden Klassen implementiert und über Objekte angesprochen.

a elle	ndi id en it a i aler nge nd ilteran a l
ndi id	
ndi id	
ndi id	
ndi id	
ndi id	
ndi id	
ndi id	
ndi id	
ndi id	

. itness un ti n

edem Individuum wird ein Startbild übergeben. Aufgrund seiner Gene erzeugt es ein Ergebnisbild welches dann ein fester Bestandteil des Individuums wird. Die sich daraus ergebene Distanz wird nach der Pixeldistanz berechnet. Die Distanz wird dann letztlich als itness gewählt.

. mset ung er genetis en Anpassung

Als erster Schritt wird bei der genetischen Anpassung die ekombination durchgeführt. ber die Turnierselektion werden vorher zwei Individuen ausgewählt die als Eltern deklariert werden. Pro Turnier, innerhalb der Population, wird ein Sieger ermittelt. Sind genügend Elternteile vorhanden, folgt die ekombination. Die Anzahl der Kindgene wird nach der Vorschrift 2.2 berechnet. Die Kreuzung der Elterngene erfolgt dann nach dem ne oint Crosso er. Tabelle 3.3 zeigt die Kreuzung verschiedener Individuen nach diesem Verfahren. edes neu erzeugte Individuum wird nach der ekombination in eine neue Population aufgenommen welche die nächste Generation bildet.

a elle	re	ng ersc iedener ndi id en		
e es	ind		ater	tter
e es	ind		ater	tter
e es	ind		ater	tter
e es	ind		ater	tter

Nach der Erzeugung der nächsten Generation wird auf diese Population die Mutation angewandt. ierbei werden wie schon beschrieben per Zufall Individuen selektiert und deren Gene an zufällig gewählten Stellen ausgetauscht. Dies erhöht die Vielfältigkeit der Population.

a elle	tation ersc iedener ndi id en	
ndi id	alls ilter	tiertes ndi id
ndi id	alls ilter	tiertes ndi id
ndi id	alls ilter	tiertes ndi id
ndi id	alls ilter	tiertes ndi id

.5 Anpassung es e uti n ren A g rit mus

Das zentrale Element des Protot ps bildet der evolutionäre Algorithmus. Der Algorithmus läuft mit einer äu eren Schleife, welche die Generationen durchläuft. ierbei wird eine Startpopulation in die festgelegte Anzahl an olgegenerationen fortgeführt. Eine innere Schleife selektiert und rekombiniert die aktuelle Generation. Letztlich wird noch die Mutation durchgeführt. Damit ist die nächste Generation entstanden, welche im nächsten Schritt als Elternpopulation dient.

rgebnisse

In diesem Kapitel sollen zwei Testfälle vorgestellt werden, welche im ahmen der Testphase abgearbeitet wurden. Die beiden Testfälle sind industriellem sowie medizinischen rsprungs. Sie umfassen die Bereiche Kantendetektion und Segmentierung. Die Testfälle wurden auf einem herkömmlichen Desktop-S stem bearbeitet. In Tabelle 4. sind die Daten des S stems aufgeführt.

a elle	Daten des Des to S ste s	
ro essor		ntel Core D o
r eitss eic er		DD
etrie ss ste	ac S ion	

.1   est a   e te e

Der Testfall   echtecke beschäftigt sich mit einer Problemstellung der Kantendetektion. Die Anforderung war zu Anfang so gestellt, dass zur Lösung mindestens zwei Operationen notwendig sind. Das Startbild beinhaltet zwei   echtecke, welche vor einem grauen   intergrund abgebildet sind. Die   echtecke sind räumlich voneinander getrennt und nicht verbunden. Im Endbild sind nur die Kanten dieser   echtecke sichtbar. Die Problemstellung lautet daher den Weg zur Ermittlung der Kanten nachzuvollziehen. Die Bildgrö e ist in Tabelle 4.2 aufgeführt.

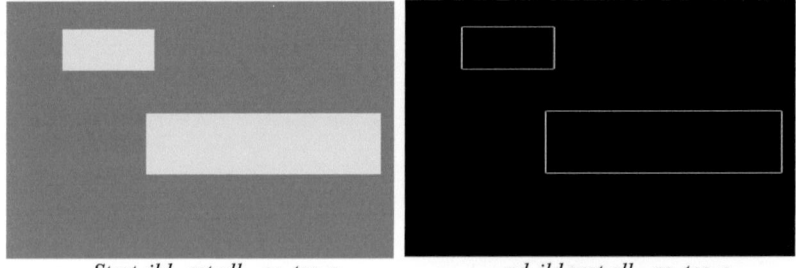

Start ild est all   ec tec e   nd ild est all   ec tec e

a elle	ild nd o lationsgr e est all ec tec e	
ild reite	i el	
ild e	i el	
o lationsgr e	ndi id en	

Die Auswahl an   iltern bestand aus Operationen aus den Bereichen Kantendetektion und   auschunterdrückung, wobei manche   ilter auch zufällig gewählt wurden. Da Kantendetektoren sehr stark auf   auschen im Bild reagieren, ist der Einsatz einer   auschunterdrückung für ein gutes Ergebnis unabdingbar. Bei diesem Testfall sollte zur Kantendetektion vorwiegend der Laplace- ilter verwendet werden. Während des Durchlaufs stellte sich heraus, dass die Kombination aus Laplace- ilter gefolgt vom Gau - ilter das beste Ergebnis ergab. Da die   auschanfälligkeit des Laplace- ilters sich als sehr hoch herausstellte, reichte eine einmalige Anwendung des Gau - ilters nicht aus. Die Anzahl der Durchläufe wurde auf   Generationen festgelegt. Abbildung 4.3 zeigt das Ergebnis nach drei durchlaufenen Generationen. Die Gene des Individuums bestanden dabei aus einer olge von Laplace- ilter und Gau - ilter. Deutlich erkennbar bleibt aber noch das auschen im Bild. Erst nach der ekombination in weiteren Generationen konnte die notwendige Kette ermittelt werden. Durch die Kreuzung des Teilergebnisses aus Abbildung 4.3 mit Genen, die ebenfalls eine Gau - ilteroperation enthielten, konnte ein Individuum gefunden werden, welches nur noch eine Distanz von .2% aufwies (siehe Abbildung 4.4). Der Lerneffekt wird hierbei sehr deutlich. Die estdistanz von ,2% ist auf ein estrauschen im Bild zurückzuführen. Die ermittelte Kette zur Lösung im Durchlauf setzte sich wie folgt zusammen:

Laplace-Filter => *Gauß-Filter* => *Gauß-Filter*

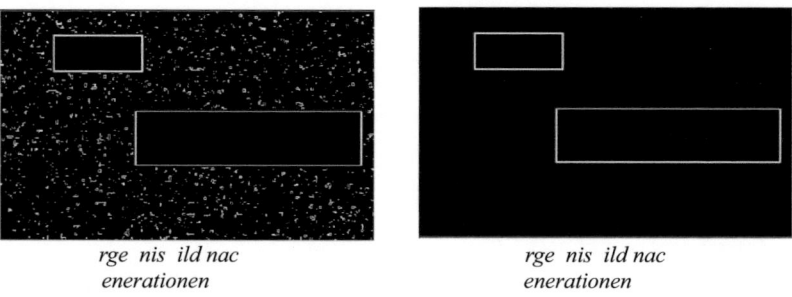

rge nis ild nac
enerationen

rge nis ild nac
enerationen

. est a   i

Der Testfall stammte aus einem Anwendungsfall, der in den Bereich der medizinischen Bildanal se fiel [2]. Bei den Bildern handelt es sich um medizinische Bilddaten, welche aus einem bildgebenden Verfahren (Magnetresonanztomografie) stammen. Bei medizinischen Bilddaten müssen oft bestimmte Bereiche gefunden und besonders hervorgehoben werden. Die ilterauswahl war eine Auswahl an iltern, welche in dem Anwendungsgebiet recht häufig verwendet werden. Dies sind vorwiegend Kantendetektion, Segmentierung und morphologische Operationen. Das Startbild zeigt eine M T Aufnahme, die den Kopfbereich eines Patienten zeigt (Abbildung 4.5). Innerhalb des Schädels ist ein gro es Artefakt zu sehen, welchem genauere Betrachtung gewidmet werden soll. Im Ergebnisbild sieht man daher die eduzierung der Bildinformationen und die gezielte ervorhebung des Artefaktes. Anwendungen dieser Art werden in der Medizin oft zur Erkennung von Tumoren benötigt. Das Endbild entstand mithilfe eines Snakealgorithmus, welcher nicht implementiert wurde. Ziel war es daher sich so gut wie möglich dem Endbild anzunähern.

a elle ild nd o lationsgr e est all ild

Bildbreite	:	5 2 Pixel
Bildhöhe	:	5 2 Pixel
Populationsgrö e	:	5 Individuen

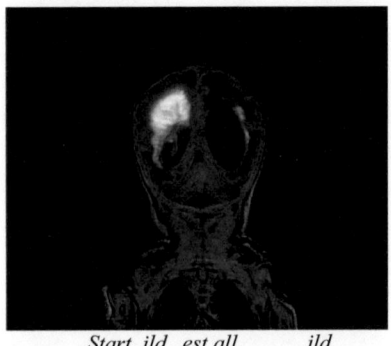 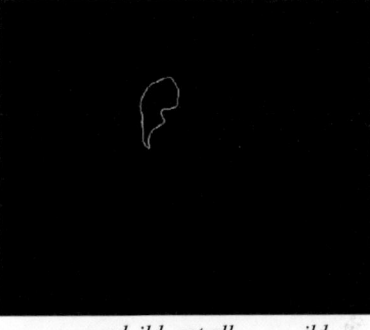

Start ild est all ild   *nd ild est all ild*

Die Anzahl der Generationen wurde bei ersten Durchläufen mit 5 festgelegt. Es stellte sich aber heraus, dass Generationen ausreichend waren. Bei diesem Anwendungsfall war vor allem die Schwellwertbildung ein wichtiger Aspekt. Der Bereich deren mrisse erkannt werden sollen, musste möglichst gut getrennt werden. ierbei kommt das Otsu-Verfahren zum Einsatz. Die automatische Schwellwertbildung lässt sich auf den Anwendungsfall sehr gut anwenden (siehe Abbildung 4.). Eine normale (durchschnittliche) Schwellwertbildung würde bei derartigen zusammen-hängenden Strukturen keine ausreichende Trennung liefern können. Bei der Kantendetektion erzielte der Sobel-Operator die besseren Ergebnisse (siehe Abbildung 4.). Durch die integrierte auschunterdrückung des Sobel-Operators entsteht auch bei komplexen Strukturen ein nahezu rauschfreies Kantenbild.

 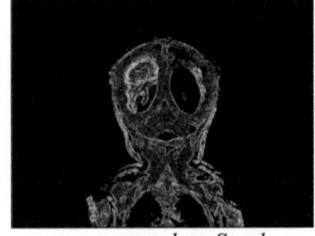

nwend ng Sc wellwert   *nwend ng So el*
nac ts   *erator*

Vgl. [2]

ür ein gutes Ergebnis muss also eine Kombination aus Schwell-
wertverfahen und Sobel-Operator gebildet werden. Liegt diese
Kombination nicht in den Genen der Anfangspopulation, so wird diese über
die ekombination gebildet. Individuen, welche eine der beiden
Operationen in ihren Genen enthalten, setzen sich bei der Selektion im
Turnier durch. Allerdings reicht eine Kette bestehend aus Schwellwert und
Sobel-Operator alleine nicht aus. Das Ergebnisbild nähert sich zwar dem
Endbild an, allerdings ist die gesuchte Struktur noch nicht hervorgehoben
(siehe Abbildung 4.). Zudem befinden sich noch kleinere Artefakte im
Bild.

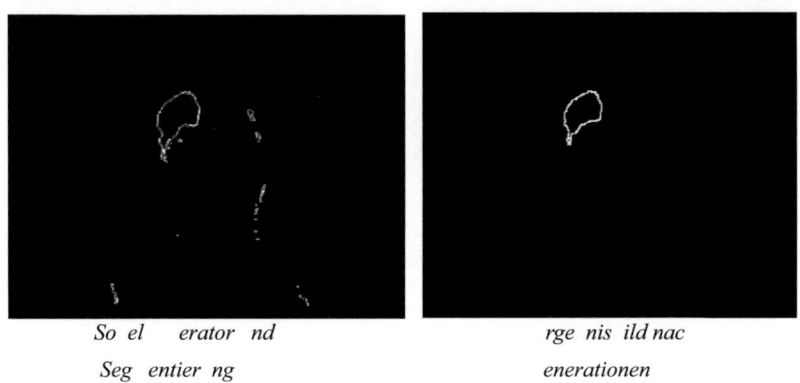

So el   erator   nd   *rge nis ild nac*

Seg entier ng   *enerationen*

Das Ergebnis in Abbildung 4. liegt im Durchschnitt nach 3-5
Generationen vor. Der Algorithmus findet eine Kombination in welcher
durch das Opening kleine Bereiche eliminiert werden. Durch die
Anwendung des Opening werden Artefakte herausgefiltert.

Die Ergebniskette in Abbildung 4.   setzt sich wie folgt zusammen:

Segmentierung => Sobel-Operator => Opening => Segmentierung

5   a it un Ausb i

Es konnte gezeigt werden, dass die evolutionäre Bildverarbeitung sich zur
Lösung für die im   ahmen des Projektes aufkommende Problemstellung
eignet. Durch die gezielte   ortführung guter Teilergebnisse, die der
evolutionäre Algorithmus durchführt, werden die Vorteile des Verfahrens
deutlich. Obwohl die Gebiete der genetischen Programmierung und
Bildverarbeitung stark voneinander abgegrenzt wirken, lassen sich diese

gut miteinander verbinden. Aufgrund des hohen echenaufwandes war es früher schwierig die evolutionäre Bildverarbeitung einzusetzen. Im ahmen des Projektes konnten alle Testfälle auf einem Desktop-S stem in unter zwei Minuten erfolgreich bearbeitet werden. Es muss allerdings durch weitere Testfälle geprüft werden, in wie weit das Verfahren zur Lösung komplexerer Problemstellungen geeignet ist.

ür die Zukunft sind daher Optimierungen und Weiterentwicklungen geplant. Die Bildoperationen sollen auf komplexere Verfahren und weitere Bereiche der Bildverarbeitung ausgeweitet werden. Eine Parallelisierung mithilfe von *reads* in ava könnte dabei die Laufzeit entsprechend minimieren. ür die Verarbeitung von sehr komplexen Bilddaten kann eine Optimierung mithilfe von Grafikprozessoren in Betracht gezogen werden. Im ahr 2 wurden in der evolutionären Bildverarbeitung bereits gute Ergebnisse erzielt [ ]. Die Anwendung von Grafikprozessoren zur Optimierung des evolutionären Algorithmus könnte die Laufzeit erheblich reduzieren. Auf dieser Basis könnten auch dreidimensionale Bilddaten schnell verarbeitet werden.

iteratur

[ ]   Ando, . Nagao,T : *ast ol tionar age rocessing sing lti s* okohama National niversit .
      ISBN: - 53-3 - 2 . 2 .

[2]   König, A. Krone, . Lehmann, . Pietr k, D. Wilbring, .:
      ntwic l ng nd nwend ng e ol tion rer
      antener enn ngsalgorit en e einsa e a restag ng der
      De tsc en sterreic isc en nd Sc wei erisc en esellsc a t r
      io edi inisc e ec ni ET Zürich. Schweiz. .- . September
      2 .

[3]   Otsu, N.: *t res old selection et od ro gra le el istogra s* .
      IEEE Transactions on S stems, Man and bernetics, Vol. . Seite
      2 . .

[4]   Burger,W. Burge,M. .: *Digital age rocessing wit a a and*
      age Springer Verlag. ISBN : - - 4 2 -3 - . Seite
      - . 2 .

LMNTOOL – Toolbox zum automatischen Trainieren lokaler Modellnetze

B. Hartmann, T. Ebert, T. Fischer, J. Belz, G. Kampmann, O. Nelles

Mess- und Regelungstechnik – Mechatronik
Fakultät IV – Department Maschinenbau
Universität Siegen
Paul-Bonatz-Str. 9-11, 57068 Siegen
Tel.: +49 (0)271 740 2271
E-Mail: benjamin.hartmann@uni-siegen.de

Zusammenfassung: Der Beitrag stellt eine MATLAB-Toolbox zum automatischen Trainieren lokaler Modellnetze vor, welche sich vor allem an Anwender richtet, die über wenig Expertenwissen verfügen. Zur Modellerstellung genügt die Übergabe einer Matrix mit den Trainingsdaten. Optional können auf einfache Weise Validierungs- und Testdaten zur Modellbildung herangezogen werden. Zum Training bedarf es keinerlei Einstellungen oder Vorgaben vom Benutzer. Das sogenannte LMNTOOL (Local Model Network Toolbox) beinhaltet die effizienten Trainingsalgorithmen LOLIMOT und HILOMOT. Der HILOMOT-Algorithmus basiert auf der Methode der Hinging Hyperplane Trees (HHT) und ermöglicht eine flexible Anpassung des Modells an den Trainingsdatensatz. Overfitting wird vermieden, indem automatisch die Komplexität des Modells durch statistische Kriterien optimiert wird.

1 Einführung

Modelle sind das Fundament der meisten fortschrittlichen Verfahren der Automatisierungstechnik. Diese können aus theoretischen Überlegungen oder mittels Identifikation aus Daten gewonnen werden. Sinnvoll ist oft auch die Kombination beider Vorgehensweisen. Dieser Beitrag stellt eine MATLAB-Toolbox zur Identifikation nichtlinearer statischer Prozesse vor, die vom Anwender ohne Vorkenntnisse sehr einfach zu benutzen ist. Sie basiert auf lokalen Modellnetzen, die viele vorteilhafte Eigenschaften hierfür mitbringen.

Zunächst wird ein kurzer Überblick zu lokalen Modellnetzen gegeben, bei denen Polynome als lokale Modelle Verwendung finden. Anschließend werden Verfahren zur achsenorthogonalen und zur achsenschrägen Unterteilung des Eingangsraums vorgestellt. Entscheidendes Element der Toolbox ist die Modellkomplexitätsauswahl. Sie erlaubt das automatische Trainieren verschieden konfigurierter lokaler Modellnetze und die Auswahl des besten Modells. Der Beitrag schließt mit einem Ausblick auf laufende Arbeiten am LMNTOOL.

2 Lokale Modellnetze

Neuronale Netze und Neuro-Fuzzy-Systeme zur Identifikation nichtlinearer Prozesse wurden in den letzten Jahrzehnten deutlich weiter entwickelt [1]. Insbesondere die Klasse der lokalen Modellnetze, die auch als Takagi-Sugeno Neuro-Fuzzy-Systeme interpretiert werden können, weisen viele vorteilhafte Eigenschaften auf [2] und sind die Grundlage der vorgestellten Toolbox.

Ein lokales Modellnetz (LMN) mit p Eingangsgrößen $\underline{u} = [u_1\ u_2\ \cdots\ u_p]$ und dem Ausgang $\hat{y}$ wird durch die Interpolation von M lokalen Modellen mit ihren Gültigkeitsfunktionen $\Phi_i(\cdot)$ berechnet, siehe Bild 1:

$$\hat{y} = \sum_{i=1}^{M} \hat{y}_i(\underline{u})\Phi_i(\underline{u}) . \tag{1}$$

Es ist möglich und oft empfehlenswert, zwischen den Eingängen für die lokalen Modelle und den Eingängen für die Gültigkeitsfunktionen zu differenzieren. In der Fuzzy-Interpretation entspricht dies unterschiedlichen Eingangsräumen für die Regelkonklusionen und -prämissen. Hier soll der Einfachheit halber nur der allgemeinste Fall in (1) diskutiert werden.

Die Gültigkeitsfunktionen $\Phi_i(\cdot)$ liegen zwischen 0 und 1 und beschreiben für jeden Punkt im Eingangsraum, aufgespannt durch $\underline{u}$, wie gültig welches lokale Modell ist und wie viel es zum Gesamtmodel dort beiträgt. Diese Anteile addieren sich zu 100% auf und bilden daher eine „partition of unity": $\sum_{i=1}^{M} \Phi_i(\underline{u}) = 1$. Die Anzahl an lokalen Modellen M, die im Netz zur Erzielung einer gewünschten Genauigkeit erforderlich sind, nimmt mit deren Komplexität ab. Im Extremfall könnte auch ein globales Polynom mit $M = 1$ und $\Phi_1(\cdot) = 1$ realisiert werden.

Die Konstruktion eines lokalen Modellnetzes erfordert die Festlegung der Gültigkeitsfunktionen und der lokalen Modelle. Eine ausführlichere Diskussion findet sich u.a. in [2].

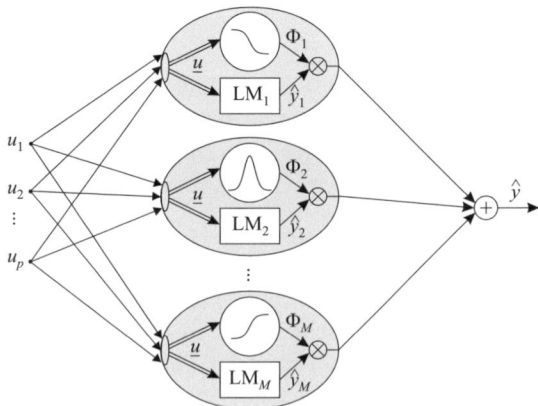

Bild 1: Lokales Modellnetz: Die Ausgänge $\hat{y}_i$ der lokalen Modelle (LM$_i$) werden mit ihren Gültigkeitsfunktionen $\Phi_i(\cdot)$ gewichtet und aufsummiert.

Im Rahmen lokaler Modellnetze werden klassischerweise Polynome als lokale Modelle benutzt. Die Polynomregressoren können dazu fest vorgegeben [3] oder mittels Strukturselektion ausgesucht [4] werden. Die gängigste Wahl der lokalen Polynommodelle LM$_i$ ist:

- 1. Grad: Die Vorteile lokal linearer (streng genommen affine) Modelle sind u.a. (i) ihre Robustheit gegenüber einer nicht exakten Form der Gültigkeitsfunktionen, (ii) die Möglichkeit, sinnvoll eine effiziente lokale Optimierung einzusetzen und (iii) ein nur linearer Anstieg der Komplexität mit der Eingangsdimension.

- 2. Grad: Lokal quadratische Modelle können einen signifikanten Vorteil bringen, wenn das Gesamtmodell später bezüglich seiner Eingangsgrößen optimiert werden soll. Dies ist z.B. bei der Erzeugung optimaler Steuerkennfelder bei Motorsteuerungen der Fall. Kombiniert mit einer nichtlinearen Optimierung kann dies als ein erweitertes Newton-Verfahren aufgefasst werden. Allerdings besteht der zu zahlende Preis in einer quadratisch anwachsenden Komplexität mit der Eingangsdimension.

Je mehr Vorwissen vorhanden ist, desto eher ist eine Vorgabe der Struktur der lokalen Modelle möglich und sinnvoll. Im Black-Box-Fall ist aber ein vollautomatisches Verfahren wünschenswert. Deshalb werden mit der hier vorgestellten LMN-Toolbox mehrere Modellvarianten trainiert, aus denen dann das beste Modell auszuwählen ist. Zunächst sind lokal lineare und lokal quadratische Modelle vorgesehen. Die Erweiterung auf andere Varianten ist einfach umsetzbar.

3 LMNTOOL

Ziel des vorgestellten LMNTOOLs (Local Model Network Toolbox) ist es, nichtlineare Modelle mit p Eingangs- und einer Ausgangsgröße zu trainieren. Im Falle mehrerer Ausgangsgrößen ist für jeden Ausgang ein separates Modell zu erstellen. Im statischen Fall ergibt sich der Modellausgang zu

$$\hat{y} = f(u_1, u_2, \ldots, u_p) \, . \tag{2}$$

Mit der Toolbox werden automatisch lokale Modellnetze mit verschiedener Konfiguration und unterschiedlicher Komplexität trainiert und anschließend das beste Modell im Sinne der Vorhersagegenauigkeit ausgewählt. Alle verwendeten Algorithmen haben die folgenden gemeinsamen Eigenschaften:

- **Lokale Optimierung:** Wenn die Gültigkeitsfunktionen fest stehen, können die Parameter der lokalen Modelle durch eine lokale Optimierung geschätzt werden, also für jedes lokale Modell individuell unter Vernachlässigung der Überlappung der Gültigkeitsfunktionen. Dies bringt implizit einen *Regularisierungseffekt* ein, der die „Overfitting"-Gefahr stark reduziert [5]. Weil die Stärke der Regularisierung an die Überlappung der $\Phi_i(\cdot)$ und damit an die Glattheit des Gesamtmodells gekoppelt ist, wird kein expliziter Parameter hierfür benötigt. Ein weiterer sehr großer Vorteil der lokalen Optimierung ist der nur lineare Anstieg des Rechenaufwands mit der Anzahl der lokalen Modelle M.

- **Least-Squares-Schätzung:** Typischerweise werden die lokalen Modelle linear parametriert gewählt, oft linear bzw. polynomial. Dann kann eine Least-Squares-Methode zur Schätzung der Parameter eingesetzt werden. Dies führt auf ein ausgereiftes, robustes, schnelles Vorgehen. Normalerweise werden die Daten mit den Werten der Gültigkeitsfunktion des jeweiligen Modells gewichtet.

- **Inkrementelle Baumkonstruktion:** Bei vielen etablierten Algorithmen muss die Modellkomplexität, d.h. die Anzahl der Neuronen bzw. Regeln oder lokalen Modelle, vorgegeben werden. Eine solche Wahl ist anfangs schwer zu treffen und erfordert daher eine weitere Iterationsschleife bzw. ein „trial-and-error"-Vorgehen. Daher sind wachsende („growing") und schrumpfende („pruning") Verfahren beliebt [6]. Eine inkrementelle Baumkonstruktion bietet wichtige Vorteile. Sie ist einfach, schnell und robust. In ihrer Ein-Schritt-optimalen Form wird der Eingangsraum in jeder Iteration weiter unterteilt, um die Modellgüte zu verbessern.

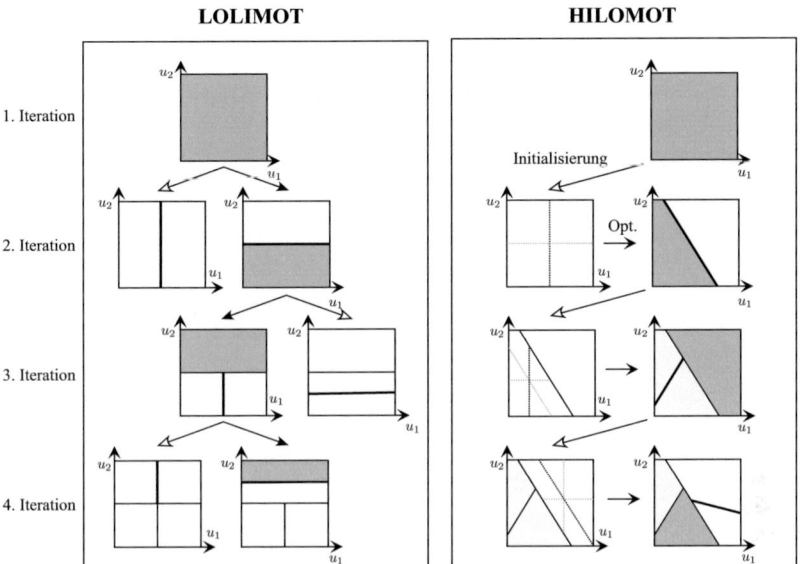

Bild 2: Fünf mögliche Iterationen von LOLIMOT (links) und HILOMOT (rechts).

Im LMNTOOL sind bisher folgende Trainingsmethoden implementiert:

- LOLIMOT mit lokal linearen Modellen.
- LOLIMOT mit lokal quadratischen Modellen.
- HILOMOT mit lokal linearen Modellen.
- HILOMOT mit lokal quadratischen Modellen.

Die in Bild 2 dargestellten Trainingsmethoden LOLIMOT und HILOMOT werden im Folgenden kurz erklärt.

LOLIMOT (LOcal LInear MOdel Tree) ist umfassend in [2] erläutert. Der Baumkonstruktionsalgorithmus löst das globale Modell in jeder Iteration feiner auf, indem ein lokales Modell hinzugefügt wird. Dies geschieht durch Anwendung achsenorthogonaler Schnitte im Eingangsraum. Darüber hinaus wird in jeder Iteration lediglich das schlechteste lokale Modell, d.h. mit größtem lokalen Fehlermaß, geteilt. Das Training mit LOLIMOT funktioniert sehr schnell und äußerst robust.

Eine große Schwäche von LOLIMOT ist allerdings die Einschränkung auf achsenorthogonale Partitionierungen. Je höherdimensionaler der zu modellierende Prozess ist, desto extremer wirkt sich dies als Nachteil aus.

Um so wichtiger ist dann das Auffinden der „Richtungen" der Nichtlinea-ritäten. Da diese Richtungen aber notwendigerweise innerhalb eines nicht-linearen Zusammenhangs liegen, ist deren Optimierung immer ein nichtli-neares Problem. Die bekanntesten Ansätze dafür sind neuronale Netze vom Typ Multilayer-Perzeptron [2] oder die aus der Statistik bekannte „projec-tion pursuit"-Regression [7].

Daher muss bei LOLIMOT die sehr hohe Geschwindigkeit durch den rein li-nearen Optimierungsansatz aufgegeben werden. Sinnvollerweise geht man gleichzeitig zu einer hierarchischen Modellstruktur über. Diese Ansätze sind mit den „hinging hyperplanes"[8] sehr verwandt und wurden in [9, 10, 11, 12] im Kontext lokaler Modellnetze weiter entwickelt. In Abgren-zung zu den flachen achsenorthogonalen Verfahren werden die Algorith-men basierend auf hierarchischen achsenschrägen Verfahren HILOMOT („hierarchical local model tree") genannt. Mit HILOMOT trainierte Mo-delle zeichnen dank des Einsatzes einer nichtlinearen Schnittoptimierung durch eine sehr flexible Partitionierung des Eingangsraums aus, allerdings zum Preis eines höheren Rechenaufwands. Die resultierenden Modelle sind dadurch oft wesentlich effizienter als LOLIMOT-Modelle.

4 Optimierung der Modellkomplexität

Eine interessante Herausforderung bei der Entwicklung automatischer Trai-ningsalgorithmen ist die Frage, wie flexibel ein Modell sich an einen ge-gebenen Trainingsdatensatz anpassen darf. Grundlage hierfür ist der soge-nannte Bias-Varianz-Kompromiss. Darauf basierend lässt sich die richtige Modellkomplexität eines Modells mit Hilfe statistischer Überlegungen be-stimmen.

4.1 Bias-Varianz-Kompromiss

Es besteht die Gefahr, für die Beschreibung eines Prozesses durch ein Mo-dell zu viele Variablen zu verwenden, d.h. die Komplexität des Modells ist zu groß. Dann hat die Regressionsfunktion eine erhöhte Varianz und es entsteht *Overfitting*. Das Modell wird zu flexibel und beschreibt neben dem Prozess das Rauschen der Daten. Wenn andererseits zu wenige Variablen verwendet werden, reduziert sich die Varianz, aber der Bias-Fehler erhöht sich. Daraus ergibt sich aufgrund von *Underfitting* ebenfalls eine schlechte Abbildung der Daten. Die Komplexität des Modells reicht nicht aus, um den Prozess zu beschreiben. Erstrebenswert ist ein Kompromiss zwischen diesen beiden Extremen, auch Bias-Varianz-Kompromiss genannt.

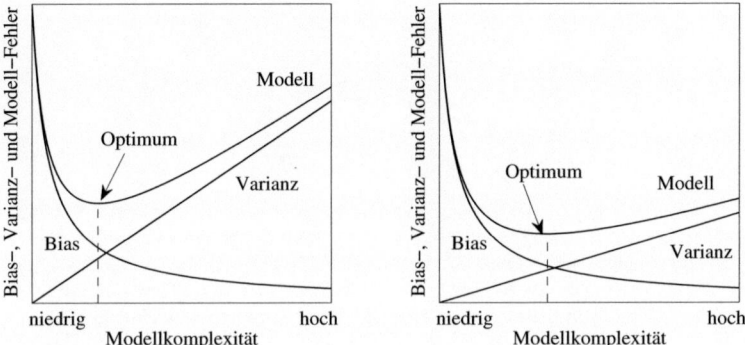

Bild 3: Modellfehler = Biasfehler + Varianzfehler. Im linken Bild weisen die Daten größere Varianz auf als im rechten Bild. Demnach unterscheidet sich auch das Optimum der Modellkomplexität.

Wie in Bild 3 gezeigt, ergibt sich je nach Stärke des Rauschens ein anderes Optimum für die Modellkomplexität, weil der Varianzfehler und damit auch der Modellfehler proportional zur Varianz des Prozessrauschens ansteigt [2], d.h.:

$$\text{Varianzfehler} \quad \sim \quad \sigma_n^2 \frac{n}{N} \tag{3}$$

$$\sim \quad \text{Rauschvarianz} \cdot \frac{\text{Anzahl Modellparameter}}{\text{Anzahl Datenpunkte}}.$$

Eine kleinere Rauschvarianz σ_n^2 erlaubt folglich bei gleicher Datenmenge N eine höhere Parameteranzahl n des Modells. Bild 4 zeigt exemplarisch anhand eines gegebenen Datensatzes, wie unterschiedlich sich die Wahl der Komplexität auf ein Modell niederschlägt.

4.2 Statistische Komplexitätsabschätzung

Die gängigste Methode zur Abschätzung der richtigen Modellkomplexität ist die Aufteilung der Daten in einen Trainingsdatensatz einerseits und in einen Validierungsdatensatz andererseits. Will man die Generalisierungsleistung des Modells auf neuen Daten bewerten, muss darüber hinaus ein weiterer Testdatensatz vorgehalten werden. Eine Standardaufteilung für Training:Validierung:Test ist zu Anteilen $70\% : 15\% : 15\%$ üblich. Bei

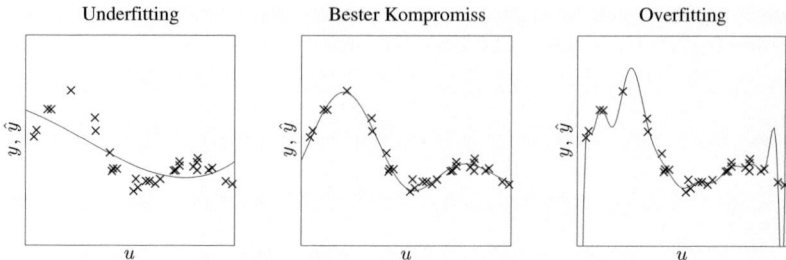

Bild 4: Für eine gegebene Datenmenge ist die optimale Modellkomplexität festzulegen. Einem Modell mit zu wenigen Parametern (links) fehlt die nötige Flexibilität, die Daten hinreichend genau zu beschreiben (Underfitting). Zu viele Parameter (rechts) können dazu führen, dass ein Modell fälschlicherweise das Rauschen auf den Messdaten mit abbildet (Overfitting). Zwischen diesen Extremen ist der beste Komprimiss zu finden (Mitte).

vielen Anwendungen ist dies aber problematisch, weil nur wenige Daten vorhanden sind bzw. dies Erhebung der Daten teuer ist. Einen guten Ausweg bietet die Abschätzung der Komplexität mittels statistischer Verfahren. Zwei wichtige Vertreter werden an dieser Stelle kurz vorgestellt: Die *Kreuzvalidierung* und das *korrigierte Akaike Informationskriterium*.

4.2.1 Kreuzvalidierung

Bei der Kreuzvalidierung (englisch: *cross-validation*, Abk.: CV) wird die Vorhersagequalität eines Modells alleine auf Basis der Trainingsdaten bewertet. Besonders bei sehr wenigen verfügbaren Messungen kommt sie zum Einsatz, da mit ihr eine bessere Ausnutzung der vorhandenen Daten zum Preis eines erhöhten Berechnungsaufwandes ermöglicht wird.

Bei der Kreuzvalidierung unterteilt man die vorhandenen Daten in k möglichst gleich große Gruppen. Anschließend wird in jedem Iterationsschritt das Training eines Modells mit $k - 1$ Datengruppen durchgeführt und die Validierung erfolgt mit der verbleibenden Datengruppe. In jedem der k Iterationsschritte dient also eine andere Datengruppe zur Validierung des Modells, wie schematisch in Bild 5 dargestellt.

Daher spricht man im Allgemeinen auch von einer k-fach Kreuzvalidierung, um anzudeuten, dass die Anzahl der Datengruppen frei gewählt werden kann. Nach [13] lässt sich die Kreuzvalidierung mathematisch folgendermaßen beschreiben: Man führt eine Index-Funktion $\kappa_j : \{1, \ldots, N\} \mapsto \{1, \ldots, N_k\}_j$ ein, die jeden Datenpunkt i zur j-ten Gruppe zuordnet. Üblicherweise findet diese Zuordnung zufällig für alle Datenpunkte statt. Der

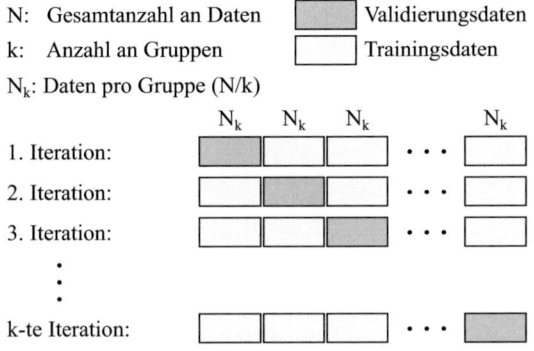

N: Gesamtanzahl an Daten ▨ Validierungsdaten

k: Anzahl an Gruppen ☐ Trainingsdaten

N_k: Daten pro Gruppe (N/k)

Bild 5: Schematischer Ablauf der k-fach Kreuzvalidierung.

Kreuzvalidierungsfehler kann dann mit

$$\mathrm{CV}(\hat{y}) = \frac{1}{N} \sum_{j=1}^{k} \sum_{i \in \kappa_j} \left(y(i) - \hat{y}^{(-j)}(\underline{u}(i)) \right)^2 \qquad (4)$$

ausgerechnet werden. Dabei bedeutet $\hat{y}^{(-j)}(\underline{u})$, dass beim Modelltraining die j-te Datengruppe weggelassen wurde. Ein gängiger Wert für die Anzahl an Datengruppen ist $k = 10$. Generell gilt, dass der Berechnungsaufwand linear mit der Anzahl der Gruppen ansteigt. Für k Gruppen müssen folgerichtig k Modelle trainiert werden. Ausführliche Information zur Wahl der Gruppengröße ist z.B. in [13] zu finden. Ein beliebter Spezialfall ist die Wahl von $k = N$ Gruppen, auch wenn dies zunächst als aufwändigste Methode und damit paradox erscheint. Dazu wird jeweils nur ein einziger Punkt vom Training ausgeschlossen. Deshalb hat diese Methode im Englischen auch die Bezeichnung *leave-one-out cross-validation* oder kurz *LOOCV*[1]. Formal ergibt sich die LOOCV, wenn in Gl. (4) der Index $\kappa(i) = i$ gesetzt wird. Grund für die Beliebtheit des LOOCV-Wertes ist, dass sich diese Art der Kreuzvalidierung im Zusammenhang *linearer* Schätzverfahren sehr effizient berechnen lässt. Hat man einmal die Inverse der Hesse-Matrix $(\underline{X}^{\mathrm{T}}\underline{X})^{-1}$ zur Schätzung berechnet, ist die Berechnung des LOOCV-Wertes ohne großen Aufwand möglich[2]. Für viele lineare Modellierungsverfahren lässt sich der Modellausgang mit Hilfe der Glättungs-

---

[1]Wird u.a. auch als *PRESS* für *Prediction Sum of Squares* bezeichnet.

[2]Dies gilt auch dann, wenn z.B. die Pseudoinverse durch Singulärwertzerlegung oder eine QR-Faktorisierung Verwendung finden.

matrix $\underline{S}$ durch $\hat{\underline{y}} = \underline{S}\underline{y}$ ausdrücken. Dann ergibt sich der LOOCV-Wert zu:

$$
\begin{aligned}
\text{LOOCV}(\hat{y}) &= \frac{1}{N} \sum_{i=1}^{N} \left(y(i) - \hat{y}^{(-i)}(\underline{u}(i)) \right)^2 \\
&= \frac{1}{N} \sum_{i=1}^{N} \left(\frac{y(i) - \hat{y}(\underline{u}(i))}{1 - S_{ii}} \right)^2 ,
\end{aligned}
\tag{5}
$$

siehe z.B. [13]. Eine gut nachvollziehbare Herleitung im Zusammenhang regularisierter Least-Squares-Methoden (RLS) ist in [14] gegeben. Man erkennt, dass mit Gl. (5) lediglich die Diagonalelemente S_{ii} der Glättungsmatrix $\underline{S}$ benötigt werden. Obwohl für die LOOCV eigentlich N Modelle trainiert werden müssten, reicht in diesem Fall der Aufwand einer einzigen LS-Schätzung aus. Allerdings trifft das nur auf den linearen Fall zu. Die hier behandelten lokalen Modellnetze gehören leider zunächst nicht zur Klasse der linearen Modelle. Die Gültigkeitsfunktionen $\underline{\Phi}_i$ sind durch die heuristischen Verfahren LOLIMOT oder HILOMOT erzeugt worden und beinhalten Parameter, die nur mit nichtlinearen Verfahren geschätzt werden können. Allerdings ist der Modellausgang im Wesentlichen durch die linear geschätzten Parameter der lokalen Modelle $\hat{y}_i$ bestimmt, sofern die durch den Teilungsbaum erzeugten Gültigkeitsfunktionen nicht mehr verändert werden. Diese Parameter ermittelt man hingegen durch eine lokale, gewichtete LS-Schätzung. Wie in [2] gezeigt, ergibt sich dann die Glättungsmatrix zu:

$$
\underline{S} = \sum_{i=1}^{M} \underline{S}_i , \text{ mit } \underline{S}_i = \underline{Q}_i \underline{X}_i \left(\underline{X}_i^{\mathrm{T}} \underline{Q}_i \underline{X}_i \right)^{-1} \underline{X}_i^{\mathrm{T}} \underline{Q}_i .
\tag{6}
$$

Dabei ist $\underline{Q}_i$ nur auf der Hauptdiagonalen mit den Gewichtungen $\underline{\Phi}_i$ besetzt und $\underline{X}_i$ die Regressionsmatrix des jeweiligen lokalen Modells. Trifft man die Annahme, dass der Generalisierungsfehler des Modells im Wesentlichen durch die linear geschätzten Parameter der lokalen Modelle erfasst wird, kann die effiziente Berechnung des LOOCV in Gl. (5) auch bei lokalen Modellnetzen genutzt werden. Der Einfluss der Partitionierung bezüglich des Overfittings wird dabei vernachlässigt. In Experimenten hat sich gezeigt, dass diese Approximation des LOOCV-Fehlers sehr gut mit der echt durchgeführten LOOCV übereinstimmt. Dies ist bemerkenswert, weil dadurch der Rechenaufwand beträchtlich reduziert wird und der LOOCV als Zielgröße für die nichtlineare Schnittoptimierung mit HILOMOT verwendet werden kann.

4.2.2   Korrigiertes Akaike Informationskriterium AIC_c

Ein Blick auf das Thema Modellselektion offenbart schnell, dass die zugehörige Theorie sehr ausführlich in der Forschungsliteratur Beachtung findet. An dieser Stelle wird allerdings lediglich eine der wichtigsten Erkenntnisse angerissen: das AIC-Kriterium. Akaike [15] hat das sog. Akaike Informationskriterium (AIC) ins Leben gerufen und definiert damit eine Abschätzung der erwarteten relativen Distanz zwischen dem Modell und dem wahren Prozess, mit dem die Messdaten erzeugt wurden:

$$AIC = -2 \ln \mathcal{L}(\hat{\underline{\theta}}|y) + 2n_{\text{eff}} \ . \tag{7}$$

Es basiert auf der Abschätzung der sog. Kullback-Leibler-Information [16]. Die Frage dabei ist: Wie viel Information geht durch die Modellbildung im Vergleich zum wahren Prozess verloren? An dieser Stelle ist lediglich der Least-Squares-Fall interessant. Der erste Term mit der Likelihood-Funktion ergibt sich dann zu:

$$-2 \ln \mathcal{L}(\hat{\underline{\theta}}|y) = N \ln \hat{\sigma}_n^2 = N \ln \left(\frac{1}{N} \sum_{i=1}^{N} (y(i) - \hat{y}(\underline{u}(i)))^2 \right) \ . \tag{8}$$

Für Probleme mit relativ wenigen Daten und vielen Parametern ist die Erweiterung des AIC-Kriteriums um einen Bias-Korrekturterm für wenige Daten sinnvoll. Laut [16] ist dies der Fall für $N/n_{\text{eff}} < 40$ und findet daher auch im LMNTOOL Anwendung. Das um den zweiten Bias-Term korrigierte AIC-Kriterium lautet dann:

$$
\begin{aligned}
AIC_c &= N \ln \left(\frac{1}{N} \sum_{i=1}^{N} (y(i) - \hat{y}(\underline{u}(i)))^2 \right) + 2n_{\text{eff}} + \frac{2n_{\text{eff}}(n_{\text{eff}} + 1)}{N - n_{\text{eff}} - 1} \\
&= AIC + \frac{2n_{\text{eff}}(n_{\text{eff}} + 1)}{N - n_{\text{eff}} - 1} \ .
\end{aligned}
\tag{9}
$$

Für große Datenmengen sind AIC und AIC_c äquivalent. Die unterschiedliche Bestrafung eines Modells ohne und mit Korrekturterm ist in Bild 6 gezeigt. Man sieht, dass mit AIC_c eine deutlich größere Bestrafung stattfindet, sobald die Anzahl der Parameter ansteigt und/oder die Punktezahl sinkt. Zu beachten ist, dass es sich bei n_{eff} um die *effektive* Parameteranzahl des Modells handelt. Sie wird mit $n_{\text{eff}} = \text{trace}(\underline{S})$ berechnet. Bei Anwendung des HILOMOT-Algorithmus wird zusätzlich ein Term addiert, der die nichtlineare Teilungsoptimierung bestraft. Ein lokales Modellnetz mit M lokalen Modellen hat $M - 1$ Teilungen. Bei jeder Teilung werden

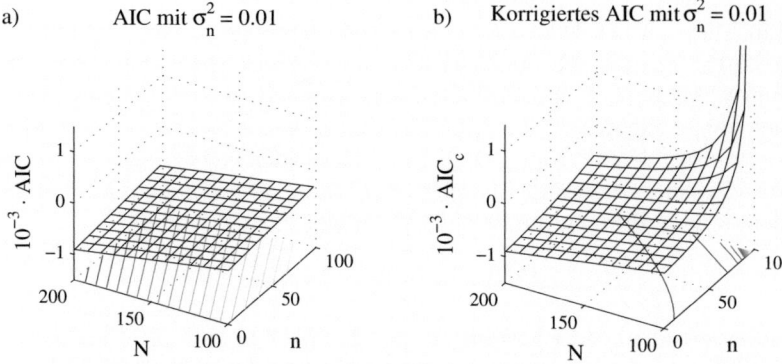

a) AIC mit $\sigma_n^2 = 0.01$ b) Korrigiertes AIC mit $\sigma_n^2 = 0.01$

Bild 6: Vergleich des AIC-Kriteriums (a) mit dem korrigierten Kriterium AIC$_c$ (b). Je weniger Datenpunkte N und je mehr Parameter n das Modell hat, desto stärker ist die Bestrafung durch AIC und AIC$_c$. Bei (b) ist die zusätzliche Bias-Bestrafung erkennbar.

dem Modell p Sigmoid-Parameter hinzugefügt. Daraus ergibt sich schließlich $n_{\mathrm{eff}} = \mathrm{trace}(\underline{S}) + (M - 1)p$. Zur Veranschaulichung der vorgestellten Kriterien sind in Bild 7 an einem Beispielprozess die vorgestellten Bewertungskriterien für drei unterschiedliche Datenmengen miteinander verglichen. Zu beachten ist, dass prinzipiell sogar mehr Parameter geschätzt werden können, als Datenpunkte vorhanden sind, da durch die lokale Schätzung ein erheblicher Regularisierungseffekt vorhanden ist. Je mehr Datenpunkte dem Schätzproblem zur Verfügung stehen, desto ähnlicher sind sowohl die Fehlerverläufe auf Trainings- und Validierungsdaten als auch der Kreuzvalidierungsfehler und das korrigierte AIC-Kriterium. Zur automatischen Komplexitätsauswahl ist das korrigierte AIC-Kriterium am besten geeignet, sofern keine Validierungsdaten vorhanden sind.

5 Ausblick

Ein Ausblick auf laufende Arbeiten kann an dieser Stelle nur als zusammenfassende Übersicht gegeben werden. Gegenwärtig findet die Weiterentwicklung des LMNTOOLs im Wesentlichen bezüglich folgender Themen statt:

- Dynamische Modelle: Das Training dynamischer Modelle ist bisher noch nicht implementiert, ist aber für zukünftige Toolbox-Versionen vorgesehen. Sowohl Einschritt-Prädiktion (seriell-parallel) als auch Simulation (parallel) sind vorgesehen.

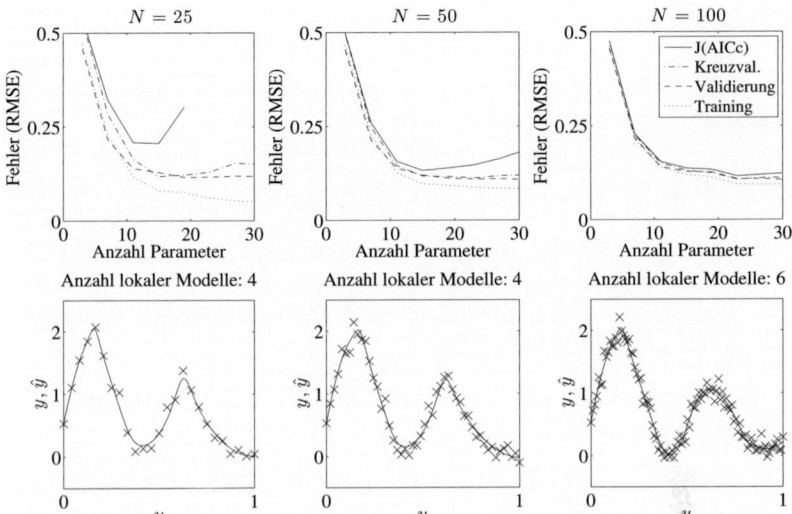

Bild 7: Testprozess mit $N = 25, 50, 100$ Punkten. Obere Zeile: Fehlerverläufe auf Trainings- und Validierungsdaten über der Anzahl der Modellparameter. Außerdem sind der Kreuzvalidierungsfehler und die auf RMSE umgerechneten AIC_c-Werte dargestellt. Untere Zeile: Modelle $\hat{y}$ mit minimalem AIC_c im Vergleich zu den Trainingsdaten y.

- Strukturabwägung: Erweiterung der LMN-Algorithmen durch den Einsatz von Strukturselektionsalgorithmen. Damit lässt sich z.B. Abwägen, ob das Modell eher wenig geteilt werden soll, dafür aber die lokalen Modelle komplizierter sind (Tendenz zum globalen Polynom), oder aber viele Teilungen durchgeführt werden bei eher wenig komplexen lokalen Modellen (Tendenz zum NRBF-Netz) [17].

- Modellgewichtung und Bildung von Komitees: Die hier vorgestellten Kriterien zur Modellvalidierung (LOOCV und AIC_c) sind von großem Nutzen, wenn ein Komitee aus heterogenen Modellen berechnet werden soll. Die Gewichtung der Einzelmodelle erfolgt dann entweder mit der inversen Varianz des Modells oder mit Hilfe sog. Akaike-Gewichte. Teilnehmer mit großer Varianz gehen dann schwächer ins Komitee ein als Modelle mit kleiner Ausgangsvarianz.

- Intelligente Vermessung: Aktives Lernen durch modellbasierte Online-Versuchsplanung [12].

- Dimensionsreduktion: Datenbasierte Sensitivitätsanalyse zur Auswahl der wichtigsten Eingangsgrößen für das Modell.

- Benutzerschnittstelle: Entwicklung einer MATLAB-GUI zur Modellvisualisierung und optischen Validierung.

Danksagung

Die vorliegende Arbeit wurde von der Deutschen Forschungsgemeinschaft (DFG) im Rahmen des Projektes NE 656/3-2 gefördert.

Literatur

[1] Sjöberg, J.; Zhang, Q.; Ljung, L.; Benveniste, A.; Delyon, B.; Glorennec, P.-Y.; Hjalmarsson, H.; Juditsky, A.: Nonlinear Black-Box Modeling in System Identification: A Unified Overview. *Automatica* 31 (1995) 12, S. 1691–1724.

[2] Nelles, O.: *Nonlinear System Identification*. Berlin, Germany: Springer. 2001.

[3] Bänfer, O.; Nelles, O.; Kainz, J.; Beer, J.: Local Model Networks with Modified Parabolic Membership Functions. In: *IEEE International Conference on Artificial Intelligence and Computational Intelligence (AICI)*, S. 179–183. Shanghai, China. 2009.

[4] Sequenz, H.; Schreiber, A.; Isermann, R.: Identification of nonlinear static processes with local polynomial regression and subset selection. In: *System Identification*, Bd. 15, S. 138–143. 2009.

[5] Murray-Smith, R.; Johansen, T.: Local Learning in Local Model Networks. In: *Multiple Model Approaches to Modelling and Control* (Murray-Smith, R.; (Eds.), T. J., Hg.), Kap. 7, S. 185–210. Taylor & Francis, London. 1997.

[6] Huang, G.; Saratchandran, P.; Sundararajan, N.: A generalized growing and pruning RBF (GGAP-RBF) neural network for function approximation. *Neural Networks, IEEE Transactions on* 16 (2005) 1, S. 57–67.

[7] Friedman, J.; Stuetzle, W.: Projection pursuit regression. *Journal of the American statistical Association* (1981), S. 817–823.

[8] Breiman, L.: Hinging hyperplanes for regression, classification, and function approximation. *Information Theory, IEEE Transactions on* 39 (1993) 3, S. 999–1013.

[9] Ernst, S.: Hinging hyperplane trees for approximation and identification. In: *Decision and Control, 1998. Proceedings of the 37th IEEE Conference on*, Bd. 2, S. 1266–1271. IEEE. 1998.

[10] Nelles, O.: Axes-Oblique Partitioning Strategies for Local Model Networks. In: *IEEE International Symposium on Intelligent Control.* Munich, Germany. 2006.

[11] Hartmann, B.; Nelles, O.: Automatic Adjustment of the Transition between Local Models in a Hierarchical Structure Identification Algorithm. In: *European Control Conference (ECC).* Budapest, Hungary. 2009.

[12] Hartmann, B.; Ebert, T.; Nelles, O.: Model-based design of experiments based on local model networks for nonlinear processes with low noise levels. In: *American Control Conference (ACC), 2011*, S. 5306–5311. IEEE. 2011.

[13] Friedman, J.; Hastie, T.; Tibshirani, R.: The Elements of Statistical Learning: Data Mining, Inference, and Prediction. *Springer Series in Statistics* (2009).

[14] Rifkin, R.; Lippert, R.: Notes on regularized least squares (2007).

[15] Akaike, H.: Information theory and an extension of the maximum likelihood principle. In: *Second international symposium on information theory*, Bd. 1, S. 267–281. Springer Verlag. 1973.

[16] Burnham, K.; Anderson, D.: *Model selection and multimodel inference: a practical information-theoretic approach.* Springer Verlag. 2002.

[17] Hartmann, B.; Nelles, O.: Structure Trade-off Strategy for Local Model Networks. In: *Control Applications (CCA), 2012 IEEE International Conference on.* Dubrovnik, Croatia.

Datenreduktion zur Verbesserung der Modellgenauigkeit von Künstlichen Neuronalen Netzen

Ch. Radisch, S. C. Schäfer, U. Lehmann, M. Schneider

Institut für Computer Science, Vision und Computational Intelligence
Fachhochschule Südwestfalen, Frauenstuhlweg 31, 58644 Iserlohn
Tel. (02371) 566-303, Fax (02371) 566-209
E-Mail: {Radisch.Christian, Schaefer.Sebastian, Lehmann.Ulrich,
Schneider.Michael}@fh-swf.de

1 Einführung

Beim Training von Künstlichen Neuronalen Netzen mit Datensätzen aus realen Prozessen, sind diese Datensätze meistens nicht direkt so zu trainieren, dass das Modell über den gesamten bisher bekannten Arbeitsbereich gleichmäßig gute Prognoseergebnisse liefert. Ein Grund dafür kann sein, dass die Daten ungleichmäßig über den Prozess verteilt sind, d.h. es sind eine hohe Anzahl an redundanten Daten und/oder unterrepräsentierte Datenbereiche vorhanden. Je nach Anwendung und Trainingsalgorithmus kann eine zu große Datenmenge ein effizientes Training verhindern. Deshalb ist es notwendig die Datenbasis so zu reduzieren, dass eine über den Arbeitsbereich möglichst gleichverteilte, repräsentative Datenbasis entsteht. Die im Folgenden verwendete Datenbasis stammt aus einem realen Prozess und besteht aus Daten von mehreren Bauteilen. Mit dieser Datenbasis soll mit Hilfe eines künstlichen Neuronalen Netzes eine Vorhersage für andere unbekannte Bauteile getroffen werden. Die Besonderheit dieser Datenbasis ist, dass sehr viele Datensätze eines einzelnen Bauteils die Datenbasis dominieren.

2 Datenreduktion

Wie in Abbildung 1(a) gezeigt, dominiert das Bauteil Nr.1 mit über 80% der Datensätze in der Datenbasis. Im Gegensatz dazu sind in „Other" Datensätze von 20 Bauteilen zusammengefasst, welche nur 2,1% der gesamten Datenbasis bilden. Die Datenbasis selbst besteht aus insgesamt 173.492 Datensätzen.

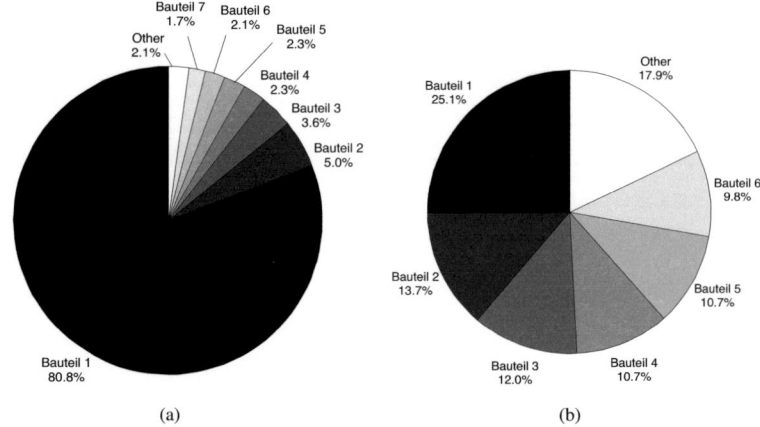

Abbildung 1: Verteilung der Daten in der Datenbasis vor (a) und nach (b) der Datenreduktion

Um eine Gleichverteilung der Bauteildaten zu erreichen, werden die Bauteile getrennt voneinander reduziert. Dazu werden die Daten in Baumstrukturen anhand ihrer Distanz geographisch einsortiert. Jedes Bauteil wird dabei in einen eigenen Baum einsortiert. Die Anzahl der Dimensionen des Baumes hängt von der Dimension des Datensatzes ab. Die Datensätze bestehen aus 36 Dimensionen ($d = 36$).

Als Distanzmaß zwischen zwei Datensätzen (a, b) wird der euklidische Abstand verwendet.

Euklidische Abstand: $d(a, b) = \sqrt{\sum_{i=1}^{d}(a_i - b_i)^2}$

Die geographische Sortierung hat den Vorteil, dass redundante Datensätze eine kurze Distanz zueinander haben, was die Reduzierung der Datensätze zueinander ermöglicht. Damit unterrepräsentierte Bauteile nicht reduziert werden, wird eine Mindestanzahl an Datensätze pro Bauteil bestimmt. Für die Berechnung der Mindestanzahl wird die Anzahl der Datensätze pro Bauteil in eine Liste aufsteigend einsortiert. Die Mindestanzahl ist der Mittelwert aus der zweiten Hälfte der Liste.

$Mindestanzahl = mean(Anzahl(\frac{size(Anzahl)}{2} : size(Anzahl)))$

Diese Berechnung hat sich für diese Datenbasis bewährt.

Der Vorteil einer Mindestanzahl von Datensätzen pro Bauteil ist, dass Bauteile mit einer kleineren Datenbasis als dieser nicht reduziert werden. So wird sichergestellt, dass diese Daten mit in das Training des künstlichen Neuronalen Netz einfließen und somit die Varietät der Bauteile erhalten bleibt.

Anhand der Mindestanzahl wird aus den Baumstrukturen eine Mindestdistanz ermittelt, durch welche die Mindestanzahl der Datensätze pro Bauteil festgelegt wird.

Unter Berücksichtigung dieser Mindestdistanzen werden die Baumstrukturen wieder abgebaut und Datensätze mit einer zu kleinen Distanz gelöscht. Damit Bereiche mit sehr ähnlichen Datensätzen nicht vollständig gelöscht werden, wird 1/10 der Distanz des gelöschten Datensatzes auf die Distanz des nächsten Datensatzes addiert. Dieser Faktor wurde für diese Anwendung heuristisch ermittelt und sichert einen gewissen Mindestabstand zwischen den Datensätzen in der reduzierten Datenmenge. Die Abbildung 2 zeigt in einem Histogramm die Distanzen in der Datenbasis vor und nach der Reduzierung.

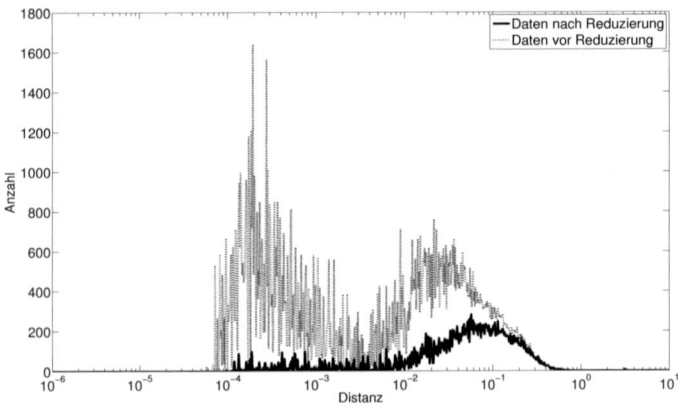

Abbildung 2: Histogramm über Distanzen der Datenbasis

Wie dort zu sehen ist, wurden die sehr kleinen Distanzen stark reduziert. Dieses spiegelt auch das Diagramm in Abbildung 1(b) wieder. Dort ist zu sehen, dass das Bauteil Nr. 1 nur noch ca. 25% der Datenbasis ausmacht. Die Tabelle 1 zeigt die Reduzierung der Datensätze pro Bauteil. Dort ist gut zu erkennen, dass nur die Datensätze der Bauteile 1-4 reduziert wurden und bei den restlichen Bauteilen keine Datensätze reduziert wurden.

Tabelle 1: Verteilung der Daten in der Datenbasis vor und nach der Datenreduktion

Bauteil	vor Reduzierung		nach Reduzierung	
	Anzahl	Prozent	Anzahl	Prozent
1	140209	80.82	9323	25.08
2	8727	5.03	5090	13.69
3	6203	3.57	4466	12.01
4	4031	2.32	3986	10.72
5	3969	2.28	3969	10.68
6	3657	2.10	3657	9.84
Other	6696	3.88	6696	17.98
	173492	100	37187	100

In diesem Beispiel wurden die Daten mit dem Ziel einer gleichmäßigeren Verteilung über alle Bauteile reduziert. Der Algorithmus ist auch in der Lage, die gesamte Datenbasis, ohne Berücksichtigung der Bauteilzugehörigkeit, zu reduzieren. Jedoch hat sich in zahlreichen Versuchen gezeigt, dass ein besseres Ergebnis erzielt wird, wenn eine Gleichverteilung der Datensätze pro Bauteil angestrebt wird. Daher wurde dieses Verfahren angewendet.

3 Weitere Optimierung der Datenreduktion

Um die Generalisierungsleistung von künstlichen Neuronalen Netzen zu unterstützen, kann eine Anzahl an maximalen und minimalen Werten pro Dimension gewählt werden, welche nicht aus der Datenbasis reduziert wird. Durch diese Maßnahme wird das größtmögliche Prozesswissen in der Datenbasis für das Training der künstlichen Neuronalen Netze zur Verfügung gestellt.

Der Algorithmus wurde so erweitert, dass eine gewünschte Anzahl von Datensätzen angegeben werden kann, die automatisch mit passender Auswahl eines Schwellwertes erreicht wird. Dies ist besonders für andere Modellbildungsverfahren als künstliche Neuronale Netze, z.B. Kriging, interessant, da dort eine wesentlich kleinere Datenmenge benötigt wird. Eine große Datenmenge führt dagegen zu inakzeptablen Laufzeiten bei der Generierung eines Kriging-Modells.

4 Ergebnisse

In mehreren Versuchsreihen konnte gezeigt werden, dass die künstlichen Neuronalen Netze, welche mit der reduzierten Datenbasis trainiert wurden, einen ähnlichen oder geringeren mittleren absoluten Fehler (MAE) und maximalen mittleren absoluten Fehler (MAE_{max}) auf unbekannte Datensätze aufwiesen als diejenigen, welche mit der gesamten Datenbasis trainiert wurden.

Darüber hinaus konnte die Trainingszeit, aufgrund der kleineren Datenbasis und der daraus resultierenden kleineren benötigten Netzarchitektur deutlich reduziert werden. Dieses wird anhand von Testdatensätzen in Tabelle 2 und in Abbildung 3 gezeigt. Verglichen werden 10 künstliche Neuronale Netze, welche mit der reduzierten Datenbasis trainiert wurden. Als Referenz dient ein künstliches Neuronales Netz, welches mit der kompletten Trainingsdatenbasis trainiert wurde.

Die Architektur wurde im Rahmen einer Versuchsreihe gewählt. Dazu wurden künstliche Neuronale Netze mit unterschiedlichen Architekturen trainiert und dann anhand ihres Validierungsfehlers verglichen. Das künstliche Neuronale Netz mit dem kleinsten Validierungsfehler hatte folgende Architektur : MLP 24-63-63-12.

Tabelle 2: Auswertung der trainierten Netze mit Testdaten

Verfahren	Trainingsdaten	Trainingszeit	MAE_{max}
Gesamt	173465	mehrere Tage	1.00
Reduziert	37187	ca. 3 Stunden	0.93
Reduziert	37187	ca. 3 Stunden	1.04
Reduziert	37187	ca. 3 Stunden	0.99
Reduziert	37187	ca. 3 Stunden	1.21
Reduziert	37187	ca. 3 Stunden	0.90
Reduziert	37187	ca. 3 Stunden	0.75
Reduziert	37187	ca. 3 Stunden	0.95
Reduziert	37187	ca. 3 Stunden	1.23
Reduziert	37187	ca. 3 Stunden	1.20
Reduziert	37187	ca. 3 Stunden	0.87

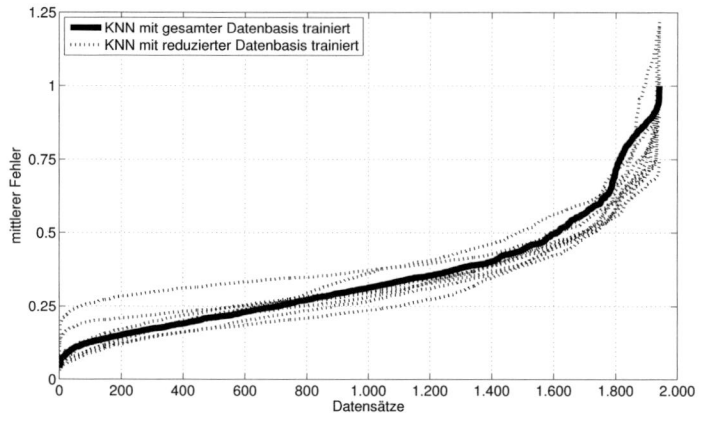

Abbildung 3: Vergleich der trainierten Netze

5 Fazit und Ausblick

Aufgrund der vielen verschiedenen Parameter bei einem Training von künstlichen Neuronalen Netzen und den Einstellungsmöglichkeiten der Datenreduzierung, werden noch weitere Tests benötigt, in denen die verschiedenen Parameter miteinander kombiniert getestet werden müssen.

Das Ergebnis zeigt jedoch, dass die Generalisierungsleistung mit einer reduzierten Datenbasis vergleichbar gut, teilweise sogar besser als nach dem Training mit der gesamten Datenbasis ist.

Aufgrund der extremen Zeitersparnis bei einem Training, würde eine automatische Optimierung des künstlichen Neuronalen Netz, z.B. durch einen evolutionären Algorithmus, noch bessere Ergebnisse hinsichtlich der Prognosegenauigkeit erzielen.

Des Weiteren hat sich bei Versuchen gezeigt, dass durch Anwendung von Expertenwissen bei der Auswahl von Daten ein positiver Effekt auf das Training von künstlichen Neuronalen Netzen ergeben kann. Dabei wurden ausgewählte Daten vor der Reduzierung aus der Datenbasis genommen und nach der Reduzierung in die reduzierte Datenmenge eingefügt. Vorteil dieses Vorgehens ist, dass prozessrelevante Daten in das Training des künstlichen Neuronalen Netzes einfließen, um den größtmöglichen Arbeitsbereich zu trainieren. Ziel war, besonders markante Daten in die Trainingsdaten einzufügen, welche durch die Datenreduzierung möglicherweise wegen der nahen Abstände zueinander herausgefiltert worden wären. Dieses Vorgehen kann je nach Größe der Datenbasis sehr zeitaufwendig sein, da eine genaue Analyse der Datenbasis erforderlich ist.

6 Danksagung

Diese Arbeit entstand am Institut für Computer Science, Vision und Computational Intelligence (Institut CV&CI) an der Fachhochschule Südwestfalen in Iserlohn im Forschungsprojekt „Neuroadaptiver Bauplatz im Flugzeugbau" gefördert vom Bundesministerium für Bildung und Forschung (BMBF).

Literatur

[1] Zell, A.: *Simulation neuronaler Netze*. München: Oldenbourg. 1994.

[2] Rojas, R.: *Theorie der neuronalen Netze - Eine systematische Einführung*. Berlin: Springer. 1996.

[3] Mikut , R.: *Data Mining in der Medizin und Medizintechnik*. KIT Scientific Publishing. 2009.

Modellierung des Thermo-Elastischen Verhaltens von Werkzeugmaschinen mittels Hochdimensionaler Kennfelder

Christian Naumann

Fraunhofer Institut für Werkzeugmaschinen und Umformtechnik
Reichenhainer Str. 88, 09126 Chemnitz
Tel.: (0371) 5397 1144
E-Mail: christian.naumann@iwu.fraunhofer.de

1 Einleitung

1.1 Motivation: SFB/Transregio 96

Die Themenstellung des o. g. Sonderforschungsbereiches (SFB) lautet "Thermo-Energetische Gestaltung von Werkzeugmaschinen". Durch steigende Energiepreise und die Forderung nach umweltverträglicher und nachhaltiger Produktion rückt zunehmend die Suche nach effizienteren und sparsameren Produktionsprozessen in den Fokus der Forschung. Ein Ziel ist es daher, die gleiche Produktionsmenge mit geringerem Energie- und Rohstoffeinsatz zu erzeugen. Neben der Forschung nach neuen Produktionsverfahren wird auch versucht, bei bestehenden Verfahren Einsparpotentiale ausfindig zu machen. Eine sehr naheliegende Idee ist es, in Nicht-Produktions-Zyklen den Energie- und Rohstoffverbrauch zu minimieren oder gar vollständig abzustellen. Für Werkzeugmaschinen heißt das z. B., dass Maschinen, die temporär nicht benötigt werden, einfach abgeschaltet werden. Während dies für einige Maschinen ohne Weiteres möglich ist, sind bei anderen die Aus- und Anlaufzeiten zu lang. Zusätzlich kann bei Präzisionsmaschinen ein ganz anderes Problem auftreten. Durch die Abkühlung beim Abschalten und die erneute Erwärmung der Maschine beim Wiedereinschalten kommt es zur Ausdehnung bestimmter Maschinenbestandteile, die sich je nach Aufbau der Maschine mehr oder weniger stark auf die Lage der Werkzeugspitze (TCP) auswirkt. Mit anderen Worten bewirkt die Temperaturänderung eine leichte Verschiebung des Werkzeugs, welche die Bearbeitungsgenauigkeit verschlechtert. Ähnliche Probleme treten auch bei Maschinen mit langer Anlaufzeit auf, die nach dem Einschalten erst beim Erreichen der Betriebstemperatur eingesetzt werden können. Um diese Effekte zu kompensieren, wird in der Praxis häufig mit Heizaggregaten bzw. Kühlmitteln gearbeitet oder die Maschine einfach durchgängig laufen gelassen. Unser Ziel im SFB ist es daher, die Verlagerungen des TCP aufgrund thermischer Einflüsse vorauszusagen, um sie dann online durch die Steuerung kompensieren zu können. Um derartige Vorhersagen treffen zu können, werden zum einen Messungen an Werkzeugmaschinen durchgeführt und zum anderen auch Datenbasen durch FEM-Simulationsrechnungen generiert.

1.2 Problemstellung

Der von uns verfolgte Lösungsansatz sieht es vor, aus einer Menge von Temperaturwerten, die an verschiedenen (relevanten) Stellen der Maschine gemessen wurden, die zugehörige Verschiebung in x-, y- und z-Richtung zu approximieren. Wir suchen also nach einer Abbildung:

$$f : \quad \vec{t} = (T_1, T_2, \ldots, T_n) \in \mathbb{R}^n \quad \longrightarrow \quad (x, y, z) \in \mathbb{R}^3.$$

Die datenbasierte Schätzung der im Allgemeinen nicht linearen Abbildung führt auf eine Problemstellung, die auch bei anderen Methoden, wie den Neuronalen Netzen, auftritt.

Die Eingangsgrößen sind bei uns zunächst nur Temperaturwerte, sodass wir den Definitionsbereich sinnvoll begrenzen können durch:

$$\forall i : \quad T_i \in I_T := [T_{min}, T_{max}], \quad f : I_T^n \longrightarrow \mathbb{R}^3.$$

Da es sich bei den genannten thermischen Verlagerungen im Allgemeinen um komplizierte, nicht lineare Vorgänge handelt, werden wir versuchen, den Definitionsbereich geeignet zu diskretisieren und lokal durch Polynome zu approximieren. Im einfachsten Falle werden lineare Funktionen verwendet, was aber bei hinreichend feinem Gitter häufig bereits gute Ergebnisse liefert. Dieses Vorgehen erlaubt es uns, aus einer Menge von Messdaten im Vorhinein (offline) ein Kennfeld zu berechnen, mit dessen Hilfe man im laufenden Betrieb der Maschine aus den aktuellen Temperaturwerten die TCP-Verlagerung auf einfache Weise bestimmen kann. Zur Berechnung der Kennfelder wird die von Priber [1] vorgestellte Smoothed-Grid-Regression-Methode (SGR) verwendet und weiterentwickelt.

Anstelle der obigen Funktion f suchen wir tatsächlich nach drei reellwertigen Abbildungen, eine für jede Raumdimension. Diese Abbildungen werden als separate Kennfelder auf analoge Weise aus denselben Eingangsdaten, also auch auf demselben Gitter, lediglich mit anderen Ausgangsdaten erzeugt. Es genügt daher, wenn wir uns auf eine Raumdimension, z. B. die z-Verlagerung, beschränken:

$$f_z : \quad \vec{t} = (T_1, T_2, \ldots, T_n) \in I_T^n \quad \longrightarrow \quad z \in \mathbb{R}.$$

2 Die Methode der Smoothed Grid Regression

An dieser Stelle soll das Vorgehen bei der SGR-Methode nur in kurzer Form dargestellt werden. Das Verfahren wurde 2003 zum 13. Workshop bereits vorgestellt [1].

2.1 Kernfunktionsansatz

Zur Berechnung der Kennfelder benötigen wir zunächst ein n-dimensionales Gitter. Das Gitter soll rechtwinklig sein, kann aber ansonsten grundsätzlich beliebig gewählt sein, muss also insbesondere nicht notwendigerweise äquidistant sein. Wir wollen nun aus den Eingangsdaten die Funktionswerte auf jedem Gitterknoten approximieren und dann auf den Bereichen zwischen den Gitterknoten interpolieren. Dafür wählen wir Kernfunktionen, die nur in einer Umgebung um je einen Gitterknoten ungleich null sind. Damit benötigen wir für die Berechnung der Funktionswerte an einer beliebigen Stelle $\vec{t}$ des Gitters nur die wenigen naheliegendsten Gitterknoten $\vec{g}_{\vec{j}}$ und deren Kernfunktionen $K_{\vec{j}}$.

$$f_z(\vec{t}) = \sum_{\vec{j}} r_{\vec{j}} \cdot K_{\vec{j}}(\vec{t})$$

Die Form der Kernfunktionen wird durch die Art der Interpolation bestimmt. Je höher man die Interpolationsordnung wählt, desto mehr umliegende Gitterknoten müssen einbezogen werden. Zur Vereinfachung wählen wir die Kernfunktionen so, dass die Summe aller Kernfunktionen auf jedem beliebigen Punkt des Gitters gerade eins ist:

$$\forall \vec{t} \in I_T^n : \quad \sum_{\vec{j}} K_{\vec{j}}(\vec{t}) = 1.$$

Eine beliebte Kernfunktion ist die der Pyramide mit n-dimensionaler Grundfläche. Im linearen Falle liegt die Spitze der Pyramide auf dem jeweiligen Gitterknoten $\vec{g}_{\vec{j}}$ und besitzt dort die Höhe $K_{\vec{j}}(\vec{g}_{\vec{j}}) = 1$. Der Kernfunktionswert fällt linear in allen Dimensionen zu den benachbarten Gitterknoten hin auf null ab, d. h. $\forall \vec{i} \neq \vec{j} : K_{\vec{j}}(\vec{g}_{\vec{i}}) = 0$. Damit entspricht der zugehörige Parameter $r_{\vec{j}}$ gerade der z-Verlagerung an diesem Gitterknoten. Im 1D und 2D Fall ist dies noch anschaulich gut darstellbar, siehe Abbildungen 1 und 2.

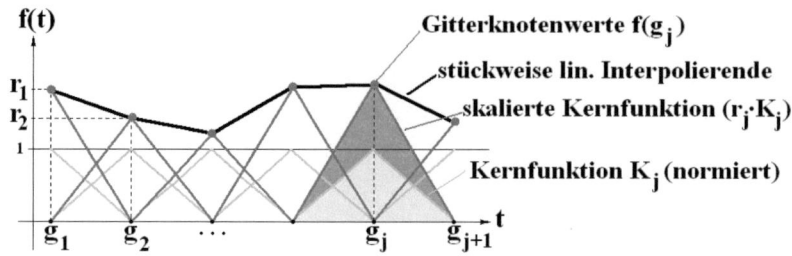

Bild 1: Kernfunktionsansatz mit linearer Interpolation auf 1D Gitter

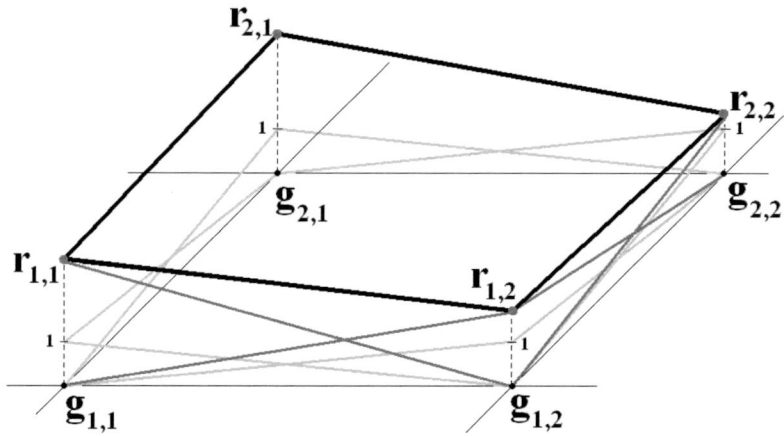

Bild 2: Kernfunktionsansatz mit bilinearer Interpolation auf 2D Gitter

2.2 SGR im 2D mit bilinearer Interpolation

Dieser Spezialfall wurde gewählt, weil er besonders anschaulich ist und leicht auf den in der Praxis relevanten n-dimensionalen Fall verallgemeinert werden kann. Der Kernfunktionsansatz im 2D mit bilinearen Kernen berechnet sich wie folgt:

$$f_z(\vec{t}) = f_z(T_1, T_2) = \sum_{\vec{j}} r_{\vec{j}} \, K_{\vec{j}}(T_1, T_2).$$

Liegt nun $\vec{t}$ auf einem Gitterknoten, so ist dessen Kernfunktionswert 1 und der Koeffizient $r_{\vec{j}}$ bestimmt den Wert der Funktion $f_z(\vec{t})$. Die Kerne besitzen die Form einer Pyramide mit rechteckiger Grundfläche, wobei $r_{\vec{j}}$ die

Höhe angibt. Angenommen $\vec{t}$ befindet sich zwischen den Gitterknoten $\vec{g}_{k,l}$ und $\vec{g}_{k+1,l+1}$, dann sind genau 4 der Pyramiden aktiv:

"diagonale" Gitterknoten: $\quad \vec{g}_{k,l} = (u_k, v_l), \quad \vec{g}_{k+1,l+1} = (u_{k+1}, v_{l+1}),$

beliebiger Gitterpunkt: $\quad \vec{t} \in \{(T_1, T_2) : T_1 \in [u_k, u_{k+1}], \ T_2 \in [v_l, v_{l+1}]\},$

$$f_z(\vec{t}) = r_{k,l} K_{k,l}(\vec{t}) + r_{k+1,l} K_{k+1,l}(\vec{t}) + r_{k,l+1} K_{k,l+1}(\vec{t}) + r_{k+1,l+1} K_{k+1,l+1}(\vec{t}).$$

Aufgrund der Bilinearität kann der Kernfunktionswert dimensionsweise als Produkt der relativen Abstände vom jeweiligen Nachbarknoten berechnet werden, z. B.:

$$
\begin{aligned}
K_{k,l}(T_1, T_2) &= \left(1 - \frac{T_1 - u_k}{u_{k+1} - u_k}\right) \cdot \left(1 - \frac{T_2 - v_l}{v_{l+1} - v_l}\right) \\
&= \left(\frac{u_{k+1} - T_1}{u_{k+1} - u_k}\right) \cdot \left(\frac{v_{l+1} - T_2}{v_{l+1} - v_l}\right)
\end{aligned}
$$

Der Nenner ist bei allen 4 Kernfunktionen gleich und entspricht gerade der Grundfläche der Pyramide: $A_{k,l} := (u_{k+1} - u_k) \cdot (v_{l+1} - v_l)$.
Analog seien die Kantenlängen definiert:

$$L_k^{(1)} := u_{k+1} - u_k, \quad L_l^{(2)} := v_{l+1} - v_l.$$

Insgesamt ergibt sich damit:

$$
f_z(T_1, T_2) = \frac{1}{A_{k,l}} \begin{pmatrix} r_{k,l} \\ r_{k+1,l} \\ r_{k,l+1} \\ r_{k+1,l+1} \end{pmatrix}^T \begin{pmatrix} (u_{k+1} - T_1) & \cdot & (v_{l+1} - T_2) \\ (T_1 - u_k) & \cdot & (v_{l+1} - T_2) \\ (u_{k+1} - T_1) & \cdot & (T_2 - v_l) \\ (T_1 - u_k) & \cdot & (T_2 - v_l) \end{pmatrix}
$$

2.3 SGR in n Dimensionen mit n-linearer Interpolation

Im 2-dimensionalen Fall hatten wir für jedes Gitterelement (dort: Rechteck) pro angrenzenden Gitterknoten eine Kernfunktion und somit auch genau ein Vektorelement. Bei einem Rechteckgitter der Dimension n hat man je Gitterelement 2^n Ecken und damit 2^n aktive Kernfunktionen, die jeweils von n Temperaturwerten T_i abhängen. Analog zum obigen 2D-Fall erhält man:

Gitter: $\quad g = u^{(1)} \times u^{(2)} \times \cdots \times u^{(n)}$

beliebiger Gitterpunkt: $\vec{t} \in \{(T_1, T_2, \ldots, T_n) : T_k \in [u_{i_k}^{(k)}, u_{i_k+1}^{(k)}]\}$,

$$K_{i_1,\ldots,i_n}(\vec{t}) = \begin{pmatrix} (L_{i_1}^{(1)} - |u_{i_1}^{(1)} - T_1|) & \cdots & (L_{i_n}^{(n)} - |u_{i_n}^{(n)} - T_n|) \\ \vdots & \cdots & \vdots \\ (L_{i_1}^{(1)} - |u_{i_1+1}^{(1)} - T_1|) & \cdots & (L_{i_n}^{(n)} - |u_{i_n+1}^{(n)} - T_n|) \end{pmatrix}$$

$$f_z(T_1, T_2, \ldots, T_n) = \frac{1}{L_{i_1}^{(1)} L_{i_2}^{(2)} \cdots L_{i_n}^{(n)}} \cdot \begin{pmatrix} r_{i_1,i_2,\ldots,i_n} \\ \vdots \\ r_{i_1+1,i_2+1,\ldots,i_n+1} \end{pmatrix}^T K_{i_1,\ldots,i_n}(\vec{t}),$$

$$= \frac{1}{V_{i_1,\ldots,i_n}} \cdot R_{i_1,\ldots,i_n}^T \cdot K_{i_1,\ldots,i_n}(T_1, \ldots, T_n), \tag{1}$$

wobei $V_{i_1,\ldots,i_n} := \prod_{k=1}^n L_{i_k}^{(k)}$ das Volumen des Gitterelements ist. Für den besonders einfachen Fall eines in allen Dimensionen äquidistanten Gitters sind alle Gitterelemente identische n-dimensionale Hyperquader.

2.4 Kennfeldberechnung

In Abschnitt 2.3 haben wir beschrieben, wie wir auf einem Gitter g über alle relevanten Temperaturwerte $\{u^{(k)} : k = 1, \ldots, n\}$ ein n-dimensionales lineares Kennfeld zur Berechnung der Verlagerung $z = f_z(\vec{t})$ an einer beliebigen Stelle $\vec{t}$ des Gitters verwenden können. Auf analoge Weise, unter Verwendung anderer Kernfunktionen, kann man auch andere Interpolationsarten nutzen. Zunächst müssen wir jedoch noch klären, wie wir aus einer Menge von Messdaten $\{(T_1, \ldots, T_n, z)\}$, die im Allgemeinen beliebig zwischen den Gitterknoten liegen, die Gitterwerte $r_{\vec{j}}$ bestimmen können. Dazu nehmen wir an, dass das Gitter g aus insgesamt N Knoten $g_{\vec{j}}$ besteht. Dann ist der gesuchte Gittervektor R ebenfalls N-dimensional. Wir erweitern daher die n-dimensionalen Vektoren $R_{\vec{j}}$ und $K_{\vec{j}}$ (s. Gleichung 1) zu N-dimensionalen Vektoren R und $\overline{K}_{\vec{j}}$, indem wir zu $R_{\vec{j}}$ alle fehlenden Gitterwerte $r_{\vec{i}}$ hinzunehmen und $\overline{K}_{\vec{j}}$ an den entsprechenden Stellen mit Nullen auffüllen. Wichtig ist hierbei die korrekte Durchnummerierung der Gitterknoten: $\forall$ Indizes $k \in \{1, \ldots, N\} \exists!! \vec{j} = (i_1, \ldots, i_n)$.
Wir erhalten mit $R^T = (r_1, \ldots, r_k, \ldots, r_N)$:

$$f_z(\vec{t}) = \frac{1}{V_{\vec{j}}} \cdot R^T \cdot \overline{K}_{\vec{j}}(\vec{t}). \tag{2}$$

Jedes Gitterelement haben wir durch einen seiner Gitterknoten $g_{\vec{j}}$ eindeutig festgelegt, indem wir z. B. im 2-dimensionalen den linken unteren Gitterknoten wählen. Für jedes dieser Elemente erhalten wir damit eine Gleichung der Form (2).

Wenn wir jetzt ein Messdatum $(T_1, \ldots, T_n, z)$ in die zu seinem Gitterelement gehörende Gleichung einsetzen, so erhalten wir eine lineare Gleichung der Form:

$$z = \frac{1}{V_{\vec{j}}} \cdot \left(R^T \cdot \overline{K}_{\vec{j}}(T_1, \ldots, T_n) \right) = \frac{1}{V_{\vec{j}}} \cdot (r_1 k_1 + r_2 k_2 + \cdots + r_N k_N),$$

wobei nur 2^n der Faktoren k_i ungleich null sind. Wenn wir auf diese Weise für alle Messdaten eine lineare Gleichung in R aufstellen, so erhalten wir ein lineares Gleichungssystem:

$$\vec{z} = A \cdot R. \tag{3}$$

2.5 Glättungsbedingungen

Wenn die Messdaten das gesamte Gitter sehr gut abdecken, so erhalten wir ein überbestimmtes Gleichungssystem, das wir z. B. als Least-Squares-Problem auffassen und mittels QR-Zerlegung lösen können. Problematisch wird es jedoch, wenn wir nicht genügend Messdaten haben, die das Gitter auch ausreichend abdecken, und die Koeffizientenmatrix A dadurch singulär wird. Da die Anzahl der Gitterknoten mit der Dimension n exponentiell ansteigt, wird dieser Fall bei großem n fast immer auftreten.

Um dieses Problem zu umgehen, werden wir zusätzlich fordern, dass die Lösung glatt sein soll. Einerseits sind in der Praxis meist glatte Lösungen erwünscht, andererseits ist für hochfrequente Lösungen der gewählte Interpolationsansatz sowieso kritisch. Daher erscheint diese Einschränkung des Lösungsraumes sinnvoll. Die zusätzlichen Bedingungen sollen einfach als neue Zeilen an unser Gleichungssystem 3 angehängt werden. Wir suchen also nach einem zweiten System von linearen Gleichungen der Form:

$$\vec{c} = S \cdot R,$$

sodass das Gesamtsystem:

$$\begin{pmatrix} \vec{z} \\ \vec{c} \end{pmatrix} = \begin{pmatrix} A \\ S \end{pmatrix} \cdot R \tag{4}$$

vollen Rang N besitzt. Theoretisch benötigen wir dazu nur genau so viele Glättungsbedingungen, dass wir vollen Rang erreichen. Man könnte also die Glättungsbedingungen vornehmlich an den Stellen des Gitters einführen, wo die Messdaten besonders dünn verteilt sind. Dazu müsste man das gesamte Gitter abtasten und dann ggf. wiederholt an ausgewählten Stellen Glättungsbedingungen formulieren und den Rang der Koeffizientenmatrix prüfen, bis dieser schließlich N beträgt. Da dieses Vorgehen sehr aufwändig ist, empfliehlt es sich meist, die Glattheit auf dem gesamten Gitter zu fordern. Damit kann auch stochastischen Fehlern in den Messdaten wirksam begegnet werden. Im Folgenden sollen einige einfache Beispiele für Glättungsbedingungen gegeben werden:

konstante Hyperebene:

Für einen Gitterknoten $\vec{g_j} = (u_{i_1}^{(1)}, \ldots, u_{i_n}^{(n)})$ fordern wir dazu, dass die benachbarten Knoten in allen n Dimensionen den gleichen Gitterwert besitzen. Um dabei Dopplungen zu vermeiden, genügt es, nur die jeweils "rechten" Nachbarn zu betrachten. Die entsprechenden Gleichungen lauten dann:

$$0 = 1 \cdot r_{i_1,\ldots,i_n} + (-1) \cdot r_{\mathbf{i_1}+1,i_2,\ldots,i_n}$$
$$0 = 1 \cdot r_{i_1,\ldots,i_n} + (-1) \cdot r_{i_1,\mathbf{i_2}+1,\ldots,i_n}$$
$$\vdots \qquad \vdots \qquad \qquad \vdots$$
$$0 = 1 \cdot r_{i_1,\ldots,i_n} + (-1) \cdot r_{i_1,i_2\ldots,\mathbf{i_n}+1}$$

Ein derartiges System von Glättungsgleichungen müsste für jedes Gitterelement aufgestellt werden. Wenn das Gitter in Dimension i genau m_i-mal unterteilt ist, dann ergibt das insgesamt $n \cdot \prod_{i=1}^{n} m_i$ Gleichungen. Natürlich können nicht alle dieser Gleichungen eingehalten werden und man will schließlich auch keine konstante z-Verschiebung erzwingen, aber durch derartige Bedingungen werden starke Sprünge von einem Gitterpunkt zu irgendeinem benachbarten je nach Gewichtung etwas gedämpft.

lineare Hyperebene:

Für einen Gitterknoten $\vec{g_j}$ fordern wir jetzt, dass die beiden benachbarten Knoten in allen n Dimensionen kolinear mit diesem Punkt sind. Wenn die Gitterweite für jede Dimension konstant ist, dann ist die Kolinearität äquivalent dazu, dass die Differenz der Funktionswerte zum "linken" Nachbarn gerade dem negativen Abstand zum "rechten" Nachbarn entspricht. Die entsprechenden Gleichungen für diesen Fall lauten:

$$0 = (-1) \cdot r_{\mathbf{i_1}-1, i_2, \dots, i_n} + 2 \cdot r_{i_1, \dots, i_n} + (-1) \cdot r_{\mathbf{i_1}+1, i_2, \dots, i_n}$$
$$0 = (-1) \cdot r_{i_1, \mathbf{i_2}-1, \dots, i_n} + 2 \cdot r_{i_1, \dots, i_n} + (-1) \cdot r_{i_1, \mathbf{i_2}+1, \dots, i_n}$$
$$\vdots \qquad\qquad \vdots \qquad\qquad \vdots$$
$$0 = (-1) \cdot r_{i_1, i_2 \dots, \mathbf{i_n}-1} + 2 \cdot r_{i_1, \dots, i_n} + (-1) \cdot r_{i_1, i_2 \dots, \mathbf{i_n}+1}$$

Ein derartiges System von Glättungsgleichungen müsste für jeden inneren Gitterpunkt aufgestellt werden. Auf dem Rand wird analog vorgegangen, jedoch entfallen hier die Gleichungen für alle Dimensionen, in denen nur ein Nachbar verfügbar ist.

Bei beiden vorgestellten Glättungsvarianten soll abschließend noch darauf hingewiesen werden, dass bei äquidistanten Gittern auf jeder Zeile der Glättungsmatrix S die Zeilensumme null ist. Zudem ist die Glättungsmatrix S lediglich vom Gitter und nicht von den Messdaten abhängig. Wenn man also zusätzliche Messdaten erhält oder das Gleichungssystem für die x- bzw. y-Verschiebung bestimmen will, dann muss diese Matrix nicht erst neu aufgestellt werden.

Auf ähnliche Weise kann man unter Einbeziehung von noch mehr benachbarten Gitterpunkten komplexere Glättungsbedingungen formulieren, z.B. durch die Verwendung höhergradiger Polynome. Dies erhöht den Rechenaufwand, ändert aber Nichts am prinzipiellen Vorgehen.

Daten- versus Glättungsfehler:

Wenn wir, wie oben angekündigt, unabhängig von der Besetztheit des Gitters mit Datenpunkten für jeden Gitterpunkt n Glättungsbedingungen formulieren, dann erhalten wir in jedem Fall ein überbestimmtes Gleichungssystem. Nach der Least-Squares-Methode wird das Gleichungssystem so aufgelöst, dass der mittlere quadratische Fehler über alle Gleichungen minimiert wird. Während wir für jedes Messdatum genau eine Gleichung erhalten, hängt die Anzahl der Glättungsgleichungen einzig von der Anzahl der Gitterpunkte, also letztendlich der Feinheit des Gitters ab. Um dieses Ungleichgewicht zu kompensieren, werden Wichtungen sowohl für die Datengleichungen als auch für die Glättungsgleichungen eingeführt. Im Gleichungssystem 4 wird jede Datengleichung mit einem Gewicht w^A und jede Glättungsgleichung mit einem Gewicht w^S multipliziert:

$$
\begin{pmatrix} \vdots \\ w_k^A z_k \\ \vdots \\ w_l^S c_l \\ \vdots \end{pmatrix}
=
\begin{pmatrix} \vdots & \vdots & & \vdots \\ w_k^A a_{k,1} & w_k^A a_{k,2} & \dots & w_k^A a_{k,N} \\ \vdots & \vdots & & \vdots \\ w_l^S s_{l,1} & w_l^S s_{l,2} & \dots & w_l^S s_{l,N} \\ \vdots & \vdots & & \vdots \end{pmatrix}
\cdot R.
$$

Die Wahl der Gewichte hängt von der Problemstellung und der Qualität der Messdaten ab. Bei jeder realen Messung entstehen Datenfehler ε^A und bei der Glättung werden die Gitterpunkte ihren Nachbarn angeglichen. Dabei entstehen Glättungsfehler ε^S, sodass gilt:

$$
\begin{pmatrix} \vec{z} \\ \vec{c} \end{pmatrix} = \begin{pmatrix} A \\ S \end{pmatrix} \cdot R + \begin{pmatrix} \vec{\varepsilon}^A \\ \vec{\varepsilon}^S \end{pmatrix} .
\tag{5}
$$

Da sich die Gewichtung natürlich auch auf diese Fehler ε^A und ε^S auswirkt, muss man einen Kompromiss finden. Wenn man hochpräzise Messdaten vorliegen hat, so kann man die Datengewichte auf annähernd unendlich setzen, wodurch wirklich nur dort geglättet wird, wo kaum oder keine Messdaten vorliegen. Wenn man keine Vorabinformationen hat, so kann man z. B. zunächst alle m^A Datengleichungen mit $\frac{1}{m^A}$ und alle m^S Glättungsgleichungen mit $\frac{1}{m^S}$ wichten. Danach kann man je nach Zufriedenheit mit dem Ergebnis iterativ die Gewichtung lokal für einzelne Gleichungen oder global für alle Daten- bzw. Glättungsgleichungen anpassen. Bei der Interpretation der Wirkung der Glättungsbedingungen spielt die Feinheit des Gitters eine wesentliche Rolle, da der Glättungsfehler zusammen mit dem Gitterabstand als Maß für die Krümmung des Kennfeldes verstanden werden können.

2.6 Reduzierte SGR-Modelle

Wir haben bislang angenommen, dass jede beliebige Kombination von Temperaturwerten auftreten kann und dass alle Temperaturwerte voneinander abhängige Anteile zur z-Verlagerung liefern. Dadurch haben wir aus dem Mengenprodukt der 1-dimensionalen Gittervektoren ein n-dimensionales Gitter erzeugt und damit eine sehr große Anzahl N von Gitterknoten. Von Diesen entspricht wiederum jeder einem Lösungsparameter $r_{i_1,\dots,i_n}$. Die Koeffizientenmatrix des Gleichungssystems hat demnach trotz extrem schwacher Besetztheit ebenfalls Rang N. Wenn wir eine sehr hohe Anzahl n von Messstellen und ein relativ feines Gitter haben, so wird das lineare Gleichungssystem numerisch nicht mehr handhabbar. Um dieses Problem zu umgehen, kann man, sofern eine der beiden obigen Bedingungen verzichtbar ist, die Dimension des Gleichungssystems erheblich reduzieren.

Unrealistische Messdaten:
Wenn wir zu unserem Beispielproblem zurück blicken, dann finden wir eine Menge von Temperaturmessstellen an verschiedenen Teilen der Werkzeugmaschine. Wenn dabei zwei Messstellen relativ nah beieinander sind,

dann wird es in der Praxis niemals vorkommen, dass an einer Stelle ein sehr heißer Wert und an der benachbarten Stelle ein sehr kalter Wert gemessen wird. Wir können daher alle derartig widersprüchlichen Gitterpunkte entfernen. Für jeden entfernten Gitterpunkt kann in der Koeffizientenmatrix die entsprechende Spalte gestrichen werden, wodurch sich die Dimension jeweils um eins verringert. Die zugehörigen Glättungsbedingungen müssen natürlich entsprechend angepasst oder entfernt werden. Der Definitionsbereich des Kennfeldes verkleinert sich dabei und ist dann im Allgemeinen kein Hyperquader mehr.

Redundante Messstellen:
Beim Messvorgang werden an den Stellen Temperatursensoren angebracht, an denen eine Erwärmung bzw. Abkühlung zu erwarten ist. Wenn mehrere Sensoren sehr nah beieinander liegen, dann werden sehr wahrscheinlich nur einer oder einige wenige davon für die Interpolation relevante Daten liefern, während die anderen redundant sind. Mittels einer Sensitivitätsanalyse auf der Grundlage eines FE-Modells soll im Rahmen des SFB Transregio 96 ermittelt werden, welche Messstellen wie viel Informationsgehalt besitzen. Durch Weglassen der redundanten Messstellen kann die Dimension des Problems erheblich verringert werden. Alternativ kann eine derartige Reduktion der Modelldimension auch auf Verdacht erfolgen. Man könnte z. B. die Korrelationskoeffizienten verschiedener Eingangsgrößen vergleichen und von einer Gruppe sehr stark korrelierter Variablen lediglich einen Repräsentanten auswählen.

Unabhängige Messstellen:
Häufig hat man mehrere räumlich getrennte Wärmequellen an einer Werkzeugmaschine. Sinnvollerweise wird man in diesem Fall die meisten Temperatursensoren um diese Wärmequellen herum anbringen. Dadurch werden beim Betrieb der Maschine alle Sensoren, die zu einer Wärmequelle gehören, einen ähnlichen Temperaturverlauf besitzen. Die Erwärmung fremder Wärmequellen wir jedoch kaum oder gar keinen Einfluss auf diese Sensoren haben. Jeder Temperaturmesswert korreliert also mit einer Reihe von benachbarten Messwerten, ist aber gleichzeitig von allen anderen weitestgehend unabhängig. Diesen Effekt können wir nutzen, um statt einem großen Gitter für alle n Messstellen mehrere kleine Gitter zu erzeugen, in denen jeweils nur Messstellen vertreten sind, die mit allen anderen dieser Gruppe korreliert sind. Jede relevante Temperaturvariable muss letztendlich in mindestens einem Teilgitter vertreten sein, aber es wird im Allgemeinen auch Messstellen geben, die von Variablen mehrerer Gruppen

abhängen und somit auch in mehreren Gittern auftreten. Wichtig für diesen Ansatz ist es jetzt, dass diese kleinen Gitter voneinander unabhängige Anteile der z-Verschiebung erzeugen, die sich dann auf irgendeine Weise zur tatsächlichen Gesamtverschiebung überlagern. Der Einfachheit halber werden wir annehmen, dass diese Überlagerung linear sei, wenngleich sie je nach Anwendungsfall natürlich auch beliebig kompliziert sein kann.

Wir gehen also beispielhaft davon aus, dass sich die z-Verlagerung als einfache lineare Superposition von Anteilen der m (nicht notwendigerweise disjunkten) Teilgitter berechnen lässt. Angenommen es gibt zwei solcher Teilgitter, für die das Gleichungssystem 4 bereits über die SGR-Methode aufgestellt wurde:

$$(A_1, S_1, R_1, \vec{z}, \vec{c}_1), \quad \text{bzw.} \quad (A_2, S_2, R_2, \vec{z}, \vec{c}_2)$$

Jetzt können wir beide Systeme sofort zu einem neuen linearen Gleichungssystem zusammenfügen:

$$\begin{pmatrix} \vec{z} \\ \vec{c}_1 \\ \vec{c}_2 \end{pmatrix} = \left(\begin{array}{cc} A_1 & A_2 \\ \hline S_1 & [0] \\ {[0]} & S_2 \end{array} \right) \cdot \begin{pmatrix} R_1 \\ R_2 \end{pmatrix}.$$

Dieses System ist im Allgemeinen wesentlich kleiner als das volle SGR-Modell und kann damit sehr viel schneller gelöst oder bei ähnlicher Rechenzeit sehr viel feiner diskretisiert werden. Damit hat dieses Verfahren den weiteren Vorteil, dass die Datenpunkte in den jetzt wesentlich kleineren Gittern auch dichter liegen und dadurch die Glattheitsannahmen weniger schwerwiegend sind. Eine derartige Zerlegung in Teilgitter kann auch bei schwach korrelierten Messstellen gute Ergebnisse erzielen, wobei dies jedoch je nach Anwendungsfall zu prüfen ist. Wichtig ist hierbei noch, dass die Reihenfolge der Datengleichungen bei allen Modellen gleich ist, da der Ausgabevektor $\vec{z}$ von allen Gleichungssystemen A_i gemeinsam genutzt wird. Beim Standard-SGR-Verfahren können die Datengleichungen ansonsten in beliebiger Reihenfolge zusammengefügt werden. Die Gewichtung der Daten- und Glättungsbedingungen darf ebenfalls erst nach dem Zusammenbau der Gesamt-Koeffizientenmatrix erfolgen.

Zur Anwendung dieses zusammengesetzten SGR-Modells wird der Verschiebungswert auf allen Teilgittern wie gewohnt berechnet und dann einfach aufaddiert. Die Glattheit der Lösung ergibt sich dabei automatisch aus der Glattheit der Teilmodelle.

Ein ähnliches Vorgehen, mit dem Ziel, die Parameteranzahl zu reduzieren, wird bei der von Priber [1] vorgestellten SGR/C-Methode angewendet.

Dabei werden die Eingangsgrößen zunächst in Basis- und Korrekturvariablen eingeteilt. Für die Basisvariablen werden SGR-Modelle gebildet, die mittels der Korrekturvariablen gewichtet summiert werden. Dieser Ansatz führt zu einem nicht linearen Gleichungssystem, das iterativ gelöst werden kann. Für unseren Anwendungsfall der thermischen Ausdehnung von Werkzeugmaschinen scheint dieser Ansatz nicht sinnvoll, da hier die Unterscheidung in Basis- und Korrekturgrößen nicht naheliegt.

2.7 Anwendungsbeispiel

In diesem Abschnitt soll die Anwendung der SGR-Methode auf eine Messdatenreihe von thermisch bedingten TCP-Verlagerungen einer Werkzeugmaschine des Fraunhofer IWU Chemnitz dargestellt werden. Die Messreihe besteht aus 500 Messungen an insgesamt 60 Temperaturmessstellen unter gleichzeitiger Bestimmung der TCP-Verlagerung in z-Richtung. Die Temperaturen bewegen sich zwischen Raumtemperatur ($20°C$) und etwa $34°C$ und sind im Diagramm 3 dargestellt.[1]

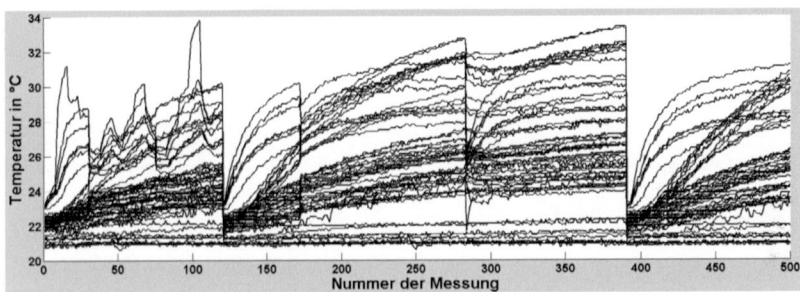

Bild 3: Temperaturwerte an allen 60 Messstellen für 500 Messungen

Die Temperaturspanne beträgt etwa $12°C$, was bei einer konstanten Gitterweite von $1,5°C$ 9 Gitterknoten pro Dimension entspricht. Da ein Gitter mit 9^{60} Knoten nicht berechenbar ist, wählen wir stattdessen nur 4 Messstellen aus, was immerhin noch $9^4 = 6.561$ Gitterknoten erzeugt. Wir wählen zum Vergleich einmal 4 zufällige Messstellen aus (Abb. 4, oben) und einmal 4 der weniger korrelierten Messstellen (Abb. 4, unten).

---

[1]Die Messungen wurden in sequentieller Reihenfolge durchgeführt, wobei jedoch weder bekannt ist, wie groß der zeitliche Abstand war, noch ob dieser zwischen allen Messungen konstant war. Für das Aufstellen der Kennfelder sollte das aber keine Rolle spielen.

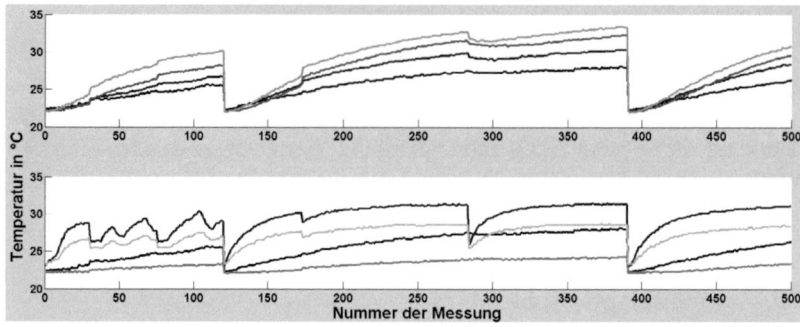

Bild 4: Temperaturwerte an 4 Messstellen für 500 Messungen: oben beliebig gewählt, unten 4 weniger korrelierte Stellen ausgesucht

Im Folgenden wurden aus diesen jeweils 4 Messstellen 4-dimensionale Gitter erstellt und auf diesen mittels SGR-Methode Kennfelder für die z-Verlagerung berechnet. Dargestellt ist nun die z-Verlagerung jeder Messung (dick, grau) zusammen mit der vorhergesagten Verlagerung $f(\vec{t})$ (dünn, schwarz).

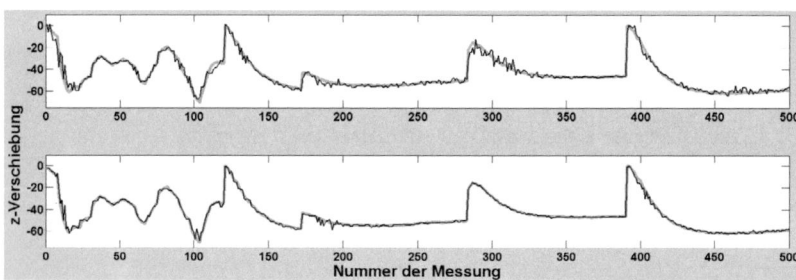

Bild 5: Gemessene vs. vorhergesagte z-Verschiebung für 4 beliebige Variablen (oben) und 4 weniger korrelierte Variablen (unten)

Was man sofort erkennt, ist dass beide Kennfelder die Verschiebungswerte in erster Näherung wiedergeben. Dabei ist der Approximationsfehler bei den zufällig gewählten Messstellen etwas größer. Wichtig ist also die korrekte Wahl der Variablen für das Gitter. Diese soll künftig aus einer Sensitivitätsanalyse stammen, aber auch der naive Ansatz über die Korreliertheit der Eingangsdaten kann gelegentlich für eine gute Approximation genügen.

Das Zittern der vorhergesagten Werte ist ebenfalls sehr auffällig. Dieses hat jedoch weniger mit dem Glättungsfehler der Lösung zu tun, als viel mehr mit den schwankenden Eingangswerten (s. Abb. 3). Darin liegt auch eine Schwäche der Kennfelder. Mit der SGR-Methode werden stochastische Fehler in den Testdaten geglättet. Nach der Erstellung des Kennfeldes soll es online in einer Werkzeugmaschine angewendet werden. Dort werden ähnlich dem ersten Messprozess in jedem Zyklus die Temperaturwerte ermittelt und daraus über das Kennfeld die Verschiebung berechnet. Treten jetzt Fehler in der Temperaturmessung auf, so werden diese kaum noch geglättet. Empfehlenswert wäre also eine Berechnungsvorschrift, die bei zeitlich sehr eng aufeinanderfolgenden Messungen sicherstellt, dass man auf dem Temperaturgitter keine beliebig großen Sprünge machen kann.

Bei der Einführung der Glättungsbedingungen wurde bereits erwähnt, dass die Gewichtung der Glättungsgleichungen eine wichtige Rolle für die Güte des Ergebnisses darstellt. Natürlich kann man je nach Anwendungsfall günstige Anfangswerte wählen, aber letztendlich wird man verschiedene Einstellungen prüfen müssen, um zu optimalen Ergebnissen zu gelangen. Die Abbildung 6 zeigt vergleichend zu Abb. 5 unten, die Verschiebungsverläufe bei sehr starker bzw. sehr schwacher Glättung.

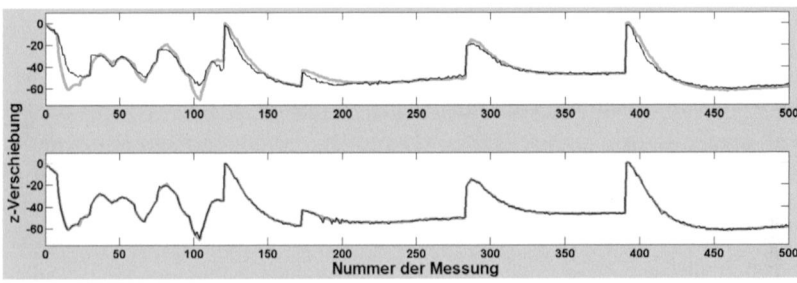

Bild 6: Gemessene vs. vorhergesagte z-Verschiebung bei schwacher (unten) und starker Glättung (oben)

Während die erhöhte Gewichtung der Glättungsgleichungen das Ergebnis wesentlich verschlechtert, verbessert sich die Vorhersagegüte beim Abschwächen der Glättung. Derartige Aussagen können natürlich keinesfalls verallgemeinert werden.

Nun könnte man mit dem Ergebnis bereits zufrieden sein, aber leider dauert die Berechnung des Modells mit Matlab im Schnitt bereits 12s, wobei die Speicherkapazität ebenfalls bereits fast ausgereizt ist. Man könnte sich nun fragen, ob eine ähnliche Approximationsgüte mit geringerem Aufwand, also kleinerem Gitter, ebenfalls möglich wäre. Da keine weiteren

Informationen zu den Messdaten zur Verfügung stehen, bieten reduzierte SGR-Modelle keine Erfolgsgarantie. Dennoch kann deren Anwendung im Einzelfall sehr gute Ergebnisse erzielen.

Als Beispiel erstellen wir jetzt, wie in Abschnitt 2.6 vorgeschlagen, zwei Teilgitter. Dazu wählen wir in Abb. 4 (unteres Diagramm) die beiden dunkleren Temperaturverläufe und erstellen dafür ein 2-dimensionales Gitter. Das zweite Gitter soll aus den beiden übrigen Variablen bestehen (helle Kurven). Wenn wir für beide Gitter Kennfelder aufstellen und diese additiv überlagern, so erhalten wir bei schwacher Glättung immer noch eine recht gute Approximation der z-Verlagerung (s. Abb. 7).

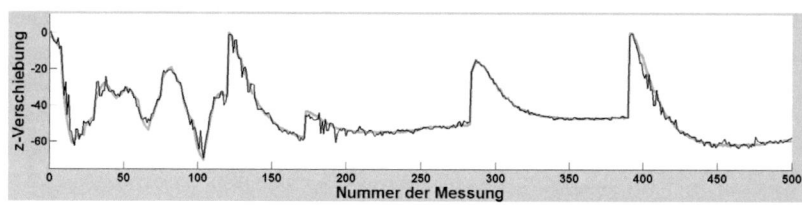

Bild 7: Gemessene vs. vorhergesagte z-Verschiebung bei zwei 2D Gittern mit je 9^2 Knoten

Diese Berechnung wurde jedoch in nur knapp 0,05s durchgeführt. Da wir also noch sehr viel Zeit und Speicher übrig haben, können wir für diesen Fall auch ruhig ein feineres Gitter verwenden. Verdoppeln wir nun also die Feinheit des Gittern in allen 4 Dimensionen, so erhalten wir den Verlauf in Abb. 8 und benötigen dafür trotzdem nur 0,2s. Dennoch hat das Ergebnis eine vergleichbare Güte, wie die des einfachen 4-dimensionalen Gitters (Abb. 6 unten).

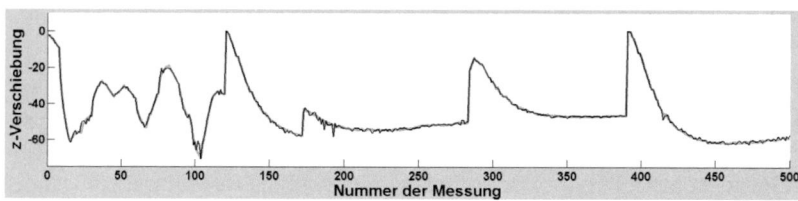

Bild 8: Gemessene vs. vorhergesagte z-Verschiebung bei zwei 2D Gittern mit je 18^2 Knoten

Es wurden jetzt statt der 9 Gitterknoten pro Dimension 18 verwendet, was letztendlich auf $2 \cdot 18^2 = 648$ Knoten führt. Es muss also bei der Wahl der

Variablen und dem Aufstellen des Gitters ein Kompromiss zwischen möglichst feiner Gitterweite und möglichst vielen Eingangsgrößen gefunden werden, bei dem die Berechenbarkeit des Modells gewahrt bleibt. Diesem Optimierungsproblem kann zur Zeit jedoch nur durch geschicktes Probieren entgegnet werden. Ein Lösungsansatz wäre z. B. die Bestimmung aller relevanten Variablen mittels Sensitivitätsanalyse. Anschließend wird abhängig von der verfügbaren Speicher- und Rechenkapazität die maximal handhabbare Anzahl von Gitterknoten bestimmt. Jetzt muss die Anzahl der Gitterpunkte für jede Dimension so gewählt werden, dass eine gewisse Mindestfeinheit in allen Dimensionen gegeben ist, wichtigere Variablen feiner diskretisiert werden als weniger wichtige und das Produkt der Gitterknotenzahl je Dimension die Gesamtanzahl nicht übersteigt. Eine derartige Aufteilung an sich ist jedoch schon wieder ein kompliziertes Optimierungsproblem, welches zudem noch die Möglichkeit lokal verfeinerter Gitter außer Acht lässt. Gelinge jedoch die optimale Aufteilung der Knoten, so könnte man im nächsten Schritt die am wenigsten relevante Variable entfernen und die Gitterknoten erneut aufteilen. Entsteht dadurch ein besseres Ergebnis als zuvor, dann werden solange weiter Variablen entfernt, bis sich die Lösung nicht mehr verbessert.

3 Numerische Handhabung großer SGR-Modelle

Bei der Berechnung der SGR-Modelle auf die vorgestellte Weise spürt man bereits bei mittelgroßen Problemen das exponentielle Wachstum der Dimension des zu lösenden linearen Gleichungssystems mit der Anzahl der Variablen. Es wurden bereits einige Ansätze vorgestellt, mit denen man unter gewissen Voraussetzungen an die Variablen und deren Abhängigkeit voneinander die Dimension etwas reduzieren kann. Zudem kann man durch Parallelisierung und die Verwendung von Sparse-Matrizen noch den benötigten Speicher und die Rechenzeit erheblich reduzieren. Trotz allem kommen aber auch diese Maßnahmen schnell an ihre Grenzen, sodass für sehr große Gitter ein anderes Verfahren nötig wird.

Mehrgitterverfahren

Mehrgitterverfahren eignen sich ausgezeichnet zur Lösung linearer und nicht linearer Probleme auf großen Gittern. Dabei wird zunächst ein sehr grobes Gitter erzeugt und dieses durch (mehrfache) Halbierung der Gitterweite schrittweise bis zur gewünschten Feinheit diskretisiert. Mit Hilfe von Finiten Elementen oder Finiten Differenzen wird das jeweilige Problem auf ein lineares Gleichungssystem zurückgeführt, dessen Lösung auf dem feinsten Gitter gesucht wird. Tatsächlich gelöst werden, muss lediglich ein Hilfsgleichungssystem auf dem gröbsten Gitter, dessen Lösung nach einigen Transformationen als Korrektur auf eine Startlösung der Feingittergleichung aufaddiert wird. Auf diese Weise wird die Lösung iterativ verbessert, wobei im Allgemeinen eine sehr schnelle Konvergenz zu erwarten ist.

Verschiedene Varianten von Mehrgitterverfahren sind in der Literatur vielfach beschrieben und können unter anderem in [2] nachgelesen werden. Hier sollen lediglich die Anwendbarkeit und die Vorteile der Mehrgitterverfahren für unser spezielles Problem der glatten Kennfelder vorgestellt werden.

Da Mehrgitterverfahren vornehmlich für diskretisierte partielle Differentialgleichungen ausgelegt sind, werden wir zunächst versuchen, die Smoothed Grid Regression in diesen Kontext einzuarbeiten. In unserem Anwendungsbeispiel suchen wir nach der z-Verlagerung des TCP an jedem beliebigen Punkt auf dem Gitter. Wie anfangs erwähnt, benötigen wir also eine Funktion $f(\vec{t})$, die zum einen die gemessenen Datenpunkte möglichst gut reproduziert und zum anderen auch möglichst glatt ist. Dazu haben wir in Gleichung 5 bereits einen Datenfehler $\vec{\varepsilon}^A$ und einen Glättungsfehler $\vec{\varepsilon}^S$ eingeführt, wobei die gesuchte Lösung f den Gesamtfehler minimieren soll. Wir erhalten also:

$$\vec{\varepsilon}^A = \vec{\varepsilon}^A(R) = \vec{z} - A \cdot R$$
$$\vec{\varepsilon}^S = \vec{\varepsilon}^S(R) = \vec{c} - S \cdot R$$

$$\implies \min_{R \in \mathbb{R}^N} \quad \frac{1}{2} \, ||\vec{z} - A \cdot R||^2 + \frac{1}{2} \, ||\vec{c} - S \cdot R||^2$$

Wenn wir uns nun den Glättungsansatz für die konstante Hyperebene ansehen, dann wird dabei jede Abweichung eines Gitterknotenwerts von den Werten seiner unmittelbaren Nachbarknoten bestraft. Mit anderen Worten erzeugt jeder Anstieg des Funktionswertes auf dem Gitter einen Glättungsfehler. Führen wir jetzt wieder eine Gewichtung w^S der Glättungsterme auf dem gesamten Gitter ein, so können wir schreiben:

$$\min_{f:\, \vec{t} \to z} \quad \frac{1}{2} \sum_{i=1}^{n_{Daten}} |z_i - f(\vec{t_i})|^2 + \frac{1}{2} \int_{I_T^n} w^S(\vec{t}) \cdot |\nabla f(\vec{t})|^2 \, d\vec{t}$$

Analog zu oben beschreibt hier der erste Term die Summe der Datenfehler, also die Abweichung der gemessenen Verlagerung z_i von der vorhergesagten Verlagerung $f(\vec{t_i})$, und der zweite Term den Glättungsfehler als

Integral der Funktionsanstiege auf dem gesamten Gitter. Da wir uns jetzt bereits in der Welt der Differentialgleichungen bewegen, werden wir zur hier üblichen Notation wechseln. Die vorhergesagt z-Verschiebung $f(\vec{t})$ sei nun als Lösung $u(\vec{x})$ bezeichnet, das Temperaturgitter I_T^n wird zum n-dimensionalen kompakten Gebiet Ω und die Glättungsgewichte werden durch die Funktion $\lambda(\vec{x}), \vec{x} \in \Omega$ gegeben.

$$\min_{u} \quad \frac{1}{2} \sum_{i=1}^{n_{Daten}} |z_i - u(\vec{x}_i)|^2 + \frac{1}{2} \int_{\Omega} \lambda(\vec{x}) \cdot |\nabla u(\vec{x})|^2 \, d\vec{x}$$

Als notwendige Bedingung an die Lösung u^* dieses Optimierungsproblems bestimmen wir als Nächstes die Richtungsableitung, welche in jeder Richtung δu null sein muss.

$$\forall \delta u: \quad \sum_{i=1}^{n_{Daten}} (z_i - u(\vec{x}_i)) \cdot \delta u(\vec{x}_i) + \int_{\Omega} \lambda(\vec{x}) \cdot \nabla u(\vec{x}) \cdot \nabla \delta u(\vec{x}) \, d\vec{x} = 0$$

Unter Verwendung der Dirac-Funktion

$$\delta_{\vec{x}_i}(\vec{x}) := \begin{cases} \infty, & \text{falls } \vec{x} = \vec{x}_i \\ 0, & \text{sonst} \end{cases} \quad \text{sodass gilt:} \quad \int_{\Omega} \delta_{\vec{x}_i}(\vec{x}) f(\vec{x}) d\vec{x} = f(\vec{x}_i)$$

können wir auch den ersten Term als Integral über Ω schreiben. $\forall \delta u$ gilt:

$$\sum_{i=1}^{n_{Daten}} \int_{\Omega} (z(\vec{x}) - u(\vec{x})) \cdot \delta u(\vec{x}) \cdot \delta_{\vec{x}_i}(\vec{x}) d\vec{x} + \int_{\Omega} \lambda(\vec{x}) \cdot \nabla u(\vec{x}) \cdot \nabla \delta u(\vec{x}) d\vec{x} = 0$$

Diese Gleichung wird in der Finite-Elemente-Methode (FEM) als schwache Formulierung der Differentialgleichung bezeichnet.[2] Zusammen mit der Diskretisierung von Ω in n-dimensionale Hyperquader kann daraus schrittweise das gesuchte lineare Gleichungssystem erstellt werden.

Die Verwendung von Glättungsbedingungen höherer Ordnung führt im Allgemeinen auch zu Differentialgleichungen höherer Ordnung, deren Handhabung vor allem beim Mehrgitterverfahren aufwändiger werden kann.

Durch geschickte Nummerierung der Gitterknoten und Gitterelemente können Mehrgitterverfahren sehr gut parallelisiert werden. Die einzige Einschränkung dazu ist, dass die verschieden grob diskretisierten Gitter stets

---

[2]Unter Verwendung des Satzes von Green kann daraus die starke Formulierung abgeleitet werden:

$$\sum_{i=1}^{n_{Daten}} (z_i - u(\vec{x}_i)) \cdot \delta_{\vec{x}_i}(\vec{x}) - div\left(\lambda(\vec{x}) \cdot \nabla u(\vec{x})\right) = 0 \; in \; \Omega, \quad \frac{\partial}{\partial \vec{n}} u(\vec{x}) = 0 \; auf \; \Gamma.$$

der Reihe nach vom feinsten zum gröbsten und umgekehrt durchlaufen werden müssen. Hinzu kommt, dass die Koeffizientenmatrix nie vollständig aufgestellt werden muss. Es muss stattdessen nur ein Matrix-Vektor-Produkt effizient berechnet werden können. Dadurch kann der Speicherbedarf enorm reduziert werden.[2]

4   Zusammenfassung und Ausblick

Die Verschiebung der Werkzeugspitze von Werkzeugmaschinen kann durch die Verwendung von glatten Kennfeldern mit Hilfe der SGR-Methode vorausgesagt werden. Über eine Sensitivitätsanalyse werden die dafür am besten geeigneten Temperaturvariablen bestimmt, aus denen dann ein Gitter aufgestellt wird. Dazu sollte in weiteren Untersuchungen der Zielkonflikt zwischen großer Anzahl an Eingangsgrößen und feiner Diskretisierung dieser Größen bei begrenzter Rechenkapazität als Optimierungsproblem aufgelöst werden.

Mehrgitterverfahren können zur effizienten Berechnung von Kennfeldern beitragen. Dabei können Rechenzeit und Speicherbedarf durch iterative numerische Lösungsverfahren stark reduziert und somit auch Kennfelder auf sehr großen Gittern berechnet werden. Der Einsatz von Mehrgitterverfahren, insbesondere auch unter Einbeziehung von Wavelets und dünnen Gittern, wird Teil von weiterführenden Arbeiten sein, mit dem Ziel, die Leistungsfähigkeit der SGR-Methode weiter zu steigern und genauere Vorhersagen treffen zu können.

Literatur

[1] Priber, U.: *Smoothed Grid Regression*. In: *Proc., 13. Workshop Fuzzy Systeme*. 2003.

[2] Trottenberg, U. et al.: *Multigrid*. 2001.

[3] Gärtel, U. et al.: *Two Strategies in Parallel Computing: Porting Existing Software versus Developing New Parallel Algorithms - Two Examples*. In: *Future Generation Computer Systems*. 1994.

Mehrkriterielle sequentielle Parameteroptimierung für Anwendungs-Probleme mit stark limitiertem Budget

Martin Zaefferer, Boris Naujoks, Thomas Bartz-Beielstein, Martina Friese, Olaf Mersmann, Oliver Flasch

Fakultät für Informatik und Ingenieurwissenschaften, FH Köln
Steinmüllerallee 1, 51643 Gummersbach
Tel.: +49 2261 8196-0
Fax: +49 2261 8196-15
E-Mail: {Vorname}.{Nachname}@fh-koeln.de

1 Einleitung

Sequentielle Parameteroptimierung (SPO, [1]) wurde bisher hauptsächlich für einkriterielle Anwendungen eingesetzt. Die sequentielle Optimierung mit Surrogatmodellen eignet sich, um bei kosten- und zeitintensiven Problemen reale Funktionsauswertungen einzusparen. In der Praxis ergeben sich häufig Problemstellungen, die nur mit wenigen Zielfunktionsauswertungen (einem geringen Budget) zu lösen sind und zusätzlich mehrere Zielkriterien aufweisen. Für diese Anwendungen wurde die SPO Toolbox SPOT für die mehrkriterielle Optimierung erweitert. Beispiele für diese Anwendungsfälle sind die Optimierung von Staubabscheidern in Kohlekraftwerken oder die Optimierung von Fehlalarmraten und Erkennungsraten zur Detektion von Anomalien in Trinkwasserdaten. Die vorliegende Fallstudie befasst sich mit bekannten Testfunktionen, um die Anwendbarkeit verschiedener Ansätze zu prüfen.

Die Integration von Verfahren zur Surrogatmodellierung in Evolutionäre Algorithmen ist bereits bekannt. Eine Übersicht für den einkriteriellen Fall liefert Jin [2], Arbeiten für den mehrkriteriellen Fall fassen Knowles und Nakayama zusammen [3]. Ein bekannter Ansatz mit Surrogatmodellen für MCO ist zum Beispiel ParEGO von Knowles [4]. Verschiedene Ansätze setzen zudem auf Expected Improvement oder andere Kriterien, die die Varianz berücksichtigen, um den Suchraum zu explorieren. Dazu gehört zum Beispiel S-Metric Expected Improvement [5], Efficient Global Optimization oder S-Metric Selection Efficient Global Optimization [6]. Ein

Überblick und Vergleich diese Ansätze wird von Wagner et al. gegeben [7]. Der hier vorgestellte Ansatz unterscheidet sich in so fern, dass

i) die Toolbox zur sequentiellen Parameteroptimierung (SPOT) zum Einsatz kommt, die bereits eine Vielzahl von Modellen zur Verfügung stellt, so dass die Kombination verschiedener Methoden auf eine einfache Art und Weise möglich ist,

ii) die einzelnen Ziele separat optimiert werden (nicht aggregiert),

iii) keine Varianz berücksichtigt wird (greedy, wenig exploration),

iv) neben üblichen Varianten wie Kriging verschiedene Modelltypen einsetzbar sind und

v) besonders wenige Zielfunktionsauswertungen erlaubt werden. In der Regel werden bei den in der Literatur beschriebenen Ansätzen deutlich mehr als die hier maximalen 250 Auswertungen erlaubt.

Der in SPOT derzeit standardmäßig eingesetzte Ansatz für mehrkriterielle Probleme wird im Folgenden als MSPOT bezeichnet.

Die genauen Ziele und Fragestellungen, die hier bearbeitet werden, sind in Abschnitt 2 beschrieben. Daran anschließend werden die Methoden bzw. die Optimierer in Abschnitt 3 vorgestellt. Der Aufbau der hier betriebenen Experimente ist in Abschnitt 4 dargestellt. Die Ergebnisse dieser Experimente werden schließlich in Abschnitt 5 ausgewertet, während schließlich im Abschnitt 6 eine Zusammenfassung und ein Ausblick auf weitere Arbeiten gegeben werden.

2 Fragen und Ziele

Für diese Arbeit sind verschiedene Fragestellungen von Bedeutung.

I **Lassen sich auch bei stark beschränktem Budget mit einem Surrogatmodell Verbesserungen gegenüber einem klassischen Ansatz erreichen?**
Aus der Literatur sind zahlreiche Ergebnisse bekannt, die die Überlegenheit von Surrogatmodellen gegenüber modellfreien Verfahren belegen. Allerdings sollten die Zusatzkosten für die Berechnung der Modelle nicht vernachlässigt werden. Um diese Überlegenheit auch bei

stark beschränkten Budgets und bei relativ hohen Suchraumdimensionen nachzuweisen, wird in Experimenten MSPOT mit S-Metric Selection Evolutionary Multi-objective Optimization Algorithm (SMS-EMOA) verglichen. Da diese beiden Ansätze auf sehr unterschiedliche Weise neue Lösungen generieren, wird zur besseren Vergleichbarkeit auch KRIG-SMS-EMOA getestet. KRIG-SMS-EMOA ist ein Ansatz, der wie SMS-EMOA aufgebaut ist, aber ein Kriging Surrogatmodell verwendet. Da durch das Surrogatmodell kostspielige Lösungen heraus gefiltert werden, ist ein Vorteil für KRIG-SMS-EMOA und MSPOT zu erwarten. Dies wird auch durch bereits vorliegende Ergebnisse bestätigt [8]. Des Weiteren untersuchen wir, ob der zielgerichtete Einsatz von Surrogatmodellen in MSPOT den vergleichsweise einfachen KRIG-SMS-EMOA-Ansatz schlägt. Falls das Modell aber die Zielfunktion schlecht approximiert, könnte die stärkere Randomisierung in KRIG-SMS-EMOA diesen Vorteil wettmachen. Diese Vermutungen sollen durch den Vergleich der Ansätze auf verschiedenen Testfunktionen untersucht werden.

II **Gibt es bestimmte Umstände, die den Einsatz eines Surrogatmodells unprofitabel machen?**

Sollten die angesetzten Budgets zu klein sein, um hinreichend Daten für die Surrogatmodelle zu sammeln, wäre es möglich, dass Ansätze mit entsprechend unzureichenden Modellen vergleichbar oder sogar schlechter wie der Vergleichsansatz ohne Surrogatmodell arbeiten. Hier ist von Interesse, in welchen Fällen dies auftritt.

III **Welchen Einfluss haben unterschiedliche Typen von Surrogatmodellen?**

Für den hier getesteten Satz von Zielfunktionen sollte zudem untersucht werden, welchen Einfluss der Einsatz von unterschiedlichen Modelltypen hat. Dazu werden Kriging, Multivariate Adaptive Regression Splines (MARS) [9] und Random Forest (RF) [10] heran gezogen.

IV **Welchen Einfluss hat die Dimension des Suchraumes?**

Da die Zielfunktionen bzgl. der Suchraumdimension skalierbar ist, wird auch untersucht, welchen Einfluss dieser Parameter besitzt. Dies wird in einem ausgewählten Fall (ZDT1) mit zusätzlichen Experimenten durchgeführt.

V **Wie unterscheidet sich der Rechenaufwand der verschiedenen Ansätze?**

Um für den Anwendungsfall eine sinnvolle Empfehlung geben zu können, ist es notwendig, neben der erreichten Güte auch den Rechenaufwand und damit die benötigte Zeit der verschiedenen Ansätze zu vergleichen.

3 Methodenbeschreibung

3.1 MSPOT

Um die Unterschiede zum einkriteriellen SPOT Ansatz zu erläutern, wird dieser zunächst vorgestellt. In einem ersten Schritt erzeugt SPOT ein initiales Design, das aus mehreren Punkten im Suchraum besteht. In diesen Punkten wird die Zielfunktion (Probleminstanz) ausgewertet. Die Ergebnisse dieser Auswertung werden verwendet, um ein Surrogatmodell zu generieren. Hierfür kann beispielsweise ein lineares Regressionsmodell oder ein Krigingmodell gewählt werden.

Dieses Surrogatmodell kann auf zwei unterschiedliche Arten benutzt werden. (i) Der naive Ansatz (`naive`) erstellt ein neues Design aus vielen Punkten und wertet sie auf dem Surrogatmodell aus. Diese werden sortiert, und der Beste (oder die Besten) werden auf der Zielfunktion ausgewertet. (ii) Ein anspruchsvollerer Ansatz (`elaborate`) nutzt state-of-the-art Optimierer, um das Optimum des Surrogatmodells zu finden. Dieses Optimum wird für weitere Auswertungen auf dem Surrogatmodell vorgeschlagen. Die sequentiellen Schritte der Auswertung auf der Zielfunktion und der Generierung und Verwendung des Surrogatmodells werden solange wiederholt bis die vorgegebene Anzahl von Zielfunktionsauswertungen (Budget) erreicht ist.

Im Pseudocode von MSPOT (cf. Alg. 1) werden zwei Phasen unterschieden. Phase 1 dient der Berechnung des initialen Designs (Zeile 1–4) und Phase 2 der sequentiellen Verbesserung (Zeile 6–16). In Phase 1 wird das initiale Design erstellt und k_0-mal auf der Zielfunktion ausgewertet. Im Gegensatz zum einkriteriellen Ansatz in SPOT ergibt sich damit nicht jeweils ein skalarer Wert, sondern ein Vektor von Zielfunktionswerten, dessen Länge der Anzahl der optimierten Ziele entspricht.

Phase 2 besteht aus der folgenden Schleife

1. Erstelle ein Modell M für jedes der n Ziele basierend auf den evaluierten Design-Punkten.
2. `Naive`: Erstelle ein (großes) Design $\vec{X}'$ aus l Designpunkten mit Latin Hypercube Sampling und berechne deren Güte $\vec{Y}'$ durch Auswertung auf den Modellen.

Algorithmus 1: MSPOT

```
// Phase 1: Initialdesign:
```
1   O ist das Optimierungsproblem mit d Entscheidungsvariablen und n zu optimierenden Zielen;

2   erstelle ein Initialdesign $\vec{X} := \{\vec{x}^1, \ldots, \vec{x}^m\}$ mit $\vec{x} \in \mathbb{R}^d$ bestehend aus m Punkten;

3   setze $k := k_0$ für die Anzahl der Auswertungen jedes Punktes;

4   **foreach** $\vec{x} \in \vec{X}$ **do**

5   $\quad$ O mit $\vec{x}$ k-mal auswerten um Güte $\vec{y}$ von $\vec{x}$ zu bestimmen, mit $\vec{y} \in \mathbb{R}^n$;

```
// Phase 2: Erstellen, Nutzen und Verbessern der
   Modelle:
```
6   **while** Abbruchkriterium nicht wahr **do**

7   $\quad$ Erstelle Surrogatemodelle $M_i, i \in \{1, \ldots, n\}$, basierend auf $\vec{X}$ und $\vec{Y} := \{\vec{y}_1, \ldots, \vec{y}_m\}$;

```
   // Naive:
```
8   $\quad$ erstelle ein Set $\vec{X}'$ von l neuen Designpunkten mit Latin Hypercube Sampling;

```
   // Elaborate:
```
9   $\quad$ erweitere $\vec{X}'$ um Pareto optimale Punkte aus Optimierer (z.B. SMS-EMOA)

$\quad$ **foreach** $\vec{x}' \in \vec{X}'$ **do**

10 $\quad\quad$ bestimme vorhergesagte Güte des neuen Designs auf jedem Modell mit $\vec{y}' := M(\vec{x}')$;

11 $\quad$ **foreach** $\vec{x} \in \vec{X}$ **do**

12 $\quad\quad$ bestimme vorhergesagte Güte des bekannten Designs $\hat{y} := M(\vec{x})$;

13 $\quad$ wähle a Designpunkte $\vec{X}''$ aus $\vec{X}'$ basierend auf Non-Dominated Sorting Rank und Hypervolumenbeitrag ($a \ll l$) unter Berücksichtigung von $\hat{y}$;

14 $\quad$ **foreach** $\vec{x}'' \in \vec{X}''$ **do**

15 $\quad\quad$ O mit $\vec{x}''$ k-mal auswerten um geschätzte Güte $\vec{y}''$ von $\vec{x}''$ zu bestimmen;

16 $\quad$ Erweitere das Design mit $\vec{X} := \vec{X} \cup \vec{X}''$ und $\vec{Y} := \vec{Y} \cup \vec{Y}''$;

17 Bestimme aus $\vec{Y}$ die Pareto-Front $\vec{P}$;

---

3. Elaborate: Wende einen state-of-the-art Optimierungsalgorithmus (z.B. SMS-EMOA) an, mit $M_i, i \in \{1, ..., n\}$ als mehrkriterielle Zielfunktion.

4. Wähle neue Lösungskandidaten $\vec{X}''$ (mit $a = |\vec{X}''|, a \ll l$) aus den Ergebnissen einer oder beider der vorigen Schritte. Hierfür werden die Kandidaten zuerst nach ihrem Rang aus dem *Non-dominated Sorting* [11] sortiert. Als Tie-Breaker wird der Hypervolumen-Beitrag verwendet. Um sicher zu stellen, dass neue Lösungen nicht zu nah an bereits bekannten Punkten im Lösungsraum liegen, werden die bereits bekannten Punkte auch auf dem Modell evaluiert und bei der Bestimmung des Hypervolumen-Beitrags berücksichtigt.

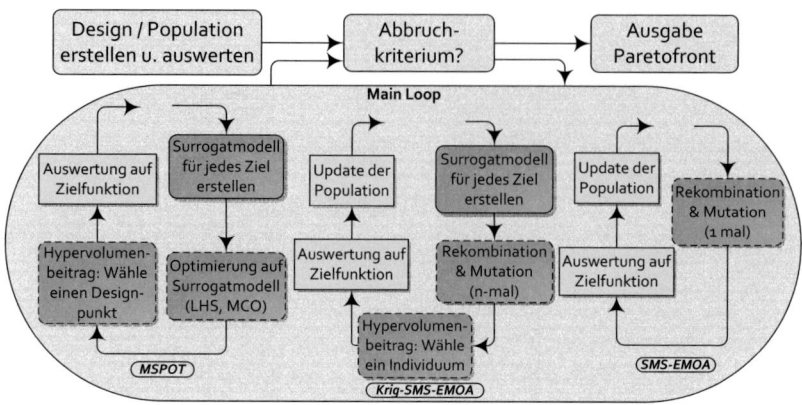

Bild 1: Diagramm der verschiedenen Optimierungsverfahren

5. Die ausgewählten Punkte $\vec{X}''$ werden zum Design hinzugefügt und auf dem Problem $\mathcal{O}$ ausgewertet. Dies wird bis zum Abbruch des Algorithmus wiederholt.

Der MSPOT Zyklus wird in Abb. 1 visualisiert.

Der Ansatz von MSPOT ist keine grundsätzlich neue Idee. Wie bereits in Abschnitt 1 erwähnt, verwenden mehrere andere Verfahren Surrogat-modelle in der Mehrzieloptimierung. Voutchkov und Keane [12] setzen beispielsweise NSGA-II ein um, ähnlich wie MSPOT, neue, vielverspre-chende Lösungen mit verschiedenen Surrogatmodellen zu generieren. Da-bei wird, anders als in MSPOT, der euklidische Abstand verwendet, um eine gleichmäßige Verteilung der Punkte auf der Pareto-Front zu garan-tieren. Jeong and Obayashi [13] betrachten zwar auch alle Ziele getrennt voneinander, nutzen aber nicht die vorhergesagten Erwartungswerte des Modells, sondern die Expected Improvement (EI) jedes einzelnen Modells als Kriterium und verwenden ausschließlich Kriging.

3.2 SMS-EMOA

Die verwendete SMS-EMOA [14] Variante ist eine Implementierung in R von Mersmann[1]. Hier wird in jeder Iteration ein neues Individuum durch Rekombination und Mutation erstellt und ausgewertet. Wenn es einen ent-sprechend höheren Hypervolumen-Beitrag hat, ersetzt das Individuum das bisherige Mitglied der Population mit dem geringsten Beitrag.

---

[1]Verfügbar unter: https://git.p-value.net/emoa.git/plain/examples/sms_emoa.r

3.3 KRIG-SMS-EMOA

Basierend auf dem zuvor beschriebenen SMS-EMOA unterscheidet sich der KRIG-SMS-EMOA Optimierer dahin gehend, dass hier mehrere Individuen in jeder Iteration erstellt werden. Durch Auswertung der Fitnesswerte des Kriging-Modells wird von diesen Individuen dasjenige mit der größten erwarteten Verbesserung bestimmt. Das ausgewählte Individuum wird auf der realen Zielfunktion ausgewertet und bei entsprechender Güte in die Population aufgenommen. Im Gegensatz zum MSPOT Ansatz ist hier vor allem zu beachten, wie die Modelle ausgenutzt werden. Während in MSPOT Latin Hypercube Sampling oder MCO Optimierer genutzt werden, verwendet KRIG-SMS-EMOA die Variationsoperatoren des SMS-EMOA.

4 Versuchsaufbau

Die Optimieralgorithmen werden auf 10 verschiedenen Testfunktionen verglichen, ZDT1 bis ZDT6 und DTLZ1 bis DTLZ4. [15, 16] In vielen Tests wird ZDT5 ausgelassen, da es kein kontinuierliches Problem ist. Da hier allerdings auch Surrogatmodelle wie Random Forest ihre Anwendung finden, sollte auch ZDT5 von Interesse sein.

Die Testfunktionen und ihre Konfiguration sind in Tabelle 1 zusammengefasst. Vor allem bei ZDT1 bis ZDT3 sollte die hohe Dimensionalität des Entscheidungsraums in Zusammenhang mit den sehr kleinen benutzten Budgets zu einem höheren Schwierigkeitsgrad führen. Dabei ist nicht zu erwarten, dass die Optimierer die tatsächliche Pareto-Front innerhalb der erlaubten Zahl von Funktionsauswertungen approximieren können.

Die Einstellungen der verschiedenen Läufe mit MSPOT sind in Tabelle 2 aufgelistet. Da die Zielfunktionen kein Rauschen aufweisen, wurde die Anzahl der Wiederholungen für jeden Designpunkt auf $k = 1$ festgelegt.

Die drei verschiedenen Surrogatmodelle, die eingesetzt werden, sind:

1. **spotPredictForrester** (MSPOT-Krig): Eine Kriging Implementierung in R basierend auf MATLAB Code von Forrester et al. [17]. Ein Nelder-Mead [18] Algorithmus mit bound constraints [19] aus dem `nloptr` R-Paket[2] wird zur internen Parameterbestimmung verwendet.

---

[2]Alle hier verwendeten R-Pakete (z.B. SPOT oder nloptr) sind auf der CRAN Homepage frei verfügbar, i.e. http://cran.r-project.org

Tabelle 1: Auflistung der Testfunktionen. Angegeben sind Such- (d) und Zielraumdimensionen (n). Der Referenzpunkt wird für die Auswertung (Hypervolumenvergleich) und von den Optimierern selbst benutzt.

Function	Dimension (d,n)	Reference Point	Grenzen (low,high)
ZDT1	(30,2)	(11,11)	x_i:(0,1)
ZDT2	(30,2)	(11,11)	x_i:(0,1)
ZDT3	(30,2)	(11,11)	x_1:(0,1) x_i:(-5,5)
ZDT4	(30,2)	(11,200)	x_1:(0,2^{30}) x_i:(0,2^5)
ZDT5	(30,2)	(50,50)	(0,1)
ZDT6	(30,2)	(11,11)	(0,1)
DTLZ1	(7,3)	(1000,1000,1000)	(0,1)
DTLZ2	(12,3)	(11,11,11)	(0,1)
DTLZ3	(12,3)	(1000,1000,1000)	(0,1)
DTLZ4	(12,3)	(11,11,11)	(0,1)

2. **spotPredictRandomForest** (MSPOT-RF): Random Forest Modell aus dem R-Paket `randomForest`, das auf Breiman and Cutler's Fortran Code für Klassifikation und Regression [10] basiert.

3. **spotPredictEarth** (MSPOT-MARS): Multivariate adaptive regression splines (MARS) [9] aus dem R-Paket `earth`.

Die drei Modelle werden mit Standardwerten genutzt. Mit den festgelegten Einstellungen in Tabelle 2 bedeutet dies, dass keine Anpassungen an die Dimensionalität vorgenommen werden. Ausnahmen sind übliche Anpassung in den Prozeduren zur Erstellung der Surrogatmodelle selbst (Parameterschätzung, etc.).

Für das Kriging Modell in KRIG-SMS-EMOA gelten die gleichen Einstellungen wie in MSPOT. Es wird die gleiche Anzahl von Auswertungen auf dem Modell benutzt, wie auch in MSPOT. Alle hier verwendeten Optimierer speichern ein Archiv an Pareto-optimalen Lösungen, das für die finale Auswertung berücksichtigt wird.

Da die Zahl der Funktionsauswertungen in Anlehnung an reale industrielle Optimierungsprobleme sehr klein gehalten werden soll, werden diese auf maximal 250 festgelegt. Es werden also nicht die üblichen mehreren tausend Auswertungen erlaubt.

Parameter	Wert
auto.loop.nevals	250
spot.ocba	FALSE
init.design.size m	50
init.design.repeats k_0	1
seq.design.maxRepeats k	1
seq.design.new.size a	1
seq.design.size a	500
seq.design.oldBest.size	0
seq.predictionModel.func M	"spotPredictForrester" "spotPredictRandomForest" "spotPredictEarth"
seq.predictionOpt.budget	1000
seq.predictionOpt.method	"sms-emoa"

5 Ergebnisanalyse

Die Ergebnisse der Experimente werden in Abb. 2 dargestellt. Wie bereite eingangs vermutet wurde, werden die niedrig dimensionalen Instanzen von ZDT1 annähernd gelöst, während bei fast allen anderen der Abstand zum optimalen Hypervolumen recht groß ist. Generell lässt sich beobachten, dass SMS-EMOA ohne Surrogatmodell, wie zu erwarten, am schlechtesten abschneidet. Fast immer ähnliche Ergebnisse wie SMS-EMOA liefert MSPOT-RF.

Die Ausnahme von dieser Regel bildet vor allem DTLZ2, wo MSPOT-RF nicht nur deutlich besser als SMS-EMOA ist, sondern auch alle anderen Ansätze hinter sich lässt. Für diesen Fall lässt sich an der Verteilung der gefundenen Pareto-Front erkennen, dass MSPOT-RF vor allem Randpunkte findet und damit die Ränder der Front bereits recht gut approximiert. Es werden aber nur selten Punkte in der Mitte der Pareto-Front gefunden.

Des Weiteren zeigen sowohl MSPOT-Krig als auch MSPOT-MARS oft ähnlich gute Ergebnisse, wobei MSPOT-Krig fast immer am besten oder an zweiter Stelle abschneidet, während MSPOT-MARS in einigen Fällen (z.B. DTLZ1 und DTLZ3) sogar die schlechtesten Ergebnisse liefert. Über alle Funktionen zeigt MSPOT-Krig damit die robustesten Ergebnisse und sollte somit als Methode der Wahl gelten. Typischerweise scheint KRIG-SMS-EMOA zwischen MSPOT-Krig und SMS-EMOA zu liegen. Dabei scheint die Art der Modellausnutzung in MSPOT zuverlässiger gu-

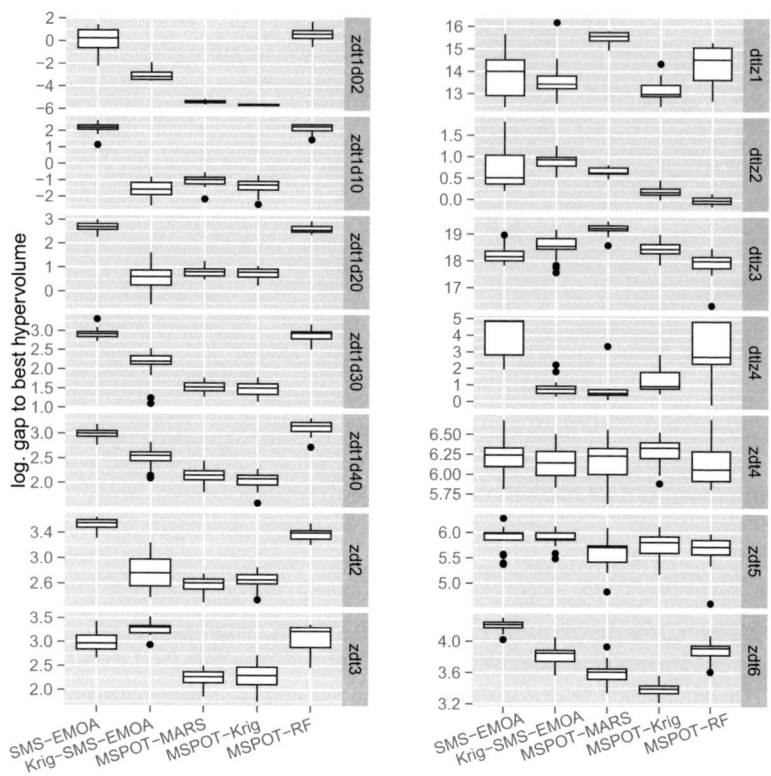

Bild 2: Boxplots: Log. des Abstandes zum optimalen Hypervolumen. Kleinere Werte sind besser.

te Ergebnisse zu liefern, da KRIG-SMS-EMOA in einigen Fällen auch schlechtere Ergebnisse liefert (z.B. ZDT3, DTLZ2).

Weiter ist zu erkennen, dass die verschiedenen Dimensionen bei ZDT1 zumindest ähnliches Verhalten der benutzten Verfahren zeigen. Dabei ergeben sich für die Dimensionen 2, 30 und 40 recht ähnliche Muster, bei denen MSPOT-Krig vorne liegt. Signifikanz zeigt sich aber vor allem bei der zweidimensionalen Instanz. Eine starke Änderung des Verhaltens bei höheren Dimensionen lässt sich nicht erkennen.

Zudem zeigt Abbildung 3 auszugsweise die Entwicklung der Gütewerte über den Optimierungsverlauf. Für ZDT1 kann MSPOT-MARS nach anfänglich deutlichem Rückstand ähnlich gute Werte erreichen wie MSPOT-Krig. Für ZDT6 hingegen ist zu erkennen, dass die Relationen kaum verändert werden, während auch der Gesamtfortschritt im abgebildeten Be-

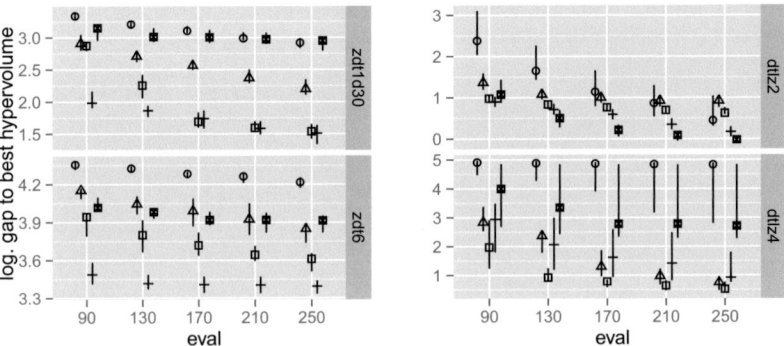

solver ○ SMS-EMOA △ Krig-SMS-EMOA □ MSPOT-MARS + MSPOT-Krig ⊠ MSPOT-RF

Bild 3: Log. des Abstandes zum optimalen Hypervolumen für ausgewählte Zielfunktionen, zu verschiedenen Zeitpunkten während der Optimierung. Angegeben sind jeweils die erreichten Werte nach `neval` Funktionsauswertungen. Die Markierungen zeigen den Median, die Balken den Quartilsabstand.

reich nicht sehr groß ist. In anderen Fällen (DTLZ4) hingegen kann vor allem KRIG-SMS-EMOA die Lücke zu dem jeweils besten Ansatz langsam schließen. SMS-EMOA kann zwar auch in einem Fall nach anfänglichem Rückstand wieder aufholen (DTLZ2). Andererseits zeigt SMS-EMOA auf DTLZ4 kaum Verbesserung des Median, obwohl einzelne Läufe durchaus in bessere Regionen vorstoßen können.

Neben der erzielten Lösungsgüte ist auch die Zeit für einen Optimierlauf zu beachten. Die durchschnittlich gemessenen Zeiten für einen Durchlauf sind in Tabelle 3 zu finden. Dabei ist klar, dass die Laufzeit des surrogatmodell-freien SMS-EMOA keine Rolle spielt und deshalb auch nicht in der Tabelle gelistet ist. Bei realen, zeitintensiven Anwendungen wäre dieser Wert allerdings, aufgrund der in Relation zu den anderen Optimierern häufigen und dann sehr langen Auswertungszeiten der Zielfunktion, am größten.

Von den anderen Ansätzen ist MSPOT-MARS am schnellsten, MSPOT-RF etwas langsamer und beide Ansätze mit Kriging die langsamsten. Dabei steigt auch der Zeitbedarf der Kriging-Ansätze mit höherer Dimensionalität des Suchraumes am stärksten.

Eine offensichtliche Abweichung des Musters ist, dass auf DTLZ1 MSPOT-MARS im Schnitt langsamer als MSPOT-RF ist. Gleichzeitig ist in diesem Fall auch die Güte von MSPOT-MARS besonders schlecht. Diese Zielfunktion scheint für MARS schwerer und auch langwieriger zu modellie-

Tabelle 3: Zeitbedarf der verschiedenen Optimierer. Zeit in Stunden angegeben. Die Zeitmessung der SMS-EMOA wird in dieser Tabelle ausgelassen, da sich diese außer Konkurrenz in einem Bereich von wenigen Sekunden bewegt. In Klammern ist die Standardabweichung angegeben.

	KRIG-SMS-EMOA	MSPOT-MARS	MSPOT-Krig	MSPOT-RF
ZDT1d02	3.70 (0.13)	**0.49 (0.04)**	2.59 (0.11)	2.62 (0.12)
ZDT1d10	8.26 (0.40)	**0.79 (0.041)**	7.16 (0.41)	2.38 (0.30)
ZDT1d20	15.26 (0.94)	**1.29 (0.06)**	14.41 (0.88)	2.54 (0.16)
ZDT1d30	24.68 (0.74)	**1.80 (0.10)**	23.03 (0.68)	2.53 (0.20)
ZDT1d40	32.57 (4.03)	**2.23 (0.10)**	30.96 (3.12)	2.64 (0.17)
ZDT2d30	24.75 (0.55)	**2.27 (0.13)**	23.14 (0.55)	2.55 (0.25)
ZDT3d30	25.05 (0.50)	**1.57 (0.09)**	22.66 (0.86)	2.60 (0.22)
ZDT4d10	8.32 (0.35)	**0.70 (0.05)**	6.89 (0.26)	2.56 (0.29)
ZDT5d11	8.67 (0.36)	**0.64 (0.07)**	7.18 (0.39)	2.53 (0.26)
ZDT6d10	8.47 (0.27)	**0.73 (0.04)**	7.32 (0.18)	2.56 (0.29)
DTLZ1d7	8.29 (0.36)	4.03 (1.38)	6.94 (0.17)	**3.33 (0.25)**
DTLZ2d12	14.35 (0.38)	**1.93 (0.73)**	12.51 (0.42)	3.47 (0.15)
DTLZ3d12	13.88 (0.56)	**2.30 (0.90)**	12.15 (0.30)	3.38 (0.22)
DTLZ4d12	14.59 (0.29)	**1.60 (0.89)**	12.35 (0.36)	3.58 (0.33)

ren. Auch die Güte auf DTLZ3 ist mit MSPOT-MARS sehr schlecht. Dort ist MSPOT-MARS zwar nicht langsamer als MSPOT-RF, zeigt aber die zweit langsamste Zeit für MSPOT-MARS insgesamt. Lange Laufzeiten scheinen für MARS mit schlechter Güte zu korrelieren.

Für die Wahl der Methode ist also hier auch der Zeitbedarf entscheidend. Für sehr teure bzw. zeitaufwendige Zielfunktionen ist MSPOT-Krig zu empfehlen, während nicht ganz so kostenintensive Zielfunktionen möglicherweise auch mit MSPOT-MARS gut zu lösen sind, vor allem wenn der Zeitbedarf das aufwendigere MSPOT-Krig nicht zulässt. Dabei lässt sich der Zeitbedarf nicht nur durch die Wahl des Modells beeinflussen. Unter anderem kann die Anzahl der Auswertungen auf dem Modell (hier jeweils 1500) den Zeitbedarf verändern. Für den Kriging Ansatz lässt sich des Weiteren auch das Budget für die interne Parameterschätzung anpassen, um den Zeitbedarf zu verändern. Derartige Änderungen hätten auch einen entsprechenden Einfluss auf die Güte der Ergebnisse.

6   Zusammenfassung und Ausblick

Als Zusammenfassung der Ergebnisse werden im folgenden die in Abschnitt 2 gestellten Fragen beantwortet.

I   **Lassen sich auch bei stark beschränktem Budget Verbesserungen mit einem Surrogatmodell gegenüber einem klassischen Ansatz erreichen?**
Es zeigt sich, dass von Surrogatmodellen unterstützte Ansätze für die mehrkriterielle Optimierung (MSPOT) wie erwartet von Vorteil sind. Die Pareto-Fronten der meisten getesteten Funktionen lassen sich zwar auf Grund des beschränkten Budgets und der hohen Suchraumdimension nicht gut approximieren, trotzdem erlauben die Surrogatmodelle zumindest eine Verbesserung der Güte.

II   **Gibt es bestimmte Umstände die den Einsatz eines Surrogatmodelles unprofitabel machen?**
In einem Fall (ZDT4) zeigt keines der getesteten Ansätze mit Surrogatmodell Vorteile gegenüber der einfachen SMS-EMOA. Hier ist also zumindest bei dem vorliegenden Budget nicht zu empfehlen, die rechnerisch aufwendigeren Modelle einzusetzen. Dies gilt aber nur für den Einsatz auf Zielfunktionen mit geringen Auswertungszeiten.

III   **Welchen Einfluss haben unterschiedliche Typen von Surrogatmodellen?**
Die Wahl des Modells scheint meist auf Kriging zu fallen, obwohl einzelne Funktionen mit Random Forest (DTLZ2, DTLZ3) oder MARS (ZDT2, DTLZ4) besser zu lösen sind.

IV   **Welchen Einfluss hat die Dimension des Suchraumes?**
Die Dimension des Suchraumes hat für ZDT1 einen klaren Einfluss auf die Güte der Ergebnisse. Es lässt sich in allen Instanzen von ZDT1 erkennen, dass MSPOT-MARS, KRIG-SMS-EMOA und MSPOT-Krig die besten Resultate liefern. Die Varianz der gefundenen Ergebnisse ist dabei für $d = 2$ am geringsten.

V   **Wie unterscheidet sich der Rechenaufwand der verschiedenen Ansätze?**
Die Unterschiede im Rechenaufwand sind signifikant und sollten bei der Wahl des Modells berücksichtigt werden. Besonders zu beachten ist, dass der Rechenaufwand für höhere Dimensionen des Suchraumes schlechter skaliert als bei den anderen Ansätzen, dafür aber die

im Schnitt bessere Güte erzielt. Nur wenn die Zielfunktion kostengünstig und schnell auszuwerten ist, ist keines der Modelle zu empfehlen, da hier ein SMS-EMOA Lauf mit größerem Budget vermutlich bessere Ergebnisse in gleicher Zeit oder ähnliche Ergebnisse in weniger Zeit erzielen kann.

Die Ergebnisse zeigen, dass die Performanz der Modelle von den zugrundeliegenden Zielfunktionen abhängt. Daher werden wir bei den weiteren Versuchen Ensemble-Ansätze heran zu ziehen. So kann beispielsweise der MSPOT Ansatz soweit abgeändert werden, dass mehrere Modelltypen verwendet werden, wobei jedem erlaubt wird einen neuen Punkt für die nächste Auswertung vorzuschlagen.

Auch sollte der hier präsentierte MSPOT Ansatz mit anderen relevanten Einfügekriterien auf diesen Problemen verglichen werden. So könnten in SPOT auch Kriterien wie Hypervolume Expected Improvement [5], oder ähnliche Ansätze implementiert werden, die die verschiedenen Ziele aggregieren und/oder die geschätzte Varianz berücksichtigen. Hier ist aber auch eine weitere Steigerung des rechnerischen Aufwandes zu erwarten.

In weiteren Untersuchungen sollen diese Methoden vor allem auf realen Problemen angewendet werden, um die praktische Relevanz der Ergebnisse zu überprüfen. Da reale Probleme oft mehr als nur zwei Ziele haben, ist auch eine Erhöhung der Suchraumdimension von weiterem Interesse. Für die einleitend erwähnte Optimierung eines Staubabscheiders sind zum Beispiel vier bis zehn Ziele von unterschiedlicher Relevanz zu beachten.

Literatur

[1] Bartz-Beielstein, T.; Parsopoulos, K. E.; Vrahatis, M. N.: Design and analysis of optimization algorithms using computational statistics. *Applied Numerical Analysis and Computational Mathematics (ANACM)* 1 (2004) 2, S. 413–433.

[2] Jin, Y.: A comprehensive survey of fitness approximation in evolutionary computation. *Soft Computing* 9 (2005) 1, S. 3–12.

[3] Knowles, J. D.; Nakayama, H.: Meta-Modeling in Multiobjective Optimization. In: *Multiobjective Optimization*, S. 245–284. Springer. 2008.

[4] Knowles, J.: ParEGO: A hybrid algorithm with on-line landscape approximation for expensive multiobjective optimization problems. *IEEE Transactions on Evolutionary Computation* 10 (2006) 1, S. 50–66.

[5] Emmerich, M.: *Single- and Multi-objective Evolutionary Design Optimization: Assisted by Gaussian Random Field Metamodels*. Dissertation, Universität Dortmund, Germany. 2005.

[6] Ponweiser, W.; Wagner, T.; Biermann, D.; Vincze, M.: Multiobjective Optimization on a Limited Budget of Evaluations Using Model-Assisted -Metric Selection. In: *PPSN*, S. 784–794. 2008.

[7] Wagner, T.; Emmerich, M.; Deutz, A.; Ponweiser, W.: On expected-improvement criteria for model-based multi-objective optimization. *Parallel Problem Solving from Nature–PPSN XI* (2010), S. 718–727.

[8] Zaefferer, M.; Bartz-Beielstein, T.; Friese, M.; Naujoks, B.; Flasch, O.: Multi-Criteria Optimization for Hard Problems under Limited Budgets. In: *GECCO Companion '12: Proceedings of the fourteenth international conference on Genetic and evolutionary computation conference companion* (Soule, T.; et al., Hg.), S. 1451–1452. Philadelphia, Pennsylvania, USA: ACM. ISBN 978-1-4503-1178-6. 2012.

[9] Friedman, J. H.: Multivariate adaptive regression splines. *Ann. Stat.* 19 (1991) 1, S. 1–141.

[10] Breiman, L.: Random Forests. *Machine Learning* 45 (2001) 1, S. 5 –32.

[11] Deb, K.: *Multi-Objective Optimization using Evolutionary Algorithms*. New York NY: Wiley. 2001.

[12] Voutchkov, I.; Keane, A.: Multiobjective Optimization Using Surrogates. In: *Adaptive Computing in Design and Manufacture ACDM*, S. 167–175. ISBN 0-9552885-0-9. 2006.

[13] Jeong, S.; Obayashi, S.: Efficient global optimization (EGO) for multi-objective problem and data mining. In: *IEEE Congress on Evolutionary Computation* (Corne, D.; et al., Hg.), S. 2138–2145. IEEE. ISBN 0-7803-9363-5. 2005.

[14] Beume, N.; Naujoks, B.; Emmerich, M.: SMS-EMOA: Multiobjective selection based on dominated hypervolume. *European Journal of Operational Research* 181 (2007) 3, S. 1653–1669.

[15] Zitzler, E.; Deb, K.; Thiele, L.: Comparison of Multiobjective Evolutionary Algorithms: Empirical Results. *Evolutionary Computation* 8 (2000) 2, S. 173–195.

[16] K. Deb, L. Thiele, M. L.; Zitzler, E.: Scalable Test Problems for Evolutionary Multi-Objective Optimization. Technical Report 112, Institut für Technische Informatik und Kommunikationsnetze, ETH Zürich, Zürich. 2001.

[17] Forrester, A.; Sobester, A.; Keane, A.: *Engineering Design via Surrogate Modelling*. Wiley. 2008.

[18] Nelder, J.; Mead, R.: A simplex method for function minimization. *Computer Journal* 7 (1965) 4, S. 308–313.

[19] Box, M. J.: A New Method of Constrained Optimization and a Comparison With Other Methods. *The Computer Journal* 8 (1965) 1, S. 42–52.

Identifikation aerodynamischer Strömungsstörungen mittels multidimensionaler Vibrationsmessung an Turboverdichtern

Franz Dietel   Jens Jäkel

Fakultät Elektrotechnik
und Informationstechnik
Postfach 30 11 66
04251 Leipzig
Tel. (0341) 30761275

E-Mail: dietel@ftz.htwk-leipzig.de

1. Einleitung

Für die Verdichtung großer Gasvolumenströme werden in der Regel Turboverdichter eingesetzt. Der Betriebsbereich dieser Verdichter ist dabei begrenzt. Eine in der Praxis besonders relevante Begrenzung stellt die Pumpgrenze dar. Überschreitet der Arbeitspunkt des Verdichters den durch die Pumpgrenze begrenzten Betriebsbereich, kommt es zu einer zyklischen Rückströmung des Gases in Richtung der Quelle. Diese aerodynamische Strömungsstörung wird auch Pumpen genannt. Die für die Verdichtung bestimmte Energie wird in diesem Fall auf die Mechanik der Anlage umgesetzt und kann zu ihrer Zerstörung führen.

Um ein Pumpen zu vermeiden hat sich im industriellen Einsatz vor allem die Strategie der Betriebsbereichsbegrenzung durchgesetzt. Das heißt der Arbeitspunkt der Anlage wird immer in großem Abstand zur Pumpgrenze gehalten. Gerade für Prozesse mit dynamischer Gasmengenabnahme muss zum Einhalten dieses Abstandes zeitweise bereits verdichtetes Gas ausgeblasen werden. Eine Vergrößerung des Betriebsbereiches verringert solche Ausblasverluste und ermöglicht dadurch eine energieeffizientere Regelung der Anlage.

Um den Betriebsbereich von Turboverdichtern vergrößern zu können, ist jedoch ein wirksamer Erkennungsmechanismus für die gefährlichen aerodynamischen Strömungsstörungen notwendig. Der Einsatz eines solchen Erkennungsmechanismus ermöglicht der Regelung direkt auf das gefährliche

Ereignis zu reagieren und es muss nicht präventiv der Regelbereich eingeschränkt werden.

Die industriell etablierte Zustandsüberwachung konzentriert sich heute auf die Messung der thermodynamischen Zustandsgrößen (Volumen- oder Massenstrom, Druck, Temperatur). Allerdings sind diese Messungen in der Regel mit signifikanten Totzeiten behaftet und damit im nichtstationären Betrieb für die rechtzeitige Erkennung der aerodynamischen Strömungsstörungen nicht geeignet.

Eine genaue Modellierung der Druckverhältnisse bei Eintreten einer aerodynamischen Strömungsstörung ist mit dem Moore-Greitzer-Modell möglich 1 . Mit diesem Modell konnten Erkennungsmechanismen entwickelt werden, die auf der Messung von Druckfeldern im Inneren des Verdichters basieren 2 . In der industriellen Praxis haben sich solche Methoden jedoch aufgrund der zusätzlich benötigten aufwändigen Sensorik noch nicht durchgesetzt.

In 3 untersuchen wir die Möglichkeit der Erkennung aerodynamischer Strömungsstörungen mittels Vibrationsmessung. Diesem Ansatz liegt die Idee zugrunde, dass Druckschwankungen im Inneren des Verdichters örper-schallwellen induzieren, die durch entsprechende Sensoren erfasst werden können. Durch die Schallleitung des Gehäuses sind die Vibrationssensoren nahezu frei auf dem Gehäuse platzierbar. Dieser Vorteil ist gleichzeitig die größte Schwierigkeit bei der Zustandserkennung anhand von Vibrationsdaten, da örperschall aus anderen Anlagenteilen dem interessierenden Signal als Störung überlagert sein kann. Eine weitere Schwierigkeit besteht darin, dass der Zusammenhang zwischen den induzierenden Druckschwankungen und dem gemessenen örperschallsignal in starkem Maße durch das Übertragungsverhalten des Gehäuses beeinflusst ist. Der wichtigste Vorteil dieses Ansatzes besteht darin, dass die Vibrationsaufnehmer selbst im Betrieb der Anlage einfach und kostengünstig anzubringen sind. Damit ist eine wichtige Voraussetzung für einen industriellen Einsatz gegeben.

Das somit prinzipiell zu lösende Problem, aus den Messsignalen des oder der Vibrationssensoren den aerodynamischen Zustand, insbesondere Instabilitäten wie das Pumpen und nach Möglichkeit so genannte Vorläufer davon, rechtzeitig zu erkennen, ist eine akustische Mustererkennungsaufgabe.

Im folgenden Abschnitt wird diese Mustererkennungsaufgabe näher charakterisiert und ein für Multisensor-Systeme geeigneter prinzipieller Lösungsansatz vorgestellt. Die einzelnen omponenten dieses Lösungsansatzes fügen etablierte Signalverarbeitungskomponenten zusammen, die in apitel 3 aus der Sicht des aktuellen Stands der Technik betrachtet werden.

Die in diesem Beitrag vorgestellten Entwicklungen werden auf Grundlage realer Messdaten durchgeführt, die in apitel 4 näher erläutert werden. Ausgehend von Standardkomponenten der Signalverarbeitung sowie unter Verwendung einer neuartigen Modellierung im Spektralbereich von Signalen wird in apitel 5 ein kompletter Algorithmus zur Erkennung von Strömungs- störungen anhand von Vibrationsdaten vorgestellt. In apitel 6 wird ein Auszug von Ergebnissen gegeben und diese diskutiert.

Schließlich gibt apitel 7 eine Zusammenfassung sowie einen Ausblick auf weitere Forschungsarbeiten.

. u te e ennung u ten u i n

Aus dem großen Informationsgehalt der Sensorsignale müssen systematisch die für die Fehlererkennung relevanten Informationen extrahiert werden. Ein Erkennungssystem besteht dabei in der Regel aus drei Teilen 4 .

Genauer untergliedert sich ein solches Design in

1. die Aufnahme und Vorverarbeitung von Messdaten,
2. die Berechnung von abstrakten Merkmalen und
3. die Zuordnung von Merkmalen zu Fehlerzuständen (Entscheidung, lassifikation).

Dabei gibt es die Möglichkeit, dass die Bausteine des Algorithmus auf ex- plizite Systemmodelle zurückgreifen. Ein modellfreier Ansatz benötigt da- gegen keine weiteren Anlagendaten. Bei einem solchen Ansatz ist das Systemmodell implizit durch den Algorithmus vorgegeben. Die allgemeine Lösung eines Problems wird durch einen solchen modellfreien Ansatz erreicht, was für die Eigenschaften des Algorithmus von großem Vorteil ist. Tschöpe 5 beschäftigt sich ausführlich mit dem Aufbau eines akustischen Prüfsystems und möglicher Verknüpfungen multidimensionaler Sensordaten in dem dreistufigen Standardkonzept. Die utzung von mehreren Sensoren hat den Vorteil, dass die Systemzuverlässigkeit und Robustheit gesteigert werden kann.

Abbildung 1 verallgemeinert und visualisiert das beschriebene Vorgehen.

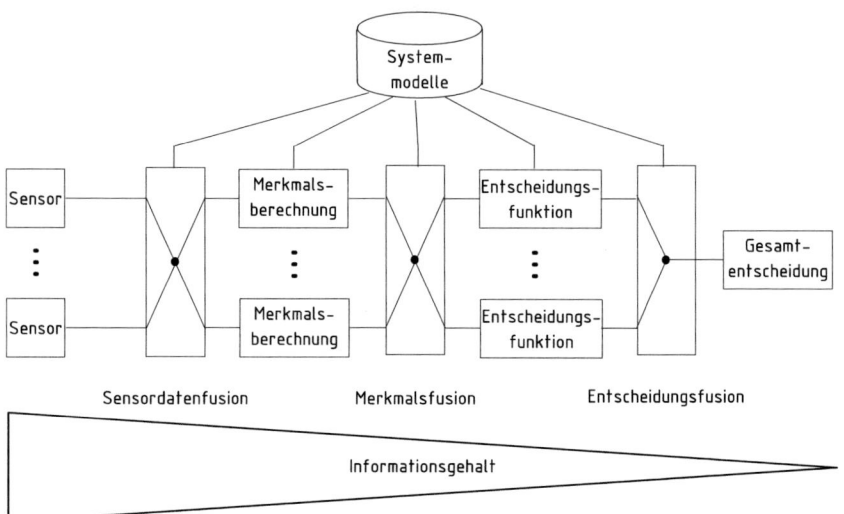

il ung 1 Signalanalyse vom Sensorsignal bis zur Entscheidungsfindung

Im ersten Schritt werden zum Zeitpunkt t physikalische Zustände (hier Vibrationen) des zu untersuchenden bjektes (hier Turboverdichter) durch Sensoren erfasst und in Form von digitalen Sensorsignalen einem Rechensystem zugeführt. Alle diese Sensorsignale ergeben zusammen den Vektor $\vec{s}(t)$. Die Sensordatenfusion stellt eine Verknüpfung der Sensordaten dar. Dabei werden die Messwerte einzelner Sensoren gegeneinander abgeglichen und eventuell Messfehler direkt korrigiert. In die Verknüpfung können auch bereits Systemmodelle einfließen. Ein Beispiel für eine Sensordatenfusion ist die Überlagerung gleichartiger Sensordaten mit dem Ziel der Reduktion des Messrauschens. Die aufbereiteten Sensordaten repräsentieren gegebenenfalls mehrere physikalische Größen, die an der Anlage gemessen wurden und werden mit dem Vektor $\vec{s}_f(t)$ bezeichnet.

Im zweiten Schritt werden aus den Daten $\vec{s}_f(t)$ Merkmale extrahiert. Diese Merkmale repräsentieren Eigenschaften des untersuchten bjektes, die abstrakter atur oder nicht direkt zu messen sind.

Aus einem Vektor $\vec{s}_f(t)$ ist die Berechnung einer Menge von Merkmalen $\vec{m}(t)$ möglich, wobei ein Element der Sensordaten auch die Grundlage für mehrere Merkmale darstellen kann. Analog zu dem Prinzip der Sensordatenfusion erfolgt die Fusion von Merkmalen mit dem Ziel einer gegenüber Fehlern und Rauschen robusteren Signalanalyse.

Im letzten Schritt erfolgen mittels lassifikation auf Grundlage der Merkmale $\bar{m}_f(t)$ automatisierte Entscheidungen über den Fehlerzustand des überwachten bjektes. Dies geschieht mit einer Entscheidungsfunktion. Gegebenenfalls kann die Entscheidung über einen Fehlerzustand durch mehrere riterien beschrieben werden. Eine Beurteilung des Fehlerzustandes ist in diesem Fall nur anhand der Bewertung mehrerer Entscheidungsfunktionen möglich, deren Einzelentscheidungen $^-(t)$ mittels einer Entscheidungsfusion zu einer Gesamtentscheidung (t) zusammengefasst werden.

. t n e e ni

Die in apitel 2 beschriebene Signalanalyse erlaubt eine starke Modularisierung von Analysealgorithmen. Bekannte Verfahren können dadurch vielfältig kombiniert werden, um optimale Erkennungsresultate zu erreichen. Dabei ist es sinnvoll, den Entwurf in Richtung des Signalflusses zu durchzuführen.

Unter Sensordatenfusion wird in der Literatur oftmals die Verknüpfung verschiedenartiger Sensorsignale verstanden. Angewendet wird sie z.B. bei der Verknüpfung von Tacho- und Vibrationsdaten für zeitsynchrone Mittelungsmethoden 6 . Seltener taucht dieser Begriff im Zusammenhang mit gleichartigen, verteilten Sensoren auf. Ein Beispiel für die Datenfusion verteilter Sensoren stellen onsensfilter dar 7 . Dieses Verfahren funktioniert dann besonders gut, wenn die Signale der verteilten Sensoren weitgehend in Phase sind. Dieser Umstand wird jedoch bei der beliebigen Verteilung von Sensoren auf einem Maschinengehäuse nur selten der Fall sein.

Eine andere Art der Sensorfusion nutzen Tjepkema et al für ein Verfahren zur aktiven Vibrationsstabilisation. Ihr Analysesystem verknüpft tiefpassgefilterten Beschleunigung- und hochpassgefilterten raftsignale. Auch vor dem intergrund verteilter Vibrationsmessungen an Verdichtern ist es denkbar, dass Sensoren an unterschiedlichen Punkten der Maschine bestimmte Signalfre uenzen unterschiedlich gut detektieren. Dieser Umstand konnte jedoch bisher noch nicht in einer systematischen Untersuchung nachgewiesen werden und wird Gegenstand weiterer Forschungen bleiben.

Die Berechnung von Signalmerkmalen erfolgt zumeist auf statistischer Basis im Zeit- oder Fre uenzbereich des Signals. Merkmale, die in der Analyse von Vibrationsdaten immer wieder zum Einsatz kommen, sind z.B. die Varianz, der lirrfaktor oder die urtosis. Eine Übersicht über solche Merkmale geben ang et al. .

Ein neues Merkmal zur Untersuchung der Vibrationsdaten von rotierenden Maschinen leitet sich aus der Modellierung der Fre uenzdarstellung des Signals ab. In 10 zeigen wir, dass dieses Merkmal besonders zur Erkennung von Fehlern in rotierenden Maschinen geeignet ist.

Die Bestimmung von Signalmerkmalen alleine ermöglicht jedoch noch keine automatische Erkennung aerodynamischer Strömungsstörungen. Diese muss durch lassifikatoren geschehen, die jedoch in der Regel mit Trainingsdaten an ihren Einsatz angepasst werden müssen. Da im praktischen Einsatz keine Daten über Fehlerzustände vorliegen, können für dieses Training nur Daten aus dem ormalbetrieb in Frage kommen.

Als lassifikatoren eignen sich so genannte Anomaliedetektoren. Einen ausführlichen Überblick über Anomaliedetektoren gibt Bartkowiak 11 . In 3 nutzen wir für diese Anomaliedetektion künstliche Immunsysteme mit negativer Selektion.

. e ten

Die aktuelle Technik bietet eine Vielzahl möglicher Analysen von Vibrationsdaten. Um ihre Eignung zur Erkennung aerodynamischer Strömungsstörungen unter praktischen Gesichtspunkten zu überprüfen, wurden Messungen an einem drehzahlgesteuerten radialen Turboverdichter durchgeführt.

Bei diesen Messungen wurden je zwei Vibrationsaufnehmer am Gehäuse des Verdichters über dem Laufrad angebracht. Ein weiterer anal enthält Vibrationsdaten, die an der Gaszuleitung des Verdichters gemessen wurden. Alle Vibrationsdaten liegen mit einer Abtastrate von 51,2 k z vor.

In einer ersten Messung wurde der Verdichter mit hoher Rotorgeschwindigkeit in einen Pumpzyklus gebracht. Eine zweite Messung wurde bei geringerer Rotorgeschwindigkeit durchgeführt, wobei es ebenfalls zu einem Pumpzyklus kam. Bei einer dritten Messung wurde die Rotorgeschwindigkeit des Verdichters variiert, ohne dass eine aerodynamisch kritische Situation vorlag.

. e ni e e li ie ung

Grundsätzliche Überlegungen zum Aufbau einer Signalanalyse für Vibrationsdaten von Turboverdichtern wurden in apitel 2 und apitel 3 getroffen. elche Merkmale und lassifikationsverfahren sich als vorteilhaft erweisen, zeigt die Analyse realer Messdaten.

Dabei ist nach unseren Erkenntnissen insbesondere die urtosis als statistisches Merkmal geeignet.
Diese wird mit der Berechnungsvorschrift

$$ = \frac{\sum_{=1}(- ^{-})^4}{\left[\sum_{=1}(- ^{-})^2\right]^2} $$

aus einer Stichprobe der Größe geschätzt. Dabei darf die Stichprobe nicht zu klein gewählt werden. Bei dem dargestellten experimentellen Vorgehen wurden Stichproben mit den jeweils letzten 50000 erten dem Vibrationssignal entnommen. Die Auswertung einer Stichprobe erfolgt dabei durch Überlagerung alle 20 ms. Da die urtosis auch vom Betriebszustand des Verdichters abhängig ist, erfolgt eine Erweiterung dieses Merkmals um eine Trendanalyse. Dafür wird von der Schätzung der urtosis am aktuellen Zeitschritt ein längerfristiger Mittelwert vergangener Zeitschritte abgezogen.

Ein zweites für die Analyse geeignetes Merkmal stellt das Verfahren der spektralen Modellierung (spectrum modeling framework feature SMF-Merkmal) dar. Das fünfstufige Verfahren wird in 10 vorgestellt und hat zunächst viele Freiheitsgrade. Den Signalfluss einer beispielhafte Umsetzung des Verfahrens, welche bereits erfolgreich zur Extraktion von Merkmalen aus Vibrationsdaten implementiert und angewendet wurde, zeigt Abbildung 2.

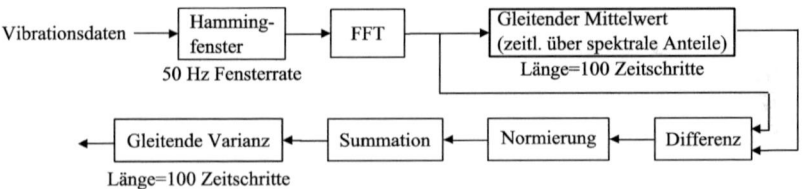

il ung Signalmerkmal auf Basis spektraler Modellierung

Im ersten Schritt werden die Vibrationsdaten in ein Spektrogramm (,) mit dem Spektralanteil und dem Zeitschritt überführt. Pro Sekunde ergeben sich so 50 um 50 überlappende Datenfenster. Die Transformation in den Fre uenzbereich erfolgt mittels schneller Fourier Transformation (FFT). Für jeden spektralen Anteil des Signals wird der gleitende Mittelwert auf Grundlage der letzten 100 Zeitschritte ermittelt. Das Ergebnis ist ein mittelwertgefiltertes Spektrogramm $^{-}(,)$. Schnelle nderungen des Spektrogramms werden in der gefilterten Variante $\hat{}(,)$ gedämpft. Die Differenz $\Delta (,) = (,) - \hat{}(,)$ betont schnelle nderungen der harmonischen Signalstruktur. Mittels ormierung nach der Vorschrift

$$(,) = \begin{cases} \dfrac{\Delta (,)}{(,)} & \text{wenn } \Delta (,) > 0 \\[2ex] \dfrac{\Delta (,)}{\hat{}(,)} & \text{sonst} \end{cases}$$

wird die Differenz der Spektrogramme in das Intervall $[-1\,1]$ skaliert.

Die Zusammenfassung der einzelnen spektralen Anteile zu einem eindimensionalen Signal geschieht durch Summation. e größer der Betrag dieser Summe ( ) ist, umso stärker hat sich das Spektrogramm gegenüber dem vorhergehenden Zeitschritt geändert. äufige und starke nderungen dieser Summe gelten dabei als Indikator einer aerodynamischen Strömungsstörung. Die Varianz einer Stichprobe von Summen ( ) repräsentiert dabei die Intensität dieser nderungen. Dieser Überlegung entsprechend wird ein gleitender Varianzfilter eingesetzt, um schließlich das SMF-Merkmal zu berechnen.

Durch die Messung mit drei Vibrationssensoren werden zu jedem Zeitpunkt insgesamt sechs Merkmale berechnet. Die Merkmalsfusion hat nun die Aufgabe, die Dimension des Merkmalsvektors zu reduzieren. Da für die Merkmale nur zwei Berechnungsgrundlagen angewendet werden, können jeweils die drei urtosis- und drei SMF-Merkmale in Form eines Mittelwertes zusammengefasst werden. Dadurch verringert sich die Dimension des Merkmalsvektors wieder auf zwei.

Der zeitliche Verlauf des Merkmalsvektors ergibt eine Trajektorie im so genannten Merkmalsraum. Verlässt diese Trajektorie den durch den ormalbetrieb vorgegeben Bereich, spricht man von einer Anomalie. Mittels geeigneter lassifikatoren (auch Anomaliedetektoren) wird der ormalbereich im Merkmalsraum beschrieben. Das von uns gewählte Vorgehen stützt sich auf dem Prinzip künstlicher Immunsysteme (AIS) mit negativen Selektion. Der nicht durch den ormalbetrieb definiert Bereich wird dabei mit so genannten V-Detektoren abgedeckt 12 . enn die Merkmalstrajektorie im Betrieb des Verdichters einen solchen Detektor durchläuft oder berührt wird von einer Anomalie (also einer aerodynamischen Strömungsstörung) ausgegangen. Die Erzeugung der V-Detektoren erfolgt nach einem Potentialfeldansatz, welchen wir in 3 beschreiben.

. E ge ni e un   i u i n

In diesem Abschnitt zeigen wir einige der erzielten Ergebnisse und diskutieren diese.
Abbildung 3 stellt das SMF-Merkmal, berechnet aus den Messdaten eines Sensors, dar. Die Merkmale sind für die Darstellung auf das Intervall [0 1] skaliert. Für Messung 1 sind aerodynamische Störungen in den Bereichen von 66- s, 113-147 s und 170-1 6 s bereits deutlich aus dem Merkmal abzulesen. Auch die bei der zweiten Messung auftretende Strömungsstörung im Bereich von 100-113 s ist ablesbar. Messung 3 wurde bei variabler Geschwindigkeit des Verdichters und ohne Störung durchgeführt. Der konstant niedrige ert des SMF-Merkmals zeigt die Unempfindlichkeit in Bezug auf die Rotationsgeschwindigkeit und den damit einhergehenden nderungen der angeregten Resonanzfre uenzen des Gehäuses. Abbildung 4 stellt das urtosis-Merkmal für alle drei Messungen bei eindimensionalem Messsignal dar. Ausgeprägt ist eine Abhängigkeit des Grundniveaus der urtosis vom Betriebszustand. Eine Reduktion dieser Abhängigkeit wird durch den Abzug eines gleitenden Mittelwertes von den Daten erreicht.

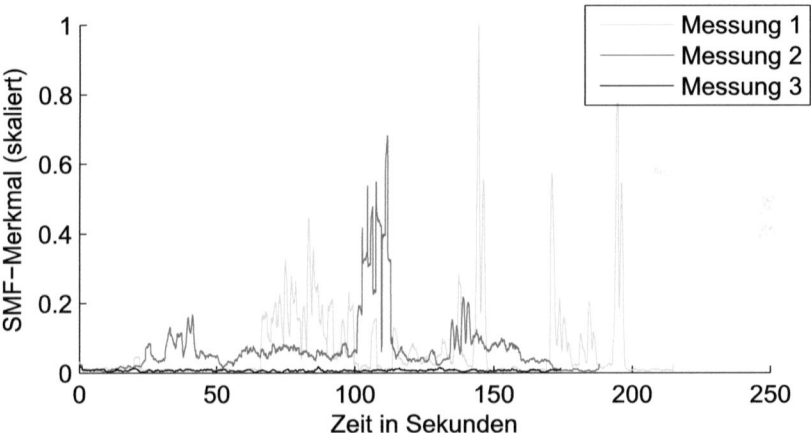

il ung   Signalmerkmal auf Basis spektraler Modellierung für einen
anal

In Abbildung 5 ist der positive Anteil der im Grundniveau korrigierten urtosis dargestellt. Der Mittelwert wurde dabei über 100 Zeitschritte, was einer Zeit von 2 s entspricht, genommen.

Die Abbildung zeigt, dass auch die nderung der urtosis im Falle einer Strömungsstörung vom Betriebszustand abhängig ist. Das bedeutet für das Training des Anomaliedetektors, dass Trainingsdaten aus allen Betriebsbereichen genommen werden müssen, um eine zuverlässige lassifikation zu erreichen.

Bei unseren Experimenten konnte für das vorgestellt einkanalige Design gezeigt werden, dass die Erkennungszeit einer Störung gegenüber der ausschließlichen Verwendung des SMF-Merkmals um ca. 100 ms verbessert werden kann. egen des aufwendigen Trainings des Anomaliedetektors ist diese Lösung jedoch noch wenig praktikabel.

Eine interessante nderung der Merkmale ergibt sich hingegen durch die Fusion der Merkmalsdaten. Dabei bleibt das SMF-Merkmal weitgehend unverändert. Die Abhängigkeit vom Betriebszustand verringert sich im urtosis-Merkmal hingegen stark (siehe Abbildung 6). An welche Bedingungen dieser Effekt geknüpft ist, ist noch nicht vollständig geklärt und derzeit Gegenstand weiterer Untersuchungen.

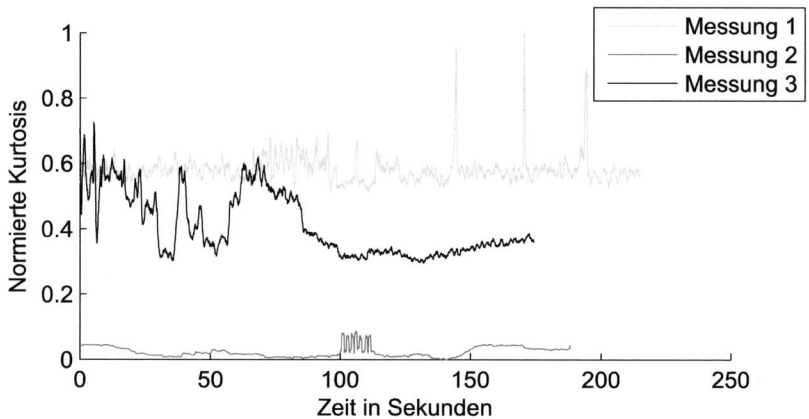

il ung   Signalmerkmal auf Basis der urtosis für einen anal

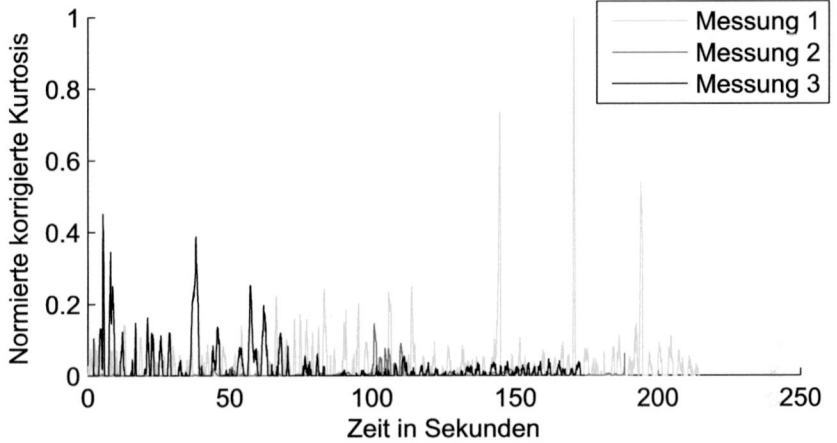

il ung Signalmerkmal auf Basis der im Grundniveau korrigierten
urtosis für einen anal

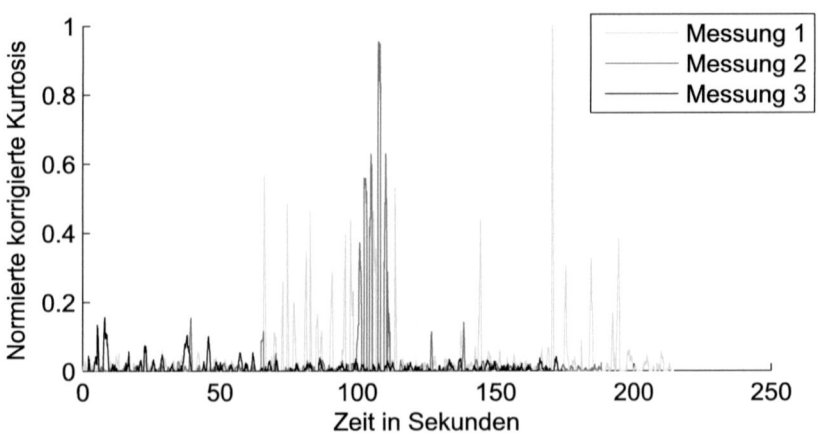

il ung Signalmerkmal auf Basis der im Grundniveau korrigierten
urtosis nach Merkmalsfusion

Abbildung 7 stellt die durch das Verfahren erkannten Strömungsstörungen dar. Das Training des künstlichen Immunsystems basiert dabei ausschließlich auf Daten aus der zweiten Messung. Diese Einschränkung der Trainingsdaten wird durch die geringe Abhängigkeit des urtosis-Merkmals nach der Datenfusion möglich. Für das Training wurden 3500 ertpaare von urtosis- und SMF-Merkmal aus den ersten 0 s der zweiten Messung genutzt.

 bwohl sich der Betriebszustand des Verdichters in allen drei Messungen stark unterscheidet, kann das Verfahren alle aufgetretenen Strömungsstörungen erkennen. Im Vergleich zur alleinigen Auswertung des SMF-Merkmals wie in 10 verbessert sich die Erkennungszeit auch bei Verwendung mehrerer Sensoren um mindestens 100 ms.

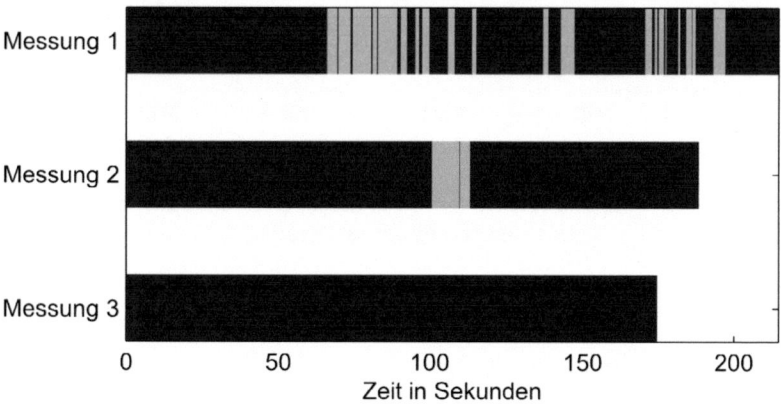

il ung   lassifikationsergebnis, Strömungsstörungen in Grau eingezeichnet

. u   en   ung un   u li

Es wurde ein Signalanalyseverfahren vorgestellt, welches aerodynamische Strömungsstörungen bei Turboverdichtern anhand von Vibrationsdaten erkennen kann. Grundlage dafür bilden Merkmale, die aus dem Vibrationssignal abgeleitet werden. Zwei Signalmerkmale sind dabei besonders geeignet. Die urtosis des Vibrationssignals hat eine einfache Berechnungsvorschrift und liefert schnelle Ergebnisse in der nline-Analyse von Daten. edoch kommt es zu erhöhtem Rauschen und zu einer Sensitivität gegenüber verschiedenen Betriebszuständen. Durch eine Trendbereinigung mit dem gleitenden Mittelwerte kann sich das Merkmal jedoch an langsame Zustandsänderungen adaptieren.

Das zweite Merkmal leitet sich aus dem spektrum modeling framework (SMF-Merkmal) 10 ab. Es ist im Fall des fehlerlosen Betriebs weitgehend unabhängig vom konkreten Betriebszustand des Verdichters. edoch ist die Zeit, nach der ein Fehler im Signal sichtbar wird, größer.

Beide Merkmale werden zu einem Merkmalsraum zusammengefasst. Innerhalb dieses Merkmalsraums können Anomaliedetektoren Fehlerzustände erkennen. Als Anomaliedetektor kommt dabei in dieser Arbeit ein künstliches Immunsystem zum Einsatz 3 . Ein solcher Anomaliedetektor erfordert das Training an ormaldaten.

Um den Einfluss der Position des Sensors am Verdichter zu verringern, werden Sensorarrays eingesetzt. ier wird eine Lösung bestehend aus drei Sensoren präsentiert. Die Verknüpfung der Sensordaten wird auf Merkmalsebene durchgeführt (Merkmalsfusion). Dabei kann festgestellt werden, dass vor allem das urtosis-Merkmal von einer Merkmalsfusion profitiert. Abhängigkeiten vom Betriebszustand können so effektiv verringert werden. Dadurch ist möglich, auch mit einem kleinen Satz von Trainingsdaten eine stabile Erkennung von Strömungsstörungen zu erreichen.

Die weitere ptimierung der Signalmerkmale soll für eine noch frühere Erkennung von Strömungsstörungen sorgen. Dabei liegt die auptaufgabe in der weiteren Erforschung möglicher onfigurationen des SMF.

Zukünftig ist es vorstellbar SMF-Merkmale zur automatischen Markierung von Trainingsdaten für die Verbesserung der Anomaliedetektion zu verwenden. Auf diese eise können andere Merkmale mit einer ausgeprägteren Abhängigkeit vom Betriebszustand aber geringerer Reaktionszeit noch effektiver eingesetzt werden

eitgehend noch nicht untersucht ist auch der Einfluss der genauen Positionierung von Sensoren. ähere Erkenntnisse auf diesem Gebiet sollen dabei eine noch effizientere Verknüpfung von Daten in Form von Sensordatenfusion, Merkmalsfusion und Entscheidungsfusion ermöglichen.

. n gung

Die durchgeführten Forschungsarbeiten wurden unterstützt aus Mitteln des Europäischen Sozialfonds im Projekt Europa fördert Sachsen .

. **ite tu**

1   Moore, F. . und Greitzer, E. M.:   *f   st   t   s   ts
          m   ss   st ms   t   m   t   t   s* ASME
      ournal of Engineering for Gas Turbines and Power, Vol. 10 , 1 6

2   Tan, .S., Day, I., Morris, S. und   adia, A.:   *t   m   ss
          t   t   t   t   t* Annu. Rev. Fluid Mech., Vol.
      42, pp. 275-300, 2010

3   Schulze, R., Dietel, F.,   äkel, . und Richter, .:   *t   mm
          s st m   f   ss f   m   st   t s   f   t f
          m   ss   s* International ournal of omputational Intelligence and
      Applications, Vol. 11, 2012

4   offmann, R.:   *s   f   f
          f   m   t   st*   Springer, 1 7

5   Tschöpe, .:   *st s   st   sf   f   m t*
                TUDpress Verlag der   issenschaften Gmb , 2012

6   McFadden, P.D. und Toozhy, M.M.:   *t   f s   s
          t   t   m   t   f   m   t   s*
      Mechanical Systems and Signal Processing 14 pp. 1   06, 2000

7   lfati-Saber, R. und Shamma, .S.:   *s   s s f t   s f   s   s   t   s
          st   t   s   s   f s*   Proc. IEEE onf. Decision   ontrol,
      European ontrol onf , Seville, Spain, pp. 66   6703, 2005

      Tjepkema, D., van Dijk, . und Soemers, .M. .R.:   *s   f s   f
          t   t   s   t   s   m   t* ournal of Sound and
      Vibration, Vol. 331, pp. 735-74 , 2012

       ang, ., Mathew, . und Ma., L.:   *t   t   t   t   f
          s s   f   t   t   ts   t   t*
      Proceedings of the 3rd 10th Asia-Pacific Vibration onference. Gold
      coast, Queensland, Australien, pp. 01- 0 , 2003

10   Dietel, F., Schulze, R., Richter, . und äkel, .:   *t   t   t
          t   t   m   s   s   t   m* 13th International
       orkshop on Research and Education in Mechatronics Paris, France,
      akzeptierter Beitrag, 2012

11   Bartkowiak, A.:   *m   t   ss   ss f   t   m
          s   t   t* International ournal of omputer Information
      Systems and Industrial Management Applications, Vol. 3 61-71, 2011

12   i Z. und Dasgupta D.:   *t   s   t   t m   t
          s   t   t   s* L   S 3102, Proc. of GE   2004, Springer,
      pp. 2 7 2 , 2004

Stabilitätsanalyse von Pitchsystemen bei Kleinwindenergieanlagen mittels LMI Kriterien

Horst Schulte[1], Eckhardt Gauterin[2]

[1]HTW Berlin, Hochschule für Technik und Wirtschaft,
Ingenieurwissenschaften I, Fachgebiet Regelungstechnik,
[2]Reiner Lemoine Institut (RLI), Berlin,

Pitchsysteme in Kleinwindenergieanlagen werden zur Regelung der Nennleistung eingesetzt. Zur Kostenreduktion werden hierfür relativ einfache, rein mechanische Mechanismen verwendet. Die Leistungsreduktion ab einer zulässigen Nennwindgeschwindigkeit erfolgt dabei über einen Fliehkraftregler. Die Hauptschwierigkeit bei dem Einsatz mechanischer Regler liegt bei dieser Anwendung in der strukturvariablen Funktionsweise, der Exemplarstreuung des mechanischen Bauteiles des Reglers und den alterungsbedingten Änderungen der dynamischen Eigenschaften.

Bisher ist die nichtlineare Systemdynamik von mechanischen Pitchsystemen nur unzureichend untersucht und insbesondere der Stabilitätnachweis unter Berücksichtigung von begrenzten Parameterunsicherheiten nicht analytisch durchgeführt worden. In dieser Arbeit wird basierend auf der Streckenbeschreibung in Takagi-Sugeno Form ein Verfahren zum Nachweis robuster Stabilität mechanischer Pitchsysteme für Kleinwindanlagen vorgestellt. In Simulationsläufen wird die Leistungsfähigkeit des Verfahrens demonstriert.

1 Einführung

Die Nutzung von Windenergieanlagen mit einer Leistung unterhalb von 100 KW spielte bei der regenerativen elektrischen Energieversorgung bisher eine geringe Rolle. Ein Grund sind die derzeitigen sehr hohen Investitionskosten von ca. 3000 - 5000 EUR pro Kilowatt, die damit weit über dem einer Anlage mittlerer und großer Leistung liegt [1]. Zur Kostenreduktion wurde am Reiner Lemoine Institut (RLI), Berlin ein Pitchsystem mit einem mechanischen Fliehkraftregler für Kleinwindanlagen mit einer Nennleistung von 5 bis 10 kW entwickelt [3]. Zur Drehzahlregelung und Leistungsreduktion werden die Rotorblätter um die Längsachse gedreht, was zur Folge hat, dass die Antriebskräfte verringert werden. Die mechanische Blattverstellung nutzt dabei die Fliehkraft aus dem Blatteigengewicht. Die translatorische Bewegung wird über eine Führungsnut an der Blattwurzel

in eine Drehbewegung übersetzt. Um zu gewährleisten, dass erst im Voll-
lastbereich die Rotorblätter verstellt werden, wird durch eine vorgespannte
Feder die Wirkung der Fliehkraft unterhalb des Volllastbereichs kompen-
siert. Erst beim Erreichen einer maximal zulässigen Rotordrehzahl erfolgt
eine Drehzahlregelung.

Die Hauptschwierigkeit bei dem Einsatz mechanischer Fliehkraftregler in
diesem System liegt in der strukturvariablen Funktionsweise und der relativ großen Streuung der Dämpfungs- und Steifigkeitseigenschaften der
mechanischen Komponenten. Zusätzlich müssen Temperatureinflüsse und
alterungsbedingte Parameteränderungen berücksichtigt werden. Bisher ist
die nichtlineare Systemdynamik von mechanischen Pitchsystemen und insbesondere der Nachweis der robusten globalen asymptotischen Stabilität
nur unzureichend untersucht worden.

In dieser Arbeit wird basierend auf der Beschreibung der Strecke in Takagi-
Sugeno Form ein Verfahren zum Nachweis robuster Stabilität mechanischer Pitchsysteme für Kleinwindanlagen vorgestellt. Die Streckenunsi-
cherheiten werden in Form von parametrischen Unsicherheiten beschrieben, die in dem Stabilitätsnachweis berücksichtigt werden. Die Stabilitätskriterien werden als lineare Matrixungleichungen (LMI) formuliert, wodurch der Anwender in die Lage versetzt wird, einen Stabilitätsnachweis
mit bekannten Lösungsverfahren für LMI Probleme, wie sie in SeDuMi [8]
oder LMILAB [4] der Robust Control Toolbox in MATLAB® implementiert sind, durchzuführen. In Simulationsläufen wird die Leistungsfähigkeit
des Verfahrens demonstriert.

2 Mathematische Modellierung

2.1 Funktionsprinzip

Bei der zu untersuchenden Anlage besteht der Rotor aus drei Blättern, die
zur Vermeidung aerodynamischer Unwuchten durch zusätzliche Mechanismen synchronisiert werden. Das Grundprinzip und die Funktion des
Verstellmechanismus lässt sich jedoch gut an einem Blatt erläutern und
mathematisch modellieren. Die wesentlichen Komponenten und das Wirk-
prinzip sind in Bild 1 dargestellt.

Ausgehend vom Rotorstillstand steigt bei zunehmender Windgeschwindigkeit v die Rotordrehzahl ω zunächst an. Infolge der ansteigenden Zentrifugalkraft f_c wird entgegengesetzt zur Federvorspannkraft F_{S0} eine Kraft
aufgebaut. Übersteigt diese die Federkraft, führt das Rotorblatt eine zwei-
achsige Bewegung aus. Diese setzt sich aus einer Bewegung in z-Richtung

im Blattkoordinatensystem und einer Drehbewegung um die z-Achse zusammen. Die Drehbewegung wird durch eine schraubenförmige Führungsnut im Nabenkörper erzwungen, in der ein Führungsstift, welcher starr mit dem Rotorblatt verbunden ist, läuft. Die Drehung des Rotorblattes, sprich die Änderung des Pitchwinkels φ, bewirkt eine Reduktion der Leistungsaufnahme des gesamten Rotors was eine Drehzahlreduktion zur Folge hat. Das Betriebsverhalten und die Dynamik des mechanischen Reglers wird wie folgt eingestellt:

- Die Federvorspannung legt fest, wann die Verstellung des Pitchwinkels und damit die Drehzahlregelung einsetzt.

- Die Dynamik des Regelkreises wird über die Wahl der Federsteifigkeit k_s und über einen zusätzlichen Dämpfer mit dem Dämpfungskoeffizienten d eingestellt.

- Das Übersetzungsverhältnis $i_{z\theta}$ zwischen der translatorischen Bewegung in z-Richtung und der Pitch-Bewegung ist so bemessen, dass ein oberer Anschlag auch bei maximalen Windgeschwindigkeiten nicht erreicht wird.

Zur Unterstützung der mechanischen Pitchregelung wird, wenn die Blattverstellung einsetzt, das Generatormoment M_G zurückgenommen. Dies erfolgt nach einer festgelegten drehzahlabhängigen Sollwertkennlinie, die in dem interessierenden Bereich der Funktion

$$M_G(t) = \frac{P_G}{\omega(t)} \tag{1}$$

folgt mit P_G als konstante Nennlesitung des Generators. Zum einen wird damit bewusst das Widerstandsmoment gegenüber dem aerodynamischen Moment reduziert was zunächst eine weitere Beschleunigung des Rotors zur Folge hat. Damit wird sichergestellt, dass der Pitchmechanismus ohne störende Schalthysterese kontinuierlich die Drehzahl regelt. Gleichzeitig wird durch die Reduktion des Generatormomentes sichergestellt, dass die Generatorleistung auch oberhalb der Nenndrehzahl konstant bleibt.
Anmerkung: Wie im folgenden Abschnitt gezeigt wird, ist es mit dem mechanischen Regelkreis prinzipbedingt nicht möglich, stationär exakt die Rotordrehzahl auf einer festen Nenndrehzahl bei Änderung der effektiven Windgeschwindigkeit zu halten. Denn eine weitere Pitchverstellung kann nur dann durch die Zentrifugalkraft erfolgen, wenn ein Anstieg der Rotordrehzahl auch nach dem Einsetzen der Pitchverstellung zugelassen wird.

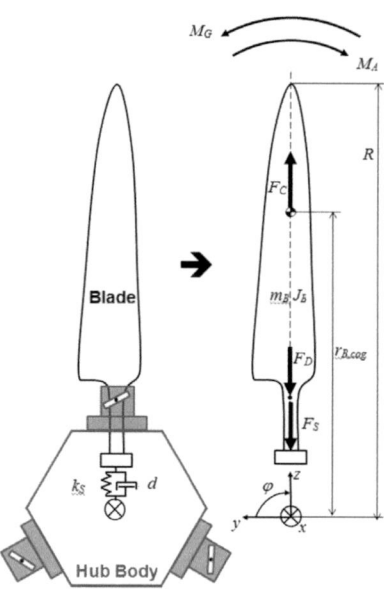

Bild 1: Prinzipskizze vom mechanischen Pitchsystem einer Kleinwindkraftanlage

2.2 Bewegungsgleichungen

Die Bewegungsgleichungen werden über die Drehimpulsbilanz des Trieb-strangs und der Impulsbilanz der einzelnen Rotorblätter bestimmt. Auf-grund des konstruktionsbedingten starren Übersetzungsverhältnisses zwi-schen der translatorischen Bewegung und der Verdrehung des Blattes läßt sich das Gesamtsystem mit zwei Freiheitsgraden ausreichend genau be-schreiben [3]. Die Bewegungsgleichung des Triebstrangs lautet

$$\ddot{\varphi}(t) = \dot{\omega}(t) = \frac{1}{J} \cdot \left(\frac{1}{2} \rho \pi v(t)^2 R^3 c_M \left(\lambda(t), \theta(t) \right) - M_G(t) \right) \quad (2)$$

Diese enhält zum einen das aerodynamische Moment

$$M_A(t) = \frac{1}{2} \rho \pi v(t)^2 R^3 c_M \left(\lambda(t), \theta(t) \right) \quad (3)$$

als Antriebsmoment und das Generatormoment M_G als Lastmoment, das nach (1) in Abhängigkeit von der Rotordrehzahl kontinuierlich längs einer Leistungshyperbel eingestellt wird. Das aerodynamische Moment ändert sich bei konstant angenommener Luftdichte mit der Windgeschwindigkeit

v und dem Momentenbeiwert $c_M(\lambda, \theta)$. Dieser kann als Wirkungsgradfaktor interpretiert werden, mit dem der Rotor die Windenergie in eine Drehbewegung wandelt. Die Größe des Beiwertes ist dabei abhängig von der Windgeschwindigkeit, der Rotordrehzahl und dem Pitchwinkel der Rotorblätter θ. Die Windgeschwindigkeit und die Rotordrehzahl werden in der dimensionslosen Schnellaufzahl zusammengefasst

$$\lambda = \frac{\omega R}{v} \,. \tag{4}$$

Bei der Verstellung des Pitchwinkel von Null bis 90 Grad wird die Leistungsentnahme vom maximalen Wirkungsgrad bis Null gesteuert. Dies macht man sich zu nutze, um bei steigender Windgeschwindigkeit die Leistungsentnahme auf eine maximal zulässige Leistung zu begrenzen. Der Momentenbeiwert wird über ein zweidimensionales nichtlineares Kennfeld beschrieben, dass in einem weiten Arbeitsbereich auch über eine geschlossene Funktion berechenbar ist [5]. Die Impulsänderung der Rotorblätter längs der z-Achse folgt aus der von außen wirkenden Zentrifugalkraft F_c, der Federkraft F_S sowie der Dämpferkraft F_D und führt aufgrund des festen Übersetzungsverhältnis $z(t) = i_{z\theta} \, \theta(t)$ zur zweiten Bewegungsgleichung

$$\ddot{\theta}(t) = \frac{1}{m_B \cdot i_{z\theta}} \left(m_B \, r_{CoG} \cdot \omega(t)^2 - F_{S,0} - k_S \, i_{z\theta} \, \theta(t) - d \, i_{z\theta} \, \dot{\theta}(t) \right) \tag{5}$$

mit m_B als der Rotorblattmasse, r_{CoG} als Abstand des Massenschwerpunktes von der Rotorachse, $F_{S,0}$ als Federvorspannkraft, k_S als Federkonstante und d als Dämpfungskonstante, siehe Bild 1. Anmerkung: Die Differentialgleichung beschreibt den Betriebsbereich $F_c \geq F_{S,0}$. Eine Erweiterung außerhalb dieses Bereiches ist nur mit einer Strukturumschaltung modellierbar und wird in dieser Arbeit nicht behandelt. Nach Meinung der Autoren läßt sich diese Problemstellung adäquat als hybrides T-S Fuzzy System [6] innerhalb des Takagi-Sugeno Fuzzy Frameworks behandeln.

Die nichtlinearen Differentialgleichungen (2) und (5) sind wechselseitig miteinander verkoppelt. Mit steigender Windgeschwindigkeit nimmt das Antriebsmoment in (2) zu und beschleunigt solange den Rotor, bis die Zentrifugalkraft die Federvorspannkraft überwindet und damit den Piitchwinkel verstellt. Die Änderung des Pitchwinkels in (5) bewirkt eine Reduktion der Momentenbeiwerts c_M, wodurch das Antriebsmoment reduziert wird und die Beschleunigung des Rotors abnimmt. Aufgrund des stark nichtlinearen Kennfeldes c_M, den Nichtlinearitäten in der Zentrifugalkraft und im Generatormoment und der Tatsache, dass der mechanische Pitchregler nicht in der Lage ist das System in einem lokalen Arbeitsbereich zu halten muss die Analyse der Stabilität im globalen Arbeitsbreich erfolgen.

2.3 Takagi-Sugeno Formulierung

Für die Stabilitätsanalyse werden die Bewegungsgleichungen (2) und (5) aus dem vorhergehenden Abschnitt mit

$$\mathbf{x} = [\, x_1 \ \ x_2 \ \ x_3 \,]^T := [\, \omega \ \ \theta \ \ \dot{\theta} \,]^T \ . \tag{6}$$

zusammengefasst in das Zustandsraummodell

$$\dot{\mathbf{x}} = \begin{bmatrix} -\underbrace{\frac{P_{G,r}}{J}\frac{1}{x_1^2}}_{=:f_1(x_1)} & 0 & 0 \\ 0 & 0 & 1 \\ \underbrace{(\frac{r_{CoG}}{i_{z\theta}}x_1 - \frac{F_{S,0}}{m_B\,i_{z\theta}}\frac{1}{x_1})}_{=:f_2(x_1)} & -\frac{k_s}{m_B} & -\frac{d}{m_B} \end{bmatrix} \mathbf{x} + \begin{bmatrix} \underbrace{\frac{1}{2J}\,\rho\,R^3\,u\,c_M\,(\lambda(x_1,u),x_2)}_{=:f_3(x_1,x_2,u)} \\ 0 \\ 0 \end{bmatrix} u$$

$$= \mathbf{A}(\mathbf{x})\,\mathbf{x} + \mathbf{B}(\mathbf{x},u)\,u \quad . \tag{7}$$

mit der Schnelllaufzahl $\lambda(x_1,u) = \frac{R\,x_1}{u}$. Der Systemeingang in (7) ist die Windgeschwindigkeit, d.h. $u := v$. Diese wird bei dem untersuchten Kleinwindanlagentyp nicht gemessen und geht als unbekannte beschränkte Störgröße in das Differentialgleichungssystem ein. Zur Vorbereitung der Herleitung der LMI Stabilitätskriterien wird (7) überführt in eine äquivalente Takagi-Sugeno Formullierung. Diese hat die Struktur

$$\dot{\mathbf{x}} = \sum_{i=1}^{N_r} h_i(\mathbf{z})\,(\mathbf{A}_i\,\mathbf{x} + \mathbf{B}_i\,u)\ , \qquad \sum_{i=1}^{N_r} h_i(\mathbf{z}) = 1 \quad \forall\,\mathbf{z} \tag{8}$$

mit $i = 1,\ldots,N_r$ konstanten Matrizen $\mathbf{A}_i$ und $\mathbf{B}_i$ und h_i nichtlinearen skalarwertigen Funktionen mit den Prämissenvariablen $\mathbf{z}$. Diese können einzelne Systemzustände, Systemeingänge und externe messbaren Größen enthalten. In der Regel sind es jedoch immer die Variablen, die nichtlinear in das mathematische Modell eingehen. Um eine für die folgende Stabilitätsanalyse äquivalente Form - äquivalent im Sinne der Lösung $\mathbf{x}(t)$ für ein gegebenes $\mathbf{x}_0$ des Zustandsraummodells - ableiten zu können, wird an dieser Stelle die Methode der Sektornichtlinearitäten [9] verwendet. Es muss betont werden, dass die vorgestellte T-S Formulierung der physikalischen Ausgangsgleichungen (2) und (5) nicht die einzig mögliche ist, jedoch für den Stabilitätsnachweis bzgl. der Eingangs-Zustands-Stabilität eine geeignete Struktur besitzt. Dies wird in der folgenden Untersuchung deutlich.

Die Funktionen $f_1(x_1)$, $f_2(x_1)$ und $f_3(x_1, x_2, u)$ in (7) sind beschränkt, falls die Zustände und der Eingang beschränkt sind und $x_1 > 0, \forall t$ gilt. Dies ist in dem untersuchten Bereich erfüllt, da der Rotor im Pitchbetrieb mit einer Mindestdrehzahl betrieben werden muss. Die beschränkten Funktionen lassen sich so umschreiben, dass diese sich aus einer gewichteten Kombination der unteren $\underline{f}_i$ und oberen Schranke $\overline{f}_i$ ergeben

$$
\begin{aligned}
f_1(x_1) &= w_{11}(x_1)\,\overline{f}_1 + w_{12}(x_1)\,\underline{f}_1 \\
f_2(x_1) &= w_{21}(x_1)\,\overline{f}_2 + w_{22}(x_1)\,\underline{f}_2 \\
f_3(x_1, x_2, u) &= w_{31}(x_1, x_2, u)\,\overline{f}_3 + w_{32}(x_1, x_2, u)\,\underline{f}_3
\end{aligned}
\tag{9}
$$

mit den Gewichtsfunktionen

$$
\begin{aligned}
w_{11}(x_1) &:= \frac{f_1(x_1) - \underline{f}_1}{\overline{f}_1 - \underline{f}_1}, & w_{12}(x_1) &:= \frac{\overline{f}_1 - f_1(x_1)}{\overline{f}_1 - \underline{f}_1} \\
w_{21}(x_1) &:= \frac{f_2(x_1) - \underline{f}_2}{\overline{f}_2 - \underline{f}_2}, & w_{22}(x_1) &:= \frac{\overline{f}_2 - f_2(x_1)}{\overline{f}_2 - \underline{f}_2} \\
w_{31}(x_1, x_2, u) &:= \frac{f_3(x_1, x_2, u) - \underline{f}_3}{\overline{f}_3 - \underline{f}_3}, \\
w_{32}(x_1, x_2, u) &:= \frac{\overline{f}_3 - f_3(x_1, x_2, u)}{\overline{f}_3 - \underline{f}_3},
\end{aligned}
\tag{10}
$$

welche die Eigenschaft $w_{j1} + w_{j2} = 1$ für $j = 1, \ldots, 3$ erfüllen. Unter Ausnutzung dieser Eigenschaft können nun die Funktionen jeweils um die Summe der Gewichtsfunktionen erweitert werden, die nicht in dieser enthalten sind [5].

$$
\begin{aligned}
f_1 &= (w_{11}\overline{f}_1 + w_{12}\underline{f}_1)(w_{21} + w_{22})(w_{31} + w_{32}) \\
&= h_1\overline{f}_1 + h_2\overline{f}_1 + h_3\overline{f}_1 + h_4\overline{f}_1 + h_5\underline{f}_1 + h_6\underline{f}_1 + h_7\underline{f}_1 + h_8\underline{f}_1, \\
f_2 &= (w_{21}\overline{f}_2 + w_{22}\underline{f}_2)(w_{11} + w_{12})(w_{31} + w_{32}) \\
&= h_1\overline{f}_2 + h_2\overline{f}_2 + h_3\underline{f}_2 + h_4\underline{f}_2 + h_5\overline{f}_2 + h_6\overline{f}_2 + h_7\underline{f}_2 + h_8\underline{f}_2, \\
f_3 &= (w_{31}\overline{f}_3 + w_{32}\underline{f}_3)(w_{11} + w_{12})(w_{21} + w_{22}) \\
&= h_1\overline{f}_3 + h_2\underline{f}_3 + h_3\overline{f}_3 + h_4\underline{f}_3 + h_5\overline{f}_3 + h_6\underline{f}_3 + h_7\overline{f}_3 + h_8\underline{f}_3
\end{aligned}
\tag{11}
$$

Nach kurzer Rechnung erhält man die Zugehörigkeitsfunktionen

$$
\begin{aligned}
h_1 &:= w_{11}\,w_{21}\,w_{31}\,, & h_2 &:= w_{11}\,w_{21}\,w_{32}\,, \\
h_3 &:= w_{11}\,w_{22}\,w_{31}\,, & h_4 &:= w_{11}\,w_{22}\,w_{32}\,, \\
h_5 &:= w_{12}\,w_{21}\,w_{31}\,, & h_6 &:= w_{12}\,w_{21}\,w_{32}\,, \\
h_7 &:= w_{12}\,w_{22}\,w_{31}\,, & h_8 &:= w_{12}\,w_{22}\,w_{32}\,.
\end{aligned} \tag{12}
$$

Diese erfüllen $h_i(\mathbf{z}) > 0$ und $\sum_{i=1}^{N_r} h_i(\mathbf{z}) = 1, \forall \mathbf{z}$ mit $\mathbf{z} = [\,x_1, x_2, u\,]^T$ (8). Ersetzt man nun die Funktionen f_j, $j = 1, \ldots, 3$ in (7) durch (11) enthalten die $\mathbf{A}_i$ Matrizen die Grenzen $\underline{f}_1, \overline{f}_1, \underline{f}_2, \overline{f}_2$ und die $\mathbf{B}_i$ Matrizen die Grenzen $\underline{f}_1, \overline{f}_1$ und alle Nichtlinearitäten des Originalsystems sind in den Zugehörigkeitsfunktionen h_i enthalten. Das mathematische Modell des Pitchsystem lautet damit

$$
\dot{\mathbf{x}} = \sum_{i=1}^{N_r} h_i(\mathbf{z})\,(\mathbf{A}_i\,\mathbf{x} + \mathbf{B}_i\,u)\,, \quad N_r = 4\,. \tag{13}
$$

Mit diesem zu den Bewegungsgleichungen (2), (5) äquivalentem Zustandsraummodell werden im nächsten Abschnitt die Stabilitätskriterien in Form von Matrixungleichungen formuliert.

3 Kriterium zum Nachweis der Eingangs-Zustands-Stabilität

Die globale asymptotische Stabilität (GAS) an Gleichgewichtspunkten wird nun mit Hilfe der direkten Methode von Ljapunov untersucht. Es wird eine skalare, stetig differenzierbare Funktion gesucht, die die Bedingung

$$
V(\mathbf{x}) > 0\,, \qquad \dot{V}(\mathbf{x}) < 0 \tag{14}
$$

erfüllt. Der Eingang ist unbekannt und stört die Eigenbewegung des Systems. Als Ansatzfunktion zur Ableitung von Stabilitätskriterien im Sinne von Ljapunov wird

$$
V(\mathbf{x}) = \mathbf{x}^T\,\mathbf{P}\,\mathbf{x} \tag{15}
$$

mit $\mathbf{P} = \mathbf{P}^T$ verwendet. Die Ableitung von V entlang der Trajektorien des Zustandsraummodells (7) ist gegeben durch

$$
\dot{V}(\mathbf{x}) = \dot{\mathbf{x}}^T\,\mathbf{P}\,\mathbf{x} + \mathbf{x}^T\,\mathbf{P}\,\dot{\mathbf{x}} \tag{16}
$$

Mit dem Einsetzen von (8) folgt nach kurzer Umrechnung unter Ausnutzung der Konvexitätseigenschaft

$$\dot{V}(\mathbf{x}) = \sum_{i=1}^{N_r} h_i(\mathbf{z}) \, (\mathbf{A}_i \mathbf{x} + \mathbf{B}_i \mathbf{u})^T \, \mathbf{P} \, \mathbf{x} + \mathbf{x}^T \, \mathbf{P} \sum_{i=1}^{N_r} h_i(\mathbf{z}) \, (\mathbf{A}_i \mathbf{x} + \mathbf{B}_i \mathbf{u})$$

$$= \mathbf{x}^T \left(\sum_{i=1}^{N_r} h_i(\mathbf{z}) \, \mathbf{A}_i^T \mathbf{P} + \mathbf{P} \sum_{i=1}^{N_r} h_i(\mathbf{z}) \, \mathbf{A}_i \right) \mathbf{x} + 2 \, \mathbf{x}^T \, \mathbf{P} \sum_{i=1}^{N_r} h_i(\mathbf{z}) \, \mathbf{B}_i \, \mathbf{u}$$

$$= \mathbf{x}^T \sum_{i=1}^{N_r} h_i(\mathbf{z}) \left(\mathbf{A}_i^T \mathbf{P} + \mathbf{P} \, \mathbf{A}_i \right) \mathbf{x} + 2 \, \mathbf{x}^T \, \mathbf{P} \sum_{i=1}^{N_r} h_i(\mathbf{z}) \, \mathbf{B}_i \, \mathbf{u}$$

$$\leq \mathbf{x}^T \sum_{i=1}^{N_r} h_i(\mathbf{z}) \left(\mathbf{A}_i^T \mathbf{P} + \mathbf{P} \, \mathbf{A}_i \right) \mathbf{x} + 2 \, \mathbf{P} \sum_{i=1}^{N_r} h_i(\mathbf{z}) \, \mathbf{B}_i \, \|\mathbf{x}\|_2 \, \|\mathbf{u}\|_2 \ .$$

Daraus folgt ein hinreichendes Eingangs-Zustands-Stabilitätskriterium

$$\dot{V}(\mathbf{x}) = \mathbf{x}^T \sum_{i=1}^{N_r} h_i(\mathbf{z}) \left(\mathbf{A}_i^T \mathbf{P} + \mathbf{P} \, \mathbf{A}_i \right) + 2 \sum_{i=1}^{N_r} h_i(\mathbf{z}) \, \mathbf{P} \, \mathbf{B}_i \, \|\mathbf{x}\|_2 \, \|\mathbf{u}\|_2 < 0 \ .$$

basierend aud dem folgenden Theorem

Theorem 1 *Gegeben ist ein mathematisches Modell in Takagi-Sugeno Form (13). Falls eine gemeinsame positiv definite Matrix* $\mathbf{P} = \mathbf{P}^T > 0$ *existiert, welche die* N_r *lineraren Matrixgleichungen*

$$\forall i \in \{1, ..., N_r\}, \quad \mathbf{A}_i^T \mathbf{P} + \mathbf{P} \, \mathbf{A}_i < -2 \, \delta(\mathbf{z}, \mathbf{x}, u) \, \mathbf{P} \qquad (17)$$

erfüllt mit $\delta := \sum_{i=1}^{N_r} h_i(\mathbf{z}) \, \mathbf{P} \, \mathbf{B}_i \, \|\mathbf{x}\|_2 \, |u|$, *der unbekannte Systemeingang* u
und $\sum_{i=1}^{N_r} h_i(\mathbf{z}) \, \mathbf{P} \, \mathbf{B}_i$ *begrenzt sind, dann ist ist das TS Modell global asymptotisch stabil.*

Beweis Die Gewichtete Summe $\sum_{i=1}^{N_r} h_i(\mathbf{z}) \, \mathbf{P} \, \mathbf{B}_i$ ist begrenzt, da die Konvexitätsbedingung $h_i(\mathbf{z}) > 0$ und $\sum_{i=1}^{N_r} h_i(\mathbf{z}) = 1, \forall \mathbf{z}$ für (8) gilt. Mit der zuvor ermittelten Abschätzung ist bei Erfüllung des Kriteriums in Theorem 1 der Nachweis der global asymptotischen Stabilität erbracht.

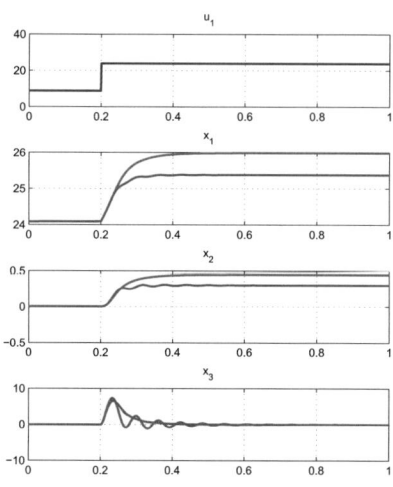

Bild 2: Simulation des mechanischen Pitchsystems bei Variation der Dämpfung

4 Simulationsergebnisse

Basierend auf dem Theorem 1 werden nun zulässige Dämpfungskonstanten d bezogen auf den nominalen Wert $d_0 = 1000$ ermittelt (SI Einheiten). Diese variieren für das untersuchte System in einem Bereich von $d = d_0 + \Delta d$ mit $\Delta d \geq -420$. Für drei verschiedene Dämpfungskonstanten mit $\Delta d = \{-300, 0, 100\}$ sind zur endgültigen Validierung der Anwendbarkeit des Stabilitätskriteriums in Bild 2 Simulationsergebnisse dargestellt. Eine idealisierte Windböe mit einem Sprung von $v = 8.75$ m/s auf 23.75 m/s bewirkt, dass das Pitchsystem den Rotorblattwinkel von $\theta = 0$ Grad auf ca. 28.6 Grad (0.5 rad) verstellt. Damit wird die Rotordrehzahl, die nach der Anregung einen Wert von $\omega = 25.4$ rad/s erreicht, soweit begrenzt, dass die maximal zulässige Drehzahl nicht überschritten wird.

5 Zusammenfassung und Ausblick

Vorgestellt wurde ein Kriterium zum Nachweis der Eingangs-Zustandsstabilität für ein mechanisches Pitchsystem. Damit wird der Anlagenhersteller von Kleinwindanlagen in die Lage versetzt ohne aufwendige Simulationsstudien mittels einfach anwendbarer LMI Kriterien die Stabilität von mechanischen Pitchsystems für vorgegebene Bauteiltoleranzen nachzuweisen. Aktuell werden die bisher erzielten Ergebnisse an einem Prüfstand verifiziert.

Literatur

[1] Bundesverband Windenergie: Wirtschaftlichkeit und Vergütung von Kleinwindenergieanlagen; Berlin; BWE; 12/2010, 2010.

[2] R. Gasch und J. Twele, Wind Power Plants, 2. Auflage, Springer-Verlag, Berlin, Heidelberg, 2012.

[3] E. Gauterin, N. Harborth: Centrifugal Pitch Systems for Small Wind Turbines; 7th EAWE PhD Seminar on Wind Energy in Europe; 27th and 28th October 2011; TU Delft/ Netherlands, 2011.

[4] P. Gahinet, A. Nemirovskii, A.J. Laub, and M. Chilali, The LMI control toolbox. In: Proceedings of the 33rd IEEE Conference on Decision and Control, USA, pp. 2038-2041, 1994.

[5] S. Georg, H. Schulte und H. Aschemann, Control-Oriented Modelling of Wind Turbines Using a Takagi -Sugeno Model Structure, Proc. IEEE Int. Conf. on Fuzzy Systems, pp. 1737-1744, 2012.

[6] D. Jabri, K. Guelton, N. Manamanni, A. Jaadari, C.D. Chinh, Robust stabilization of nonlinear systems based on a switched fuzzy control law, Journal of Control Engineering and Applied Informatics, Vol. 14, No 2, pp. 40-49, 2012.

[7] Z. Lendek, T. M. Guerra, R. Babuska und B.D. Schutter, Stability Analysis and Nonlinear Observer Design Using Takagi-Sugeno Fuzzy Models, Springer-Verlag Berlin Heidelberg, 2010.

[8] J.F. Sturm, Using SeDuMi 1.02, A MATLAB toolbox for optimization over symmetric cones. In: Optimization Methods and Software 11, Nr. Special issue on Interior Point Methods, S. 625-653. DOI 10.1080/10556789908805766, 1999.

[9] K. Tanaka und H. Wang, Fuzzy Control Systems Design and Analysis: A Linear Matrix Inequality Approach, John Wiley & Sons, Inc., 2001.

Human-Machine Interfaces for Intuitive and Effective Demonstrations of Mobile Robot Behaviors

Krishna Kumar Narayanan, Luis-Felipe Posada, Frank Hoffmann and Torsten Bertram

Lehrstuhl für Regelungssytemtechnik, Technische Universität Dortmund
Otto-Hahn-Straße 4, 44137 Dortmund
Tel.: (0231) 755-3592
Fax: (0231) 755-2752
E-Mail: krishna.narayanan@tu-dortmund.de

Abstract

Visual robot behavior design is a challenging task in mobile robot navigation. Manual programming of these behaviors is an arduous process in that it requires a sound understanding of the behaviors and their interaction with the environment. Learning from demonstration is an alternative approach where a teacher demonstrates the behavior to generate prototypical examples which are then modeled using standard machine learning algorithms. Typically, the generalization ability of these algorithms correlate largely to the fidelity of the training data. This contribution investigates this aspect with respect to three different human-machine interfaces to demonstrate local navigation skills to a mobile robot. Two distinct demonstration modalities are considered, one in which the human is immersed in the robots environment and one in which the human teleoperates the robot based on a video stream captured by the robots onboard camera. User studies with robotic experts and non-experts with little to no knowledge in robot programming are carried out. The demonstrators are asked to walk the robot through several navigation tasks. The ease, consistency and accuracy of the demonstrations are analyzed.

1 Introduction

Mobile robots today in market and research rely on manual programming to perform a navigation task. This requires an expert programmer with profound understanding of the underlying task and its interaction with the environment. For a visual robotic behavior, this corresponds to a clear comprehension of the features that reflect a change in the state of the environment the robot perceives [1]. Humans navigate the most complex of environments quite easily but find it challenging to formalize their behavior movements in an algorithmic manner. This is further accentuated by the difference in the perception modality between the human and the robot. Learning from demonstration (*LfD*) [2] offers an alternative solution to this problem by utilizing a teacher to generate examples of the task and then utilize machine learning algorithms to reproduce and generalize the demonstrated skill. This approach allows an ordinary person to instruct robot in an intuitive manner requiring little to no expert knowledge on robots programming. Conventionally *LfD* has been used to teach robot manipulators and humanoid robots kinesthetically to perform task specific motions and rhythmic repetitive motion patterns [3, 4]. This is impractical for a non-compliant mobile robot which necessitates a more intuitive demonstration interface.

In machine learning, the bottle neck of the generalization ability mostly correlates with the the fidelity of the training data. For a noisy or a weak training set, the performance of the learning algorithm is highly limited to the quality of the presented data irrespective of the mode of the training algorithm and representation. Techniques such as cross-validation, feature and data selection to some extent compensate for the lack or deficiency of the overall quality and the amount of data. This aspect becomes predominant in *LfD*, where the training data sets are generated by recording human actions mediated through motion capture devices, joystick, gesture recognition or joint axis encoders. For teaching a navigation skill to a robot, the appropriate demonstration mode in conjunction with the recorded action-perception pair is of primary importance. This contribution investigates three intuitive modes of demonstrating a mobile robot different navigation skills. These are quantitatively tested for accuracy and consistency of recorded actions together with the ease of demonstration for the user.

Three modes of demonstration namely, joystick control, gesture based command and steering wheel control in a teleoperation setup are introduced and compared. In joystick and gesture based control the human walks the robot through the environment perceived by the humans own vision. In case of teleoperation with the steering wheel, the teacher controls the robot remotely and the users perception of the environment is mediated through the robots camera. In the former two approaches, the demonstrated actions might depend on the perception of the human that is not available to the robots perceptual apparatus. This mapping problem [2], is promptly avoided in the proposed third demonstration mode, where a live streaming of the robot view is provided to the user. Nevertheless, in this case the apparent lack of depth information to the user makes it more difficult for the teacher to estimate distance and velocities. In this contribution, we provide a live streaming of the mounted omnidirectional camera whose image is also inconvenient for humans familiar to perspective projections. This is eased by mapping the omnidirectional image into a birds-eye view for the teacher. In *LfD*, the choice of demonstration mode is especially important such that the instructions are transferred and interpreted accurately and reliably. The ease or difficulty in teaching the robot navigational tasks using the different demonstration modes for both expert and non-expert users are surveyed to gain extra insight into the feasibility of the methodology. Standard behavioral tasks such as line following, corridor following, obstacle avoidance and door passing are evaluated with the participants. Instructor performances are evaluated on a metric that includes the time and the number of commands to complete the task, together with the smoothness and consistency of the recorded actions across multiple demonstrations.

1.1 Related work

This contribution addresses the aspect of demonstrating accurate and reliable navigational skills to a mobile robot, which is easier and intuitive for both expert and non-expert without prior knowledge about robot programming. This rationale has been the basis of many research in Learning from Demonstration (*LfD*) and Human-Robot-Interaction (HRI). The different approaches are mainly distinguished mainly by the demonstration platform and the mode of interaction between the teacher and the robot to record the perception-action pairs. In contrast to directly demonstrating a skill on a manipulator or a humanoid robot by moving it kinesthetically [3, 5], demonstrating to a mobile robot needs extra sensory cues to generate relevant and situation-aware training data. In [6], the robot learns the skills by observing and following a teacher executing the skill. This demonstration modality also allows another robot to demonstrate the underlying behavior. Nevertheless, for demonstrating navigational skill, following a teacher is not a practical approach as the robot needs relevant features that capture the local frontal environment. In our approach, the human walks behind the robot and instructs the robot motions by gestures and his own walking pace. Other sensory inputs such as, auditory cues [7] and robot feedback interactions [8] have been discussed to improve the quality of the demonstration. In [7], audio messages are used to instantiate a mutual exchange of information between the user and the robot. In [8], the robot requests a new demonstration in case the acquired policy has a low self-confidence value for the situation at hand. The modality of demonstration and imitation determines the interpretation and solves the correspondence problem to map human onto robot actions. The authors of [9] provide an insight into an active mode of learning by letting the robot follow the teachers path on an identical platform. Natural body gesture to guide the robot by pointing with a finger to the goal location is described in [10]. We utilize this aspect of a natural user interface by using body gestures to command velocities to the mobile robot. In [11], skills are transferred in a teleoperated manner as the teacher observes the scene by a video stream of the robots camera. Our contribution also investigates such a teleoperation setup, in which the teacher remotely commands the robot with a steering wheel on the basis of a video sequence captured by the robots omnidirectional camera.

2 System Architecture

Mobile robot behaviors are highly governed by the functional mapping of the perceptual features to the action performed by the robot. This typically arises out of mutual interactions between the robot and the environment. In other words, a change in the state of the environment corresponds to an equivalent change of the current state of the robot agent and vice versa. This interdependency between the behavior and the environment is termed as the *situatedness* of the behavior [12]. A human teacher demonstrating such a behavior to the robot does not necessarily reflect this dependency as the modality of perceiving the environment widely differs between the human and the robot sensory apparatus. This work addresses this issue of intuitive transfer of the knowledge between the teacher and robot through different demonstration methods. The objective is to facilitate the demonstration process such that an ordinary person with no expert knowledge on programming is able to instruct the robot. Fig. 1 shows the overview of the three alternative demonstration modes, namely joystick control, gesture based control and steering wheel control are investigated for a comparative analysis in terms of accuracy and consistency of recorded data. The fundamental differences between the modalities are the distinctive manner of interpreting the correspondence [13] between the teachers and the robots actions. With a joystick controlled robot, the teacher passively teleoperates the robot during which it records its own actions. There exists an identity record mapping between the teacher and robot [2]. Gesture based control operates through a kinect camera on the robot observing the body movements of the teacher executing the behavior and thereby mimicking the actions. This is an indirect record mapping, since the robot and the teacher potentially possess different degrees of movement and the motion of the teacher needs to be mapped to an equivalent robot action. The method is a typical example of shadowing where a record mapping is required to

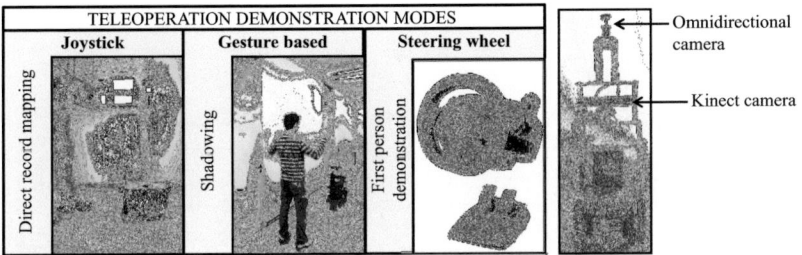

| TELEOPERATION DEMONSTRATION MODES | | | |
| Joystick | Gesture based | Steering wheel | |

Direct record mapping — Shadowing — First person demonstration

Omnidirectional camera

Kinect camera

Figure 1: Overview of the different teleoperation based demonstration modes and the mobile robot experimental setup.

actively track and shadow the commands instructed by the teacher [2]. In the third mode of demonstration, the teacher teleoperates the robot by only observing a live streaming the omnidirectional camera output. The mobile robot with the cameras used for the demonstration is shown in Fig. 1

3 Demonstration interfaces

Joystick control provides a direct and a convenient way to demonstrate actions to a mobile robot. The recorded actions are directly mapped to robot motions resulting in a reduction of correspondence errors. In gesture based demonstration mode, the robot attempts to mimic the teachers instructions while recording from its own sensors. Since the demonstration and the execution modality are different, the record mapping is not direct as in the case of joystick control. The method attempts to exploit the advantages of a natural user interface (NUI) in that any additional devices to control the robot are avoided. Utilizing natural body movements to control the robot allows even a non-expert user to interact intuitively with the robot. Fig. 2 shows the overall architecture of the Gesture based demonstration interface. The kinect camera is mounted on the mobile robot facing to the rear of the robot. The demonstrator instructs the robot motion commands from behind using gestures that correspond to turning a hypothetical steering wheel. Skeleton tracking provided by the `openni-tracker` [14] is used to calibrate and track the persons joints (Head, neck, torso, left and right hand). The Cartesian coordinates ($x_{joint}, y_{joint}, z_{joint}$) of the joints obtained from the tracker are translated into image coordinates (u_{joint}, v_{joint}) by means of a kinect camera model. By defining a desired region of interest (ROI) longitudinally along the center of the image, the camera gaze is controlled to place the user always in the center of the ROI. The average

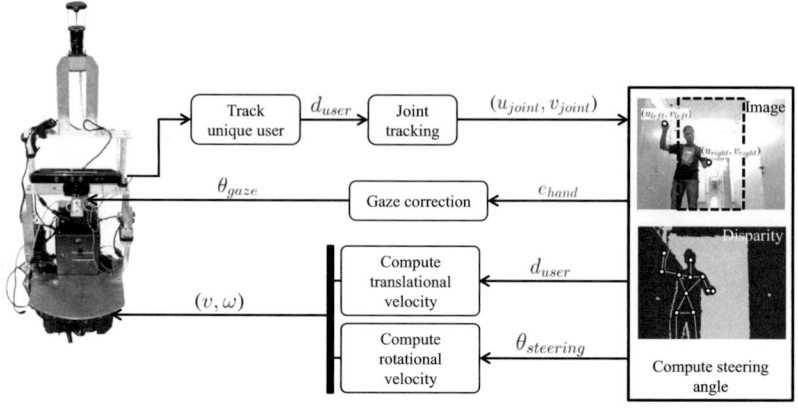

Figure 2: Overall architecture of the gesture based demonstration.

Figure 3: *psi* pose and the steering angle poses for left and right turn

error of the left and right hand (e_{hand}) extending beyond the demarcation of the desired zone is used to determine the gaze correction. The pan rotation of the kinect is carried out by mounting the camera on a servo motor. The robots motion is coupled to the translational motion of a teacher by maintaining a constant distance to the teacher. Once the teacher is recognized, the corresponding user distance (d_{user}) is set as reference and maintained during the movement. This is achieved through a simple proportional feedback loop where the error between the actual distance and the desired user distance acts as the control variable. As a safety measure, the robot stops when the distance to the user is too close that is, below 30% of the desired distance or when the tracking loses the user. Through experiments, the typical operating range for robust tracking of the human is in the range of $1.5 - 3.5$ meters. Rotational velocity for the robot is interpreted from the gestured steering angle. The steering angle is computed between the line (L_v) connecting the head, neck and torso of the user and the line (L_h) connecting the left and right hand. This angle is determined relative to the initial calibration position or the *psi* position [14], where the angle

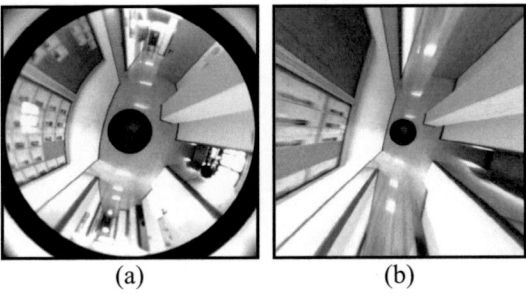

Figure 4: (a) Omnidirectional camera image and (b) Birds-eye view image.

between (L_v) and (L_h) is 90°. Fig. 3 shows the initial *psi*-position and the relative steering angle computation. In order to prevent any deliberate or accidental attempt to cause a collision a safety mechanism is implemented that reduces the robots speed in the presence of nearby obstacles detected by the sonar sensors. The distance to the nearest obstacle d_o along the current path (circle of constant curvature) is computed and transformed into an equivalent time to collision (t_c). The current velocity of the robot (v_c) is limited such that that the time to collision always exceeds $t_s = 2s$.

$$v = min\left\{v_c, \frac{d_o}{t_s}\right\}.$$

In the above mentioned two demonstration modes, the human walks the robot through the environment perceived by the users own vision. In contrast the teleoperation mode the human controls the robot with a steering wheel as he perceives the environment indirectly through the robots omnidirectional camera. Navigating by solely observing the catadioptric image is quite inconvenient for the humans who are used to perspective projections. Additionally the lack of depth perception in the image accentuates the uncertainty in executing the navigation decisions. The problem is eased by mapping the omnidirectional camera image onto a birds-eye view for the teacher. The birds-eye view of the omniimage is obtained through radial correction around the image center [15]. The 3D lines of the environment typically projected as curves in the omnidirectional image are corrected for distortion and unwarped to obtain the birds-eye view image. Fig. 4 shows the omnidirectional image and the corresponding birds-eye view. This makes it easier for the human to demonstrate to the robot because of the geometric consistency between the image and the real world (for example, corridors appear as image bands of constant width). Nevertheless, the omnidirectional perspective and the corresponding depth interpretation

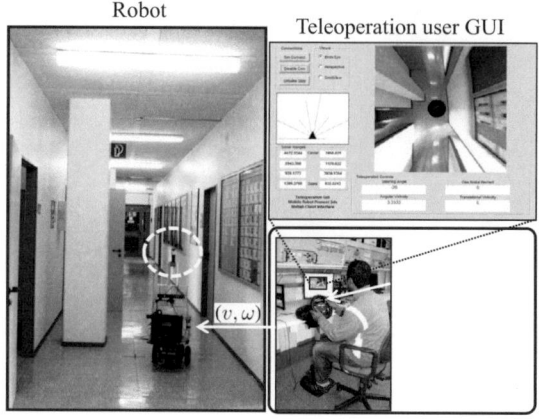

Figure 5: Steering wheel based teleoperation.

from the image necessitates an extended training time for the human to feel acquainted. The user receives a live streaming of the robot camera image with an option to switch between the original omnidirectional image and the distortion corrected birds-eye view. The heading of the robot is controlled using a steering wheel and the translational velocity is set using the provided accelerator gas pedal. A sonar based stop behavior provides a safety measure when the distance to the robot and the obstacle are too close. A client-server communication using tcp/ip protocol transmits the image data and motion command between the robot and the teleoperator. In the event of lost packets or communication for a specified period of time, the robot is stopped. Fig. 5 shows the mentioned aspects of the steering wheel demonstration mode.

4   Demonstration tasks

The three demonstration modality are compared for precision, robustness, intuitiveness, ease and accuracy in teaching a task. Ranging from basic behavior primitives such as straight line motion and curved line following to higher level behavioral attributes like corridor following, obstacle avoidance, door traversing and a slalom motion are experimented. This helps to draw a distinction on the level of difficulty of the different demonstration modes to perform more complex tasks. The first two behavioral primitives are prototypical line following experiments, where the path the robot needs to take from a given start to an end is predetermined. Starting from diffe-

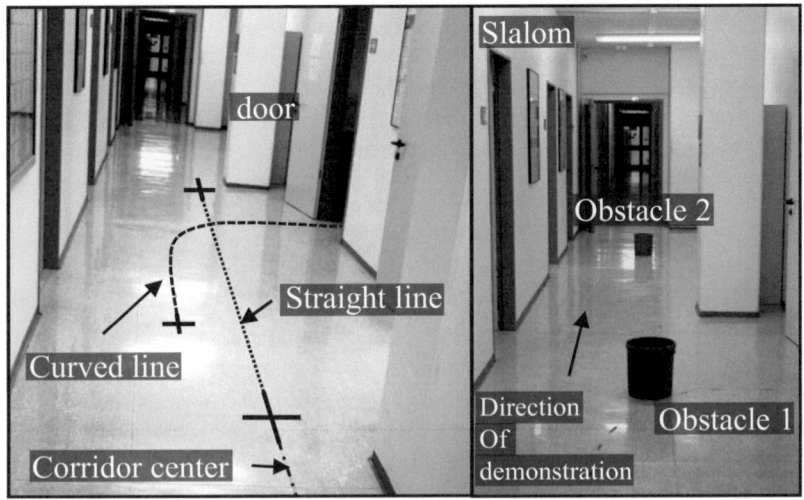

Figure 6: Overview of the associated scenarios for line following (straight line and curved line), navigational behaviors (corridor following, obstacle avoidance, slalom, door passing and homing).

rent misaligned robot configurations, the corridor following demonstration is supposed to drive the robot to the center of a corridor. For obstacle avoidance demonstrations, distinct obstacles are placed in front of the robot to evade. A slalom behavior arises from the behavior fusion of obstacle avoidance and corridor following. Starting from the center of the corridor the robot drives straight along the corridor to the end point. Two obstacles are placed at specific points along the path which divert the straight line motion of the robot thereby emulating a slalom demonstration. The goal of a door passing behavior is to pass through a door such that the robot passes between the door posts perpendicularly. Fig. 6 shows the scenarios associated with the mentioned experiments. A laser based Monte Carlo localization is performed to obtain the absolute coordinates of the robot in the map.

4.1 Participants

Fifteen volunteers with varying knowledge of programming and robotics participated in the study. An introductory overview of the task to be performed is first demonstrated by an expert and each volunteer is allowed a maximum of ten minutes to get acquainted with all the three modes of demonstration. Failure to finish the task during the data collection process is also recorded, with an additional chance to finish the task upon request and curiosity. A cautious preview (eg. day-light conditions, number of open door and moving people in the corridor etc.) is done by an expert before every demonstration mode to maintain consistency in test conditions across all users.

4.2 Performance measures

The performance measures for the demonstration modality included average time to demonstrate a task, total number of velocity commands needed, average translational velocity of the robot, average curvature of the demonstrated trajectory and variance of curvature distribution. The duration of the demonstration is computed from the first command issued by the user until the indicated final command by the user. The start of a demonstration with a joystick is activated by pressing the trigger switch. The demonstration end is indicated by the release of the trigger switch. In Gesture based demonstration, the user clasps the hands to indicate the end of the demonstration, whereas in steering wheel based teleoperation, the end of the demonstration is indicated by pressing the *stop demo* push button in the GUI. The total number of rotational velocity commands for demonstration is the tally of the number of velocity gradient changes. The number of commands is an useful measure to judge the user difficulty in demonstrating the corresponding task. It also reflects the sensitivity of the demonstration mode to the command modality and the number of extraneous and corresponding correctional commands. The average curvature of the trajectory is computed as the ratio of the commanded rotational velocity to the corresponding translational velocity. Additionally the variance of the commanded curvatures are computed, which indicate the degree of continuity in the demonstration. Smoothness of the demonstration is then computed from the measure of dispersion of the curvature through the signal-to-noise ratio (SNR). SNR gives us the measure of dispersion of the data given by the ratio of mean to the standard deviation of the recorded curvature. This interpretation decouples the robot motion from the dynamics of robot thereby allowing to compare slow and fast robot motions against each other. Additionally, the pedagogical aspect of instructive learning is collected through a questionnaire that rates the three demonstration modes according to their relative degree of difficulty, fun and the amount of time needed to expert the demonstration mode.

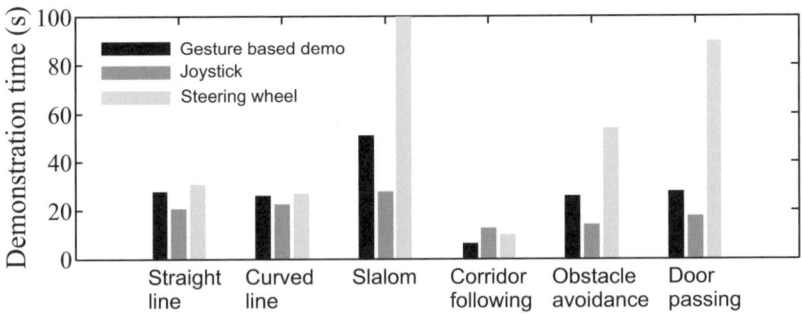

Figure 7: Bar plot of the average duration of the three demonstration modes across all scenarios.

5 User study

The results show that joystick based demonstration requires the least of preparation of time to get acquainted with followed by the gesture based demonstration mode. The remote operated steering wheel required the longest preparation time and the apparent lack of visual information of the robot position in the environment makes robot guidance a very challenging task. This is apparent in figure 7, where for behaviors of medium complexity such as obstacle avoidance and door passing the average total duration to complete the task are considerably higher than for the other two schemes. A similar trend is revealed in the total number of commands sent to the robot to accomplish the task. The number of commands strongly correlates with the average time required to complete the task. Of all the presented tasks, steering wheel based slalom movement took relatively long to complete including fairly large corrective actions. Gesture based demonstration on the other hand, performs consistently well with even the non-experts after an initial preparation time. All the task demonstrations involve a specific goal location except for corridor following in which the user themselves have to decide to stop the demonstration once they deem the robot to be centered and aligned with the corridor. The lack of a specific goal destination is reflected in the relatively short completion time of the corridor following behavior demonstration. Figure 9 shows the smoothness of the demonstration which is determined by the signal-to-noise ratio of the curvature. SNR interprets the dispersion of the curvature data hence, smaller values indicate a higher dispersion and larger values indicate a smoother trajectory. It can seen from the figure that gesture based command demonstration generates less noisy data compared to the other two schemes. In contrast, joystick based demonstration data are the most

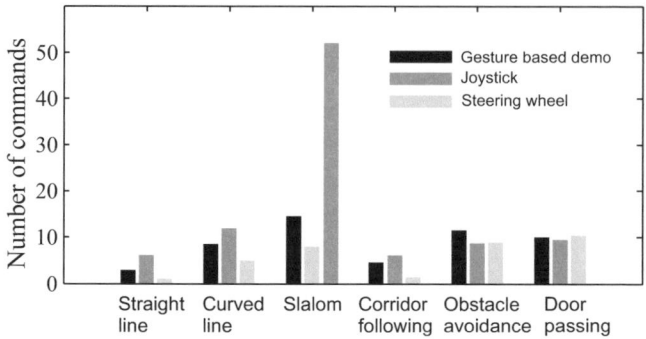

Figure 8: Bar plot of the average number of commands used for the three demonstration modes across all scenarios.

noisiest among the three modes. This is attributed to the haptic properties of the joystick where controlling both translational and velocities together tend to produce outliers since humans find it difficult to maintain a coherent relationship between the translational velocity and the perceived stopping distance to an obstacle. On the other hand, manually controlled rotational velocities are more intuitive and consistent because of the inherent ability of the humans to foresee the situation and thereby execute preemptive motor decisions. This conclusion is by no means complete since we agree that more experiments with a semi-automatic control of the robot with the human controlling only the rotational velocity whereas similar to cruise control the translational velocity is automatically need to be analyzed. After completing each demonstration modes, the participants are asked to survey the complexity and ease of instructing the robot with the different methods. Data from this survey indicates that joystick based control is the most easiest and fastest to get acquainted with whereas gesture based command instruction is the most intuitive to generate relevant and smoother examples together with a high fun factor. The steering wheel based teleoperation needed less preparation time than the gesture based demonstration, nevertheless the lack of perspective projection view with void of depth information makes the demonstration task highly challenging. Nevertheless given a relatively longer preparation time, the users are able to generate more smoother trajectories than with the joystick. The findings of the user study suggest that a NUI based demonstration mode needs relatively less time to demonstrate a navigation skill to a mobile robot. Relying on natural body motions, the modality makes it easier for non-experts to command the robot with a tendency to improve over time. Joysticks are extremely fast to get started whereas by giving complete translational and

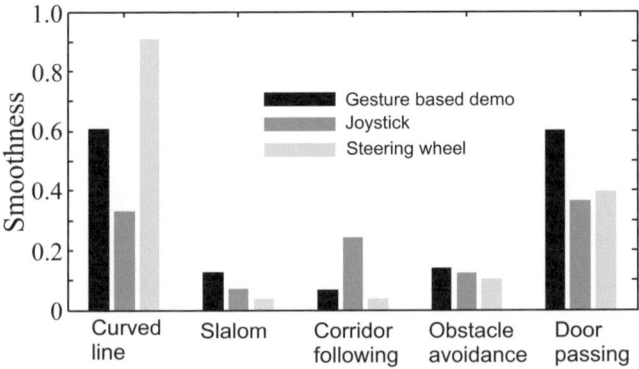

Figure 9: Bar plot of the smoothness of the recorded curvatures expressed as Signal-to-Noise ratios of the data.

rotational velocity control to the human generates more outliers in the demonstration data. Steering wheel based teleoperation based on mounted omnidirectional camera performs less than satisfactory on comfort with the users. Nevertheless, the opportunity to generate demonstration data remotely without any direct contact with the physical robot offers a lot of potential in the field of mobile robot navigation.

6 Conclusion

This paper presented a comparative analysis of three different modes of demonstrating navigational skill to a mobile robot in an indoor environment. The approach tries to tackle the problem of generating noise free and relevant training data in the context of *LfD* for mobile robot. Three modes of demonstration with different modality and correspondence between the teacher and the robot are tested. Joystick represented the haptic mode of direct mapping between the user and the robot, where kinect based NUI framework is used to instruct the robot through body postures. A steering wheel based remote teleoperation is considered as the third mode where a continuous video stream of the omnidirectional camera image mounted on the robot is used to guide the robot through the environment. User studies show that using natural body postures for demonstrating a behavior allows even a non-expert to generate smoother and intuitive behavior demonstrations. Typical difficulty arises during remote teleoperation of the robot perceiving the environment through robots camera view. The lack of depth information and the loss of perspective view of the environment makes the steering wheel based demonstration a highly challenging task. The study also shows that given adequate acquaintance time, the performance of the demonstration and correspondingly the fidelity of the recorded data improves.

7 Acknowledgments

The authors would like to thank Ms. Fatemeh Javadian for her contribution to the implementation and testing of gesture based demonstration mode.

Literatur

[1] Warren, W. H.: The dynamics of perception and action. *Psychological Review* 113 (2006) 2, S. 358–389.

[2] Argall, B. D.; Chernova, S.; Veloso, M.; Browning, B.: A survey of robot learning from demonstration. *Robot. Auton. Syst.* 57 (2009) 5, S. 469–483.

[3] Calinon, S.: *Robot Programming by Demonstration: A Probabilistic Approach.* EPFL/CRC Press. 2009.

[4] Ijspeert, A. J.; Nakanishi, J.; Schaal, S.: Learning Attractor Landscapes for Learning Motor Primitives. In: *NIPS*, S. 1523–1530. 2002.

[5] Kormushev, P.; Nenchev, D. N.; Calinon, S.; Caldwell, D. G.: Upper-body Kinesthetic Teaching of a Free-standing Humanoid Robot. In: *Proc. IEEE Intl Conf. on Robotics and Automation (ICRA)*, S. 3970–3975. Shanghai, China. 2011.

[6] Nicolescu, M.; Matarić, M. J.: Experience-based representation construction: learning from human and robot teachers. In: *IEEE/RSJ International Conference on Intelligent Robots and Systems*, S. 740 – 745. 2001.

[7] Koenig, N. P.; Takayama, L.; Mataric, M. J.: Communication and knowledge sharing in human-robot interaction and learning from demonstration. *Neural Networks* 23 (2010) 8-9, S. 1104–1112.

[8] Chernova, S.: *Confidence-based robot policy learning from demonstration.* Dissertation, Pittsburgh, PA, USA. AAI3358060. 2009.

[9] Demiris, J.; Hayes, G. M.: Imitation in animals and artifacts. Kap. Imitation as a dual-route process featuring predictive and learning components: a biologically plausible computational model, S. 327–361. Cambridge, MA, USA: MIT Press. ISBN 0-262-04203-7. 2002.

[10] Martin, C.; Steege, F.-F.; Gross, H.-M.: Estimation of pointing poses for visually instructing mobile robots under real world conditions. *Robotics and Autonomous Systems* 58 (2010) 2, S. 174–185.

[11] Grudic, G.; Lawrence, P.: Human-to-robot skill transfer using the SPORE approximation. In: *Robotics and Automation, 1996. Proceedings., 1996 IEEE International Conference on*, Bd. 4, S. 2962 –2967 vol.4. 1996.

[12] Mataric, M. J.: Learning in Behavior-Based Multi-Robot Systems: Policies, Models, and Other Agents. *Cognitive Systems Research* 2 (2001), S. 81–93.

[13] Nehaniv, C. L.; Dautenhahn, K.: *The Correspondence Problem*. MIT Press. 2002.

[14] OpenNI organization: *OpenNI User Guide.* URL `http://www.openni.org/documentation`. 2010.

[15] Winters, N.; Gaspar, J.; Lacey, G.; Santos-victor, J.: Omni-directional vision for robot navigation. In: *In Proc. IEEE Workshop on Omnidirectional Vision, South*, S. 21–28. 2000.

Bereits veröffentlicht wurden in der Schriftenreihe des Instituts für Angewandte Informatik / Automatisierungstechnik bei KIT Scientific Publishing:

Nr. 1: **BECK, S.**: Ein Konzept zur automatischen Lösung von Entscheidungsproblemen bei Unsicherheit mittels der Theorie der unscharfen Mengen und der Evidenztheorie, 2005

Nr. 2: **MARTIN, J.**: Ein Beitrag zur Integration von Sensoren in eine anthropomorphe künstliche Hand mit flexiblen Fluidaktoren, 2004

Nr. 3: **TRAICHEL, A.**: Neue Verfahren zur Modellierung nichtlinearer thermodynamischer Prozesse in einem Druckbehälter mit siedendem Wasser-Dampf Gemisch bei negativen Drucktransienten, 2005

Nr. 4: **LOOSE, T.**: Konzept für eine modellgestützte Diagnostik mittels Data Mining am Beispiel der Bewegungsanalyse, 2004

Nr. 5: **MATTHES, J.**: Eine neue Methode zur Quellenlokalisierung auf der Basis räumlich verteilter, punktweiser Konzentrationsmessungen, 2004

Nr. 6: **MIKUT, R.; Reischl, M.**: Proceedings – 14. Workshop Fuzzy-Systeme und Computational Intelligence: Dortmund, 10. - 12. November 2004, 2004

Nr. 7: **ZIPSER, S.**: Beitrag zur modellbasierten Regelung von Verbrennungsprozessen, 2004

Nr. 8: **STADLER, A.**: Ein Beitrag zur Ableitung regelbasierter Modelle aus Zeitreihen, 2005

Nr. 9: **MIKUT, R.; REISCHL, M.**: Proceedings – 15. Workshop Computational Intelligence: Dortmund, 16. - 18. November 2005, 2005

Nr. 10: **BÄR, M.**: µFEMOS – Mikro-Fertigungstechniken für hybride mikrooptische Sensoren, 2005

Nr. 11: **SCHAUDEL, F.**: Entropie- und Störungssensitivität als neues Kriterium zum Vergleich verschiedener Entscheidungskalküle, 2006

Nr. 12: **SCHABLOWSKI-TRAUTMANN, M.**: Konzept zur Analyse der Lokomotion auf dem Lauf band bei inkompletter Querschnittlähmung mit Verfahren der nichtlinearen Dynamik, 2006

Nr. 13: **REISCHL, M.**: Ein Verfahren zum automatischen Entwurf von Mensch-Maschine-Schnittstellen am Beispiel myoelektrischer Handprothesen, 2006

Nr. 14: **KOKER, T.**: Konzeption und Realisierung einer neuen Prozesskette zur Integration von Kohlenstoff-Nanoröhren über Handhabung in technische Anwendungen, 2007

Nr. 15: **MIKUT, R.; REISCHL, M.**: Proceedings – 16. Workshop Computational Intelligence: Dortmund, 29. November - 1. Dezember 2006

Nr. 16: **LI, S.**: Entwicklung eines Verfahrens zur Automatisierung der CAD/CAM-Kette in der Einzelfertigung am Beispiel von Mauerwerksteinen, 2007

Nr. 17: **BERGEMANN, M.**: Neues mechatronisches System für die Wiederherstellung der Akkommodationsfähigkeit des menschlichen Auges, 2007

Nr. 18: **HEINTZ, R.**: Neues Verfahren zur invarianten Objekterkennung und -lokalisierung auf der Basis lokaler Merkmale, 2007

Nr. 19: **RUCHTER, M.**: A New Concept for Mobile Environmental Education, 2007

Nr. 20: **MIKUT, R.; Reischl, M.**: Proceedings – 17. Workshop Computational Intelligence: Dortmund, 5. - 7. Dezember 2007

Nr. 21: **LEHMANN, A.**: Neues Konzept zur Planung, Ausführung und Überwachung von Roboteraufgaben mit hierarchischen Petri-Netzen, 2008

Nr. 22: **MIKUT, R.**: Data Mining in der Medizin und Medizintechnik, 2008

Nr. 23: **KLINK, S.**: Neues System zur Erfassung des Akkommodationsbedarfs im menschlichen Auge, 2008

Nr. 24: **MIKUT, R.; REISCHL, M.**: Proceedings – 18. Workshop Computational Intelligence: Dortmund, 3. - 5. Dezember 2008

Nr. 25: **WANG, L.**: Virtual environments for grid computing, 2009

Nr. 26: **BURMEISTER, O.**: Entwicklung von Klassifikatoren zur Analyse und Interpretation zeitvarianter Signale und deren Anwendung auf Biosignale, 2009

Nr. 27: **DICKERHOF, M.**: Ein neues Konzept für das bedarfsgerechte Informations- und Wissensmanagement in Unternehmenskooperationen der Multimaterial-Mikrosystemtechnik, 2009

Nr. 28: **MACK, G.**: Eine neue Methodik zur modellbasierten Bestimmung dynamischer Betriebslasten im mechatronischen Fahrwerkentwicklungsprozess, 2009

Nr. 29: **HOFFMANN, F.; HÜLLERMEIER, E.**: Proceedings – 19. Workshop Computational Intelligence: Dortmund, 2. - 4. Dezember 2009

Nr. 30: **GRAUER, M.**: Neue Methodik zur Planung globaler Produktionsverbünde unter Berücksichtigung der Einflussgrößen Produktdesign, Prozessgestaltung und Standortentscheidung, 2009

Nr. 31: **SCHINDLER, A.**: Neue Konzeption und erstmalige Realisierung eines aktiven Fahrwerks mit Preview-Strategie, 2009

Nr. 32: **BLUME, C.; JAKOB, W.**: GLEAN. General Learning Evolutionary Algorithm and Method: Ein Evolutionärer Algorithmus und seine Anwendungen, 2009

Nr. 33: **HOFFMANN, F.; HÜLLERMEIER, E.**: Proceedings – 20. Workshop Computational Intelligence: Dortmund, 1. - 3. Dezember 2010

Nr. 34: **WERLING, M.**: Ein neues Konzept für die Trajektoriengenerierung und -stabilisierung in zeitkritischen Verkehrsszenarien, 2011

Nr. 35: **KÖVARI, L.**: Konzeption und Realisierung eines neuen Systems zur produktbegleitenden virtuellen Inbetriebnahme komplexer Förderanlagen, 2011

Nr. 36: **GSPANN, T. S.**: Ein neues Konzept für die Anwendung von einwandigen Kohlenstoffnanoröhren für die pH-Sensorik, 2011

Nr. 37: **LUTZ, R.**: Neues Konzept zur 2D- und 3D-Visualisierung kontinuierlicher, multidimensionaler, meteorologischer Satellitendaten, 2011

Nr. 38: **BOLL, M.-T.**: Ein neues Konzept zur automatisierten Bewertung von Fertigkeiten in der minimal invasiven Chirurgie für Virtual Reality Simulatoren in Grid-Umgebungen, 2011

Nr. 39: **GRUBE, M.**: Ein neues Konzept zur Diagnose elektrochemischer Sensoren am Beispiel von pH-Glaselektroden, 2011

Nr. 40: **HOFFMANN, F.; Hüllermeier, E.**: Proceedings – 21. Workshop Computational Intelligence: Dortmund, 1. - 2. Dezember 2011

Nr. 41: **KAUFMANN, M.**: Ein Beitrag zur Informationsverarbeitung in mechatronischen Systemen, 2012

Nr. 42: **NAGEL, J.**: Neues Konzept für die bedarfsgerechte Energieversorgung des Künstlichen Akkommodationssystems, 2012

Nr. 43: **RHEINSCHMITT, L.**: Erstmaliger Gesamtentwurf und Realisierung der Systemintegration für das Künstliche Akkommodationssystem, 2012

Nr. 44: **BRÜCKNER, B. W.**: Neue Methodik zur Modellierung und zum Entwurf keramischer Aktorelemente, 2012

Nr. 45: **HOFFMANN, F.; Hüllermeier, E.**: Proceedings – 22. Workshop Computational Intelligence: Dortmund, 6. - 7. Dezember 2012

Die Schriften sind als PDF frei verfügbar, eine Nachbestellung der Printversion ist möglich. Nähere Informationen unter www.ksp.kit.edu.